国家社会科学基金项目成果　首都经济贸易大学出版资助

周期性公司估值的理论修正与实践调整：基于混合所有制改革背景

■ 陈 蕾 著

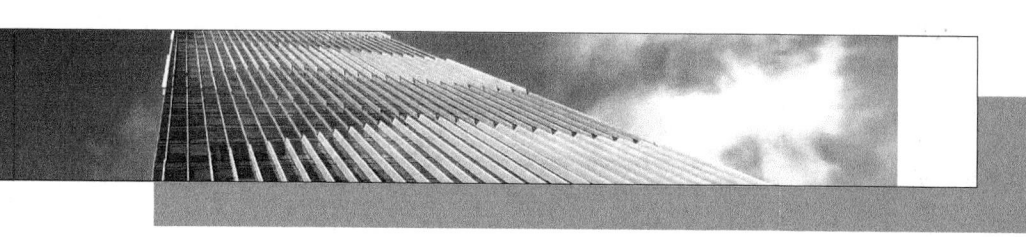

首都经济贸易大学出版社
Capital University of Economics and Business Press
·北京·

图书在版编目（CIP）数据

周期性公司估值的理论修正与实践调整：基于混合所有制改革背景/陈蕾著．--北京：首都经济贸易大学出版社，2022.1

ISBN 978-7-5638-3334-4

Ⅰ.①周⋯　Ⅱ.①陈⋯　Ⅲ.①公司-资产评估　Ⅳ.①F276.6

中国版本图书馆CIP数据核字（2022）第007919号

周期性公司估值的理论修正与实践调整：基于混合所有制改革背景
ZHOUQIXING GONGSI GUZHI DE LILUN XIUZHENG YU SHIJIAN TIAOZHENG：JIYU HUNHE SUOYOUZHI GAIGE BEIJING
陈　蕾　著

责任编辑	胡兰
封面设计	风得信·阿东 FondesyDesign
出版发行	首都经济贸易大学出版社
地　　址	北京市朝阳区红庙（邮编100026）
电　　话	（010）65976483　65065761　65071505（传真）
网　　址	http://www.sjmcb.com
E- mail	publish@cueb.edu.cn
经　　销	全国新华书店
照　　排	北京砚祥志远激光照排技术有限公司
印　　刷	北京九州迅驰传媒文化有限公司
成品尺寸	170毫米×240毫米　1/16
字　　数	427千字
印　　张	25.25
版　　次	2022年1月第1版　2022年1月第1次印刷
书　　号	ISBN 978-7-5638-3334-4
定　　价	85.00元

图书印装若有质量问题，本社负责调换

版权所有　侵权必究

前　言

国企改革作为国有资本保值增值、提高国有经济竞争力、放大国有资本功能的重大战略举措，已成为整个经济体制改革的中心环节，对于社会主义市场经济体制的建立和完善具有重大意义。混合所有制改革是当前国企改革的重要突破口。放眼 2013 年 11 月以来新一轮的混合所有制改革，党的十八届三中全会首先审议通过了《关于全面深化改革若干重大问题的决定》，提出积极发展混合所有制经济，正式拉开新一轮国企深化改革的帷幕。随后，中共中央、国务院及各部委从各方面制定更为具体的政策指引，先后发布《关于深化国有企业改革的指导意见》（中发〔2015〕22号）、《关于国有企业发展混合所有制经济的意见》（国发〔2015〕54号）、《关于深化混合所有制改革试点若干政策的意见》（发改经体〔2017〕2057号）、《关于印发〈国企改革"双百行动"工作方案〉的通知》（国资发研究〔2018〕70号）等多个政策文件，为全国各地推进国有企业混改工作构建了基础性的政策框架。2019 年 10 月 31 日，国务院国资委进一步印发《中央企业混合所有制改革操作指引》（国资产权〔2019〕653号），力求推进各种所有制资本取长补短、相互促进、共同发展，夯实社会主义基本经济制度的微观基础。

纵观我国所有制改革的发展历程，资产评估基于防止国有资产流失、维护国有资产权益的需求而产生，在改革开放和建立社会主义市场经济体制过程中逐渐兴起，几度在经济体制改革中发挥不可或缺的重要作用。在当前新一轮混合所有制的改革中，资产评估更是在坚守国有资产价值、衡量非公资本价值、维护社会公共利益等方面发挥关键作用。然而，伴随着混合所有制改革的深入推进，股权多元化涉及的企业经济行为不断增多，实践中的敏感问题、复杂问题和疑难问题层出不穷。资产评估作为提供市场价值尺度的重要专业手段，在迎来发展新机遇的同时，势必也面临一系列新的挑战。其中，周期性行业的公司的估值问题历来是评估界的难题，因为其中包含的系统性环境因素，使估值结果对外部环境变化极为敏感。鉴于资产的体量与重要性，混合所有制改革对周期性行业国有产权变动及

其公司估值的科学性和合理性提出了更高的要求。与此同时，传统周期性行业的转型升级态势、兼并重组浪潮以及国内外剧烈波动的新的经济环境，也进一步增加了混合所有制改革中的周期性公司估值的难度，这对周期性公司估值体系的完善提出了迫切的要求。因此，如何在理论上界定、识别和测度外部环境因素对周期性公司估值的影响，在实践中确保国有资产定价公允、防止国有资产流失，以助力混合所有制改革，便成为本书全力关注的问题。

通过系统回顾和梳理有关混合所有制改革与周期性公司估值的专题研究成果，我们发现，既有研究对混合所有制改革和周期性公司的估值问题已经给予了一定程度的关注且进行了初步探索，为混合所有制改革中周期性公司估值研究的深化奠定了必要的基础。但是，仍有五个方面的研究相对有限且有待于进一步深入：一是关于周期性行业及公司界定标准的研究有待细化，二是关于周期性公司估值研究的系统性有待强化，三是宏观经济因素对周期性公司估值影响的定量研究有待深化，四是收益途径在周期性公司估值中的应用研究有待优化，五是混合所有制改革中周期性公司估值的实践调整有待延伸。在此背景下，立足于新一轮混合所有制改革中的周期性公司估值问题，本书的研究思路是：首先厘清周期性行业的范围界定与演进轨迹、周期性公司估值模型的关键参数及其影响等基础性理论，然后从理论修正和实践调整两个层面展开研究。一方面，通过初步构建宏观经济因素视角下的周期性公司估值框架，尝试设计并检验宏观经济因素视角下周期性公司收益法估值模型的理论修正方案，并进一步提出和论证对收益法估值模型中关键参数估算与确定的具体改进思路；另一方面，从梳理周期性公司估值服务于混合所有制改革的服务路径及评估特征入手，评价混合所有制改革中的周期性公司估值成效，并分别从估值不确定性实践调整、员工持股估值实施建议、公司制改制评估实施建议、职业法律风险及其防范建议等多个方面提出混合所有制改革中周期性公司估值体系的实践调整思路及相关建议。

根据这一研究思路，本书集中运用产业经济学、金融学、计量经济学、资产评估学的相关理论与方法，对混合所有制改革中周期公司估值难题展开理论、实证与实践调整研究，其中涉及的主要研究方法包括文献研究法、比较研究法、统计分析法、案例分析法、调研访谈法等。

在结构安排上，本书共分为四篇（即综述篇、理论修正篇、实践调整篇和结论篇）十二章依次展开研究：

第一篇为综述，主要介绍本书的研究价值、研究现状、研究设计以及周期性行业和周期性公司估值相关基础性理论。具体由两章组成：第1章是绪论，第2章是周期性行业及周期性公司估值理论分析。

第二篇为混合所有制改革中周期性公司估值模型的理论修正，主要围绕混合所有制改革中周期性公司估值框架、收益法估值模型理论修正、估值参数测算模型理论修正等展开研究。具体由四章组成：第3章是宏观经济因素视角下周期性公司估值框架构建，第4章是宏观经济因素视角下周期性公司收益法估值模型的理论修正，第5章是周期性公司估值收益额测算模型的理论修正，第6章是周期性公司估值折现率测算模型的理论修正。

第三篇为混合所有制改革中周期性公司估值体系的实践调整，主要围绕周期性公司估值的服务路径与成效、估值不确定性实践调整、员工持股估值实施建议、公司制改制评估实施建议、职业法律风险及其防范建议等展开研究。具体由五章组成：第7章是混合所有制改革中周期性公司估值的服务路径及其成效评价，第8章是混合所有制改革中周期性公司估值不确定性问题的实践调整，第9章是以员工持股为目的的周期性公司估值实施建议，第10章是全民所有制周期性企业公司制改制评估的实施建议，第11章是新形势下周期性公司估值中的资产评估职业法律风险及防范建议。

第四篇为结论，共1章即第12章，归纳总结本书的主要研究结论并对下一步研究进行展望。

本书的创新之处主要体现在三个方面：

第一，学术思想的创新。本书以界定、识别和测度宏观经济因素对周期性公司估值的影响为研究视角和突破口，在提炼宏观经济因素对周期性公司估值的影响机理的基础上，尝试构建将收益途径和市场途径应用于周期性公司估值的理论框架，并重点对周期性公司收益法估值模型进行理论修正，从而将宏观经济因素对关键估值参数的定量影响纳入收益法估值模型。

第二，学术观点的创新。本书一是提出对周期性估值的收益额测算模型和折现率测算模型的理论修正思路，优化周期性公司关键估值参数的估计效果；二是提出将敏感性分析和蒙特卡罗模拟纳入周期性公司估值实践

调整中,借以化解混合所有制改革的诸多不确定性难题;三是提出在混合所有制改革中的不同实现路径下,应合理考虑差异化的周期性公司估值要求,并结合其成效提出了若干实践建议。

第三,研究方法的创新。本书采用多元回归模型研究宏观经济因素对周期性公司收益法估值参数的影响弹性,采用H-P滤波法分离得到对估值参数影响显著的宏观经济变量的异动值,采用概率树分析法和交叉影响分析法估计周期性公司的未来情景概率,采用Chow检验法考察周期性行业Beta系数跨期时变特征,采用正交分析法对周期性公司估值进行多因素敏感性分析等。

本书以提高混合所有制改革中周期性公司估值的科学性和合理性为出发点与落脚点,深化现有周期性公司估值的理论与实证研究,既是对公司估值理论薄弱环节的强化,又是对周期性公司估值问题研究的拓展,同时可为混合所有制改革中国有企业的估值定价与价值管理等提供技术支持和实践指导,为政府部门制定产业发展与评估管理政策提供参考。希冀本书的主要研究结论能够对相关学术研究、专业机构估值、投资者定价决策和政府监督管理等起到借鉴与指导作用。受笔者学识和经验所限,书中难免存在疏漏和不当之处,希望各位读者提出宝贵建议。

目 录

第一篇 综 述

1 绪 论 ·· 3
  1.1 研究背景与研究意义 ·· 5
  1.2 国内外研究现状与述评 ··· 9
  1.3 研究思路与研究方法 ·· 19
  1.4 本书创新之处 ·· 23

2 周期性行业及周期性公司估值理论分析 ································ 25
  2.1 周期性行业的范围界定与演进轨迹 ································ 27
  2.2 周期性公司估值模型的关键参数及其影响 ······················ 40

第二篇 混合所有制改革中周期性公司估值模型的理论修正

3 宏观经济因素视角下周期性公司估值框架构建 ····················· 53
  3.1 宏观经济因素与工业类周期性公司价值之间关系的实证
      分析 ··· 55
  3.2 宏观经济因素与消费类周期性公司价值之间关系的实证
      分析 ··· 61
  3.3 收益途径和市场途径应用于周期性公司估值的框架构建 ······ 72

4 宏观经济因素视角下周期性公司收益法估值模型的理论修正
  ·· 77
  4.1 周期性公司收益法估值模型的理论修正方案设计 ············ 79

  4.2 宏观经济因素视角下周期性公司收益法估值修正模型的实证
检验 ··· 86

5 周期性公司估值收益额测算模型的理论修正 ······························· 97
  5.1 周期性公司估值、收益额测算与退出倍数法 ························· 99
  5.2 周期性公司估值、收益额测算与情景分析法 ······················· 111
  5.3 周期性公司估值、收益额测算与正常化估值 ······················· 149

6 周期性公司估值折现率测算模型的理论修正 ····························· 159
  6.1 周期性公司估值、折现率测算与资本资产定价模型 ·············· 161
  6.2 周期性公司估值、折现率测算与套利定价模型 ···················· 187
  6.3 周期性公司估值、折现率测算与CAPM拓展模型 ················ 196

第三篇 混合所有制改革中周期性公司估值体系的实践调整

7 混合所有制改革中周期性公司估值的服务路径及其成效评价
·· 219
  7.1 混合所有制改革的实施现状和实现路径 ···························· 221
  7.2 混合所有制改革中周期性公司估值的服务路径及特征
剖析 ·· 227
  7.3 混合所有制改革中周期性公司估值的成效评价 ··················· 238
  7.4 周期性公司估值服务于混合所有制改革实践的建议 ············· 257

**8 混合所有制改革中周期性公司估值不确定性问题的实践
调整** ·· 263
  8.1 混合所有制改革、周期性公司估值与敏感性分析 ················ 265
  8.2 混合所有制改革、周期性公司估值与蒙特卡罗模拟 ············· 279

9 以员工持股为目的的周期性公司估值实施建议 ·························· 291
  9.1 上市公司员工持股计划中股权定价现状的实证分析 ············· 293
  9.2 以员工持股为目的的周期性公司估值的实务要点及操作
建议 ·· 305

10 全民所有制周期性企业公司制改制评估的实施建议 …… 309
10.1 全民所有制企业公司制改制的背景、实质与意义 …… 311
10.2 全民所有制企业公司制改制评估的法规要求与现实困境 …… 315
10.3 全民所有制周期性企业公司制改制评估的实务要点及操作建议 …… 319

11 新形势下周期性公司估值中的资产评估职业法律风险及防范建议 …… 325
11.1 《资产评估法》新分界对资产评估行业带来新挑战 …… 327
11.2 新形势下资产评估职业法律风险及防范建议 …… 340

第四篇 结 语

12 结论与展望 …… 353
12.1 主要研究结论 …… 355
12.2 对下一步研究的展望 …… 362

附录1 基于两种分类规则下的周期性行业范围界定 …… 363
附录2 2015—2018年员工持股计划实施完成的样本上市公司及相关信息 …… 366

参考文献 …… 373

后记 …… 394

第一篇 综 述

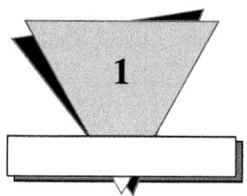

绪 论

1 绪 论

本章从分析混合所有制改革中周期性公司估值的研究背景与意义入手，在对周期性公司估值问题的国内外相关文献进行回顾、梳理与述评的基础上，确立本书的研究视角、方向与重点，并对本书的研究思路、研究方法、结构安排及创新之处进行阐述。

1.1 研究背景与研究意义

1.1.1 研究背景

经济增长通常在平衡与不平衡的矛盾运动中波浪式前进，呈现出一种开始向上，然后向下，再重新向上的反复的周期性运动，形成经济周期。不同行业的变动，也往往随之呈现出明显、可测的增长或衰退格局，只是和宏观经济周期波动之间关系的密切程度存在差异。据此，我们可以将不同行业分为周期性行业和非周期性行业。其中，周期性行业是指运动状态和宏观经济波动相关性较强的行业，在经济处于上升时会紧随其扩张，在经济衰退时也会相应衰落。周期性行业可进一步分为消费类行业和工业类行业。非周期性行业则是指那些不受宏观经济影响或受宏观经济影响较小的行业，可进一步分为防守性行业和增长性行业。

本书之所以关注周期性行业，是因为如下四点。

第一，周期性行业地位举足轻重且转型升级态势凸显。作为国家资源配置的重点，周期性行业在我国国民经济中的地位举足轻重，其稳定发展直接关系到宏观经济平稳运行；但当前国内外经济形势必然加剧我国周期性行业分化，进而形成不同的市场运行特征。一方面，在经济全球化影响下，中国经济与世界经济交融日益紧密；而后危机时代的世界经济格局与危机前相比已迥然不同。正如党的十八大报告所指出的，"国际金融危机影响深远，世界经济增长不稳定不确定因素增多"。这种形势下，周期性行业的波动率会显著大于非周期性行业。另一方面，在经济新常态下，我国正处于增长速度换挡期、结构调整阵痛期、前期刺激政策消化期"三期叠加"阶段，即速度从高速增长转为中高速增长，经济结构不断优化升级，动力从要素驱动、投资驱动转向创新驱动。在这一过程中，周期性行业必然面临转型升级的严峻考验。

第二，周期性行业兼并重组浪潮促使相关估值问题受关注。党的十八

大报告提出要推进经济结构战略性调整,要加快传统产业转型升级,合理布局建设基础设施和基础产业,要推动国有资本更多地投向关系国家安全和国民经济命脉的重要行业和关键领域。在此之前,工信部也于 2011 年 7 月表示,我国将推进八大重点行业兼并重组,其中包括汽车、钢铁、水泥、机械制造、电解铝、稀土、电子信息和医药等重点行业的企业兼并重组。十二部门更是于 2013 年 1 月联合下发《关于加快推进重点行业企业兼并重组的指导意见》(工信部联产业〔2013〕16 号),对汽车、钢铁、水泥、船舶、电解铝、稀土、电子信息、医药和农业产业化等九大行业和领域的兼并重组工作提出了主要目标和重点任务,其中特别明确了拟达到的产业集中度要求,这对此类企业兼并重组起到了实质性的推动作用。不难看出,上述传统产业、基础产业、重要行业乃至几大重点行业大多属于周期性行业,周期性公司的重估机会也随之渐行渐近。此后,国务院也于 2014 年 3 月发布《关于进一步优化企业兼并重组市场环境的意见》(国发〔2014〕14 号),提出"兼并重组是企业加强资源整合、实现快速发展、提高竞争力的有效措施,是化解产能严重过剩矛盾、调整优化产业结构、提高发展质量效益的重要途径"。然而,周期性公司估值问题历来是国内外评估界的难题,由于其特殊的盈利不稳定等特征,在估值方面与一般公司相比存在更多困难。因此,其在兼并重组中的估值问题也日益成为理论界和实务界共同关注的焦点。

第三,剧烈波动的新经济环境进一步加剧周期性公司的估值难度。资产估值、定价与所处的经济环境密切相关。在经济增长期和经济衰退期,投资者对同一资产的价值预期和判断会大不相同。近年来,资本市场随着宏观经济环境的不稳定而剧烈起伏。于是,在总体繁荣向上的经济周期大背景下产生的现行公司估值体系,受到了与过去截然不同的新经济环境的严重挑战,三大传统公司估值途径(收益途径、市场途径和成本途径)之适用性均受到不同程度的影响。首先,收益途径在企业估值实务中应用最为广泛,其估值前提是能合理测算未来收益额、折现率、收益期等参数。在经济剧烈波动条件下,对公司未来发展和盈利状况的清晰了解与准确估计已经非常困难,再加上评估结果对参数的变动非常敏感,因而收益途径受到全面的挑战。其次,市场途径多依赖于可比市场的可比公司数据,其前提是市场有效、可比对象具有参考价值。在经济剧烈波动乃至市场失灵、无法寻求到公允市场或交易的情况下,市场途径作为交易价格发现工

1 绪 论

具的可用性会大为降低,作为长期股权价值评估工具时更是受到质疑。最后,成本途径由于无法把握企业整体价值,适用性原本就相对较差,而重置成本测算中的资产价格在经济剧烈波动条件下也随之剧烈波动,导致适用性进一步变差。应该看到,周期性行业的景气度与外部宏观经济环境高度正相关,宏观经济因素波动对周期性公司的价值影响巨大,所以,上述挑战和影响对周期性公司而言更加严峻。即便是成熟期的周期性公司,其利润和现金流等指标也会有很大的波动性,这进一步凸显出改进与完善我国周期性公司估值模型的必要性。

第四,新一轮混合所有制改革对周期性公司高质量估值提出紧迫要求。混合所有制改革是当前国企改革的重要突破口。党的十八届三中全会审议通过了《关于全面深化改革若干重大问题的决定》,提出积极发展混合所有制经济,允许混合所有制经济实行企业员工持股,推动国有企业完善现代企业制度,指明了新一轮深化国有企业混合所有制改革的方向,正式拉开了新一轮国有企业深化改革的帷幕。2015年以后,中共中央、国务院及各部委从各方面制定更为具体的政策指引,先后发布《关于深化国有企业改革的指导意见》(中发〔2015〕22号)、《关于国有企业发展混合所有制经济的意见》(国发〔2015〕54号)、《关于深化混合所有制改革试点若干政策的意见》(发改经体〔2017〕2057号)、《关于印发〈国企改革"双百行动"工作方案〉的通知》(国资发研究〔2018〕70号)等多个政策文件,为全国各地推进国有企业混改工作构建了基础性的政策框架。2019年10月31日,国务院国资委进一步印发《中央企业混合所有制改革操作指引》(国资产权〔2019〕653号),以促进各种所有制资本取长补短、相互促进、共同发展,夯实社会主义基本经济制度的微观基础。新时代的新改革被赋予新任务,国有资本、集体资本、非公有资本等交叉持股、相互融合已成为大势所趋。伴随混合所有制改革的深入推进,股权多元化所涉及的企业经济行为不断增多,国有资本、集体资本、非公有资本等交叉持股、相互融合现象日渐频繁,不仅涉及国有资本层面的股权比例、产权交易等"混量"部分,还强调国有企业管理层面的公司治理、管控模式和中长期激励机制等"改质"部分,导致实践中的复杂问题、疑难问题和敏感问题层出不穷。对此,《中央企业混合所有制改革操作指引》(国资产权〔2019〕653号)在聚焦混改操作流程、市场化合作、企业运营机制等方面的同时,重点明确资产评估、财务审计、产权市场、股票市

场等"混资本"相关环节的操作要点,并从公开、公平、公正等方面提出了要求。可以推知,混合所有制改革可能带来的国有企业大分化、大调整、大改组,对国有产权变动及其价值评估的合理性和科学性提出了更高要求。从试点数量、所涉领域、资本体量及其重要性等方面看,周期性行业更是当务之急。毋庸置疑,基于防范国有资产流失、坚守国有资产价值、优化资源配置,以及立足公平衡量非公资本价值、维护社会公共利益、规范交易秩序,混合所有制改革对周期性公司高质量估值提出了紧迫要求。

可见,无论是周期性行业的转型升级态势和兼并重组浪潮,还是剧烈波动的新经济环境对公司估值合理性的挑战,抑或是混合所有制改革对周期性公司高质量估值的紧迫需求,都对完善周期性公司估值体系提出了迫切要求。但由于周期性公司估值包含系统性环境因素,估值结果对外部环境变化极为敏感,因此,如何在理论上界定、识别和测度外部环境因素对周期性公司估值的影响,在实践中确保国有资产定价公允、防止国有资产流失、助力新一轮混合所有制改革,便是本书全力关注的问题。

1.1.2 研究意义

本书以"混合所有制改革中周期性公司估值的理论修正和实践调整"为选题,对新一轮混合所有制改革中的周期性公司估值问题开展应用基础研究,具有较高的理论意义和现实意义。

在理论层面,一方面,通过界定、识别和测度宏观经济因素对周期性公司估值参数的影响,对周期性公司估值模型及其参数测算进行理论修正,是对公司估值理论的探索;另一方面,基于混合所有制改革的不同经济行为及其差异化的估值需求,对周期性公司估值体系进行实践调整,既是对公司估值理论薄弱环节的强化,又是对周期性公司估值的应用性研究拓展。

在现实层面,着眼于宏观经济调整和资本交融加速的大趋势,完善周期性公司估值的理论与实践研究,能够为专业机构进行公司估值及公司自身进行价值管理提供技术依据和操作借鉴;同时,结合上一轮国企改革背景下形成的现行国有资产评估监管机制,跟踪混合所有制改革中的周期性公司估值实践,提出完善国有周期性公司估值管理的政策建议,能够为混合所有制改革中的国有产权变动提供监管依据,并为政府部门制定产业发展与评估管理政策提供参考。

1.2 国内外研究现状与述评

本节对混合所有制改革与周期性公司估值相关专题研究成果进行搜集与梳理，为后续章节研究提供参考借鉴和奠定理论基础，主要包括对混合所有制改革，周期性公司、周期性行业估值、定价、方法、途径，宏观经济等多个中英文主题组合进行文献检索，检索来源为中国期刊全文数据库、中国优秀博硕士学位论文数据库、中国重要报纸全文数据库、ProQuest博士论文全文数据库、Emerald Fulltext等5个文献数据库，以及谷歌中英文搜索引擎的检索结果、与评估相关的准则或经典著作。

1.2.1 关于混合所有制改革与公司估值的国内外研究现状

针对混合所有制改革与企业价值评估相关联的问题，学者从多个角度给予了充分的关注，开展了丰富的研讨，肯定了研究的意义，探讨了实践的思路。

国外学术界一直关注混合所有制经济问题，认为其发展与改革具有必然性。混合所有制将公有制与私有制结合，既是私人所有制的替代品，又是国有企业改组的有效过渡形式（O'Neill et al, 2004）。混合所有制改革是国有企业适应市场经济发展的需要，引入社会资本能够有效激发市场潜力、形成企业间协同效应（Zhang, 2011）、提升企业经营业绩（Liu et al, 2015）、优化社会资源配置和企业资本结构、提升社会总体福利（Beladi & Chao, 2006; Saha, 2009; Guillen & Kesten, 2012）。因此，混合所有制经济形式是未来发展导向，私有成分在未来将发挥更加重要的作用（Duncan, 2015）。此外，国外学者强调，在混合所有制改革过程中引入私人投资时，须注意保障公平交易、防止国有资产流失等问题（Zhou & Li, 2017）。

国内学术界着眼于混合所有制改革中的公司估值问题，重点围绕两个方面展开研究，并形成以下结论。

一是混合所有制改革须通过合理估值防止国有资产流失、实现产权交易平等。在过去的国企改革中，低估贱卖国有资产是国有资产流失的最大渠道（彭建国，2014；乔惠波，2016）。如今，在混合所有制改革中，存

量产权与增量产权日益多元化（陈俊龙、汤吉军，2014；裴长洪，2014），客观合理估值是防止国有资产流失的必要条件（黄速建，2014；张卓元，2014；曹晓溪，2017）。并且，混合所有制改革应平等保护公有产权与非公有产权不受侵犯，公司估值能够为不同产权主体间的交叉持股提供定价尺度（黄速建，2014；徐宏才，2014；刘泉红，2014；刘青山，2014；冯朝军，2017）。因此，耿虹（2017）指出，混合所有制改革涉及各方利益，包括诸多环节，其中资产评估是必不可少的重要一环。张国春（2015）表示，要积极探索评估行业服务混合所有制发展的具体思路和措施，着力促进经济转型升级；充分发挥资产评估服务的专业功能，积极推进评估理论研究和实践模式。金大鹏（2017）认为，在混合所有制改革的评估目的下，对资产评估服务国企改革的研究具有很强的时效性和应用性。

二是混合所有制改革中的公司估值实践，须关注一系列重点与难点问题。汪海粟（2015）认为，在新一轮混合所有制改革中，资产评估不但要提供专业的评估服务，还要将长期积累的评估经验应用于改革方案设计中。阮咏华（2015）认为，价值类型与评估假设的选择、无形资产的识别与评估、控制权和流动性价值的评估、员工持股计划的评估和优先股的评估等是混合所有制改革中企业价值评估的重点和难点。刘登清（2017）指出，混改方案的设计、评估范围的确定、无形资产的评估、账外资产的评估、评估方法的选择、评估程序的完善、评估报告的审核都是资产评估服务于混合所有制改革的关键问题。崔劲（2017）认为，混改重在"改"而不在"混"，应注重协同效应的实现以产生1+1>2的效果；就评估而言，混改方案变更对交易对价的影响、少数股权的折价问题、参股部分的股权流动性问题等都是评估时需要关注的重要事项。张翀（2014）和韩贺洋（2016）认为，混合所有制改革中公司估值的难题实质是如何探寻公司的内在价值。孙建民（2015）提出，无形资产评估在其中尤为重要，不能仅仅依赖传统的技术和方法，更需要在评估技术、制度和流程上进行创新。张祖勇（2016）针对国有企业价值评估中表外项目与评估结果的关系，围绕未纳入表内的国有划拨用地、不可辨认资产商誉以及未执行合同等开展讨论。杨松堂（2017）认为，混合所有制改革实践远比政策复杂得多，资产评估机构应从源头、全过程参与，这对事后评估责任的认定和评估结果的应用都有好处。

此外，也有许多学者针对国企改革包括混合所有制改革中企业价值评估的方法展开系列讨论。袁洁（2001）针对三种基本评估方法，分别讨论其在国有企业价值评估中的适用性。朱赪（2005）在现有收益法的基础上，提出修正系数及修正模型的概念。牟仁艳（2013）结合EVA法在企业价值评估中的应用，分别从EVA评估、财务评估和非财务评估三个方面设计国有企业价值评估指标体系。封红梅（2016）为分析国有企业未来潜在价值的影响，尝试运用实物期权法对国有控股企业开展企业价值评估案例研究。沈琦（2017）进一步强调，对于服务于混合所有制改革的资产评估，完善程序是防范风险的基础，选择适当的评估方法是防范评估风险的重要途径，评估结论的客观公允是混改项目顺利实施的保障。

1.2.2 关于周期性公司估值的国内外研究现状

混合所有制改革中，周期性公司估值的合理性与科学性至关重要。本部分主要从公司估值的理论与途径、周期性行业及公司的界定、周期性公司的估值方法与途径、宏观经济与公司估值的关联问题等四个方面对有关文献进行回顾与评述。

1.2.2.1 公司估值理论与途径

关于公司估值理论与途径的研究，是周期性公司估值研究的理论基础。从一般理论看，经济学发展史上先后出现过劳动价值论、资本价值理论、效用价值论、均衡价值论和客户价值理论等各种价值理论。价值评估中的成本途径（cost approach）、收益途径（income approach）、市场途径（market approach）分别基于劳动价值论、效用价值论和均衡价值论。成本途径（也称为资产基础法，asset based approach）、收益途径和市场途径正是着眼于当前市场发达国家公司估值途径的规范体系的三种主要估值途径。

从经典理论看，对企业价值进行量化的理论体系的建立，最早可追溯到1906年Irving Fisher的资本价值理论，以及1958年Franco Modigliani和Merton Miller的MM定理。1964年，William Sharpe、John Linter、Jan Mossin等同时创立CAPM（资本资产定价模型）。1967年，Damodaran提出相对定价法。进入20世纪70年代，在经济金融化的新形势下，公司估值的理论研究更加深入。一般认为，现行公司估值的途径大体可分为三大系列：基于现代价值评估理论的绝对（内在）价值法、基于市场可比公司的相对价值法、基于资产负债表的资产基础法。它们与前文提及的三种主

要估值途径存在一一对应关系。1986年，美国西北大学的 Alfred Rappaport 提出 DCF 模型（现金流折现模型）的基本原理，也被称作拉巴波特模型（Rappaport Model）。现金流折现模型被视为企业和股票估值最严谨的方法，属于绝对（内在）价值法，也是收益途径的典型代表。

1.2.2.2 周期性行业及公司界定

现有研究分别从定性分析和定量分析层面界定周期性行业和公司。

在定性分析层面，国内外学者普遍认为，周期性行业是对经济周期变化比较敏感的一类行业。周期性公司在困难时期可以通过削减福利或停工来应对收入波动，在景气时期则通常会支付奖金并增加雇佣人数。在许多国家，典型的周期性行业多是一些最稳定、持久的行业，且一般会涉及大量耐用品的生产。Heer 等（2000）强调，金属原料行业和交通设备制造业是两种周期性最强的行业，航空运输、化工、造纸和钢铁行业也属于周期性行业，食品饮料制造业、烟草业和公用事业是三种主要的非周期性行业。刘怡伶（2004）认为，珠宝行业、耐用品制造业及其他需求收入弹性高的行业属于典型的周期性行业，周期性行业多数是寡头垄断行业。何本虎（2005）提出，钢铁、电解铝、煤炭、电力、石化、海运、汽车和水泥等八个行业是较有代表性的周期性行业，除此之外，有色金属、房地产、机械和原材料等行业也具有较强的周期性。吴琳娜（2006）指出，比较典型的周期性行业包括采矿业，制造业，电力、燃气及水的生产和供应业，建筑业，交通运输、仓储及邮电通信业，房地产业，等等，特别是工业企业中的有色金属、能源、房地产和消费品行业中的珠宝业。一个简单的判定方法是：对于日常消费品，生产或消费需求收入弹性高的行业，如房地产、汽车等，可视为周期性行业；如果是工业品，只要是在第二产业中的基础性产业，如有色金属、能源等，都属于周期性行业（吴琳娜，2006；Janine，2008）。

在定量分析层面，比较权威的是上海证券交易所和中证指数有限公司分别于 2010 年 2 月 3 日和 2010 年 5 月 28 日发布的上证周期行业 50 与非周期行业 100 指数，以及沪深 300 周期行业与非周期行业指数。其根据是中国证券监督管理委员会行业门类和辅助类划分标准，以及通过实证研究得到的不同行业的周期特性，选取金融保险、采掘业、交通运输仓储业、金属非金属、房地产等行业为周期性行业，其余行业为非周期性行业。此外，孔庆辉（2010）在实证研究宏观经济波动对周期性上市公司（以下简称为"周期性公司")资本结构选择的影响时,根据行业与宏观经济的敏感性及其设定的样本筛选原则,将2006—2008年沪深712家样本公司分别归入周期性行业和防守性行业,并最终得到周期性上市公司620家,占总样本的87.08%。其中,根据其设定的行业界定标准,分别对主营收入增长率和总资产利润率进行检验,结果表明,周期性行业的上述指标在经济衰退的2008年与经济扩张的2006—2007年相比出现显著下降,而防守性行业则在正常水平,变化不显著。孙晓涛(2012)利用计量经济学检验方法,对工业中的周期性行业和非周期行业进行划分。他具体通过分析39个工业行业的增加值数据与GDP数据,研究不同工业行业的周期性强弱程度,结果表明:石化、钢铁、煤炭、装备制造业、汽车工业、珠宝业等都有很强的周期性,而水的供应业、地热资源开采业的周期性很弱。与通常判断不同的是,虽然有色金属的价格周期与经济周期的共同波动性很强,但其产量周期和行业增加值周期与经济周期的共同波动性并不是很强;另外,食品制造业的周期性并没有人们想象中那么弱,石油、天然气开采业的周期性相比石油天然气生产行业要弱得多。

1.2.2.3 周期性公司的估值方法与途径

国外对周期性公司的估值方法与途径给予较多关注和初步探索;国内学者虽有所涉及,但研究数量较少且创新性不足,尤其鲜见具有独立意义且系统地结合周期性公司自身特点的价值评估理论和方法模型的讨论。国内的研究中,比较具有代表性的研究主要体现在周期性公司估值的特殊性、宏观经济预测的难点及部分环节的解决思路方面,且大部分是围绕包括DCF模型在内的收益途径的应用探讨,少数研究涉及市场途径,还有少数研究针对某一典型的周期性行业研究其公司估值途径与参数确定;其中,"平均""标准化""正常化"等都是出现频率较高的关键词,这些都为周期性公司估值的合理化提供了思路与借鉴。

(1)关于收益途径的应用与参数确定

对于包括DCF模型在内的收益途径,Heer等(2000)通过对周期性公司和非周期性公司在经济周期峰顶和谷底年份的市值与基于实际收益的DCF估值数据进行t检验,观察周期性公司和非周期性公司估值是否确定存在着显著的差异。结果显示,在峰顶年份,周期性公司平均被高估58.3%左右;在谷底年份,周期性公司平均被低估24.07%。与之相比,非周期性公司则不然。因为周期性公司的收益波动太大,所以各种数据的获取在很大程度上依靠的是预测，尤其取决于对宏观经济预测的准确性，这直接关系到估值的准确度（王书贤，2005），对增长率和收益的预测、对周期及分界点的预测、对风险的预测等都是如此。所以，标准的 DCF 模型在用于特殊情况，如具有周期性的公司时，必须加以修正，并且对其估价时必须注意基期收益的周期性问题，同时将公司收益波动性的影响考虑进公司的价值中（Damodaran，1999；Lippitt et al，2012；黄钦，2009；何国亮，2004）。鉴于业绩判断和周期分析的不确定性使得价值判断的难度更大，因而也可以依据周期性公司不同的周期阶段，采用不同的估值方法。对此，Koller 等（2007）也提出，涨跌不定的回报增加了周期性公司估值的复杂性。

显然，经济运行环境的变化使得周期性因素成为估值体系中不可缺少的重要组成部分。随着时间的推移，诸多因素决定了预测的误差难以控制，这样也降低了估值判断的有效性。对此，Heer 等（2000）研究发现，市场既不遵循完美预测的路径，也不遵循毫无预见的路径，而是遵循一个中间的路径，即 50∶50 的可能性。Damodaran（2013）进一步针对基准收益的周期性问题提出两点解决思路：一是调整预期增长率，以反映经济周期的变化，其缺点在于需要依赖宏观经济预测的准确性；二是用标准化（正常化）收益作为基准年收益，但假设经济周期变化时公司能很快回复到该收益水平。他还针对收益波动性提出两点解决思路：一是在现金流预测中建立对经济周期的预期，二是在风险估算中以调高折现率的形式将收益波动性纳入考虑。Lippitt 等（2012）强调，周期性公司估值需要在周期收益变动中估计 4 个数值：峰值到峰值的时间、周期的振幅、高峰与低谷预期收益的平均值、企业现在处于周期的位置。刘忠海、葛新元（2005）指出，周期性公司估值中，折现率计算参数之一的 Beta 值受到周期性和经营杠杆的影响。通过对 38 个国内行业的 Beta 值以及行业的周期性和经营杠杆进行多元回归分析发现，从系数上看，周期性公司的杠杆 Beta 值平均比非周期性公司高，且周期性公司对国际可比公司杠杆 Beta 值的影响更大。

（2）关于市场途径的应用与参数确定

对于市场途径，Suozzo 等（2001）阐述了收益波动时乘数的确定，尤其是对于周期性行业高度不稳定的现金流，如果近期或后来的收益不能代表长期收益趋势，则可以使用标准化的收益或现金流，或者考虑使用

forward-priced 乘数（远期价格或者公司价值与预期收益的比值）。此外，有学者认为，还可以采用变通的市盈率法，即平均利润乘以一定的市盈率水平（徐大卫，2008；刘晴，2014）。黄钦（2009）探讨了周期性公司估值中相对估值途径（市场途径）的应用条件与选择问题，并结合周期性上市公司的具体案例进行市场途径应用的实证分析。

(3) 关于典型周期性行业估值的途径与参数确定

部分研究针对采矿业、汽车业等某一典型的周期性行业，探讨其公司估值问题。例如，对于采矿业企业，邰志宇（2011）研究了经济剧烈波动条件下矿业企业价值评估中不确定性参数的选择确定问题，提出应借助投资决策中的风险分析技术之敏感性分析手段，以及合理利用情景分析法和综合采用退出倍数法，求得矿业企业价值，为交易双方以及相关主管部门提供决策依据。谭峻、赵亮（2011）以黄金类公司与基本金属类公司为例，实证研究了矿业投资估价的若干指标及技术经济参数问题，提出矿业属于典型的周期性行业，估值中价格选取应考虑跨周期平均价格，还应考虑真实价格与名义价格的差异，充分体现通货膨胀和汇率变化对金属价格的影响，并对不同矿种和处于不同勘查开发阶段的矿业项目采用不同的折现率。

1.2.2.4 宏观经济与周期性公司的关联

宏观经济因素是周期性公司估值中的重要变量。当前直接研究这二者关联问题的文献极少，多数研究立足于宏观经济解释变量与公司股价或业绩等指标的关系，但这为合理把握宏观经济因素对周期性公司估值的定量影响积累了局部素材和研究方法。

国外用企业微观财务数据作为预测基础的估值研究十分丰富，但这些模型都没有考虑宏观经济变量如何影响公司未来现金流的预期进而又如何影响其价格。目前将宏观经济与公司微观定价结合起来的文献主要集中在三类。

第一类是在宏观经济对公司会计业绩或股票价格的影响方面。这方面最早的研究要追溯到 Brown 等（1968），其通过研究美国 1947—1965 年的数据，发现企业个体盈利水平、行业盈利水平和整个经济的运行状况彼此正相关。Carling 等（2003）、Jin（2005）等学者的研究基本止步于宏观经济变量与会计业绩之间的关系，Feldstein（1983）、Kim（2003）、Rigobon 等（2003）、Maysami 等（2004）、Rjoub 等（2009）的研究则仅限于宏观经济变量与股票价格之间的关系。

第二类是在宏观经济对公司商品价格的影响方面。许多学者都曾研究指出宏观经济对商品价格的重要影响，认为一国经济变动一般表现为经济周期性变化，会影响该国的工业产出，最终导致商品价格波动。Grilli等（1981）、Davutyan等（1994）定性分析了宏观经济周期对金属价格的影响，认为短期金属商品供给价格无弹性，造成商品的市场价格更多地受到需求改变的影响，后者反映了经济周期波动，从而导致了短期金属价格波动。Labys等（1993）研究发现，工业产值、国内生产总值、利率、货币供应量、失业率、单位劳动成本、工资、物价水平、生产或零售价格、汇率和国际收支这11种宏观经济变量与价格变量之间存在因果关系。Bosworth等（1982）以及Morrison等（1984）的研究主要关注大宗商品价格波动与宏观经济周期的相互作用。Fama等（1988）的研究认为，一轮经济周期达到峰值之前，会出现工业金属期货、现货价格的急速上升；经济周期达到峰值之后，会出现金属价格的急速下降。

第三类主要表现为在实务中影响较大的经典CAPM受到越来越多的质疑，因为该模型将所有宏观经济因素浓缩为一个因素，即市场组合回报（Brealey et al, 1996; Fletcher, 2001）。于是，寻找更好的定价模型成为趋势。其中，一个重要方向是建立多因素定价模型。对此，APT（套利定价理论）基于股票价格受到多种宏观经济因素的影响，强调期望风险回报取决于它对各个因素的敏感程度（Ross, 1976），但由于该理论本身并不能指出这些因素是什么，所以即使在理论上具有优越性，在实务中也难以取代CAPM。不过，Levine等（1998）、Lastrape（1996）、Groenewold和Fraser（1997）、Karceski等（1998）实证探讨了多种宏观经济因素如利率、汇率、通货膨胀率、货币增长率等对股价的影响，只是实证研究的结果存在国家或地区差异。

国内鲜见有文献系统地研究宏观经济如何影响公司估值。薛爽（2008）研究了经济周期和行业景气度对亏损公司定价的影响，发现这些宏观经济变量对亏损公司价格有显著影响。其他相关文献主要集中在研究宏观经济增长或宏观经济政策与股价指数的关系，并且多是直接对某一个或几个变量与股价指数之间的相关关系进行实证检验。这类分析基本上可以分为两类。

第一类是研究宏观经济因素与股票价格的关联。刘怡伶（2004）认为，周期性公司的股票价格基本上可以通过分析宏观经济运行中的一些迹象和预判行业的发展来进行预测。贺强（2002）通过绘制政策周期曲线、经济周期曲线与股市平均线，考察了经济增长、经济政策与股市之间的关系。赵振全、张宇（2003）采用多元回归和风险价值模型（VAR），对工业增加值、商品零售额、货币供应量等宏观经济变量与股票市场指数之间的关系进行了实证检验。夏亚芬（2008）认为，宏观经济与股票价格之间在短期内不存在一一对应关系，但从长期来看，它们具有正向一致性。张莎莎（2009）利用1990—2007年的数据证明了股票价格随国内生产总值（GDP）同向变动，与失业率之间呈反向变动。罗国彦、周勇（2009）和刘欣明（2012）指出了汇率变动对股市的影响。杨高宇（2011）以1996—2010年的数据为样本，运用动态条件相关估计方法（DCC）来考察中国股市周期与真实经济周期以及金融经济周期的动态关系。陈一博、宛晶（2012）以2006—2011年的季度数据和月度数据为样本，实证检验经济周期与上市公司盈利周期之间的相关关系。

第二类是研究货币政策和货币供给与股市周期的关联。高善文（2007）提出"价值重估论"，认为股票市场的估值由货币流动性决定。梁芸、孙建波（2010）研究了货币供给对股市估值的动态影响，认为货币供给在经济危机背景下显著影响股市估值水平。王培辉（2010）以1996—2009年的月度数据为样本，探讨了货币冲击对资产价格的影响，认为货币冲击对股票价格的影响取决于当时所处的经济状态。除此之外，还有少量研究涉及宏观经济因素对公司市盈率等其他指标的影响，如刘格辉、孙静（2006）指出，企业的市盈率受到利率的影响，呈现反方向变动关系。

1.2.3 研究述评与结论

通过对国内外研究进行回顾与梳理我们发现，既有研究对混合所有制改革和周期性公司的估值问题已经给予了一定的关注，且进行了初步探索，为混合所有制改革中周期性公司估值研究的深化奠定了必要基础，但已有成果在以下五个方面的研究相对有限且有待于进一步深入。

1.2.3.1 周期性行业及公司界定的标准有待细化

厘清周期性行业及公司的界定标准，能够为周期性公司估值研究中的案例与实证分析的样本选择提供依据。目前国内外关于周期性行业及公司界定问题的研究虽有不同侧重，但结论大体一致。既有研究强调周期性行业收入等指标与宏观经济波动的正相关性,即二者周期的吻合程度,也有研究更看重周期性行业收入等指标对宏观经济变化的敏感程度,即其在宏观经济变化下的波动幅度。不过,由于我国行业门类众多,划分相当细致,因此,在是否属于周期性行业这个问题上,许多行业还有待进一步界定。

1.2.3.2 关于周期性公司估值研究的系统性有待强化

目前鲜见具有独立意义的、系统全面的周期性公司估值理论体系构建的讨论,既有的研究成果多以一本专著的某一章节抑或是一篇独立论文的形式体现。虽然在周期性公司估值的特殊性、宏观经济预测的影响等方面已取得一定进展,并且围绕收益途径、市场途径和部分典型周期性行业的应用问题已进行了些许环节的难点探讨与解决思路的尝试,但尚未达到系统搭建周期性公司估值的理论分析框架的程度。为此,立足于周期性公司估值研究的理论性和实践性、全面性和系统性的需要,合理测算与周期性公司估值关联的若干核心参数,综合应用不确定性分析工具,以及由点及面地完善周期性公司估值方法体系等,都必然成为需要进一步系统研究的课题。

1.2.3.3 宏观经济因素对周期性公司估值影响的定量分析有待深化

尽管已有很多文献讨论周期性公司估值的特殊性及其影响因素,但估值与定价具体操作基本停留在对传统公司估值途径或模型的机械套用上,其中对宏观经济因素的考量几乎都停留在定性分析的层面,很少从定量或实证分析的角度来考察宏观经济因素对周期性公司估值的影响。在探讨宏观经济因素与公司估值的关联性时,多是开展对于宏观经济因素与公司股价或业绩关系的实证分析,对宏观经济解释变量和公司估值参数之间影响机理的分析相对欠缺,并且现有的研究未将周期性公司和非周期性公司分开考察,而是混为一个样本研究,其隐含的假设是周期性公司与非周期性公司在宏观经济影响下具有一致的特征,这明显忽略了两者的差异性。有针对性地通过实证分析挖掘宏观经济因素与核心估值参数的关联,以进一步服务于周期性公司关键估值参数的选择与预测,是深入研究周期性公司估值问题所必须揭示的基本规律。

1.2.3.4 收益途径在周期性公司估值中的应用研究有待优化

既有的研究对周期性公司估值模型的讨论,大部分是围绕包括DCF模型在内的收益途径展开的,少数研究涉及市场途径,而对成本途径的应用分析则极少。可见，收益途径得到了国内外学者的普遍重视，是周期性公司估值中最值得研究也最受重视的估值途径。但关于收益途径的未来收益额、折现率等核心估值参数，仅有部分研究对收益额的不确定性和强波动性给予一定关注，并提出了一些解决思路，对于折现率的关注则少之又少。如何进一步提高周期性公司未来收益额预测的合理性，无疑是周期性公司估值研究的重点与难点；但实际上，周期性公司估值的折现率不仅面临无风险收益率、风险收益率、风险溢价、Beta系数等具体参数的选择问题，还会涉及多种资产定价模型的优先选择与可行性分析问题，这些也是收益途径在周期性公司的估值应用中需要关注的事项。

1.2.3.5 混合所有制改革中周期性公司估值的实践调整有待延伸

需要认识到，现有周期性公司估值研究尚无法完全满足我国混合所有制改革的实践需要，且周期性公司估值终究是要落脚于实务操作的，因此，有关混合所有制改革中周期性公司估值实践的研究被提上日程。特别是，我国企业重组形式多样，混合所有制改革实践更是会涉及产权转让、股权转让、增资扩股、改制上市、员工持股等不同经济行为，所以有必要在周期性公司估值中纳入对不同估值目标与特征的差异化考虑。而国外学术界多以欧美为研究背景，其在周期性公司估值共性问题方面虽具有借鉴意义，却很少直接涉及我国问题，对我国混合所有制改革阶段的市场结构与产权交易特点的考虑尚显不足。国内学术界即使有一批学者已开展很多相关研究，积累了宝贵素材，但这种理论与实践相结合的应用性研究还有待延伸，这就使得探索周期性公司估值在混合所有制改革实践中的调整问题仍是未来重要的研究领域。

1.3 研究思路与研究方法

1.3.1 研究思路

本书立足新一轮混合所有制改革中的周期性公司估值问题，在对国内外相关文献进行系统回顾与梳理的基础上，首先厘清周期性行业的范围界定与演进轨迹、周期性公司估值模型的关键参数及其影响等基础性理论，然后从理论修正和实践调整两个层面展开研究。

在理论修正研究部分，初步构建宏观经济因素视角下的周期性公司估值框架，尝试设计并检验宏观经济因素视角下周期性公司收益法估值模型的理论修正方案，并进一步提出和论证对收益法估值模型中关键参数估算与确定的具体改进思路。

在实践调整研究部分，从梳理周期性公司估值服务于混合所有制改革的路径及评估特征入手，评价混合所有制改革中的周期性公司估值成效，并分别从估值不确定性实践调整、员工持股估值实施建议、公司制改制评估实施建议、职业法律风险及其防范建议等多个方面，提出混合所有制改革中周期性公司估值体系的实践调整思路及相关建议。

本书的研究思路按图1.1所示的技术路线展开。

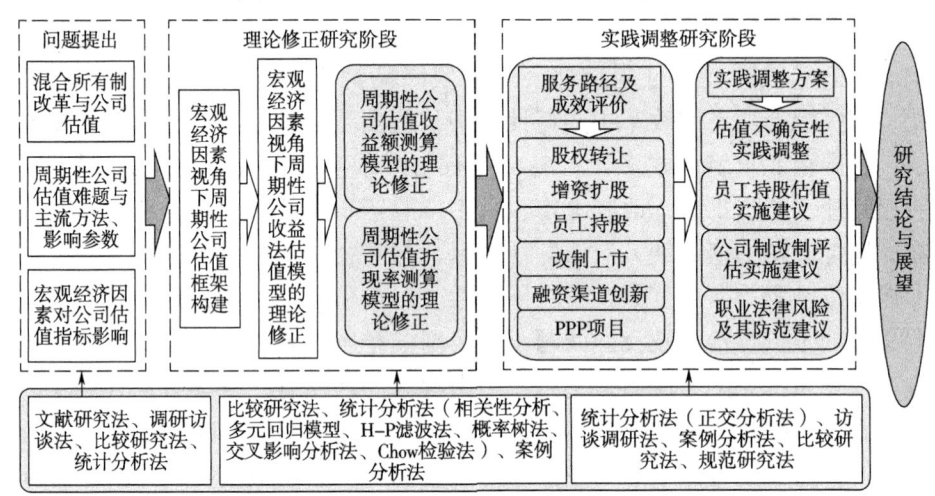

图1.1　本书的技术路线

1.3.2　研究方法

本书运用产业经济学、金融学、计量经济学、资产评估学的相关理论与方法，对混合所有制改革中周期性公司估值的难题展开理论探讨、实证分析与实践调整研究。其中涉及的主要研究方法包括文献研究法、比较研究法、统计分析法、案例分析法、调研访谈法等，简要介绍如下。

1.3.2.1　文献研究法

通过查阅和梳理国内外相关文献，归纳研究重点，明确研究思路。具体包括对混合所有制改革与公司估值关联问题、公司估值理论与途径、周期性行业及公司界定、周期性公司估值方法与途径、宏观经济与公司估值关联问题、收益法测算模型、折现率测算模型、不确定性分析工具等方面的国内外文献进行系统回顾与梳理。

1.3.2.2 比较研究法

在对周期性行业的范围界定与演进轨迹、参数选取对周期性公司估值的影响程度、情景概率确定的不同解决途径、正常化估值的三种具体测算模型、不同回归期限和收益率度量时限下 CAPM 和 APT 的应用效果、不同 CAPM 扩展模型的应用、不同敏感性分析方法的应用、蒙特卡罗模拟运算结果的分析、《中华人民共和国资产评估法》（以下简称《资产评估法》）新分界的变化等问题的分析过程中，分别展开横向或纵向比较研究，在此基础上，形成相应的结论与建议。

1.3.2.3 统计分析法

本书绝大多数章节均选用相关性分析、多元回归模型、H-P 滤波法、概率树分析法、交叉影响分析法、Chow 检验法、正交分析法等不同的统计分析方法展开研究。

（1）相关性分析

通过相关性分析，研究宏观经济因素与工业类周期性公司股价走势、估值水平等价值指标的关系，以及宏观经济因素与消费类周期性公司股价走势、估值水平、系统性风险等价值指标的关系，以此作为周期性公司估值过程中的宏观经济因素考量依据。

（2）多元回归模型

通过构建多元线性回归模型，测度宏观经济因素指标与金融业公司的股价走势指标、估值水平指标、系统性风险指标之间的数量关系，测度宏观经济因素对周期性公司收益法估值参数的影响弹性，以及分别考察不同回归期限和收益率度量时限下 APT 应用于周期性公司折现率测算的适用性，以此进一步提出周期性公司估值模型的理论修正建议。

（3）H-P 滤波法

通过 H-P 滤波法消除趋势波动，对回归显著的宏观经济因素进行分析，通过将潜在产出值与宏观经济实际产出值作差，分离出相应的宏观经济异动值，从而为宏观经济因素影响量化值的测算奠定基础。

（4）概率树分析法

当周期性公司估值的各种外在驱动因素之间相互独立时，通过概率树分析法将每个关键驱动因素的各种可能性概率，与其他关键驱动因素各种可能性概率分别相乘，进而组合计算得到未来各种情景的发生概率，从而为周期性公司情景概率的测算提供依据。

（5）交叉影响分析法

当周期性公司估值的各种外在驱动因素之间存在关联时，通过交叉影响分析法对公司估值的关键外在驱动因素间的联动加以考虑，并对关键外在驱动因素的初始概率进行修正，再结合概率树分析法计算未来情景概率，降低周期性公司估值结果偏离的风险。

（6）Chow 检验法

利用 Chow 检验法检验样本周期性行业相邻两期的 Beta 系数是否相等，判断模型结构在预先给定时间点上是否发生变化，据此判断样本行业 Beta 系数的稳定性，以考察周期性行业 Beta 系数跨期时变特征。

（7）正交分析法

为解决多因素敏感性分析在应用过程中存在的不确定因素组合过多、操作过于繁琐等问题，尝试综合采用正交分析法中的等水平正交表，对样本周期性公司的整体价值进行多因素敏感性分析。

1.3.2.4 案例分析法

在检验宏观经济因素视角下的周期性公司收益法估值模型的理论修正效果，以及退出倍数法、情景分析法、正常化估值、三种 CAPM 拓展模型、敏感性分析、蒙特卡罗模拟等应用于周期性公司估值及其参数测算的适用性时，分别通过案例分析，选取周期性公司估值实例作为研究样本，进行相应模型的模拟演示与应用检验。

1.3.2.5 调研访谈法

为设计混合所有制改革中周期性公司估值体系的配套实践调整方案，对国务院国资委、中国资产评估协会、北京市资产评估协会及部分央企等单位开展实地调研和访谈，厘清混合所有制改革不同实现路径下周期性公司估值的特征及特殊要求，并围绕周期性公司估值实践及参数测算难题等，赴知名会计师事务所普华永道、毕马威、德勤，国内大中型评估机构如中企华、中联、中和、中水、中通诚等进行实地调研，对多位估值专家进行深度访谈，把握有关周期性公司估值研究的技术思路与方向。

1.4 本书创新之处

本书基于国内外已有文献的回顾、梳理与评述，对混合所有制改革中周期公司估值难题展开理论探讨、实证分析与实践调整研究，其创新之处主要体现在以下三个方面。

1.4.1 学术思想的创新

本书以界定、识别和测度宏观经济因素对周期性公司估值的影响为研究视角和突破口，在提炼宏观经济因素对周期性公司估值的影响机理的基础上，尝试构建收益途径和市场途径应用于周期性公司估值的理论框架，并重点对周期性公司收益法估值模型进行理论修正，从而将宏观经济因素对关键估值参数的定量影响纳入收益法估值模型。这是本书在学术思想上的创新。

1.4.2 学术观点的创新

本书学术观点的创新体现在：一是提出了对周期性估值的收益额测算模型和折现率测算模型的理论修正思路，优化了周期性公司关键估值参数的估计效果；二是提出了将敏感性分析和蒙特卡罗模拟纳入周期性公司估值实践调整，以化解混合所有制改革的诸多不确定性难题；三是提出了在混合所有制改革中不同的实现路径下，应合理考虑差异化的周期性公司估值要求，并结合其成效现状提出了若干实践建议。

1.4.3 研究方法的创新

本书采用多元回归模型研究宏观经济因素对周期性公司收益法估值参数的影响弹性，采用 H-P 滤波法分离得到对估值参数影响显著的宏观经济变量的异动值，采用概率树分析法和交叉影响分析法估计周期性公司的未来情景概率，采用 Chow 检验法考察周期性行业 Beta 系数跨期时变特征，采用正交分析法对周期性公司估值进行多因素敏感性分析等。这些是本书在研究方法上的创新。

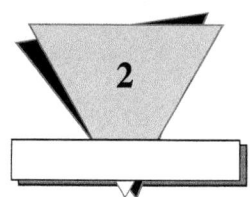

周期性行业及周期性公司估值理论分析

2 周期性行业及周期性公司估值理论分析

本章首先对周期性行业进行范围界定,并对其演进的轨迹展开实证研究;然后进一步分析周期性公司估值的关键参数及其影响,论证参数的适当选取与测算对周期性公司合理估值的关键作用。

2.1 周期性行业的范围界定与演进轨迹

科学界定周期性行业,是对其展开统计分析和细分研究的前提。现阶段哪些具体行业属于周期性行业?我国周期性行业又具有怎样的演进特征,并将对未来发展带来怎样的影响?这些都需要我们给予足够的关注。有鉴于此,本节首先重点围绕周期性行业的范围界定与演进路径展开研究,以期为周期性行业及其公司估值研究提供数据支撑与理论参考。

2.1.1 我国周期性行业范围的界定

结合第 1 章关于周期性行业界定的国内外研究综述,笔者重点围绕目前我国应用较为普遍的两种行业分类方法——深证指数分类和《国民经济行业分类》(GB/T4754-2011),拟定周期性行业的范围界定标准。具体而言,基于深证指数分类和国泰安 CSMAR 研究数据库(以下简称"CSMAR 数据库")行业指标的 6 类行业下 63 个细分行业,以及基于《国民经济行业分类》的 12 个门类下的 53 个大类行业,可被纳入周期性行业范畴。

2.1.1.1 基于深证指数分类的范围界定

深证指数分类最早源自深圳证券交易所,为了编制股价指数而把在深圳上市的全部上市公司划分为 6 类,即工业、商业、金融业、房地产业、公用事业和综合业,分别计算和公布各分类股价指数;随后得以较广泛应用。CSMAR 数据库提供的上市公司数据就是按照该方法确定总体行业归属,对应指标为"行业代码 A"和"行业名称 A"。借鉴已有研究,根据深证指数分类和 CSMAR 数据库的行业指标可得数据,笔者从 6 类行业下所涉及的 168 个细分行业("行业代码 B"和"行业名称 B"[①])中选取

---

① CSMAR 数据库在深证指数分类基础上,根据 1994 年修订的《国民经济行业分类》(GB/T4754-1994)对现有上市公司进一步确定细分行业归属,对应指标为"行业代码 B"和"行业名称 B",具体以门类、大类、中类或小类的代码和名称直接作为上市公司行业代码和名称。

109个细分行业，并通过合并处理其中重复存在的门类代码和小类代码，最终得到63个细分行业，纳入周期性行业的界定范围，详见表2.1。可见，6类行业下均有不同数量的细分行业可以被认定为周期性行业，或者在具体情形下可以被认定为周期性行业；尤其工业门类下的细分行业数量最多。其中，细分行业相关明细可参见本书附录1。

表2.1 基于深证指数分类和CSMAR数据库行业指标的周期性行业范围界定

类别代码（行业代码A）及名称（行业名称A）	细分行业代码（行业代码B）
0001 金融业	I01、I11、I21、I31
0002 公用事业	A03、B01、B50、D03、F01、F03、F07、F09、F11、K01、K39
0003 房地产业	J01、J05、J09
0004 综合业	E01、E05、F05、F21
0005 工业	B03、B05、B07、C05、C1399、C14、C21、C25、C31、C35、C38、C41、C43、C47、C48、C49、C61、C65、C67、C69、C71、C73、C75、C7601、C7610、C7615、C78、C8101、C8105、C99、D01、H03
0006 商业	F19、H01、H09、H1199、H12、K2015、K32、K34、K99

资料来源：根据相关资料整理。

注：1. 表中部分细分行业，如C05、C99、D01、H01、K01、K39、K99等，因其业务性质比较特殊，且周期性强弱程度不一，所以对上述行业内公司进行判断时，需要根据具体主营业务情况进一步认定其是否属于周期性公司。

2. 尽管部分综合类上市公司的主营业务的周期性特征较强，例如，在2012年12月31日就有31家综合类上市公司的主营业务都具有较强的周期性，但由于综合类上市公司的历史沿革比较复杂且其主营业务具有易变性，所以本书在对周期性行业进行界定时，未将综合业中综合类这一细分行业纳入考虑范畴。

2.1.1.2 基于《国民经济行业分类》的范围界定

《国民经济行业分类》由国家统计局制定并于2011年修订和实施，是我国各领域对行业进行分类的基础，它采用线分类法和分层次编码方法，将国民经济行业划分为门类、大类、中类和小类四级。中国证券监督管理委员会发布的《上市公司行业分类指引》（2012年修订）即参照此标准制定。借鉴已有研究，根据《国民经济行业分类》，笔者从合计20个门类下的96个大类中，共选取12个门类下的53个大类纳入周期性行业的界定范围，详见表2.2。其中，采矿业（B）、制造业（C）、电力、热力、燃气及水生产和供应业（D）、建筑业（E）、批发和零售业（F）、交通运输、仓

2 周期性行业及周期性公司估值理论分析

储和邮政业（G）、住宿及餐饮业（H）、金融业（J）、房地产业（K）、租赁和商务服务业（L）等10个门类下的全部或大部分大类可以基本被认定为周期性行业；尤其制造业门类下的大类数量最多。而农、林、牧、渔业（A）和居民服务、修理和其他服务业（O）这2个门类下只有极少数大类可根据具体情形被认定为周期性行业。其他8个门类[①]则不在此范围之内。其中，行业大类相关明细可参见本书附录1。

表2.2 基于《国民经济行业分类》的周期性行业范围界定

门类代码及名称	大类代码
A 农、林、牧、渔业	A02
B 采矿业	B06，B07，B08，B09，B11，B12
C 制造业	C15，C16，C19，C20，C21，C22，C23，C25，C26，C29，C30，C31，C32，C33，C34，C35，C36，C37，C38，C40，C41
D 电力、热力、燃气及水生产和供应业	D44，D45
E 建筑业	E47，E48，E49，E50
F 批发和零售业	F51，F52
G 交通运输、仓储和邮政业	G53，G54，G55，G56，G57，G58，G59，G60
H 住宿和餐饮业	H61
J 金融业	J66，J67，J68，J69
K 房地产业	K70
L 租赁和商务服务业	L71，L72
O 居民服务、修理和其他服务业	O81

资料来源：根据相关资料整理。

注：表中部分大类，如A02、C15、C16、C19、C41、D44、D45、O81等，因其业务性质比较特殊，且对应中类或小类的周期性特征并不一定都十分显著，所以对上述行业内公司进行判断时，需要根据具体主营业务情况认定其是否属于周期性公司。例如，酒、饮料和精制茶制造业（C15）、烟草制品业（C16）、皮革、毛皮、羽毛及其制品和制鞋业（C19）等消费品制造业中，相对而言生产高档白酒、高档香烟、高档服装、奢侈品等产品的公司才具有更加鲜明的周期性特征，因为一旦人们的收入增长放缓或预期收入的不确定性增强，都会直接减少对这类非必需品的消费需求。

[①] 这8个门类分别是：信息传输、计算机服务和软件业（I），科学研究和技术服务业（M），水利、环境和公共设施管理业（N），教育（P），卫生和社会工作（Q），文化、体育和娱乐业（R），公共管理、社会保障和社会组织（S），国际组织（T）。

2.1.2 对我国周期性行业演进轨迹的实证分析

随着我国经济市场化进程的不断加深,沪深 A 股上市公司经历了从 1990 年的"老八股"到截至 2014 年底高达 2 564 家的快速扩容。周期性行业作为经济体系内的重要组成部分,在自身不断发展壮大的同时,也推动着我国经济的快速增长。为进一步考察我国周期性行业的演进轨迹,本部分将依据其范围界定标准,重点以 1990—2014 年为研究区间,以周期性公司尤其是周期性上市公司为研究对象,从总体规模、占比地位、行业分布、并购态势等几个方面展开实证研究①。

2.1.2.1 周期性公司界定原则与样本选取

(1) 周期性上市公司界定原则

这里对周期性上市公司这一主要研究对象的界定和筛选主要基于以下原则:

第一,一般情形下,依据 CSMAR 数据库提供的"行业代码 A""行业名称 A""行业代码 B""行业名称 B"或其他权威数据库提供的国家标准行业代码等指标,直接判断上市公司所属行业类别。如果根据周期性行业的范围界定标准,该行业类别可以划入周期性行业,则此上市公司可被认定为周期性上市公司。

第二,部分上市公司虽然符合原则中所列条件,但在研究区间内曾变更过主营业务,则需要根据所在年份的具体主营业务情况判断所属行业类别,进而认定其在对应年度是否属于周期性上市公司。其中,以上市公司营业收入等财务数据作为主要依据,判断主营业务类别,所采用财务数据是经过会计师事务所审计并已公开披露的合并报表数据。当上市公司某类业务的营业收入比重大于或等于 50% 时,则将该公司划入此业务所属

---

① 2013 年的 IPO 暂停,在一定程度上催生了热度明显高于往年的沪深两市上市公司并购重组浪潮。2014 年 1 月 17 日,虽然新股 IPO 在时隔一年多后重启,但随后因发行中存在问题再次暂停 5 个月,直到 IPO 配套措施落地后于 2014 年 6 月 18 日再次重启。然而,2015 年 7 月 4 日,因市场波动较大等原因,证监会又一次发布 IPO 暂停公告。鉴于此,为避免 IPO 多次暂停和并购重组事件对部分周期性上市公司造成的主营业务变化或未来发展尚不明朗等现象对实证研究可能产生的干扰,本节有关周期性上市公司总体规模、占比地位、行业分布等方面的实证分析暂以 1990—2012 年为研究区间,同时对周期性公司(包括但不限于周期性上市公司)在 2010—2014 年的并购态势做重点考察。

行业类别;如果上市公司没有任何一类业务的营业收入比重大于或等于50%,但其中某类业务的收入和利润均在所有业务中最高,且占公司总收入和总利润的比重大于或等于30%,则将该公司纳入此业务所属行业类别。

第三,对于表2.1、表2.2注释中所列的部分特殊情形,需要进一步分析判断上市公司具体主营业务的周期性特征,必要时可以实证考察其收入等指标对宏观经济变化的敏感程度,以认定是否属于周期性上市公司。

(2)样本选取与数据来源

其一,选取我国资本市场建立至今的沪深A股全部上市公司作为1990—2012年研究区间的原始样本,相关数据来源于CSMAR数据库和大智慧证券信息平台。同时,依据CSMAR数据库提供的"上市日期""情况变动日"等指标对原始样本完成各年度上市公司基本信息的统计汇总;并依据周期性上市公司的界定原则,在对各年度上市公司进行筛选和判断的基础上,完成分年度周期性上市公司的信息汇总[①]。据此,得到我国沪深A股上市公司23年间共计24 266个平行混合样本,并最终形成周期性上市公司23年间共计15 380个平行混合样本,占总样本的63.38%。

其二,选择我国并购市场交易事件作为2010—2014年研究区间的原始样本,对这五年我国并购市场涉及的周期性行业和周期性公司(包括但不限于周期性上市公司)进行统计研究,相关数据来源于私募通数据库及其他公开可获得的资料源。

2.1.2.2 周期性公司总体规模与占比地位

通过统计分析1990—2012年沪深A股全部上市公司的基本信息,得到1990—2012年上市公司各年度总数、周期性上市公司各年度总数及占比情况,如表2.3和图2.1所示。

在总体规模方面,无论是上市公司总数还是周期性上市公司总数,在23年间均呈现稳步增长态势。其中:上市公司总数从1990年的8家上升

---

① 本节对各年度上市公司的筛选口径,既包括所在年度内处于正常上市状态的既有上市公司,又包括在所在年度内任意时点新上市和退市的上市公司;对各年度周期性上市公司的筛选口径也与此相同。

至2012年的2 450家，平均每年增加111家；周期性上市公司总数从1990年的3家提高到2012年的1 515家，平均每年增加近69家。

在占比地位方面，我国周期性上市公司总数占上市公司总数的比例始终保持在很高水平，尤其是自1992年以来，一直稳定在60%左右。回顾这一发展历程的起点，上海证券交易所与深圳证券交易所于1990年初建，当年的周期性上市公司占比为37.5%；之后几年这一比例快速提高。1993年是周期性上市公司占比大幅升高至趋于稳定的一个时点，自此开始，其占比一直处于59%~65%之间。周期性上市公司占比最高值出现在2006年，达到64.93%。虽然从2010年以后周期性上市公司占比略有回落，但仍然稳定在60%以上。

表2.3　1990—2012年周期性上市公司数量及占比

年　份	1990	1991	1992	1993	1994	1995	1996	1997
上市公司总数（家）	8	13	53	177	288	312	515	721
周期性上市公司总数（家）	3	6	30	106	172	185	318	453
周期性上市公司占比（%）	37.50	46.15	56.60	59.89	59.72	59.29	61.75	62.83
年　份	1998	1999	2000	2001	2002	2003	2004	2005
上市公司总数（家）	827	925	1 060	1 139	1 207	1 267	1 363	1 368
周期性上市公司总数（家）	518	589	675	726	775	816	875	881
周期性上市公司占比（%）	62.64	63.68	63.68	63.74	64.21	64.40	64.20	64.40
年　份	2006	2007	2008	2009	2010	2011	2012	—
上市公司总数（家）	1 423	1 536	1 595	1 688	2 030	2 301	2 450	—
周期性上市公司总数（家）	924	992	1 034	1 082	1 269	1 436	1 515	—
周期性上市公司占比（%）	64.93	64.58	64.83	64.10	62.51	62.41	61.84	—

资料来源：根据相关资料整理。

2 周期性行业及周期性公司估值理论分析

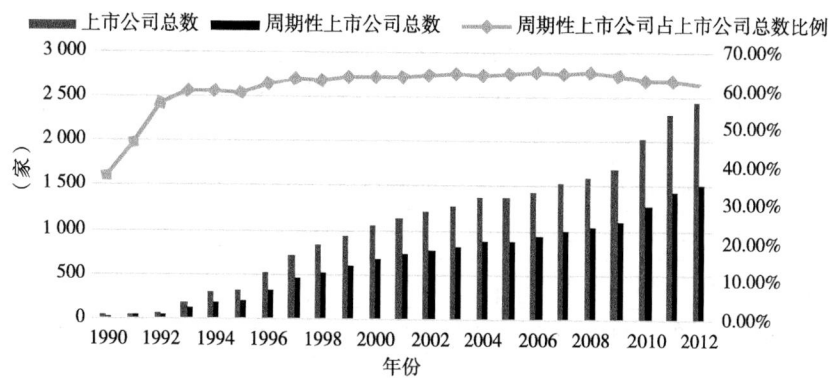

图 2.1 1990—2012 年周期性上市公司数量及占比
资料来源：根据相关资料整理。

2.1.2.3 周期性公司行业分布

（1）深证指数分类规则下的行业分布

根据深证指数分类和各年度周期性上市公司基本信息，得到 1990—2012 年周期性公司在深证指数分类规则下的行业分布情况，如表 2.4 所示。排除极个别情况，6 类行业下的周期性上市公司数量均逐年增加，周期性上市公司中的各行业占比也特征分明。

工业周期性上市公司增速迅猛，并占据绝对优势地位。自 1991 年起，除个别年份在 65% 左右微幅震荡外，工业周期性上市公司占比从 1991 年的最低点 50% 逐年攀升至 2012 年的最高点 72.48%，公司数量也先后在 1996 年和 2010 年出现跳跃式增长。与工业相反，房地产业周期性上市公司占比在 1992 年升至最高点 33.33% 以后，逐年下降至 2012 年的最低点 8.38%；公司数量也在 2000 年以后增速放缓，大致稳定在 120 家左右。值得一提的是，房地产业周期性上市公司占比和数量的行业排名首次于 2012 年从第二降至第三。其他 4 类周期性上市公司在 1992 年以后基本保持数量的匀速增长和占比的相对稳定；其中，公共事业占比约为 9% 左右，商业占比约为 5% 左右，综合业约为 3% 左右，金融业占比约为 2% 左右。

表 2.4　1990—2012 年深证指数分类规则下的周期性上市公司行业分布

年份	工业		房地产业		金融业		公用事业		商业		综合业	
	数量（家）	占比（%）	数量（家）	占比（%）	数量（家）	占比（%）	数量（家）	占比（%）	数量（家）	占比（%）	数量（家）	占比（%）
1990	2	66.67	0	0.00	0	0.00	1	33.33	0	0.00	0	0.00
1991	3	50.00	1	16.67	1	16.67	1	16.67	0	0.00	0	0.00
1992	15	50.00	10	33.33	1	3.33	2	6.67	2	6.67	0	0.00
1993	58	54.72	33	31.13	1	0.94	9	8.49	4	3.77	1	0.94
1994	96	55.81	48	27.91	5	2.91	12	6.98	7	4.07	4	2.33
1995	108	58.38	48	25.95	5	2.70	13	7.03	7	3.78	4	2.16
1996	189	59.43	76	23.90	5	1.57	23	7.23	20	6.29	5	1.57
1997	281	62.03	91	20.09	11	2.43	30	6.62	31	6.84	9	1.99
1998	330	63.71	93	17.95	11	2.12	39	7.53	34	6.56	11	2.12
1999	379	64.35	103	17.49	12	2.04	48	8.15	34	5.77	13	2.21
2000	433	64.15	111	16.44	13	1.93	60	8.89	42	6.22	16	2.37
2001	468	64.46	115	15.84	14	1.93	66	9.09	45	6.20	18	2.48
2002	503	64.90	117	15.10	15	1.94	74	9.55	46	5.94	20	2.58
2003	530	64.95	119	14.58	17	2.08	81	9.93	45	5.51	24	2.94
2004	577	65.94	121	13.83	17	1.94	86	9.83	47	5.37	27	3.09
2005	582	66.06	121	13.73	17	1.93	87	9.88	47	5.33	27	3.06
2006	607	65.69	123	13.31	19	2.06	96	10.39	49	5.30	30	3.25
2007	650	65.52	125	12.60	30	3.02	103	10.38	51	5.14	33	3.33
2008	686	66.34	125	12.09	30	2.90	106	10.25	53	5.13	34	3.29
2009	719	66.45	127	11.74	32	2.96	109	10.07	55	5.08	40	3.70
2010	885	69.74	126	9.93	37	2.92	118	9.30	57	4.49	46	3.62
2011	1 033	71.94	127	8.84	40	2.79	122	8.50	59	4.11	55	3.83
2012	1 098	72.48	127	8.38	41	2.71	128	8.45	61	4.03	60	3.96

资料来源：根据相关资料整理。

注：表中"数量"代表对应行业的周期性上市公司数量；"占比"代表对应行业的周期性上市公司数量占周期性上市公司总数的比例。

2 周期性行业及周期性公司估值理论分析

(2)《国民经济行业分类》规则下的行业分布

根据《国民经济行业分类》和各年度周期性上市公司基本信息,得到 1990—2012 年周期性公司在《国民经济行业分类》规则下的行业分布情况,如表 2.5 所示。分类规则的进一步细化使周期性上市公司的行业分布更为分散,但所涉及的 12 类周期性上市公司数量在 23 年间都呈现出持续增长态势。

作为工业的重要组成部分,制造业(C)占比地位与深证指数分类规则下的工业非常类似。在经历了前两年的小幅下降后,制造业周期性上市公司占比自 1992 年起从 46.67% 逐渐提高到 2012 年的最高点 66.67%,在 12 种行业门类中始终居于首位。而该统计口径下的房地产业(K)周期性上市公司数量和占比更是与深证指数分类规则下的房地产业情况如出一辙;其占比同样是于 1992 年升至最高点 33.33%,随后逐年下降至 2012 年的最低点 8.25%,可谓高度相似、差异甚微,但相对分散的行业分布使房地产业周期性上市公司的行业排名一直稳居第二,仅次于制造业。周期性上市公司平均占比排名紧随其后的行业依次是采矿业(B)、电力、热力、燃气及水生产和供应业(D)、交通运输、仓储和邮政业(G)、批发和零售业(F)、金融业(J)、建筑业(E)、租赁和商务服务业(L)、居民服务、修理和其他服务业(O)、住宿和餐饮业(H)、农、林、牧、渔业(A)。将 2012 年实际排名与这一平均排名进行比较后发现,2012 年采矿业、批发和零售业的周期性上市公司占比排名有所下降,建筑业以及交通运输、仓储和邮政业的周期性上市公司占比排名则有所提高。此外,该统计口径下的金融业周期性上市公司数量和占比与深证指数分类规则下的金融业情况完全一致。

表 2.5 1990—2012 年《国民经济行业分类》规则下的周期性上市公司行业分布

单位:%

年份	A	B	C	D	E	F	G	H	J	K	L	O
1990	0.00	33.33	66.67	0.00	0.00	0.00	0.00	0.00	0.00	0.00	0.00	0.00
1991	0.00	16.67	50.00	0.00	0.00	0.00	0.00	0.00	16.67	16.67	0.00	0.00
1992	0.00	3.33	46.67	0.00	0.00	6.67	0.00	3.33	3.33	33.33	0.00	3.33
1993	0.00	0.94	46.23	5.66	0.94	4.72	4.72	1.89	0.94	31.13	0.00	2.83

续表

年份	A	B	C	D	E	F	G	H	J	K	L	O
1994	0.00	1.16	48.26	5.81	2.33	4.07	3.49	1.74	2.91	27.91	0.00	2.33
1995	0.00	1.08	51.35	5.41	2.16	3.78	3.78	1.62	2.70	25.95	0.00	2.16
1996	0.63	2.83	50.63	5.66	1.26	4.72	4.09	1.26	1.57	23.90	1.89	1.57
1997	0.44	2.87	52.54	6.40	1.32	4.86	4.64	1.10	2.43	19.87	2.21	1.32
1998	0.58	3.47	54.44	6.18	1.54	4.44	5.02	0.97	2.12	17.76	2.12	1.35
1999	0.51	3.57	55.35	5.94	1.70	4.07	5.43	0.85	2.04	17.32	2.04	1.19
2000	0.59	3.56	55.41	5.93	1.93	4.44	5.78	0.89	1.93	16.30	2.07	1.19
2001	0.55	3.86	55.65	5.92	2.07	4.55	5.79	0.83	1.93	15.70	2.07	1.10
2002	0.52	3.87	56.13	6.06	2.19	4.26	6.19	0.77	1.94	14.97	2.06	1.03
2003	0.49	4.29	56.13	6.00	2.57	3.92	6.37	0.74	2.08	14.46	1.96	0.98
2004	0.46	4.34	57.03	6.17	2.74	3.77	6.29	0.69	1.94	13.71	1.94	0.91
2005	0.45	4.43	56.98	6.36	2.72	3.63	6.36	0.68	1.93	13.62	1.93	0.91
2006	0.43	4.55	56.93	6.17	2.92	3.57	6.71	0.65	2.06	13.20	1.95	0.87
2007	0.40	4.64	57.36	5.75	3.13	3.33	6.45	0.71	3.02	12.50	1.92	0.81
2008	0.39	4.74	58.32	5.61	3.09	3.29	6.19	0.68	2.90	11.99	1.84	0.97
2009	0.37	4.53	58.78	5.45	3.42	3.23	6.19	0.65	2.96	11.65	1.85	0.92
2010	0.32	4.18	62.88	4.81	3.31	2.84	5.83	0.55	2.92	9.85	1.73	0.79
2011	0.28	4.04	65.95	4.18	3.48	2.58	5.15	0.49	2.79	8.70	1.67	0.70
2012	0.33	4.03	66.67	4.03	3.56	2.51	5.08	0.46	2.71	8.25	1.58	0.79

资料来源：根据相关资料整理。

注：表中除年份外各列数据代表各代码对应行业的周期性上市公司数量占周期性上市公司总数的比例。

2.1.2.4 周期性行业并购态势

从量价总体情况看，2010—2014 年，周期性行业并购案例总数和交易总额双双保持高位甚至连创历史新高，尤其是 2014 年，二者的数据较 2010 年而言可谓爆发性增长，分别达到 2010 年相应数据的 3.02 倍和 2.35 倍之多。而周期性行业并购案例总数和交易总额在我国整个并购市场中也始终占有相当比重，分别位于50%和70%上下，只是在2013年和2014年略有回落，详见表2.6所示。这表明，至少在表2.6所列这五年，周期性行业已然是我国并购市场的主力军。周期性行业在并购市场的活跃表现，与国际金融大环境的复苏、我国经济结构转型的要求以及国家相关政策的刺激不无关系。例如，2010年的房地产市场调控和货币政策收紧，2011年和2012年对重点行业兼并重组予以扶持，2013年重点行业兼并重组推进政策和IPO暂停，2014年发展混合所有制经济、企业兼并重组的市场环境优化、企业"走出去"战略的加快推进以及IPO的再次暂停，都使包括周期性行业在内的整个并购市场活跃度大增，同时也促进了我国产业整合与结构调整的步伐。

表2.6 2010—2014年周期性行业并购案例总数与交易总额

年 份	2010	2011	2012	2013	2014
中国并购市场案例总数（起）	622	1 157	991	1 232	1 929
周期性行业案例总数（起）	292	583	544	627	883
周期性行业案例总数占比（%）	46.9	50.4	54.9	50.9	45.8
中国并购市场并购总额（亿美元）	348.03	669.18	507.62	932.03	1 184.90
周期性行业并购总额（亿美元）	268.19	460.95	385.95	661.14	630.42
周期性行业案例总额占比（%）	77.1	68.9	76.0	70.9	53.2

资料来源：根据相关资料整理。

注：1. 表中所列并购总额均为所涉及的并购案的全部披露金额。以中国并购市场并购总额为例，2010年622起并购交易中，披露金额的501起共涉及并购总额348.03亿美元；2011年1 157起并购交易中，披露金额的985起共涉及并购总额669.18亿美元；2012年991起并购交易中，披露金额的883起共涉及并购总额507.62亿美元；2013年1 232起并购交易中，披露金额的1 145起共涉及并购总额932.03亿美元；2014年1 929起并购交易中，披露金额的1 815起共涉及并购总额1 184.90亿美元。

2. 鉴于部分披露信息的局限和本次统计的谨慎性考虑，食品饮料、农林牧渔、纺织及服装、其他行业等未被纳入周期性行业统计范围；下同。

从行业分布情况看，周期性行业前十大并购交易主要集中于能源及矿产、房地产、机械制造、化工原料及加工、汽车、建筑/工程、金融、物流等几大行业，如表2.7和表2.8所示。在案例数量方面，能源及矿产、房地产和机械制造三大行业基本占据周期性行业并购市场前三甲；在交易金额方面，能源及矿产业因其重资产属性一直独占鳌头，房地产业和金融

业次之。但值得注意的是，2013年和2014年，相比周期性行业，生物技术/医疗健康、清洁技术、互联网等新兴行业的并购活动日益活跃。在国家经济转型和倡导节能环保的大背景下，新兴产业逐渐成为众多企业特别是上市公司并购布局的热点，这既有利于资金涉足成长性更强的新兴领域，符合经济转型的方向，又可以通过优良资产的注入来提高公司市值，加之周期性行业并购市场在前几年经历高速增长后增速放缓，这些都成为2013年和2014年周期性行业并购案例总数占比和金额占比，以及前十大并购交易中的周期性公司数量开始出现回落的原因。但应该看到，周期性行业在我国并购市场中的主体地位并未发生根本性改变。

表2.7 2010—2014年我国并购市场的周期性行业分布　　　　单位：%

周期性行业类别		2010年		2011年		2012年		2013年		2014年	
		案例数量占比	案例金额占比	案例数量占比	案例金额占比	案例数量占比	案例金额占比	案例数量占比	案例金额占比	案例数量占比	案例金额占比
能源及矿产（采矿业）		11.1	34.2	13.2	32.8	11.3	43.8	12.3	31.7	7.5	17.4
房地产		13.5	7.4	9.8	8.1	10.1	7.4	12.0	15.3	9.7	12.3
制造业	机械制造	4.7	2.7	8.2	4.1	11.3	9.9	9.1	2.4	8.9	5.0
	化工原料及加工	4.2	1.9	6.1	7.3	6.1	2.2	5.0	2.9	5.6	4.2
	汽车	1.9	5.7	3.6	2.5	3.8	1.9	2.9	2.4	2.2	1.1
建筑/工程（建筑业）		5.3	1.2	6.1	3.4	7.0	6.1	4.2	1.3	5.4	3.5
金融		4.3	22.1	2.2	10.0	4.1	4.1	3.9	14.5	5.3	9.4
物流（交通运输、仓储和邮政业）		1.9	1.8	1.1	0.5	1.2	0.4	1.4	0.3	1.2	0.3

资料来源：根据相关资料整理。

表2.8 2010—2014年我国前十大并购交易的周期性公司数量与行业分布

年份	2010	2011	2012	2013	2014
并购方数量（家）	8	7	8	6	6
并购方行业分布	能源及矿产5家，金融1家，化工原料及加工1家，汽车1家	能源及矿产5家，化工原料及加工2家	能源及矿产6家，房地产1家，汽车1家	能源及矿产4家，金融1家，房地产1家	能源及矿产2家，金融4家

续表

年　份	2010	2011	2012	2013	2014
被并购方数量（家）	10	7	8	7	4
被并购方行业分布	能源及矿产5家，金融2家，化工原料及加工1家，汽车1家，物流1家	能源及矿产5家，金融1家，化工原料及加工1家	能源及矿产7家，机械制造1家	能源及矿产4家，金融2家，房地产1家	能源及矿产2家，金融2家

资料来源：根据相关资料整理。

2.1.2.5 实证分析结论

综上所述，我国周期性行业总体规模稳步增长，占比地位举足轻重；各细分行业演进轨迹特征分明，工业、制造业占比排名领先；周期性行业并购市场量价齐升，产业转型升级提速。具体体现为：

第一，我国周期性上市公司总数呈现稳步增长态势，其占上市公司总数的比例基本稳定在60%左右的高位。周期性行业规模地位依然领先。

第二，在深证指数分类规则下，6类周期性上市公司的演进轨迹特征分明。工业周期性上市公司增速迅猛且占比排位第一；房地产业次之，但2000年以后增速放缓；其他4类基本保持数量的匀速增长和占比的相对稳定。

第三，在《国民经济行业分类》规则下，12类周期性上市公司数量均呈现持续增长态势。制造业和房地产业周期性上市公司的占比排位分别稳居第一和第二，其他个别行业在占比排名方面开始出现分化。

第四，近年来，周期性行业在我国整个并购市场中占据主导地位。能源及矿产、房地产、机械制造、化工原料及加工、汽车、建筑/工程、金融、物流等几大行业的并购市场表现活跃。

结合我国国情和经济转型特征，围绕周期性行业演进及其中亟待解决的前沿问题开展的学术探究，颇具现实意义。例如，围绕周期性行业产业结构、产业组织和产业布局的调整与优化问题，需进行比较研究并建言献策；涉及与经济周期、宏观经济波动等相关联的问题的实证研究，应尝试将周期性行业和非周期性行业分开进行考察，而不再将它们混为一个样本；对于估值定价环节可能出现的"灰色地带"，应着力研究完善周期性公司估值的理论与方法体系,以实现周期性行业兼并重组中的合理估值和公允定价。

2.2 周期性公司估值模型的关键参数及其影响

在应用评估途径进行公司估值时,各参数选取和应用的不确定性是估值中的难点和重点。而论及不同评估途径在周期性公司估值中的适用性,包括现金流量折现模型(DCF 模型)在内的收益途径得到学界与业界的普遍重视,是周期性公司估值中最值得研究的估值途径。本节以收益途径中最具代表性的 DCF 模型为例,剖析周期性公司估值模型的关键参数,并结合案例分析其参数选取对周期性公司估值结果的影响,以此论证参数的适当选取与测算对周期性公司合理估值的关键作用。

2.2.1 周期性公司估值模型的关键参数

DCF 模型包括企业自由现金流(free cash flow of firm,FCFF)和股权自由现金流(free cash flow of equity,FCFE)两种折现模型。未来自由现金流、折现率和收益期是 DCF 估值模型的三大核心参数。本部分重点探讨未来自由现金流和折现率两项关键参数,及其测算过程中涉及的具体参数。

2.2.1.1 未来自由现金流及其具体测算参数

自由现金流(free cash flow,FCF)最早是由美国西北大学拉巴波特(Alfred Rappaport)、哈佛大学詹森(Michael Jensen)等学者于 20 世纪 80 年代提出的一个概念。FCF 可衍生出 FCFF 和 FCFE 两种形式。在未来自由现金流的测算过程中,可能会涉及营业收入、营业成本、营运资金增加、资本性支出、稳定增长率等具体参数的选取与测算问题。

(1)企业自由现金流

FCFF 是指全部资本投资者共同支配的现金流。全部资本提供者包括普通股股东、优先股股东和付息债务的债权人。企业自由现金流也称为实体自由现金流。以 FCFF 为收益口径进行折现求取企业整体价值,或在此基础上减去付息债务的价值,得到股东全部权益价值的模型,即为 FCFF 折现模型。FCFF 的计算公式可表示为:

$$FCFF = 净利润+折旧及摊销+利息费用\times(1-所得税税率)-营运资金增加-资本性支出 \tag{2.1}$$

2 周期性行业及周期性公司估值理论分析

(2) 股权自由现金流

FCFE 是指股东可自由支配的现金流。股东是企业股权资本的所有者,拥有企业产生的全部现金流的剩余要求权,即拥有企业在满足了全部财务要求和投资要求后的剩余现金流。股权自由现金流就是在扣除经营费用、偿还债务资本对应的本息支付和为保持预定现金流增长所需的全部资本性支出后的现金流。以 FCFE 为收益口径进行折现求取股东全部权益价值的模型,即为 FCFE 折现模型。FCFE 的计算公式可表示为:

$$FCFE = 净利润 + 折旧及摊销 - 营运资金增加 - 资本性支出 - 偿还付息债务本金 + 新借付息债务 \qquad (2.2)$$

不难看出,FCFF 和 FCFE 是企业自由现金流的不同形式,二者归属的资本投资者不同。FCFF 是归属于企业全部资本提供方的收益指标,据此可直接计算企业整体价值;而 FCFE 是归属于企业权益资本提供方的收益指标,据此可直接计算股东全部权益价值。

2.2.1.2 折现率及其具体测算参数

折现率是指将企业未来各期自由现金流折算成现值的比率。从本质上讲,折现率是一种期望投资收益率,是投资者在投资风险一定的情况下,对投资所期望的回报率,即投资者要求的收益率。折现率一般由无风险收益率和风险收益率组成,风险收益率是对投资风险的一种补偿。根据未来自由现金流的口径,折现率可分为权益资本成本(R_e)和加权平均资本成本(weighted average cost of capital, WACC)两种。在折现率的测算过程中,可能会涉及无风险收益率、风险收益率、市场平均收益率、市场风险溢价(equity risk premium, ERP)、Beta 系数等具体参数的选取与测算问题。

(1) 权益资本成本

R_e 口径的折现率与 FCFE 口径相匹配,一般用于 FCFE 折现模型中,用以评估股东全部权益价值。测算权益资本成本的常用模型或方法有资本资产定价模型(CAPM)、套利定价模型(APT)、风险累加法等。

CAPM 的应用最广泛,实质上是一种单变量模型,通过市场来判断系统性风险。在 CAPM 中,资本的收益率,即企业权益资本的折现率,等于无风险收益率加上公司的风险程度与市场收益率与无风险收益率之差的乘积。CAPM 的计算公式可表示为:

$$R_e = R_f + \beta \times (R_m - R_f) + R_s \qquad (2.3)$$

式中，R_e 表示权益资本成本；R_f 表示无风险收益率；R_m 表示市场预期收益率；R_s 表示企业特有风险调整系数；$R_m - R_f$ 表示市场风险溢价，即 ERP；β 即 Beta 系数，代表系统性风险，是资产相对于市场收益率的敏感度。

APT 拓展了更多影响风险资产收益的因素，并根据无套利原则，得到风险资产均衡收益与多个因素之间存在线性关系的结论。但由于影响因素不确定、操作难度较大、运用过程较复杂等原因，APT 目前在评估实务中尚未被广泛采用。

(2) 加权平均资本成本

WACC 口径的折现率与 FCFF 口径相匹配，一般用于 FCFF 折现模型中，用以评估企业整体价值。将企业权益资本成本和债务资本成本按照各自在企业总资本中的比重进行加权平均，可以计算得到 WACC。WACC 的计算公式可表示为：

$$WACC = \frac{E}{D+E} \times R_e + \frac{D}{D+E} \times R_d \times (1-T) \qquad (2.4)$$

式中，R_d 表示债务资本成本；$\frac{E}{D+E}$ 表示权益资本占企业总资本的比重；$\frac{D}{D+E}$ 表示债务资本占企业总资本的比重；T 表示所得税率。

2.2.2 参数选取影响周期性公司估值的实证分析

本部分以某周期性上市公司（以下简称"T 公司"）整体价值评估为例，通过模拟 FCFF 折现模型中选取不同参数时的多种具体参数组合，实证分析参数选取对周期性公司估值结果的影响程度。

2.2.2.1 样本公司估值模型中的参数选取与测算

该评估案例以 2010 年 12 月 31 日为评估基准日，假设 T 公司持续经营。首先，预测 T 公司在 2011—2015 年的 FCFF。其次，选取 2001—2010 年无风险收益率和市场平均收益率，计算 T 公司 WACC。最后，根据这些数据，分别采用 FCFF 稳定增长模型和两阶段模型，模拟组合得出多组样本公司估值结果，进而分析 FCFF 折现模型中参数选取对估值结果的影响程度。

(1) 样本公司估值模型

①FCFF 折现模型

如前所述，FCFF 折现模型可以用公式表示为：

2 周期性行业及周期性公司估值理论分析

$$P = \sum_{t=1}^{\infty} \frac{FCFF_t}{(1 + WACC)^t} \qquad (2.5)$$

式中，P 表示企业整体价值；$FCFF_t$ 表示第 t 年的 FCFF。

②FCFF 稳定增长模型

若企业收益以固定增长率增长，则 FCFF 折现模型即 FCFF 稳定增长模型，式（2.5）可以进一步表示为：

$$P = \frac{FCFF_1}{WACC - g} \qquad (2.6)$$

式中，g 表示 FCFF 稳定增长率；$FCFF_1$ 表示第 1 年的 FCFF。

③FCFF 两阶段模型

若企业增长呈现阶段性特征，在 n 年以后达到收益稳定增长状态，则 FCFF 折现模型即 FCFF 两阶段模型，式（2.5）可以进一步表示为：

$$P = \sum_{t=1}^{n} \frac{FCFF_t}{(1 + WACC)^t} + \frac{FCFF_n(1 + g)}{(WACC - g)(1 + WACC)^n} \qquad (2.7)$$

式中，$FCFF_n$ 表示第 n 年的 FCFF；g 表示第二阶段的 FCFF 稳定增长率。

（2）未来自由现金流的选取与测算

这里在分析 T 公司近五年 FCFF 的基础上，预测 T 公司未来五年的 FCFF。

①近五年 T 公司 FCFF 计算

根据 T 公司 2006—2010 年年度报告，计算得到近五年 T 公司的 FCFF，如表 2.9 所示。

表 2.9　2006—2010 年 T 公司 FCFF 统计　　　　单位：千元

年　份	2006	2007	2008	2009	2010
企业自由现金流	-189 814	520 336	540 573	809 254	1 078 758

资料来源：根据 T 公司 2006—2010 年年度报告计算得出。

②未来五年 T 公司 FCFF 预测

如果 T 公司自 2010 年以后即达到稳定增长状态，则可以采用 FCFF 稳定增长模型估算企业整体价值。此时须测算企业的稳定增长率 g，测算方法有多种。这里采用两种方法测算 g：一是参照已有研究（火颖、张汉飞，2004），采用 2001—2010 年 GDP 增长速度的算术平均值 g_1 = 10.43% 作为 FCFF 预期增长率，据此计算 2011—2015 年 T 公司 FCFF，如表 2.10 所示；

二是采用 T 公司 2004—2010 年历史增长率平均值作为 FCFF 预期增长率，具体采用可持续增长率和主营业务增长率两个指标，并分别对其赋予 20%和 80%的权重，综合计算得到历史增长率平均值为 $g_2 = 8.93\%$，以此作为 FCFF 预期增长率并计算 2011—2015 年 T 公司 FCFF，如表 2.10 和表 2.11 所示。

如果 T 公司在 5 年以后才达到稳定增长状态，则可以采用 FCFF 两阶段模型估算企业整体价值。对于第一阶段，根据 T 公司近 5 年的 FCFF、企业实际和合理预期的产能产量与市场占有率情况，以及企业营业成本、三项期间费用、营运资本、追加投资等科目情况，可以逐项预测计算出 2011—2015 年的 FCFF，如表 2.11 所示；对于第二阶段，T 公司 FCFF 自 2016 年起继续以固定增长率 $g_1 = 10.43\%$ 或者 $g_2 = 8.93\%$ 实现稳定增长。

表 2.10　2004—2010 年 T 公司 FCFF 平均增长率预测　　单位:%

年份	可持续增长率	权重	营业收入增长率	权重	年度增长率
2004	-0.35	20.00	42.57	80.00	33.99
2005	6.97	20.00	28.28	80.00	24.02
2006	-39.38	20.00	-5.74	80.00	-12.47
2007	12.84	20.00	-19.80	80.00	-13.27
2008	14.39	20.00	-1.66	80.00	1.55
2009	9.75	20.00	15.29	80.00	14.18
2010	4.40	20.00	17.04	80.00	14.51
年度增长率平均值					8.93

资料来源：根据相关资料整理。

表 2.11　2011—2015 年 T 公司 FCFF 预测　　单位：千元

预测情形	2011—2015 年 FCFF 预测值					2016 年及以后 FCFF 预测值
	2011	2012	2013	2014	2015	
稳定增长前五年 ($g_1 = 10.43\%$)	1 191 272	1 315 522	1 452 731	1 604 251	1 771 574	以 g_1 稳定增长
稳定增长前五年 ($g_2 = 8.93\%$)	1 175 091	1 280 027	1 394 333	1 518 847	1 654 480	以 g_2 稳定增长

2 周期性行业及周期性公司估值理论分析

续表

预测情形	2011—2015 年 FCFF 预测值					2016 年及以后 FCFF 预测值
	2011	2012	2013	2014	2015	
第一阶段逐项预测	809 528	899 180	929 155	879 288	902 541	以 g_1 稳定增长
						以 g_2 稳定增长

资料来源：根据相关资料整理。

(3) 折现率及其具体参数的选取与测算

下面继续分步骤测算 T 公司 WACC 及其具体参数。

① T 公司 R_e 的测算

对于企业 R_e 的测算，现在通行的做法是采用 CAPM 进行计算。但通过 CAPM 测算 R_e，必须首先确定三个参数，即 R_f、Beta 系数和 ERP。

R_f 的选取——在现行公司估值实践中，对于 R_f 的选取，常见做法是直接采用 5~10 年国债利率，还有一种做法是选用在债券市场上所有到期日距评估基准日 5 年以上的国债利率。为讨论不同参数选取对公司估值结果的影响程度，我们分别把 2001—2010 年发行的 5 年期凭证式国债和记账式国债的平均收益率 3.55%，以及到期日距离评估基准日 5 年以上债券的平均收益率 4.25%，作为该估值案例中的 R_{f1} 和 R_{f2} 取值。

Beta 系数的测算——Beta 系数的常见计算方法有两种：一是根据证券与股票指数收益率的协方差直接进行计算；二是对某一证券收益率与同期 R_m 建立回归方程，将回归系数作为 Beta 值。对此，我们一方面计算 2004—2010 年 T 公司股票收益率与沪深 300 指数收益率的协方差，得到 β_1 为 0.67；另一方面通过对 T 公司 2004—2010 年股票收益率和沪深 300 指数收益率建立回归方程，计算得到 β_2 为 0.837。其中，参照美国相关机构估算美国 ERP 时选用标准普尔 500（S&P500）指数的经验，在估算我国市场 R_m 时选用沪深 300 指数。

ERP 的测算——ERP 是投资者投资股票市场的期望收益率超过 R_f 的部分。为合理稀释由于股票非系统性波动所产生的扰动，结合中国股市股票波动的特性，选择 10 年的间隔期作为 ERP 的计算年期。继续选用沪深 300 指数样本估算 R_m，采用到期日距离评估基准日 10 年以上债券收益率作为 R_f，以此计算 2001—2010 年各年度 ERP，并取其平均值 7.40% 作为该估值案例中的 ERP 取值。详见表 2.12。

表 2.12 ERP 测算   单位:%

年份	2001	2002	2003	2004	2005	2006	2007	2008	2009	2010	平均值
R_m	8.35	1.40	5.69	1.95	3.25	22.54	37.39	0.57	16.89	15.10	11.31
R_f	3.83	3.00	3.77	4.98	3.56	3.55	4.30	3.80	4.09	4.25	3.91
ERP	4.52	-1.60	1.92	-3.03	-0.31	18.99	33.09	-3.23	12.80	10.85	7.40

资料来源:根据相关资料整理。

R_s 的选取——R_s 的选取需要考虑企业规模、所处经营阶段、历史经营、财务风险、主要产品所处发展阶段等多种因素。一般可采用沃尔打分法,对企业各项经营财务指标进行打分,并与行业平均值比较,最后综合得出企业特定风险。一般企业特定风险值选取区间为 0~3%,为简化本案例模拟过程,暂将 T 公司特定风险取值为 2%。

R_e 的确定——根据上述步骤测算得出的 ERP、R_s 以及两种 R_f、两种 Beta 系数的不同取值,进一步应用 CAPM(2.3)估算得到 T 公司 R_e 的 4 种不同取值结果,如表 2.13 所示。

表 2.13 T 公司 CAPM 测算

计算模型	具体测算参数	R_e
$CAPM_1$	$R_{f1}=3.55\%$;$\beta_1=0.67$;$ERP=7.4\%$;$R_s=2\%$	$R_{e1}=10.51\%$
$CAPM_2$	$R_{f2}=4.25\%$;$\beta_1=0.67$;$ERP=7.4\%$;$R_s=2\%$	$R_{e2}=11.21\%$
$CAPM_3$	$R_{f1}=3.55\%$;$\beta_1=0.837$;$ERP=7.4\%$;$R_s=2\%$	$R_{e3}=11.74\%$
$CAPM_4$	$R_{f2}=4.25\%$;$\beta_1=0.837$;$ERP=7.4\%$;$R_s=2\%$	$R_{e4}=12.44\%$

资料来源:根据相关资料整理。

②T 公司 WACC 的测算

为测算 T 公司 WACC,还需要分别计算 R_d、$\frac{E}{D+E}$ 以及 $\frac{D}{D+E}$,然后综合 R_e 的取值结果确定 WACC。

R_d 的测算——关于 R_d,我们选取 2010 年中国人民银行贷款利率,将 1 年期贷款利率作为短期债务成本,将 5 年以上贷款利率作为长期债务成本,并按照 T 公司短期债务和长期债务的比例进行加权平均,最后计算得到 R_d,如表 2.14 所示。

2 周期性行业及周期性公司估值理论分析

表 2.14 T 公司 WACC 测算

短期债务（千元）	短期贷款利率	权重	长期债务（千元）	长期贷款利率	权重
13 457 800	5.81%	77.51%	3 904 790	6.40%	22.49%
R_d					5.94%

资料来源：根据相关资料整理。

$\dfrac{E}{D+E}$ 和 $\dfrac{D}{D+E}$ 的测算——根据 T 公司资产负债表，可分别得到 2006—2010 年债务资本与股权资本的比例，以此进行算术平均，计算得出：$\dfrac{D}{D+E}$ 为 47%，$\dfrac{E}{D+E}$ 为 53%。如表 2.15 所示。

表 2.15 T 公司债务权重和权益权重测算

年份	2006	2007	2008	2009	2010	平均值
短期借款（千元）	3 292 100	3 130 620	6 712 220	5 013 670	13 457 800	—
长期借款（千元）	42 632	435 772	24 301	2 074 420	1 929 290	—
应付债券（千元）	0	1 170 420	125 082	0	1 975 500	—
债务合计（千元）	3 334 732	4 736 812	6 861 603	7 088 090	17 362 590	—
股东权益（千元）	4 676 650	5 650 840	6 211 480	8 428 430	18 092 400	—
债务权益合计（千元）	8 011 382	10 387 652	13 073 083	15 516 520	35 454 990	—
债务权重（%）	42	46	52	46	49	47
权益权重（%）	58	54	48	54	51	53

资料来源：根据 T 公司 2006—2010 年年度报告计算得出。

WACC 的确定——根据 T 公司 R_d、$\dfrac{E}{D+E}$、$\dfrac{D}{D+E}$ 以及 R_e 的 4 种不同取值结果，进一步应用 WACC（2.4）估算得到 T 公司 WACC 的 4 种不同取值结果，如表 2.16 所示。

表 2.16　T 公司 WACC 测算　　　　　　　　　　　单位：%

计算模型	R_e	其他具体测算参数	WACC
$WACC_1$	$R_{e1}=10.51$	$R_d=5.94$；$T=25$	$WACC_1=7.67$
$WACC_2$	$R_{e2}=11.21$		$WACC_2=8.04$
$WACC_3$	$R_{e3}=11.74$	$\dfrac{D}{D+E}=47$；$\dfrac{E}{D+E}=53$	$WACC_3=8.32$
$WACC_4$	$R_{e4}=12.44$		$WACC_4=8.69$

资料来源：根据相关资料整理。

2.2.2.2　参数选取对样本公司估值结果的影响分析

根据上述有关 T 公司估值实例中不同参数选取的分析，我们分别得到 T 公司 FCFF 的 4 组不同预测结果（表 2.11）和 WACC 的 4 种不同取值结果（表 2.16）；下一步，将不同参数组合分别代入 FCFF 稳定增长模型（2.6）和 FCFF 两阶段模型（2.7），可以测算得到 T 公司整体价值的 16 种不同评估结果，如表 2.17、表 2.18 所示。16 个评估值的范围在 179～490 亿元，平均值为 335 亿元。

表 2.17　T 公司 FCFF 稳定增长模型 8 种估值结果　　　单位：千元

具体测算参数	T 公司 FCFF 稳定增长模型估值结果	具体测算参数	T 公司 FCFF 稳定增长模型估值结果
$g_1=10.43\%$；$WACC_1=7.67\%$	49 023 539	$g_2=8.93\%$；$WACC_1=7.67\%$	36 664 306
$g_1=10.43\%$；$WACC_2=8.04\%$	42 545 429	$g_2=8.93\%$；$WACC_2=8.04\%$	32 869 678
$g_1=10.43\%$；$WACC_3=8.32\%$	38 677 662	$g_2=8.93\%$；$WACC_3=8.32\%$	30 482 257
$g_1=10.43\%$；$WACC_4=8.69\%$	34 529 623	$g_2=8.93\%$；$WACC_4=8.69\%$	27 812 805

资料来源：根据相关资料整理。

表 2.18　T 公司 FCFF 两阶段模型 8 种估值结果　　　单位：千元

具体测算参数	T 公司 FCFF 稳定增长模型估值结果	具体测算参数	T 公司 FCFF 稳定增长模型估值结果
$g_1=10.43\%$；$WACC_1=7.67\%$	21 785 145	$g_2=8.93\%$；$WACC_1=7.67\%$	20 493 211
$g_1=10.43\%$；$WACC_2=8.04\%$	20 731 049	$g_2=8.93\%$；$WACC_2=8.04\%$	19 507 764
$g_1=10.43\%$；$WACC_3=8.32\%$	19 996 132	$g_2=8.93\%$；$WACC_3=8.32\%$	18 820 662
$g_1=10.43\%$；$WACC_4=8.69\%$	19 098 188	$g_2=8.93\%$；$WACC_4=8.69\%$	17 981 076

资料来源：根据相关资料整理。

2.2.2.3 实证分析结论

诚然，该周期性公司估值案例并未完全详尽地对公司估值模型、具体测算参数的选择及其可能的参数组合形式进行模拟分析，但显而易见，采用收益途径对公司估值时，参数选取对估值结果的影响十分显著。一方面，如果采用相对较小的加权平均资本成本或较高的稳定增长率，不仅会直接对企业未来自由现金流的预测产生影响，而且最终会导致企业的价值被高估，反之亦然；另一方面，这种情况使得资产评估相关当事方出于某种目的对企业估值进行操纵的潜在愿望成为可能，一些人为因素将不可避免地对估值结果的合理性和可信度产生不良影响。这也充分说明参数的适当选取对公司合理估值的关键作用，细微的参数取值不当即可能导致公司估值结果的重大误差。

这一结论对于参数波动性更加显著的周期性公司估值而言更为适用。虽然所有的企业都会受到宏观经济波动的影响，但它们受影响的程度不一。周期性公司估值的关键参数受宏观经济波动的影响更大。因此，对于周期性公司，更应关注经济波动情形下的估值参数选取对其价值评估可能产生的影响。

第二篇　混合所有制改革中周期性公司估值模型的理论修正

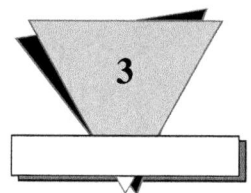

宏观经济因素视角下周期性公司估值框架构建

3 宏观经济因素视角下周期性公司估值框架构建

本章重点围绕宏观经济因素与周期性行业公司价值指标之间的关联展开实证研究,尝试构建周期性公司估值的整体框架,进一步提出在宏观经济因素视角下的收益途径应用思路与市场途径应用思路,为后续深化宏观经济因素与周期性公司估值的联动研究奠定基础。由于周期性行业可进一步分为工业类周期性行业和消费类周期性行业,本章将分别针对这两类周期性行业的样本公司进行实证分析。

3.1 宏观经济因素与工业类周期性公司价值之间关系的实证分析

本节重点围绕宏观经济因素与工业类周期性公司价值指标之间的关联展开实证研究,从而为周期性公司估值框架的构建提供思路与依据。

3.1.1 理论分析与研究设计

3.1.1.1 理论分析与研究假设

虽然典型的工业类周期性行业又可进一步细分为采矿、钢铁、水泥、石化等不同具体行业,但针对这类行业所具有的周期性共性特征,挖掘和构建在周期性公司估值中对宏观经济因素考量的基本框架,并以此为基础应用于估值实践则显得十分必要。与此同时,宏观经济现象错综复杂且类型多样,所以刻画这些现象的宏观经济指标是范围广泛、多种多样,其对不同周期性行业的影响也就不可等同视之。于是,框架构建的前提应该首先是识别和聚焦显著影响工业类周期性公司价值的宏观经济因素,为周期性公司估值中的宏观经济因素考量提供依据。

基于此,借鉴并区别于已有研究(陈蕾等,2016;李和荟,2017),笔者拟从股价走势和估值水平两个视角出发,以具有代表性的典型的采矿业上市公司为研究对象,选取2006—2013年[①]统计数据,对主要宏观经济指标与采矿业上市公司价值指标的相关关系进行实证检验和相互验证。笔者参考了现有文献,提出以下研究假设:

[①] 选取2006—2013年的数据作为实证研究的样本,主要是由于在2006年股权分置改革完成之前,大规模的国有股减持导致股票市场的价格信号扭曲,2006年以后的股票市场运行机制与2005年以前已经完全不同,所以2006年时点前后的经验数据的可比性较弱。

假设1：部分宏观经济指标对采矿业上市公司股价走势具有较强的解释能力。

假设2：部分宏观经济指标对采矿业上市公司估值水平具有较强的解释能力。

假设3：宏观经济指标对采矿业上市公司股价走势和估值水平的影响趋于一致。

3.1.1.2 指标选取与数据来源

（1）宏观经济指标

根据国家统计局对宏观经济指标的分类并结合同花顺、国泰安等数据库对该类指标的统计，笔者将宏观经济指标划分为7类，用以描述宏观经济环境的各个方面，主要包括宏观经济综合指标、价格水平指标、国内贸易指标、对外经济指标、金融类指标、工业类指标和财政类指标。其中，宏观经济综合指标用于描述宏观经济总体情况，价格水平指标用于反映物价变动情况，国内贸易指标用于反映国内消费需求和投资需求情况，对外经济指标用于反映我国对外贸易情况，金融类指标用于反映货币供应量、利率、汇率等货币政策调控情况，工业类指标用于反映工业发展情况，财政类指标则用于反映国家财政收支结余等财政政策调控情况。这7类宏观经济指标由若干项具体指标构成。笔者从中选取20项具有代表性的具体指标，并以其在2006—2013年的月度数据作为宏观经济因素的样本数据，如表3.1所示。相关数据来源于国家统计局网站、中经网数据库和人民网宏观经济数据库。

表 3.1　宏观经济指标选取类别

序号	指标类别	具体指标
1	宏观经济综合指标	国内生产总值、宏观经济景气指数、制造业采购经理人指数
2	价格水平指标	消费者物价指数、生产者价格指数
3	国内贸易指标	社会消费品零售总额、全社会固定资产投资额
4	对外经济指标	进出口总额
5	金融类指标	货币供应量M0、货币供应量M1、货币供应量M2、贷款基准利率、存款基准利率、美元兑换人民币汇率
6	工业类指标	工业增加值增速、工业发电量、工业发电量同比增长

续表

序号	指标类别	具体指标
7	财政类指标	国家财政收入、国家税收收入、国家财政支出

资料来源：根据相关资料整理。

(2) 采矿业上市公司股价走势指标

对于上市公司而言，股价是其价值的直接反映，也是对其收益的间接反映，同时也侧面体现出人们对企业价值的判断和预期。考虑到上证周期行业50指数和沪深300周期行业指数，挑选了我国规模较大、流动性好、具有周期行业特征的公司股票组成样本股，笔者选择截至2013年7月同属于上证周期行业50指数和沪深300周期行业指数样本股的15家采矿业上市公司作为研究样本，并进一步整合计算样本上市公司的综合股价指数作为采矿业上市公司股价走势指标。相关数据来源于同花顺数据库。15家样本上市公司信息详见表3.2。

表3.2 采矿业上市公司研究样本

序号	证券代码	证券简称	序号	证券代码	证券简称	序号	证券代码	证券简称
1	600028	中国石化	6	600489	中金黄金	11	601857	中国石油
2	600123	兰花科创	7	600547	山东黄金	12	601898	中煤能源
3	600188	兖州煤业	8	601088	中国神华	13	601899	紫金矿业
4	600348	阳泉煤业	9	601699	潞安环能	14	601958	金钼股份
5	600395	盘江股份	10	601808	中海油服	15	603993	洛阳钼业

资料来源：根据相关资料整理。

选取2006年1月个股收盘价作为各样本公司的基期股票价格，根据报告期股票的成交量计算权重，然后对2006年1月—2013年12月的15家样本公司的股票价格进行整合，逐一核算出适用于本研究的综合股价指数月度数据。核算方法是加权算术平均法，具体公式如下：

$$K_P = \frac{\sum p_{1i}q_i}{\sum p_{0i}q_i} \quad i = 1, 2, \cdots, n \quad (3.1)$$

式中，K_p为股价指数；p_{0i}、p_{1i}分别表示基期和报告期的股票价格；q_i表示报告期的股票成交量。

（3）采矿业上市公司估值水平指标

价值比率是衡量企业估值水平的常用指标，具体包括市盈率、市净率等。其中，市盈率是被普遍应用的估值指标，但对于工业类周期性较强的行业，经济周期变动易导致企业收益出现明显起落，甚至成为负值，此时使用市盈率进行估值的可操作性降低，市净率则成为更可靠的估值指标之一；并且，市净率受到企业会计制度和政策规定的影响弱于市盈率，也不易受到企业利润可能被人为操纵的干扰，估值结果一般而言更客观。所以，笔者在此选择市净率即每股股价与每股净资产的比率，作为衡量采矿业上市公司估值水平的分析指标，具体选取 2006 年 1 月—2013 年 12 月采矿业行业市净率的月度数据作为样本数据。相关数据来源于同花顺数据库。

3.1.2 宏观经济因素与工业类周期性公司价值指标关联研究

3.1.2.1 描述性统计分析

运用 SPSS19.0 软件对 2006 年 1 月—2013 年 12 月[①]的 15 家样本上市公司综合股价指数、采矿业行业市净率和 20 项宏观经济指标进行描述性统计分析。分析结果详见表 3.3。

表 3.3 描述性统计分析

指标	指标名称	样本数	均值	最大值	最小值	标准差	偏度	峰度
Y_1	股价指数	96	211.72	556.33	76.81	95.54	1.41	2.37
Y_2	行业市净率	96	3.53	10.77	1.43	1.92	1.63	2.73
X_1	国内生产总值（千亿元）	96	32.29	61.77	14.39	11.38	0.58	-0.22
X_2	宏观经济景气指数	96	101.05	121.30	73.30	12.29	-0.30	-0.85

---

① 因国家统计局统计方式所致，2012 年度和 2013 年度的社会消费品零售总额均只发布 3—12 月数据，故该项样本数据为 92 个；每年度的全社会固定资产投资额和工业增加值增速只发布 2—12 月数据，故该两项样本数据均为 88 个；2013 年度的工业产品发电量和工业产品发电量同比增长只发布 3—12 月数据，故该两项样本数据均为 94 个；国家税收收入在 2009 年（含）以前均只发布 1—11 月数据，2010 年开始发布全年数据，故该项样本数据为 92 个；其余指标样本数据均为 96 个。

续表

指标	指标名称	样本数	均值	最大值	最小值	标准差	偏度	峰度
X_3	制造业采购经理人指数	96	52.41	59.20	38.80	3.18	-1.19	4.11
X_4	消费者物价指数	96	103.18	108.70	98.20	2.41	0.10	-0.20
X_5	生产者价格指数	96	101.88	110.06	91.80	4.59	-0.34	-0.75
X_6	社会消费品零售总额（千亿元）	92	12.01	23.06	5.78	4.54	0.45	-0.87
X_7	全社会固定资产投资总额（千亿元）	88	21.57	50.11	5.29	11.45	0.55	-0.72
X_8	进出口总额（千亿元）	96	16.37	23.84	8.52	3.95	0.06	-1.15
X_9	货币供应量M0（千亿元）	96	39.63	62.45	23.47	11.01	0.27	-1.17
X_{10}	货币供应量M1（千亿元）	96	213.59	337.26	104.36	71.07	-0.02	-1.48
X_{11}	货币供应量M2（千亿元）	96	640.50	1,106.51	303.57	247.50	0.30	-1.21
X_{12}	贷款基准利率（%）	96	6.17	7.47	5.31	0.64	0.67	-0.32
X_{13}	存款基准利率（%）	96	2.99	4.14	2.25	0.60	0.49	-0.74
X_{14}	美元兑换人民币汇率	96	6.89	8.07	6.12	0.59	0.68	-0.74
X_{15}	工业增加值增速（%）	88	13.40	20.10	5.40	3.56	-0.06	-0.94
X_{16}	工业产品发电量（千亿千瓦小时）	94	3.28	4.99	1.96	0.73	0.17	-0.87
X_{17}	工业产品发电量同比增长（%）	94	9.82	36.45	-11.80	7.75	0.04	1.59
X_{18}	国家财政收入（千亿元）	96	6.80	13.66	2.53	2.86	0.47	-0.67
X_{19}	国家税收收入（千亿元）	92	6.06	12.03	2.27	2.44	0.52	-0.48
X_{20}	国家财政支出（千亿元）	96	7.21	25.01	1.56	4.55	1.52	2.75

资料来源：根据相关资料整理。

3.1.2.2 宏观经济因素与采矿业上市公司价值指标之间相关关系的实证检验

借助SPSS19.0软件，将样本上市公司综合股价指数、采矿业行业市净率分别与20项宏观经济指标进行相关性分析，通过计算特定指标之间的Pearson相关系数，以及采用双侧检验方法检验相关系数的显著性水平，量化分析宏观经济因素对采矿业上市公司股价走势和估值水平的影响。相关性分析结果详见表3.4。

表 3.4 变量相关性分析结果

指标	相关系数 $r(Y_1)$	双尾检验 $p(Y_1)$	相关系数 $r(Y_2)$	双尾检验 $p(Y_2)$	指标	相关系数 $r(Y_1)$	双尾检验 $p(Y_1)$	相关系数 $r(Y_2)$	双尾检验 $p(Y_2)$
X_1	-0.327**	0.001	-0.359**	0.000	X_{11}	-0.408**	0.000	-0.438**	0.000
X_2	0.609**	0.000	0.655**	0.000	X_{12}	0.441**	0.000	0.533**	0.000
X_3	0.386**	0.000	0.383**	0.000	X_{13}	0.391**	0.000	0.466**	0.000
X_4	0.424**	0.000	0.505**	0.000	X_{14}	0.228*	0.025	0.271**	0.008
X_5	0.232*	0.023	0.300**	0.003	X_{15}	0.483**	0.000	0.541**	0.000
X_6	-0.390**	0.000	-0.418**	0.000	X_{16}	-0.278**	0.007	-0.282**	0.006
X_7	-0.435**	0.000	-0.444**	0.000	X_{17}	0.295**	0.004	0.313**	0.002
X_8	-0.275**	0.007	-0.263**	0.010	X_{18}	-0.287**	0.005	-0.296**	0.003
X_9	-0.363**	0.000	-0.403**	0.000	X_{19}	-0.246*	0.018	-0.266*	0.010
X_{10}	-0.337**	0.001	-0.378**	0.000	X_{20}	-0.250*	0.014	-0.299**	0.003

资料来源：根据相关资料整理。

注：*表示相关系数通过0.05的显著性水平检验，**表示相关系数通过0.01的显著性水平检验。后者的统计检验更为精确。

根据表3.4可以看出，2006年1月—2013年12月：

第一，采矿业上市公司综合股价指数与6项宏观经济指标的Pearson相关系数为$0.4 \leq |r| < 0.7$且P值< 0.01，呈显著的中度线性相关；其中，按$|r|$由大到小排序，其与宏观经济景气指数、工业增加值增速、贷款基准利率、消费者物价指数之间为中度线性正相关关系，与全社会固定资产投资额、货币供应量M2之间为中度线性负相关关系。其他14项宏观经济指标与综合股价指数的Pearson相关系数为$|r| < 0.4$且P值< 0.01或0.05，呈显著的低度线性相关。据此说明，部分宏观经济指标与采矿业上市公司股价走势存在较强的线性相关关系。验证了假设1。

第二，采矿业行业市净率与9项宏观经济指标的Pearson相关系数为

3 宏观经济因素视角下周期性公司估值框架构建

0.4≤|r|<0.7 且 P 值<0.01，呈显著的中度线性相关；其中，按|r|由大到小排序，其与宏观经济景气指数、工业增加值增速、贷款基准利率、消费者物价指数、存款基准利率之间为中度线性正相关关系，与全社会固定资产投资额、货币供应量 M2、社会消费品零售总额、货币供应量 M0 之间为中度线性负相关关系。其他 11 项宏观经济指标与行业市净率的 Pearson 相关系数为|r|<0.4 且 P 值<0.01 或 0.05，呈显著的低度线性相关。据此说明，部分宏观经济指标与采矿业上市公司估值指标存在较强的线性相关关系。验证了假设 2。

第三，与采矿业上市公司股价走势呈较强相关关系的 6 项宏观经济指标和与其估值指标呈较强相关关系的 9 项宏观经济指标都主要集中在宏观经济综合指标、工业类指标、金融类指标、价格水平指标和国内贸易指标等五个类别，尤其体现为宏观经济综合指标中的宏观经济景气指数、工业类指标中的工业增加值增速、金融类指标中的贷款基准利率和货币供应量 M2、价格水平指标中的消费者物价指数，以及国内贸易指标中的全社会固定资产投资额。从股价走势和估值水平两个视角看，这 6 项指标与采矿业上市公司价值指标之间不仅相关性程度的大小和排序相似，而且变动方向也非常一致。此外，对外经济指标和财政类指标的影响则相对较弱。可见，宏观经济指标对采矿业上市公司股价走势和估值水平的影响趋于一致。验证了假设 3。

3.1.2.3 实证分析结论

由此可知，在采矿业企业估值中，宏观经济因素是不可忽视的重要变量；对于宏观经济景气指数、工业增加值增速、贷款基准利率、货币供应量 M2、消费者物价指数、全社会固定资产投资额这 6 项影响显著的共性指标，在具体估值过程中应当予以重点关注和合理考量。而对于其他工业类周期性行业，同样可以参照这一实证分析思路，推而广之应用于对具体宏观经济因素的识别，并将其作为估值过程中的宏观经济因素考量依据。

3.2 宏观经济因素与消费类周期性公司价值之间关系的实证分析

与前节类似，本节重点围绕宏观经济因素与消费类周期性公司价值指标之间的关联展开实证研究，从而为周期性公司估值框架的构建提供思路与依据。

3.2.1 理论分析与研究设计

3.2.1.1 理论分析与研究假设

消费类周期性行业可进一步细分为金融、房地产等轻资产型行业以及汽车、航空等重资产型行业。其中，金融业作为典型的消费类和资本类周期性行业，其估值在较大程度上受到宏观经济条件变动影响。其一，根据凯恩斯主义经济学，一国股市会受到来自经济增长、实际利率和通货膨胀率等宏观经济因素的影响，而股价是公司市值分析中最显而易见的表达方式。因为股价是对公司价值、经营、收益情况的直接反映，同时也折射出市场对公司价值的预期。其二，从会计角度来看，宏观经济因素变动对公司股价、净值、收入、盈利能力的影响，势必会造成市盈率、市净率、市销率等估值水平指标的变动。其三，作为公司估值的核心环节之一，系统性风险的度量直接影响估值结果的合理性与可靠性，其作为政策风险、利率风险、购买力风险、市场风险等风险的综合体现，因宏观经济等因素冲击或牵连而存在，且不可分散。

因此，借鉴并区别于已有研究，立足于宏观经济因素与金融业公司价值间的联动关系，笔者拟从股价走势、估值水平和系统性风险等三个视角出发，对主要宏观经济指标与金融业公司估值指标的相关关系进行实证检验和相互验证。笔者参考了现有文献，提出以下三个可供检验的研究假设：

假设1：宏观经济因素对金融业公司股价走势具有较强的解释能力。
假设2：宏观经济因素对金融业公司估值水平具有较强的解释能力。
假设3：宏观经济因素对金融业公司系统性风险具有较强的解释能力。

3.2.1.2 研究方法

本部分的研究方法主要分为四个步骤：

其一，使用相关性分析检验变量线性相关性程度。相关性分析一般用于对两个或多个具备相关性的变量元素进行分析，具体通过计算变量之间的 Pearson 系数，采用双侧检验方法检验相关系数的显著性水平，从而衡量变量因素的线性相关密切程度。借助 SPSS19.0 软件，通过相关性分析，衡量金融业公司的股价走势指标、估值水平指标、系统性风险指标与宏观经济因素指标的线性相关性程度。

3 宏观经济因素视角下周期性公司估值框架构建

其二，使用 ADF 检验验证序列平稳性。在经典回归模型中，由于随机趋势的存在，导致 Y 对其均衡点的偏离被长期积累下来而不能消除，从而使回归结果存在偏差，特别是时间序列中尤为明显。序列的平稳性检验一般借助检验单位根的方法实现，即认为若不存在单位根则不存在随机游走现象，此时序列为平稳序列。常见的单位根检验包括 ADF 检验、PP 检验等，其中以 ADF 检验最为常见。借助 Eviews9.0 软件，通过 ADF 检验对金融业公司的股价走势指标、估值水平指标、系统性风险指标及多项宏观经济因素指标的数据平稳性进行检验，以保证回归结果正确性。

其三，使用 Engle-Granger 检验验证序列之间协整性。协整性一般用于度量多个非平稳时间序列相互之间稳定性，即反映的是多个非平稳序列经过线性组合之后非平稳程度的变动性质。两个或多个同阶单整序列的组合则可能存在协整关系。常用的协整检验方法包括 Engle-Granger 检验和 Johansen 检验。前者主要对回归残差的平稳性进行判断，后者主要通过回归系数进行分析。借助 Eviews9.0 软件，通过 Engle-Granger 检验，判断宏观经济因素指标与金融业公司的股价走势指标、估值水平指标、系统性风险指标之间的协整关系，以便进一步进行回归分析。

其四，应用多元回归分析变量间数量关系。OLS 回归是最常用的回归方法之一，多用于对模型的估计，其判定标准是被解释变量的估计值与实际观测值之差的平方和最小，也就是说在给定样本观测值下，误差最小。借助 Eviews9.0 软件，通过 OLS 回归进行多元回归模型构建，测度宏观经济因素指标与金融业公司的股价走势指标、估值水平指标、系统性风险指标之间的数量关系。

3.2.1.3 样本选取

本部分以金融业上市公司为研究对象，选取 2006—2015 年[①]相关统计数据作为研究样本。截至 2015 年 12 月，我国沪深 A 股金融板块共有金融业上市公司 49 家，鉴于此，选取这 49 家上市公司作为样本公司，其基本信息如表 3.5 所示。

---

① 2005 年 4 月我国正式施行股权分置改革，改革完成之前大规模的国有股减持导致股票市场的价格信号扭曲，2006 年前后股票市场运行机制大有不同，2006 年时点前后的经验数据的可比性较弱，因此本部分研究选取 2006 年 1 月—2015 年 12 月的数据作为研究样本。

表 3.5　样本上市公司基本信息

股票代码	股票简称	股票代码	股票简称	股票代码	股票简称	股票代码	股票简称
000001	平安银行	600000	浦发银行	600958	东方证券	601377	兴业证券
000166	申万宏源	600015	华夏银行	600999	招商证券	601398	工商银行
002736	国信证券	600016	民生银行	601009	南京银行	601555	东吴证券
000563	陕国投 A	600030	中信证券	601099	太平洋	601601	中国太保
000686	东北证券	600036	招商银行	601166	兴业银行	601628	中国人寿
000712	锦龙股份	600061	国投安信	601169	北京银行	601688	华泰证券
000728	国元证券	600109	国金证券	601198	东兴证券	601788	光大证券
000750	国海证券	600369	西南证券	601211	国泰君安	601818	光大银行
000776	广发证券	600643	爱建股份	601288	农业银行	601901	方正证券
000783	长江证券	600705	中航资本	601318	中国平安	601939	建设银行
002142	宁波银行	600816	安信信托	601328	交通银行	601988	中国银行
002500	山西证券	600837	海通证券	601336	新华保险	601998	中信银行
002673	西部证券						

资料来源：根据相关资料整理。

3.2.1.4　指标选取与数据来源

（1）宏观经济因素指标

结合我国经济实际情况，借鉴已有研究结论，这里选取国内生产总值、宏观经济景气指数、消费者物价指数、广义货币供应量、贷款基准利率、美元兑换人民币汇率作为宏观经济因素指标，分别用 GDP、PI、CPI、M2、BIR、ER 表示；以其在 2006—2015 年的月度数据作为宏观经济因素样本数据。其中，对国内生产总值、广义货币供应量进行差分处理，其余变量序列进行自然对数处理以增强数据平滑性。相关数据来源于国家统计局网站①。

---

① 因国家统计局不公布 GDP 月度数据，故笔者借助 Eviews9.0 软件将国家统计局公布的 GDP 季度数据转化为 GDP 月度数据。

3 宏观经济因素视角下周期性公司估值框架构建

(2) 股价走势指标

这里整合计算样本上市公司的综合股价指数作为金融业上市公司股价走势指标,用 SPI (stock price index) 表示。具体以 2006 年 1 月个股收盘价作为基期股票价格,以报告期股票成交量作为权重,使用派许指数计算方法,对 49 家样本上市公司[①]的股票价格数据进行整合,逐一核算出 2006—2015 年的综合股价指数月度数据,以此作为股价走势样本数据,并对其同样进行自然对数处理。相关数据来源于同花顺数据库。其中,综合股价指数具体公式如下:

$$K_p = \frac{\sum p_{1i} q_i}{\sum p_{0i} q_i} \quad i = 1, 2, \cdots, n \quad (3.2)$$

式中,K_p 为股价指数;p_{0i}、p_{1i} 分别表示基期和报告期的股票价格;q_i 表示报告期的股票成交量。

(3) 估值水平指标

价值比率是衡量企业估值水平的常用指标,一般包括市盈率、市净率、市销率等,其中以市盈率和市净率最为常见。这里将衡量样本公司整体估值水平的市盈率、市净率即金融行业市盈率和市净率,作为金融业上市公司估值水平指标,分别用 PE、PB 表示。具体以 2006—2015 年的金融行业市盈率和市净率月度数据作为估值水平样本数据,并对其同样进行自然对数处理。相关数据来源于同花顺数据库[②]。

(4) 系统性风险指标

证券市场一般用 Beta 系数衡量证券或证券组合相对于市场总体波动性,Beta 系数同时也是经典资本资产定价模型的重要参数。这里选取 Beta 系数作为金融业上市公司的系统性风险指标,用 BETA 表示。具体以 2006—2015 年的金融行业贝塔系数月度数据作为系统性风险样本,并对其同样进行自然对数处理。相关数据来源于同花顺数据库。

---

① 对于在 2006 年 1 月尚未上市的样本公司,以其上市后第一月股票收盘价格作为基期价格,同时对股价指数进行相应修正,即对新股上市后的股价指数分母进行如下调整:按基期股票计算的总市值=基期已上市股票基期价格×当月交易量+基期未上市股票上市第一月收盘价格×当月交易量。

② 这里所用数据来源于同花顺数据库使用整体法计算的月度数据。整体法将市场看作一个整体,可有效解决使用算数平均法存在的小企业倾斜问题。

3.2.1.5 模型设定

为考量金融业上市公司的股价走势指标、估值水平指标、系统性风险指标与宏观经济因素指标之间的联动关系，分别对 SPI、PE、PB、BETA 与上述宏观经济因素指标构建多元回归模型，如式（3.3）、式（3.4）、式（3.5）、式（3.6）所示。

$$SPI = c + \alpha_1 GDP + \alpha_2 PI + \alpha_3 CPI + \alpha_4 M2 + \alpha_5 BIR + \alpha_6 ER + \mu \quad (3.3)$$

$$PE = c + \beta_1 GDP + \beta_2 PI + \beta_3 CPI + \beta_4 M2 + \beta_5 BIR + \beta_6 ER + \mu \quad (3.4)$$

$$PB = c + \gamma_1 GDP + \gamma_2 PI + \gamma_3 CPI + \gamma_4 M2 + \gamma_5 BIR + \gamma_6 ER + \mu \quad (3.5)$$

$$BETA = c + \delta_1 GDP + \delta_2 PI + \delta_3 CPI + \delta_4 M2 + \delta_5 BIR + \delta_6 ER + \mu \quad (3.6)$$

式中，c 代表常数项；α_i、β_i、γ_i、δ_i 分别代表回归系数（$i = 1, 2, \cdots, 6$）；μ 代表残差项。

3.2.2 宏观经济因素与消费类周期性公司价值指标关联研究

3.2.2.1 描述性统计分析

运用 SPSS19.0 软件，对 2006 年 1 月—2015 年 12 月各样本数据进行描述性统计分析，分析结果详见表 3.6。

表 3.6　数据描述性统计分析

指标	指标名称	样本个数	均值	最大值	最小值	标准差	偏度	峰度
SPI	股价指数	120	4.71	5.49	4.27	0.31	0.68	-0.50
PE	行业市盈率	120	2.62	4.27	1.72	0.67	0.69	-0.52
PB	行业市净率	120	0.72	2.10	-0.07	0.54	0.59	-0.43
BETA	行业贝塔系数	120	0.13	0.44	-0.24	0.16	-0.14	-0.07
GDP	国内生产总值	119	0.04	1.14	-3.63	0.52	-3.36	21.84
PI	宏观经济景气指数	120	4.55	4.80	4.17	0.17	-0.56	-0.69
CPI	消费者物价指数	120	4.63	4.69	4.59	0.02	0.37	0.14
M2	货币供应量	119	0.91	3.73	-1.53	0.91	0.58	0.53
BIR	贷款基准利率	120	1.79	2.01	1.47	0.12	-0.18	0.58
ER	美元兑换人民币汇率	120	1.91	2.09	1.81	0.09	0.79	-0.55

注：部分数据来自国家统计局网站和同花顺数据库。在样本周期内，由于 GDP 和广义货币供应量数据曾进行差分处理，因此数据为 119 个，其余各项指标数据均为 120 个。

3.2.2.2 相关性分析

继续对 2006 年 1 月—2015 年 12 月各样本指标相关性进行分析，结果详见表 3.7。

表 3.7 变量相关性系数结果

	SPI	PE	PB	BETA	GDP	PI	CPI	M2	BIR	ER
SPI	1									
PE	0.834***	1								
PB	0.857***	0.984***	1							
BETA	-0.636***	-0.786***	-0.833***	1						
GDP	-0.026	0.014	0.018	0.019	1					
PI	0.393***	0.630***	0.653***	-0.656***	0.001	1				
CPI	0.201**	0.230**	0.281***	-0.477***	0.015	0.575***	1			
M2	-0.125	-0.249***	-0.226***	0.195**	-0.183**	-0.235***	-0.138	1		
BIR	0.227**	0.348***	0.382***	-0.509***	0.003	0.633***	0.765***	-0.201**	1	
ER	0.604***	0.911***	0.847***	-0.633***	0.000	0.596***	0.079	-0.295**	0.225**	1

资料来源：根据相关资料整理。

注：* 表示相关系数通过 0.1 的显著性水平检验，** 表示相关系数通过 0.05 的显著性水平检验，*** 表示相关系数通过 0.01 的显著性水平检验。后者的统计检验更为精确。

从表 3.7 可见，2006 年 1 月—2015 年 12 月，SPI、PE、PB、BETA 与 ER 之间，PE、PB、BETA 与 PI 之间均呈显著的高度线性相关关系，应在下一步研究中对 ER、PI 给予重点关注；SPI、PE、PB、BETA 分别与 BIR、CPI、M2 之间呈显著的中低度线性相关关系，应在下一步研究中对 BIR、CPI、M2 给予适当关注；SPI、PE、PB、BETA 与 GDP 之间则没有显著的线性相关关系，须在后续研究步骤中进一步考察。

3.2.2.3 ADF 检验及协整检验

为检验各样本指标数据的平稳性和协整性，首先，对各样本指标序列进行 ADF 检验，并根据赤池信息标准（AIC）确定最优滞后阶数，通过序列时序图确定检验模型形式，具体检验结论如表 3.8 所示。根据表 3.8，在 10% 的显著性水平下，仅 PI 序列为平稳序列，其他序列均为一阶单整

序列,即在一阶差分的情况下可以变平稳。由于存在同阶单整序列,故可进行协整检验。

表3.8 宏观经济变量与金融业行业指标序列的单位根检验

变量	检验模型	检验统计量	1%临界值	5%临界值	10%临界值	P	检验结果
SPI	I, T	-2.575 77	-4.036 98	-3.448 02	-3.149 14	0.292 1	不平稳
D(SPI)	I	-10.508 7	-3.486 55	-2.886 07	-2.579 93	0	平稳***
PE	I, T	-2.222 22	-4.036 98	-3.448 02	-3.149 14	0.472 7	不平稳
D(PE)	I	-11.697 7	-3.486 55	-2.886 07	-2.579 93	0	平稳***
PB	I, T	-2.759 3	-4.036 98	-3.448 02	-3.149 14	0.215 4	不平稳
D(PB)	I	-11.044 4	-3.486 55	-2.886 07	-2.579 93	0	平稳***
BETA	I, T	-3.112 58	-4.039 08	-3.449 02	-3.149 72	0.108 3	不平稳
D(BETA)	I	-4.244 62	-3.487 55	-2.886 51	-2.580 16	0.000 9	平稳***
GDP	N	-1.211 92	-2.586 75	-1.943 85	-1.614 75	0.205 6	不平稳
D(GDP)	N	-5.271 7	-2.587 17	-1.943 91	-1.614 71	0	平稳***
PI	I, T	-3.368 49	-4.039 8	-3.449 37	-3.149 92	0.060 8	平稳*
CPI	I, T	-2.699 09	-4.046 07	-3.452 36	-3.151 67	0.239 2	不平稳
D(CPI)	I	-4.920 49	-3.492 52	-2.888 67	-2.581 31	0.000 1	平稳***
M2	I	-1.813 64	-3.492 52	-2.888 67	-2.581 31	0.372 2	不平稳
D(M2)	I	-8.344 09	-2.586 75	-1.943 85	-1.614 75	0	平稳***
BIR	I, T	-2.096 71	-4.038 37	-3.448 68	-3.149 52	0.541 9	不平稳
D(BIR)	N	-8.232 63	-2.585 41	-1.943 66	-1.614 87	0	平稳***
ER	I, T	-0.166 06	-4.039 08	-3.449 02	-3.149 72	0.993 1	不平稳
D(ER)	I, T	-7.022 79	-4.037 67	-3.448 35	-3.149 33		平稳***

资料来源:根据相关资料整理。

注:*表示相关系数通过0.1的显著性水平检验,**表示相关系数通过0.05的显著性水平检验,***表示相关系数通过0.01的显著性水平检验。后者的统计检验更为精确。

其次,分别对 SPI、PE、PB、BETA 与6项宏观经济因素指标进一步进行 Engle-Granger 检验,即从回归方程的残差项入手反推原变量之间的

3 宏观经济因素视角下周期性公司估值框架构建

协整性,结果详见表3.9。从表3.9可见,在5%的显著性水平下,各残差序列为I(0)即序列平稳,故均通过协整检验,即证明 SPI、PE、PB、BETA 分别与6项宏观经济因素指标之间存在长期协整关系。

表3.9 宏观经济变量与金融业行业指标序列的协整检验

变量	检验统计量	1%临界值	5%临界值	10%临界值	P	检验结果
μ_{SPI}	−3.139 73	−3.486 55	−2.886 07	−2.579 93	0.026 3	平稳**
μ_{PE}	−3.549 47	−3.486 55	−2.886 07	−2.579 93	0.008 3	平稳***
μ_{PB}	−3.368 23	−3.486 55	−2.886 07	−2.579 93	0.014 1	平稳**
μ_{BETA}	−3.846 31	−3.491 35	−2.888 16	−2.581 04	0.003 4	平稳***

资料来源:根据相关资料整理。

注:***、**、*分别表示在1%、5%、10%的检验水平上具有显著性。

3.2.2.4 多元回归分析

结合相关性分析结果,考虑到变量间可能存在多重共线性,故选用逐步回归法进行分析,回归结果详见表3.10。

表3.10 多元回归分析结果

被解释变量	解释变量	系数	T值	P值	R^2	$\bar{R}^2$	F	DW	Prob (F-statistic)
SPI	C	0.338 6	0.538 4	0.591 3	0.366 2	0.355 4	33.801 5	0.224 6	0.000 0
	PI	0.093 8	0.570 8	0.569 2					
	ER	2.072 1	6.249 3	0.000 0					
PE	C	−12.293 7	−18.338 0	0.000 0	0.848 7	0.844 7	214.969 5	0.246 0	0.000 0
	GDP	0.018 2	0.388 1	0.698 6					
	PI	0.492 1	2.817 0	0.005 7					
	ER	6.657 7	18.548 6	0.000 0					
PB	C	−11.151 3	−16.759 5	0.000 0	0.767 8	0.761 7	126.723 3	0.202 6	0.000 0
	GDP	0.018 1	0.390 3	0.697 1					
	PI	0.670 1	3.865 2	0.000 2					
	ER	4.634 3	13.008 7	0.000 0					

续表

被解释变量	解释变量	系数	T值	P值	R^2	$\bar{R}^2$	F	DW	Prob (F-statistic)
BETA	C	2.984 9	12.518 0	0.000 0	0.556 8	0.545 2	48.152 4	0.070 7	0.000 0
	GDP	0.006 0	0.325 1	0.745 7					
	BIR	-0.495 4	-5.847 1	0.000 0					
	ER	-1.032 8	-8.790 3	0.000 0					

资料来源：根据相关资料整理。

虽然使用逐步分析法可以有效避免多重共线性对结果的影响，但根据 DW 值可知，前文所列回归方程均存在一定程度的正序列相关问题。对此，采用广义差分法对其进行修正。使用科克伦-奥科特迭代法对随机干扰项序列相关系数进行估计，逐步引入自回归项。经修正可知，SPI、PE、PB 回归方程均可在引入一阶自回归项后解决序列相关问题。BETA 回归方程在引入一阶自回归后仍存在序列正相关①，因此进一步引入二阶自回归项进行修正，可解决自相关问题。修正后的结果如表 3.11 所示。

表 3.11 修正后的多元回归分析结果

被解释变量	解释变量	系数	T值	P值	R^2	$\bar{R}^2$	F	DW	Prob (F-statistic)
SPI	C	-0.677 5	-0.311 9	0.755 6	0.870 2	0.866 8	256.923 9	1.850 7	0.000 0
	PI	0.470 6	1.705 3	0.090 8					
	ER	1.733 1	1.491 3	0.138 6					
	AR（1）	0.884 5	21.269 2	0.000 0					
PE	C	-13.390 5	-6.485 8	0.000 0	0.966 5	0.965 3	815.530 4	1.946 8	0.000 0
	GDP	0.041 0	2.351 3	0.020 4					
	PI	0.737 7	2.494 8	0.041 0					
	ER	6.667 0	5.921 6	0.000 0					
	AR（1）	0.861 2	19.623 0	0.000 0					

① 加入一阶滞后项后 DW=1.58，小于 DW 检验中 d_L 值 1.61，故认为依旧存在正序列相关。

续表

被解释变量	解释变量	系数	T值	P值	R^2	$\bar{R}^2$	F	DW	Prob (F-statistic)
PB	C	-12.157 2	-6.123 8	0.000 0	0.957 8	0.956 3	640.525 7	1.829 8	0.000 0
	GDP	0.041 2	2.629 4	0.009 7					
	PI	0.701 3	2.590 4	0.010 8					
	ER	5.114 0	4.701 6	0.000 0					
	AR（1）	0.869 3	21.439 7	0.000 0					
BETA	C	3.273 6	4.033 8	0.000 1	0.973 9	0.972 7	829.000 4	2.061 0	0.000 0
	GDP	0.008 3	2.640 7	0.009 5					
	BIR	-0.249 4	-2.885 5	0.004 7					
	ER	-1.435 3	-3.372 3	0.001 0					
	AR（1）	1.149 7	12.298 9	0.000 0					
	AR（2）	-0.215 0	-2.348 2	0.020 6					

资料来源：根据相关资料整理。

根据表3.11可知：一是 SPI 回归方程在引入一阶自回归项后显著通过 F 检验，R^2 接近于0.9说明拟合程度很好，在10%的显著性水平下仅 PI 通过检验，若将显著性水平扩大到15%，则 PI 和 ER 均通过检验；二是 PE 和 PB 的回归结果相似，在引入一阶自回归项后回归方程显著通过 F 检验，R^2 大于0.9说明拟合程度很好，且在5%的显著性水平下 GDP、PI、ER 均通过检验；三是 BETA 回归方程在引入二阶自回归项后，显著通过 F 检验，R^2 大于0.9说明拟合程度很好，且在1%的显著性水平下 GDP、BIR、ER 均通过检验。

3.2.2.5 实证分析结论

综上可见，在金融业企业估值中，SPI、PE、PB、BETA 分别与多项宏观经济因素指标之间存在显著线性相关关系和长期协整关系。其中，PI 和 ER 对 SPI 具有较强的解释能力，验证了假设1；GDP、PI、ER 对 PE 和 PB 均具有较强的解释能力，验证了假设2；GDP、BIR、ER 对 BETA 具有较强的解释能力，验证了假设3。只是在进行多元回归分析时，虽然使用广义分差法修正后的各回归方程整体效果较好，但存在序列相关的问题，说明未来在研究变量选择的全面性方面还可以进一步深入。由此可知，宏观经济因素是金融业企业估值中的重要变量;对于 PI、ER、SPI、GDP、BIR 这 5 项影响显著的共性指标,在金融业企业估值过程中应当予以重点关注和合理考量。

对于其他消费类周期性行业,同样可以参照这一实证分析思路推而广之,应用于对具体宏观经济因素的识别,并将其作为估值过程中的宏观经济因素考量依据。

3.3 收益途径和市场途径应用于周期性公司估值的框架构建

鉴于收益途径和市场途径在周期性公司估值中的适用性较强,本节将进一步结合其参数测定问题,尝试构建将宏观经济因素合理纳入周期性公司估值过程的基本框架。

3.3.1 周期性公司收益途径估值框架

公司估值中的收益途径,也称为绝对估值途径,是指通过将被评估公司预期收益资本化或折现以确定评估对象价值的评估思路。以收益途径中常用的 FCFE 模型为例,其基本思路可以用公式表示为:

$$V = \sum_{t=1}^{n} \frac{FCFE_t}{(1+r)^t} \tag{3.7}$$

式中,V 代表公司价值;$FCFE_t$ 代表第 t 期公司自由现金流;r 代表折现;t 代表期数。

预期收益、折现率和收益期是收益途径的核心估值参数。参数选取差异对最终的企业估值结果将产生显著影响,所以,周期性公司估值更应关注宏观经济波动对这些估值参数可能产生的影响。以采矿业为例,应特别关注宏观经济景气指数、工业增加值增速、贷款基准利率、货币供应量 M2、消费者物价指数、全社会固定资产投资额等指标对采矿业企业预期收益和折现率的影响;以金融业为例,则应特别关注国内生产总值、宏观经济景气指数、消费者物价指数、货币供应量、贷款基准利率、美元兑换人民币汇率等指标对金融业企业预期收益和折现率的影响。

在应用收益途径进行周期性公司估值时,一方面,建议在前期实证分析的基础上,针对影响显著的宏观经济指标,进一步构建多元回归模型,分别测算宏观经济指标对周期性公司预期收益和折现率的影响弹性，然后根据评估时点的宏观经济环境对预期收益和折现率指标分别进行修正，进而对周期性公司在不考虑宏观经济影响前提下的原估值结果进行调整，最后计算得到估值结果；另一方面，建议进一步结合宏观经济指标的潜在变化趋势，对周期性公司预期收益和折现率分别进行波动性分析，并在应用估值模型代入数据、输出结果的过程中，使用蒙特卡罗模拟方法，考察宏观经济指标变化可能对估值结果产生的影响，以此得到周期性公司价值的区间值和概率分布，为进一步的交易决策提供依据。这两种对宏观经济因素的考量思路可归纳如图 3.1 所示。

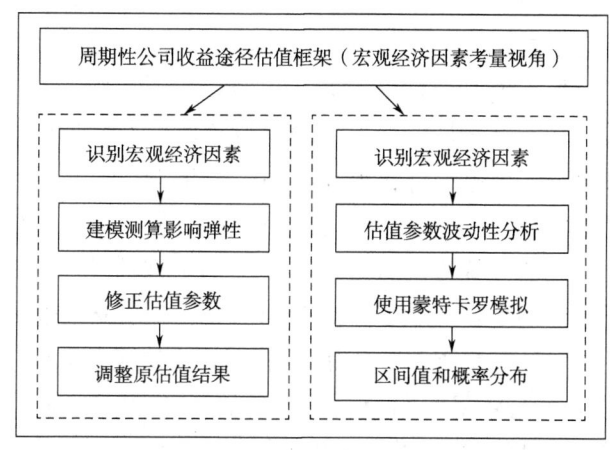

图 3.1　宏观经济因素考量视角下的周期性公司收益途径估值框架

资料来源：根据相关资料整理。

3.3.2　周期性公司市场途径估值框架

公司估值中的市场途径，也称为相对估价途径，是指通过将被评估公司与可比公司或可比交易进行比较和调整以确定被评估公司价值的评估思路。价值比率是将被评估公司与可比公司或可比交易进行对比分析的基础。其基本流程是通过上市公司的公开数据或者可比对象的交易数据，计算可比对象的价值比率，然后将其应用到被评估公司中，从而倒推出被评估公司的价值。其基本思路可以用公式表示为：

$$V_1 = \frac{V_2}{X_2} \times X_1 \tag{3.8}$$

式中，V_1 表示被评估公司价值；X_1 表示被评估公司价值相关的可比指标；V_2 表示可比公司价值；X_2 表示可比公司价值相关的可比指标；V_1/X_1 和 V_2/X_2 为价值比率。

价值比率是市场途径的核心估值参数，其测定直接关系到被评估公司估值结果的合理性。应用市场途径进行周期性公司估值时，宏观经济波动对价值比率可能产生的影响不容忽视。同样，以采矿业为例，其公司估值应当合理把握宏观经济景气指数、工业增加值增速、贷款基准利率、货币供应量M2、消费者物价指数、全社会固定资产投资额等宏观经济指标对市净率等价值比率的影响；以金融业为例，应当合理把握国内生产总值、宏观经济景气指数、消费者物价指数、货币供应量、贷款基准利率、美元兑换人民币汇率等宏观经济指标对市净率等价值比率的影响。

当采用可比公司数据计算价值比率时，一般会针对可比公司群同时估算出若干个同一种类的价值比率，然后采用算术平均法、加权算术平均法、中位数法或众数法等方法分析、协调和确定被评估公司价值比率，或运用回归分析法使用全行业数据回归分析得到。后者的分析难度和工作量虽说更大，但更有利于排除一些个别因素所造成的误差影响。对于周期性公司估值，建议优先采用回归分析法，并且在构建多元回归模型的过程中，除了考虑影响特定价值比率的常规变量外，还应引入影响显著的宏观经济变量和适当扩大研究样本的时间跨度进行分析测算。

当采用可比交易数据计算价值比率时，可比交易与被评估公司之间的各种因素差异客观存在，评估人员一般需要针对差异项逐一进行适当调整。对周期性公司进行差异项调整时，除了考虑影响特定价值比率的常规因素差异外，建议增加考察被评估公司与可比交易所处宏观经济环境的因素差异，并编制宏观经济指标的修正系数表对价值比率进行调整。对于修正系数表，可以在前期实证分析的基础上，针对影响显著的宏观经济指标，进一步构建多元回归模型，测算宏观经济指标对周期性公司价值比率的影响弹性，据此得到宏观经济指标的修正系数并编制差异项调整所需的修正系数表。

两种情形下对宏观经济因素的考量思路归纳如图3.2所示。

3 宏观经济因素视角下周期性公司估值框架构建

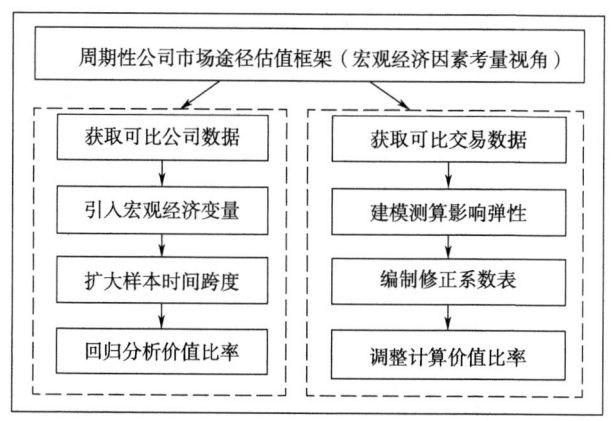

图 3.2　宏观经济因素考量视角下的周期性公司市场途径估值框架
资料来源：根据相关资料整理。

3.3.3　研究结论与启示

周期性公司估值框架构建的前提是识别和聚焦显著影响周期性公司价值的宏观经济因素，为周期性公司估值中的宏观经济因素考量提供依据。以此为目标，首先，本章选择采矿业上市公司为研究对象，从股价走势、估值水平等视角考察宏观经济因素对工业类周期性公司估值的影响；并进一步以金融业上市公司为研究对象，从股价走势、估值水平和系统性风险等视角考察宏观经济因素对消费类周期性公司估值的影响，进而对宏观经济指标与公司价值指标的相关关系进行实证检验和相互验证。结果表明，无论是工业类周期性公司还是消费类周期性公司，宏观经济因素都是周期性公司估值中的重要变量。其次，本章结合适用性较强的收益途径和市场途径的参数测定问题，试图构建将宏观经济因素合理纳入周期性公司估值过程的基本框架，并分别提出两种宏观经济因素考量视角下的收益途径应用思路和市场途径应用思路。希冀本章的研究结论和建议能够在一定程度上拓展宏观经济因素考量视角下的周期性公司估值研究，同时为周期性公司估值实务操作提供借鉴。

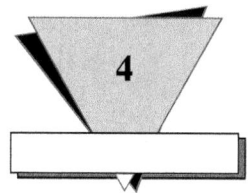

宏观经济因素视角下周期性公司收益法估值模型的理论修正

4 宏观经济因素视角下周期性公司收益法估值模型的理论修正

由第 3 章研究结论可知,应用收益途径进行周期性公司估值时,可以尝试在前期实证分析的基础上,针对影响显著的宏观经济指标进一步构建多元回归模型,分别测算宏观经济指标对周期性公司预期收益和折现率的影响弹性,然后根据评估时点的宏观经济环境对预期收益和折现率指标分别进行修正,进而对周期性公司在不考虑宏观经济影响前提下的原估值结果进行调整,最后计算得到估值结果。鉴于现有文献鲜有将宏观经济因素纳入周期性公司估值框架的量化探究,本章拟在以上估值思路及其他已有研究的基础上,通过理论推导进一步提出对周期性公司收益法估值模型的修正方案,并基于某典型周期性公司估值实例,实证检验理论修正模型的应用效果,以此实现对周期性公司收益法估值模型的理论修正。

4.1 周期性公司收益法估值模型的理论修正方案设计

4.1.1 周期性公司收益法估值模型的修正

DCF(discounted cash flow,现金流折现)估值模型是使用收益法评估公司价值的常用模型。根据收益额的不同口径,该模型可进一步分为 FCFE(free cash flow to equity,股权自由现金流)模型和 FCFF(free cash flow to the firm,企业自由现金流)模型。本部分以 FCFE 口径为例,尝试对周期性公司估值模型进行理论修正。当然,如果采用 FCFF 口径展开研究,也会得到相似结论。

首先,FCFE 传统估值模型可表示为:

$$P = \sum_{t=1}^{n} \frac{FCFE_t}{(1+r)^t} \quad (4.1)$$

其次,根据不同的收益增长模式,式(4.1)可变形为:

$$P = \sum_{t=1}^{n} \frac{FCFE_0 \cdot \prod_{t=1}^{n}(1+g_t)}{(1+r)^t} \quad (4.2)$$

式中,P 表示公司价值,t 表示年份,n 表示收益期,r 表示折现率,$FCFE_0$ 表示基期股权自由现金流,g_t 表示第 t 年 FCFE 预期年度增长率。

根据 g_t 取值规律,式(4.2)可进一步演变为零增长、稳定增长、两阶段增长、三阶段增长或多阶段增长模型。

最后,参考第 2 章的研究结论,预期收益、折现率等核心估值参数的选取差异对最终的公司估值结果将产生显著影响，周期性公司估值更应关注宏观经济波动对这些估值参数可能产生的影响。因此，为量化宏观经济波动对周期性公司估值的影响，在式（4.2）中进一步引入考量宏观经济波动对 FCFE 增长率和折现率的影响的修正系数，初步设定修正模型如下：

$$P = \sum_{t=1}^{n} \frac{FCFE_0 \cdot \prod_{t=1}^{n}(1+g_t+k_1)}{(1+r+k_2)^t} \quad (4.3)$$

式中，k_1 为宏观经济波动对周期性公司 FCFE 增长率的影响修正系数，表示不考虑宏观经济波动（或异动）的 FCFE 增长率与考虑宏观经济波动（或异动）的 FCFE 增长率之间的差异；k_2 为宏观经济波动对周期性公司折现率的影响修正系数，表示不考虑宏观经济波动（或异动）的折现率与考虑宏观经济波动（或异动）的折现率之间的差异。

显然，对于周期性公司估值的理论修正模型，其核心是得到宏观经济波动对周期性公司收益额增长率和折现率的影响修正系数 k_1、k_2。

4.1.2 宏观经济波动修正系数的测算模型构建

本书第 3 章在提出宏观经济因素考量视角下的周期性公司收益法估值框架时，建议针对影响显著的宏观经济变量进一步构建多元回归模型，分别测算宏观经济变量对周期性公司预期收益和折现率等估值参数的影响弹性，然后根据评估时点的宏观经济环境对估值参数分别进行修正，进而对周期性公司在不考虑宏观经济影响前提下的原估值结果进行调整，最后计算得到估值结果。归纳如图 4.1 所示。

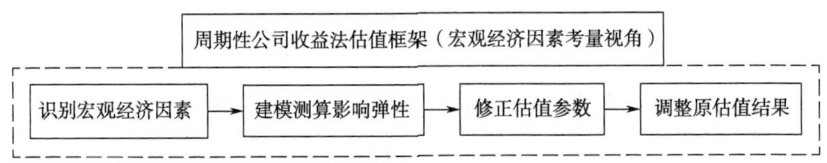

图 4.1　宏观经济因素考量视角下的周期性公司收益法估值框架

资料来源：根据相关资料整理。

据此，这里尝试分别构建宏观经济波动修正系数 k_1、k_2 的测算模型如下。

4 宏观经济因素视角下周期性公司收益法估值模型的理论修正

4.1.2.1 修正系数 k_1 测算模型构建

为测算宏观经济波动对 FCFE 增长率的影响修正系数 k_1，首先需要测算宏观经济变量对周期性公司 FCFE 增长率的影响弹性。宏观经济指标一般由宏观经济综合指标、价格水平指标、国内贸易指标、对外经济指标、金融类指标、工业类指标、财政类指标等类别组成。这里参照已有研究（刘勇，2004；苏冬蔚、曾海舰，2009；唐志军等，2010；金洪飞、金荦，2010；马轶芳，2017；等），选取国内生产总值（GDP）、居民消费价格指数（CPI）、固定资产投资额（Fixed）、进出口总额（TEIV）、广义货币供给量（M2）、美元兑人民币汇率（ER）、工业增加值（IAV）、全国税收收入（TR）等宏观经济具体指标或其增长率为解释变量，以此构建多元回归模型如下：

$$G = C + \alpha_1 g_{GDP} + \alpha_2 CPI + \alpha_3 g_{Fixed} + \alpha_4 g_{TEIV} + \alpha_5 g_{M2} + \alpha_6 g_{ER} + \alpha_7 g_{IAV} + \alpha_8 g_{TR} + \varepsilon \tag{4.4}$$

式中，G 代表周期性公司 FCFE 增长率，α_i 为各宏观经济变量对 FCFE 增长率的影响弹性，g_{GDP} 为国内生产总值增长率，CPI 为居民消费价格指数，g_{Fixed} 为固定资产投资额增长率，g_{TEIV} 为进出口总额增长率，g_{M2} 为广义货币供给量增长率，g_{ER} 为美元兑人民币汇率变动率，g_{IAV} 为工业增加值增长率，g_{TR} 为全国税收收入增长率，C 代表常数项，ε 为随机误差项。

假定宏观经济变量取值为潜在值，则式（4.4）可变形为：

$$G' = C + \alpha_1 g'_{GDP} + \alpha_2 CPI' + \alpha_3 g'_{Fixed} + \alpha_4 g'_{TEIV} + \alpha_5 g'_{M2} + \alpha_6 g'_{ER} + \alpha_7 g'_{IAV} + \alpha_8 g'_{TR} + \varepsilon \tag{4.5}$$

式中，G' 代表修正前的 FCFE 增长率，g'_{GDP}、CPI'、g'_{Fixed}、g'_{TEIV}、g'_{M2}、g'_{ER}、g'_{IAV}、g'_{TR} 分别代表各宏观经济变量的潜在值。

此时，将不考虑宏观经济波动（或异动）的 FCFE 增长率与考虑宏观经济波动（或异动）的 FCFE 增长率之间的差值作为因变量，将宏观经济变量异动值作为自变量，即将式（4.4）与式（4.5）作差，且假设以上宏观经济变量对 FCFE 增长率均具有显著影响，则可得到宏观经济波动对 FCFE 增长率的影响修正系数 k_1 的测算模型，具体表示为：

$$k_1 = \alpha_1 \Delta g_{GDP} + \alpha_2 \Delta CPI + \alpha_3 \Delta g_{Fixed} + \alpha_4 \Delta g_{TEIV} + \alpha_5 \Delta g_{M2} + \alpha_6 \Delta g_{ER} + \alpha_7 \Delta g_{IAV} + \alpha_8 \Delta g_{TR} \tag{4.6}$$

式中，Δg_{GDP}、ΔCPI、Δg_{Fixed}、Δg_{TEIV}、Δg_{M2}、Δg_{ER}、Δg_{IAV}、Δg_{TR} 分别为相

对应的宏观经济变量观测值与潜在值的差值,即宏观经济变量异动值。

4.1.2.2 修正系数 k_2 测算模型构建

为测算宏观经济波动对折现率的影响修正系数 k_2,首先需要测算宏观经济变量对周期性公司折现率的影响弹性。这里参照已有研究(Chen,1986;温彬、刘淳、金洪飞,2011;梁辰,2017;等),选取居民消费价格指数(CPI)、固定资产投资额($Fixed$)、进出口总额($TEIV$)、广义货币供给量($M2$)、长短期国债利差(TS)、美元兑人民币汇率(ER)、道琼斯收益率(RM)、工业增加值(IAV)、全国税收收入(TR)等宏观经济具体指标或其增长率为解释变量,以此构建多元回归模型:

$$R = C + \beta_1 CPI + \beta_2 g_{Fixed} + \beta_3 g_{TEIV} + \beta_4 g_{M2} + \beta_5 TS + \beta_6 g_{ER} + \beta_7 RM + \beta_8 g_{IAV} + \beta_9 g_{TR} + \varepsilon \tag{4.7}$$

式中,R 代表折现率,β_i 为各宏观经济指标对折现率的影响弹性,CPI 代表居民消费价格指数,g_{Fixed} 代表固定资产投资额增长率,g_{TEIV} 代表进出口总额增长率,g_{M2} 代表广义货币供给量增长率,TS 代表长短期国债利差,g_{ER} 代表美元兑人民币汇率变动率,RM 代表道琼斯收益率,g_{IAV} 代表工业增加值增长率,g_{TR} 代表全国税收收入增长率,C 代表常数项,ε 为随机误差项。

假定宏观经济变量取值为潜在值,则式(4.7)可转换为:

$$R' = C + \beta_1 CPI' + \beta_2 g'_{Fixed} + \beta_3 g'_{TEIV} + \beta_4 g'_{M2} + \beta_5 TS' + \beta_6 g'_{ER} + \beta_7 RM' + \beta_8 g'_{IAV} + \beta_9 g'_{TR} + \varepsilon \tag{4.8}$$

式中,R' 代表修正前的折现率,CPI'、g'_{Fixed}、g'_{TEIV}、g'_{M2}、TS'、g'_{ER}、RM'、g'_{IAV}、g'_{TR} 分别代表各宏观经济变量的潜在值。

同理,将式(4.7)与式(4.8)作差,且假设以上宏观经济变量对折现率均具有显著影响,可得到宏观经济波动对折现率的影响修正系数 k_2 的测算模型,具体表示为:

$$k_2 = \beta_1 \Delta CPI + \beta_2 \Delta g_{Fixed} + \beta_3 \Delta g_{TEIV} + \beta_4 \Delta g_{M2} + \beta_5 \Delta TS + \beta_6 \Delta g_{ER} + \beta_7 \Delta RM + \beta_8 \Delta g_{IAV} + \beta_9 \Delta g_{TR} \tag{4.9}$$

式中,ΔCPI、Δg_{Fixed}、Δg_{TEIV}、Δg_{M2}、ΔTS、Δg_{ER}、ΔRM、Δg_{IAV}、Δg_{TR} 为相对应的宏观经济变量观测值与潜在值的差值,即宏观经济变量异动值。

4.1.3 回归样本、检验对象与研究方法

4.1.3.1 回归样本及度量时限

通过构建多元回归模型即式（4.4）和式（4.7）测算宏观经济变量对周期性公司估值参数的影响弹性 α_i、β_i 时，对于回归样本的考察期限，一般将考察区间设定为 10 年左右为宜，具体样本选取采用临近原则；对于回归变量的度量时限，基于样本观测量的要求和观测值统计数据的可获得性，可以采用"季"或"月"为单位选取样本观测值数据。而通过式（4.6）和式（4.7）测算宏观经济波动修正系数 k_1、k_2 以及测算宏观经济变量异动值时，基于周期性公司未来各年收益额和折现率测算的需要，应采用"年"为单位选择样本观测值数据。当然，影响弹性 α_i、β_i 并不会因为"年"、"季"或"月"等回归变量度量时限的差异而存在异同。据此，度量时限的选取情况如下。

第一，测算宏观经济因素对 FCFE 增长率的影响弹性 α_i 时，选取各回归变量的季度观测值数据，即：周期性公司 FCFE 季度增长率（G_q）、国内生产总值季度增长率（$g_{GDP,q}$）、居民消费价格指数季率（CPI_q）、固定资产投资额季度增长率（$g_{Fixed,q}$）、进出口总额季度增长率（$g_{TEIV,q}$）、广义货币供给量季度增长率（$g_{M2,q}$）、美元兑人民币汇率季度变动率（$g_{ER,q}$）、工业增加值季度增长率（$g_{IAV,q}$）、全国税收收入季度增长率（$g_{TR,q}$）。

第二，测算宏观经济因素对折现率的影响弹性 β_i 时，选取各回归变量的月度观测值数据，即：周期性公司折现率月度数据（R_m）、居民消费价格指数月率（CPI_m）、固定资产投资额月度增长率（$g_{Fixed,m}$）、进出口总额月度增长率（$g_{TEIV,m}$）、广义货币供给量月度增长率（$g_{M2,m}$）、长短期国债利差月度数据（TS_m）、美元兑人民币汇率月度变动率（$g_{ER,m}$）、道琼斯月度收益率（RM_m）、工业增加值月度增长率（$g_{IAV,m}$）、全国税收收入月度增长率（$g_{TR,m}$）。

第三，测算宏观经济波动修正系数 k_1、k_2 和宏观经济变量异动值时，选取各宏观经济变量的年度观测值数据，即：国内生产总值年度增长率（g_{GDP}）、居民消费价格指数年率（CPI）、固定资产投资额年度增长率（g_{Fixed}）、进出口总额年度增长率（g_{TEIV}）、广义货币供给量年度增长率（g_{M2}）、美元兑人民币汇率年度变动率（g_{ER}）、工业增加值年度增长率

（g_{IAV}）、全国税收收入年度增长率（g_{TR}）、长短期国债利差年度数据（TS）、道琼斯年度收益率（RM）。

4.1.3.2 检验对象、变量构建与数据来源

本部分选择属于石化行业的某典型周期性上市公司（以下简称"SH公司"）作为检验对象，以2018年12月31日为评估基准日评估SH公司的股东全部权益价值。其中，以2007年1月1日至2018年12月31日为具体的样本周期，以SH公司FCFE增长率和折现率分别作为被解释变量，以同期的宏观经济指标作为解释变量，分别构建多元回归模型。对相关变量构建及数据来源说明如下。

（1）FCFE增长率

为获得SH公司的FCFE季度增长率，通过国泰安数据库查询得到2007—2018年SH公司的股权自由现金流季度值，由此计算得到FCFE季度增长率G_q的时间序列数据。具体计算公式如下：

$$G_q = \ln \frac{T 季度 FCFE}{(T-1) 季度 FCFE} \quad (4.10)$$

（2）折现率

参照已有研究，这里选择周期性行业期望收益率衡量折现率，具体由行业板块股价指数计算得到。通过Wind数据库查询得到2007—2018年石化行业板块的月收盘指数，由此计算得到石化行业月度收益率即R_m的时间序列数据。具体计算公式如下：

$$R_m = \ln \frac{T 月份行业板块收盘指数}{(T-1) 月份行业板块收盘指数} \quad (4.11)$$

（3）宏观经济指标

本部分宏观经济指标数据均来源于国家统计局网站和Wind数据库，经笔者计算整理得到。其中，增长率均选用同比增长率，因为较之于环比增长率，同比增长率能够更客观反映宏观经济增长变化情况。

一是选取我国2007—2018年的宏观经济指标季度数据，具体包括$g_{GDP,q}$、CPI_q、$g_{Fixed,q}$、$g_{TEIV,q}$、$g_{M2,q}$、$g_{ER,q}$、$g_{IAV,q}$、$g_{TR,q}$，作为G_q的解释变量。剔除FCFE增长率中2010年第一季度及2018年第三季度的异常值，本组回归变量各有46个观测值。

二是选取我国2007—2018年的宏观经济指标月度数据，具体包括R_m、CPI_m、$g_{Fixed,m}$、$g_{TEIV,m}$、$g_{M2,m}$、TS_m、$g_{ER,m}$、RM_m、$g_{IAV,m}$、$g_{TR,m}$，作为R_m的解释变量。因国家统计局为消除春节日期不固定因素影响和增强数据可比

性，每年只发布 1—2 月工业数据，故剔除各指标每年的 1 月数据，本组回归变量各有 132 个观测值。

三是选取我国 2007—2018 年的宏观经济指标年度数据，具体包括 g_{GDP}、CPI、g_{Fixed}、g_{TEIV}、g_{M2}、g_{ER}、g_{IAV}、g_{TR}、TS、RM，用以进一步测算各宏观经济变量的潜在值及其异动值。本组变量各有 12 个观测值。

综上所述，我们选择 2007 年 1 月 1 日至 2018 年 12 月 31 日作为样本周期，具体选取 G_q、$g_{GDP,q}$、CPI_q、$g_{Fixed,q}$、$g_{TEIV,q}$、$g_{M2,q}$、$g_{ER,q}$、$g_{IAV,q}$、$g_{TR,q}$ 季度数据，R_m、CPI_m、$g_{Fixed,m}$、$g_{TEIV,m}$、$g_{M2,m}$、TS_m、$g_{ER,m}$、RM_m、$g_{IAV,m}$、$g_{TR,m}$ 月度数据，g_{GDP}、CPI、g_{Fixed}、g_{TEIV}、g_{M2}、g_{ER}、g_{IAV}、g_{TR}、TS、RM 年度数据，共计 414 个季度观测值、1 320 个月度观测值、120 个年度观测值，对混合所有制改革中周期性公司收益法估值模型的修正思路进行实证检验。

4.1.3.3 研究步骤

本章的研究分为三个主要步骤：

其一，在对以上各组回归样本的观测数据进行 ADF 检验的基础上，通过多元回归分析，分别对周期性公司 FCFE 增长率、折现率及其相关的自变量进行逐步回归，以此构建多元回归模型即式（4.4）和式（4.7），逐一测度宏观经济变量对周期性公司估值参数的影响弹性，并通过改变样本容量的方式验证实证检验结果的稳健性。

其二，借助 H-P 滤波法分别测算各宏观经济变量潜在值，并将其与观测值逐一作差，分别得到各宏观经济变量的异动值；再根据式（4.6）和式（4.9），结合影响弹性计算得到宏观经济波动修正系数。其中，H-P 滤波法的基本模型如下：

$$\text{Min} \sum_{t=1}^{T} \{(Y_t - X_t)^2 + \lambda [(X_{t+1} - X_t) - (X_t - X_{t-1})]^2\} \quad (4.12)$$

式中，Y_t 代表实际产出时间序列，X_t 代表潜在产出，λ 代表折算因子。

其三，将宏观经济波动修正系数代入修正后的周期性公司收益法估值模型，即式（4.3），从而量化宏观经济波动对周期性公司估值的影响，最终实现对传统估值结果的修正。

4.2 宏观经济因素视角下周期性公司收益法估值修正模型的实证检验

4.2.1 描述性统计分析

借助 Eviews10.0 软件，对 29 组变量的样本数据分别进行描述性统计分析，详见表 4.1 所示。

表 4.1 描述性统计分析

变量	样本个数	均值	最大值	最小值	标准差	偏度	峰度
G_q	46	6.52%	87.62%	-102.91%	44.18%	-0.480 9	2.854 1
$g_{GDP,q}$	46	8.28%	11.90%	6.40%	1.67%	0.779 1	2.225 9
CPI_q	46	2.76%	8.30%	-1.70%	2.07%	0.601 5	3.511 1
$g_{Fixed,q}$	46	16.14%	38.11%	-1.09%	9.19%	0.106 3	3.198 6
$g_{TEIV,q}$	46	8.62%	42.15%	-24.95%	14.86%	-0.171 7	2.587 3
$g_{M2,q}$	46	15.24%	28.52%	7.98%	4.85%	0.889 3	3.979 9
$g_{ER,q}$	46	-1.49%	8.47%	-9.93%	4.42%	0.285 5	2.761 1
$g_{IAV,q}$	46	10.56%	22.69%	0.35%	7.23%	0.261 9	1.701 4
$g_{TR,q}$	46	13.50%	42.77%	-10.30%	12.40%	0.453 8	2.580 6
R_m	132	8.85%	126.11%	-129.71%	40.71%	0.068 4	4.587 2
CPI_m	132	2.77%	8.70%	-1.80%	2.09%	0.591 6	3.703 1
$g_{Fixed,m}$	132	17.99%	38.67%	-53.43%	11.25%	-1.859 3	13.443 2
$g_{TEIV,m}$	132	9.45%	48.37%	-25.79%	15.88%	-0.024 7	2.584 5
$g_{M2,m}$	132	14.94%	29.74%	8.00%	5.07%	1.131 8	4.212 1
TS_m	132	1.04%	2.41%	-0.56%	0.61%	0.555 7	2.813 6
$g_{ER,m}$	132	-1.38%	8.73%	-9.93%	4.34%	0.238 4	2.705 7
RM_m	132	7.96%	52.56%	-44.52%	16.56%	-1.026 2	4.963 0

4 宏观经济因素视角下周期性公司收益法估值模型的理论修正

续表

变量	样本个数	均值	最大值	最小值	标准差	偏度	峰度
$g_{IAV,m}$	132	10.24%	21.30%	−2.12%	4.45%	0.416 4	2.486 0
$g_{TR,m}$	132	13.70%	72.50%	−15.16%	14.44%	1.106 3	5.037 5
g_{GDP}	12	8.38%	13.00%	6.60%	1.89%	1.256 1	3.900 1
CPI	12	2.75%	5.90%	−0.70%	1.86%	0.184	2.589
g_{Fixed}	12	17.69%	31.03%	0.63%	9.61%	−0.401 8	1.887 1
g_{TEIV}	12	9.25%	34.72%	−13.88%	14.32%	0.017 0	2.222 0
g_{M2}	12	13.84%	19.72%	8.10%	3.69%	−0.086 6	2.126 1
g_{ER}	12	−0.96%	6.83%	−6.46%	4.83%	0.444 0	1.839 1
g_{IAV}	12	10.68%	21.09%	1.13%	6.88%	0.313 6	1.591 1
g_{TR}	12	13.61%	31.06%	4.37%	8.33%	0.830 6	2.539 0
TS	12	0.80%	2.41%	−0.06%	0.70%	1.131 1	3.541 3
RM	12	6.77%	30.32%	−38.55%	18.03%	−1.193 2	4.442 2

资料来源：根据相关资料整理。

由表 4.1 可见，除 $g_{TEIV,q}$、$g_{TEIV,m}$、$g_{ER,q}$、$g_{ER,m}$、$g_{TR,m}$、RM_m、g_{TEIV}、g_{ER}、RM 的标准差大于均值以外，其他大部分宏观经济变量的标准差均小于均值，说明宏观经济运行态势整体较为平稳；而 G_q 和 R_m 的标准差都大于均值，说明样本公司 G_q 和 R_m 离散程度较高，波动较为剧烈，符合周期性公司的波动性特点。

4.2.2 宏观经济波动对收益法估值参数影响弹性的测度

首先，通过 Eviews10.0 软件，对所涉及的被解释变量和解释变量分别进行 ADF 检验，检验结果如表 4.2 所示。

表 4.2 ADF 检验

变量	ADF 统计量	1%临界值	5%临界值	10%临界值	P 值	检验结果
G_q	−2.005 6	−2.615 1	−1.948 0	−1.612 4	0.044	平稳**

续表

变量	ADF 统计量	1%临界值	5%临界值	10%临界值	P 值	检验结果
$g_{GDP,q}$	-4.976 3	-4.180 9	-3.515 5	-3.188 3	0.001 1	平稳***
CPI_q	-4.666 2	-4.205 0	-3.526 6	-3.194 6	0.003 0	平稳***
$g_{Fixed,q}$	-3.329 9	-4.180 9	-3.515 5	-3.188 3	0.074 7	非平稳
$D(g_{Fixed,q})$	-4.688 9	-2.618 6	-1.948 5	-1.612 1	0.000 0	平稳***
$g_{TEIV,q}$	-3.471 8	-3.588 5	-2.929 7	-2.603 1	0.013 5	平稳**
$g_{M2,q}$	-3.911 3	-4.205 0	-3.526 6	-3.194 6	0.020 7	平稳**
$g_{ER,q}$	-4.409 2	-4.211 9	-3.529 8	-3.196 4	0.006 0	平稳***
$g_{IAV,q}$	-3.948 0	-4.180 9	-3.515 5	-3.188 3	0.018 1	平稳**
$g_{TR,q}$	-4.365 5	-4.180 9	-3.515 5	-3.188 3	0.006 1	平稳***
R_m	-4.303 8	-4.036 3	-3.447 7	-3.148 9	0.004 4	平稳***
CPI_m	-3.688 5	-4.037 0	-3.448 0	-3.149 1	0.026 9	平稳**
$g_{Fixed,m}$	-4.653 0	-4.029 6	-3.444 5	-3.147 1	0.001 3	平稳***
$g_{TEIV,m}$	-3.617 3	-4.029 6	-3.444 5	-3.147 1	0.032 1	平稳**
$g_{M2,m}$	-2.976 4	-4.030 7	-3.445 0	-3.147 4	0.143 0	非平稳
$D(g_{M2,m})$	-9.361 3	-4.030 2	-3.444 8	-3.147 2	0.000 0	平稳***
TS_m	-3.803 5	-4.029 6	-3.444 5	-3.147 1	0.019 3	平稳**
$g_{ER,m}$	-2.129 3	-2.582 9	-1.943 3	-1.615 1	0.032 4	平稳**
RM_m	-2.132 7	-2.582 7	-1.943 3	-1.615 1	0.032 2	平稳**
$g_{IAV,m}$	-5.472 2	-4.029 6	-3.444 5	-3.147 1	0.000 1	平稳**
$g_{TR,m}$	-5.787 5	-4.029 6	-3.444 5	-3.147 1	0.000 0	平稳**

资料来源：根据相关资料整理。

注：***、** 分别表示在1%、5%的水平上具有显著性。

由表 4.2 可知，除 $g_{Fixed,q}$ 和 $g_{M2,m}$ 外，G_q 及其七个解释变量、R_m 及其八个解释变量都通过了 ADF 检验，故可视为平稳序列。为避免出现伪回归，对解释变量 $g_{Fixed,q}$ 和 $g_{M2,m}$ 予以舍弃。

其次，对 G_q 及其七个解释变量、R_m 及其八个解释变量进一步采用逐步回归分析方法，分别构建多元回归模型，以逐一测度宏观经济变量对 SH 公司的 FCFE 增长率和折现率的影响弹性。利用 Eviews10.0 软件得到的回归结果详见式（4.13）和式（4.14）。

$$G_q = -0.85 + 18.29 CPI_q + 2.09 g_{TEIV,q} + 7.31 g_{M2,q} - 5.31 g_{IAV,q} - 2.41 g_{TR,q}$$
(4.13)

Sig = (0.000 0)　(0.000 0)　(0.012 5)　(0.000 0)　(0.004 3)　(0.000 3)
T = (−4.702 5)　(4.602 9)　(2.616 1)　(6.227 9)　(−3.031 9)　(−3.911 7)

$$R^2 = 0.55 \quad \overline{R}^2 = 0.50 \quad F = 9.95$$

$$R_m = -0.39 - 0.83 g_{Fixed,m} - 0.75 g_{TEIV,m} + 15.39 TS_m + 1.28 RM_m + 3.23 g_{IAV,m} + 0.76 g_{TR,m}$$
(4.14)

Sig = (0.000 0)　(0.009 2)　(0.001 7)　(0.003 7)　(0.000 0)　(0.002 1)　(0.004 8)
T = (−5.001 1)　(−2.646 7)　(−3.205 4)　(2.962 0)　(6.472 5)　(3.143 7)　(2.871 4)

$$R^2 = 0.50 \quad \overline{R}^2 = 0.48 \quad F = 20.90$$

可见，在 5% 的显著性水平上，多元回归模型式（4.13）和式（4.14）具有较好的显著性和拟合效果。宏观经济变量对不同估值参数的影响不尽相同。其中，居民消费价格指数、进出口总额增长率、广义货币供给量增长率、工业增加值增长率、全国税收收入增长率对 SH 公司 FCFE 增长率的影响显著；固定资产投资额增长率、进出口总额增长率、长短期国债利差、道琼斯收益率、工业增加值增长率、全国税收收入增长率对 SH 公司折现率的影响显著。在此基础上，笔者尝试通过改变样本容量进行稳健性检验，结果表明以上实证结果具有稳健性。

4.2.3　评估基准日宏观经济变量异动值的测算

对于式（4.13）和式（4.14）中涉及的宏观经济变量，选取其 2007—2018 年的年度数据实际值作为观测样本，并借助 Eviews10.0 软件，采用 H-P 滤波法进行测算，依次得到 CPI、g_{Fixed}、g_{TEIV}、g_{M2}、TS、RM、g_{IAV}、g_{TR} 的滤波分析结果如图 4.2 至图 4.9 所示。其中，参考已有研究（Ravn & Uhlig, 2002），式（4.12）中年度数据对应的 λ 取值 100。

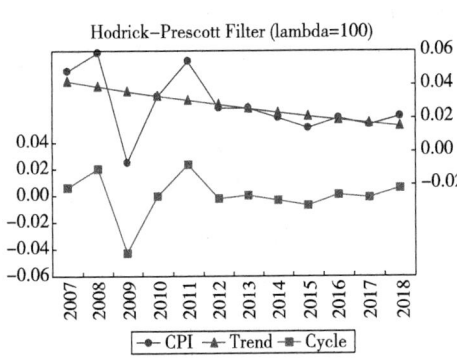

图 4.2 *CPI* 滤波分析

资料来源：根据相关资料整理。

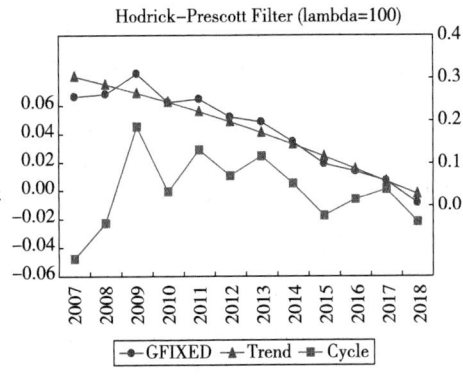

图 4.3 g_{Fixed} 滤波分析

资料来源：根据相关资料整理。

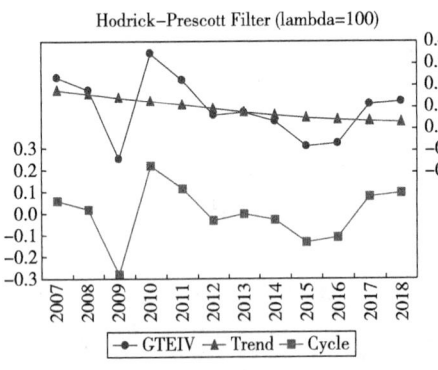

图 4.4 g_{TEIV} 滤波分析

资料来源：根据相关资料整理。

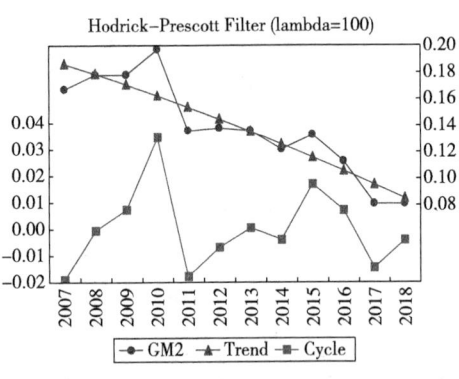

图 4.5 g_{M2} 滤波分析

资料来源：根据相关资料整理。

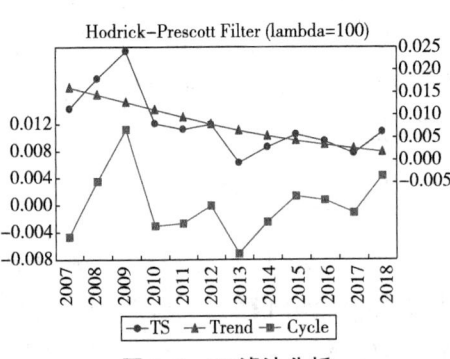

图 4.6 *TS* 滤波分析

资料来源：根据相关资料整理。

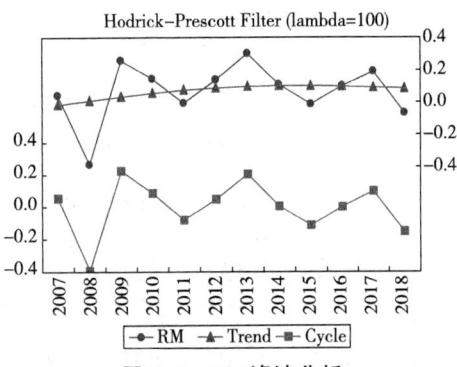

图 4.7 *RM* 滤波分析

资料来源：根据相关资料整理。

4 宏观经济因素视角下周期性公司收益法估值模型的理论修正

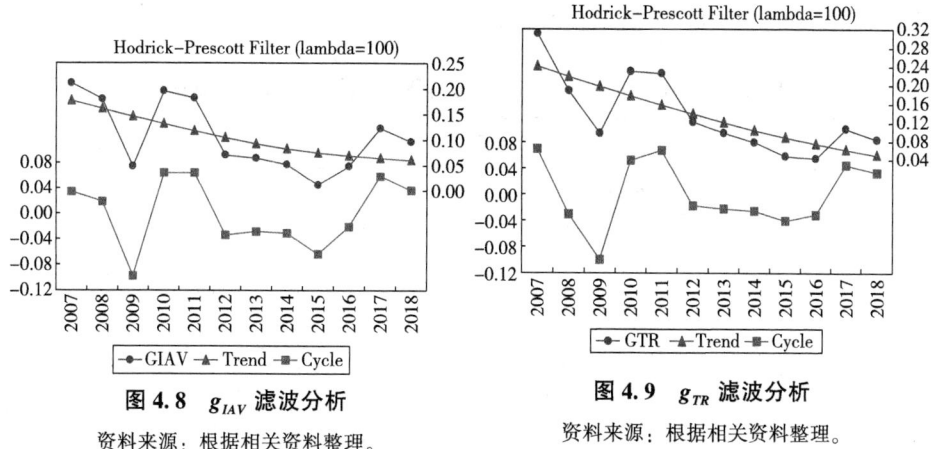

图 4.8 g_{IAV} 滤波分析

资料来源：根据相关资料整理。

图 4.9 g_{TR} 滤波分析

资料来源：根据相关资料整理。

通过图 4.2 至图 4.9，我们可以从不同宏观经济指标的实际值中依次分离出趋势因素与周期因素。其中，位于图片上方的折线代表各宏观经济指标的观测值，相对平滑的折线表现出各宏观经济指标的趋势性，而位于图片下方的折线则代表各宏观经济指标产生的周期性波动影响；由此推知，在评估基准日 2018 年 12 月 31 日，各宏观经济指标 CPI、g_{Fixed}、g_{TEIV}、g_{M2}、TS、RM、g_{IAV}、g_{TR} 的实际值（即观测值）、潜在值和异动值汇总如表 4.3 所示。

表 4.3 宏观经济变量异动值汇总　　　　　　　　　　　单位：%

变量	CPI	g_{Fixed}	g_{TEIV}	g_{M2}	TS	RM	g_{IAV}	g_{TR}
实际值	2.10	0.63	12.55	8.10	0.62	-6.76	9.64	8.34
潜在值	1.52	2.81	3.07	8.50	0.18	8.41	6.04	5.05
异动值	0.58	-2.18	9.48	-0.40	0.44	-15.17	3.60	3.29

资料来源：根据相关资料整理。

4.2.4　宏观经济波动对收益法估值参数影响修正系数的测算

接下来，将表 4.3 所列各宏观经济变量 CPI、g_{Fixed}、g_{TEIV}、g_{M2}、TS、RM、g_{IAV}、g_{TR} 的异动值依次代入式（4.6）和式（4.9），再结合式（4.13）和式（4.14）中各宏观经济变量对 FCFE 增长率和折现率的影响弹性，计算得到宏观经济波动对 SH 公司估值参数的影响修正系数 k_1、k_2

分别为 0.45% 和 -3.82%。详见表 4.4。

表 4.4　宏观经济波动对 SH 公司估值参数的影响修正系数测算

SH 公司估值参数	宏观经济变量	影响弹性	异动值	宏观经济波动修正系数
FCFE 增长率	CPI	18.29	0.58%	$k_1 = 0.45\%$
	g_{TEIV}	2.09	9.48%	
	g_{M2}	7.31	-0.40%	
	g_{IAV}	-5.31	3.60%	
	g_{TR}	-2.41	3.29%	
SH 公司折现率	g_{Fixed}	-0.83	-2.18%	$k_2 = -3.82\%$
	g_{TEIV}	-0.75	9.48%	
	TS	15.39	0.44%	
	RM	1.28	-15.17%	
	g_{IAV}	3.23	3.60%	
	g_{TR}	0.76	3.29%	

资料来源：根据相关资料整理。

4.2.5　样本公司收益法估值案例结果及比较分析

SH 公司是一家炼油化工一体化的石化行业上市公司，以采购原油、加工生产中间石化产品和石油产品等为主营业务。现拟评估 SH 公司的股东全部权益价值，评估基准日为 2018 年 12 月 31 日。

4.2.5.1　采用传统收益法估值的原始测算

经过市场分析、行业分析、财务分析、评定估算等程序，采用传统 FCFE 两阶段增长模型测算得到的 SH 公司股权价值为 282.34 亿元。其中，SH 公司 2019—2023 年的 FCFE 及其现值预测如表 4.5 所示，预计 2024 年及以后 FCFE 将保持 2% 水平的年度永续增长；采用资本资产定价模型测算后，折现率取值为 14.81%。

表 4.5　2019—2023 年 SH 公司 FCFE 及其现值预测　　单位：亿元

项　目	2019 年	2020 年	2021 年	2022 年	2023 年
一、营业收入	1 163.86	1 245.33	1 320.05	1 386.05	1 441.50

4 宏观经济因素视角下周期性公司收益法估值模型的理论修正

续表

项目	2019 年	2020 年	2021 年	2022 年	2023 年
二、营业成本	931.09	996.27	1 056.04	1 108.84	1 153.20
减：税金及附加	151.30	161.89	171.61	180.19	187.39
减：销售费用	5.82	6.23	6.60	6.93	7.21
减：管理费用	34.92	37.36	39.60	41.58	43.24
减：财务费用	-2.33	-2.49	-2.64	-2.77	-2.88
减：资产减值损失	2.33	2.49	2.64	2.77	2.88
加：公允价值变动损益	1.00	1.00	1.00	1.00	1.00
加：投资收益	11.64	12.45	13.20	13.86	14.41
三、营业利润	53.37	57.03	60.4	63.37	65.87
四、利润总额	53.37	57.03	60.4	63.37	65.87
五、净利润	40.03	42.77	45.30	47.53	49.40
加：折旧摊销	15.00	15.00	15.00	15.00	15.00
减：资本性支出	11.64	12.45	13.20	13.86	14.41
减：营运资本增加额	10.00	10.00	10.00	10.00	10.00
六、股权自由现金流	33.39	35.32	37.10	38.67	39.99
折现率	14.81%	14.81%	14.81%	14.81%	14.81%
折现系数	1.15	1.32	1.51	1.74	1.99
七、收益现值	29.08	26.80	24.52	22.26	20.05
第一阶段收益现值合计	122.71			

资料来源：根据相关资料整理。

在式（4.2）的基础上，传统的 FCFE 两阶段增长模型及其计算过程可表示为：

$$P = \sum_{t=1}^{n} \frac{FCFE_t}{(1+r)^t} + \frac{FCFE_n(1+g)}{(r-g)(1+r)^n}$$

$$= \frac{33.39}{(1+14.81\%)} + \frac{35.32}{(1+14.81\%)^2} + \frac{37.10}{(1+14.81\%)^3} + \frac{38.67}{(1+14.81\%)^4} +$$

$$\frac{39.99}{(1+14.81\%)^5} + \frac{39.99 \times (1+2\%)}{(14.81\% - 2\%) \times (1+14.81\%)^5}$$

$$= 122.71 + 159.63$$

$$= 282.34 \text{（亿元）}$$

4.2.5.2 采用理论修正模型的修正测算

在整理SH公司年报数据和表4.5原始预测数据的基础上，可知SH公司在2018年的期初股权自由现金流，即$FCFE_0 = 37.59$亿元；在预测期第一阶段（2019—2023年）的股权自由现金流分别为：$FCFE_1 = 33.39$亿元，$FCFE_2 = 35.32$亿元，$FCFE_3 = 37.10$亿元，$FCFE_4 = 38.67$亿元，$FCFE_5 = 39.99$亿元，相应的年度增长率分别为：$g_1 = -11.17\%$，$g_2 = 5.79\%$，$g_3 = 5.02\%$，$g_4 = 4.23\%$，$g_5 = 3.41\%$；在预测期第二阶段（2024年及以后）的股权自由现金流将以$g_6 = g = 2\%$的增长率永续增长；折现率$r = 14.81\%$。此外，上文已求得：修正系数$k_1 = 0.45\%$，修正系数$k_2 = -3.82\%$。

将以上数据代入理论修正模型式（4.3），具体计算过程可表示为：

$$P = \sum_{t=1}^{n} \frac{FCFE_0 \cdot \prod_{t=1}^{n}(1+g_t+k_1)}{(1+r+k_2)^t}$$

$$= \sum_{t=1}^{5} \frac{FCFE_0 \cdot \prod_{t=1}^{5}(1+g_t+k_1)}{(1+r+k_2)^t} + \frac{FCFE_0 \cdot \prod_{t=1}^{6}(1+g_t+k_1)}{[(r+k_2)-(g+k_1)](1+r+k_2)^5}$$

$$= \frac{FCFE_0(1+g_t+k_1)}{(1+r+k_2)} + \frac{FCFE_0 \cdot \prod_{t=1}^{2}(1+g_t+k_1)}{(1+r+k_2)^2} + \frac{FCFE_0 \cdot \prod_{t=1}^{3}(1+g_t+k_1)}{(1+r+k_2)^3} +$$

$$\frac{FCFE_0 \cdot \prod_{t=1}^{4}(1+g_t+k_1)}{(1+r+k_2)^4} + \frac{FCFE_0 \cdot \prod_{t=1}^{5}(1+g_t+k_1)}{(1+r+k_2)^5} + \frac{FCFE_0 \cdot \prod_{t=1}^{6}(1+g_t+k_1)}{[(r+k_2)-(g+k_1)](1+r+k_2)^5}$$

$$= 30.24 + 25.84 + 23.29 + 21.98 + 21.54 + 281.03$$

$$= 403.92 \text{（亿元）}$$

通过对比发现，采用传统收益法估值模型和理论修正模型测算的样本公司股权价值的评估值分别为282.34亿元和403.92亿元。这表明：综合考虑宏观经济波动影响后，样本公司在评估时点正处于估值洼地；采用传统收益法估值模型得到的估值结果在较大程度上低估了样本公司的股权价值。从资本市场观察，相比其他行业，2018年周期性行业股票呈现上涨势头；多数证券分析师认为，周期性行业处于估值洼地，钢铁、水泥、石化等行业估值水平偏低。这与模型修正对比得到的结果相符。随着我国整体经济结构优化升级,供给侧改革稳步推进,减税降费等优惠政策相继出台,此类宏观经济助推作用亦可使周期性公司价值得以提振。因此,综合考虑宏观经济波动影响修正后的估值结果较高也有一定的合理性。在资本市场中,评估时点附近可能是投资该周期性公司的较好时点。这也从另一侧面凸显出将宏观经济波动的定量影响合理纳入周期性公司估值中的必要性。

4.2.6 研究结论与启示

本章尝试将宏观经济波动修正系数纳入周期性公司收益法估值模型,以此探索混合所有制改革中的周期性公司高质量估值路径。首先,研究结论再次验证了宏观经济因素是影响周期性公司价值的重要变量,在周期性公司估值中不能忽略宏观经济波动的影响。其中,宏观经济波动对周期性公司收益额增长率及折现率均具有一定影响,且宏观经济变量对不同估值参数的影响不尽相同。其次,量化宏观经济波动对周期性公司估值的影响,需要分别测算宏观经济变量对周期性公司收益额增长率及折现率的影响弹性,以及测算相应的宏观经济变量异动值,具体可采用将多元回归分析和 $H\text{-}P$ 滤波法相结合的方式。最后,将宏观经济波动影响纳入收益法估值框架这一理论修正思路,有利于提高周期性公司收益法估值的科学性和合理性,可视为对周期性公司估值已有研究成果的拓展和补充。但值得强调的是,这一修正思路更适用于成立时间较早、历史较为悠久的周期性公司估值。

此外,从投资者角度看,在收购周期性公司时,应注意把握收购时点的宏观经济走向和判断周期性公司所处的周期阶段,理性地进行价值投资;从管理运营者角度看,在宏观经济形势有利于周期性公司发展时,既要抓住机遇加大投入和推动生产,又要保持清醒、客观的认识,通过转型升级为公司未来可能进入的经济下行阶段早做筹划;从估值机构角度看,在评估周期性公司价值时,应更加谨慎、有效地判断宏观经济波动对周期性公司价值的定量影响,避免完全采取经验判断的方式,实现高质量估值。

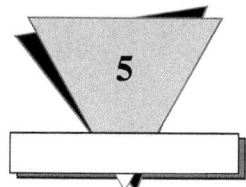

周期性公司估值收益额测算模型的理论修正

5 周期性公司估值收益额测算模型的理论修正

本书第 4 章尝试将宏观经济波动影响纳入收益法估值框架这一理论修正思路，有利于提高周期性公司收益法估值的科学性和合理性，但该思路更适用于成立时间较早、历史较为悠久的周期性公司估值，在一定程度上存在着局限性。有鉴于此，针对该理论修正方案的部分受限情形，本书在第 5 章和第 6 章进一步论证并提出对收益法估值模型中的关键参数进行测算的理论修正思路。前已述及，收益途径应用于周期性公司估值时，须依赖于收益额和折现率等参数预测的合理性。对于周期性公司收益额的有效测算问题，本章在现有研究基础上，尝试进一步提出退出倍数法、情景分析法、正常化估值等三种估值思路并展开研究，以探索收益额测算模型的理论修正路径，丰富周期性公司估值的方法体系。

5.1 周期性公司估值、收益额测算与退出倍数法

选择收益途径对周期性公司进行估值时，其投资回收期较长、产品价格变动幅度较大等特征，使得利用两阶段永续模型评估第二阶段收益额时容易出现较大偏差。对此，在周期性公司第二阶段的收益额预测情形不够明朗时，可采用退出倍数法对常规的收益法模型进行改进，以提高周期性公司估值的合理性和可靠性。事实上，退出倍数法虽已被逐渐运用于部分公司估值实务中，但其现有的理论体系与文献研究却较为薄弱，尚不足以支撑合理使用退出倍数法的操作指导性需求，这在一定程度上导致当前评估实践中应用退出倍数法不尽规范，从而限制了其作用的有效发挥。有鉴于此，本节拟系统构建退出倍数法的理论框架，并结合周期性公司估值实例对退出倍数法进行模拟应用和提出具体建议。

5.1.1 退出倍数法的理论框架构建

立足于公司估值领域，郜志宇（2011）在矿业企业价值评估收益法的创新思路中，提出可以合理运用退出倍数法，对退出倍数法的大致思路与应用步骤进行简要描述；在此基础上，国务院国有资产监督管理委员会产权管理局投资价值评估课题组（2016）对退出倍数法的适用范围进行适当补充，提出退出倍数法的具体计算模型。此为当前关于退出倍数法的为数不多的文献依据。有关退出倍数法的较为系统、全面和深入的理论剖析与模拟应用，已有的研究尚未涉及。本部分在既有研究的基础上，从应用背

景、基本思路、模型推导、应用步骤、适用范围和注意事项等方面系统构建退出倍数法的理论框架。

5.1.1.1 退出倍数法的应用背景

两阶段永续模型已被广泛应用于当前的公司估值实务。通常情况下，在预期收益额较为明朗的第一阶段以后，目标公司达到或近似达到稳定状态，其在第二阶段的收益额可能是永续年金形式，也可能是永续增长形式。此时，两阶段永续模型可以进一步分为两阶段永续年金模型和两阶段永续增长模型，分别用公式表示为：

$$P = \sum_{t=1}^{n} \frac{R_t}{(1+r)^t} + \frac{A}{r(1+r)^n} \qquad (5.1)$$

$$P = \sum_{t=1}^{n} \frac{R_t}{(1+r)^t} + \frac{R_n \times (1+g_n)}{(r-g_n)(1+r)^n} \qquad (5.2)$$

式中，P 为目标公司评估值；R_t 为未来第 t 个预测年期的收益额；A 为第 n 年以后的稳定收益额；R_n 为第 n 年目标公司收益额；g_n 为 n 年后的稳定增长率；r 为折现率；t 为收益预测年期；n 为收益预测期限。

但是，如果目标公司在第二阶段并未达到或近似达到稳定状态，其在第二阶段的预期收益额剧烈波动或者缺乏显著特征时，如果仍采用两阶段永续年金模型或两阶段永续增长模型，就可能无法合理体现目标公司在第二阶段的收益水平。此时，可以尝试将市场法的估值思路纳入收益法估值体系以解决这一难题。也就是说，在收益额较为明朗的第一阶段预测期，仍采用将各年收益额折算为现值进行加和的收益法进行估值；在收益额预测不明朗的第二阶段，则采取谨慎性原则，以目标公司退出变现为假设，采用市场法模拟估算目标公司在退出时点的可变现价值，使股东利益得到安全保障，进而计算得到目标公司价值。

5.1.1.2 退出倍数法的基本思路

退出倍数法正是基于以上应用背景被提出和采用的。不难看出，退出倍数法本质上是收益法思路和市场法思路的综合采用：在第一阶段的收益预测期，采用传统收益法预测目标公司的收益现值合计值；在收益预测期后，不再延续永续年金模型或永续增长模型第二阶段的计算方法，而是假定目标公司在明确预测期的最后一年年末，以在市场上进行出售的方式收回投资。在具体的估值技术上，采用市场法对可比公司或可比交易案例进行分析，测算目标公司在退出时点的退出倍数，再乘以与该倍数的价值关联指标的预测值,将计算结果与第一阶段的收益现值合计值相加,进而得到目标公司价值。

这里所谓的"退出",是指假设公司将在市场上进行出售,以此种方式收回投资;"退出"不同于公司清算,仅是公司产权发生转让,例如公司将由买受方继续经营。所谓"退出倍数",是指在假定退出时点,应用市场法估值时公司价值关联指标的估值倍数,即价值比率;通常是通过修正可比公司或可比交易案例的价值比率得到目标公司的退出倍数。

5.1.1.3 退出倍数法的模型推导

应用收益法评估资产价值时,如果已知未来若干年后资产价格(P_n),有以下计算公式:

$$P = \sum_{t=1}^{n} \frac{R_t}{(1+r)^t} + \frac{P_n}{(1+r)^n} \tag{5.3}$$

式中,P_n 为终值,表示目标公司在第 n 年年末退出的可变现价值。

应用市场法评估公司价值时,可以通过可比公司的价值比率,分析调整得到目标公司价值比率,然后以此价值比率乘以目标公司的价值关联指标,从而计算得到目标公司价值。用公式可以表示为:

$$P = I \times \frac{P_0}{I_0} = I \times X_0 \tag{5.4}$$

式中,I 为目标公司价值关联指标的预测值;P_0 为可比公司价值;I_0 为可比公司价值关联指标的对应数值;X_0 为可比公司价值比率。

根据退出倍数法的基本思路,将第一阶段的收益法与第二阶段市场法模型相结合,在式(5.3)和式(5.4)的基础上,假定目标公司在第 n 年年末退出变现,得到退出倍数法基本模型如下:

$$P = \sum_{t=1}^{n} \frac{R_t}{(1+r)^t} + \frac{I_n \times X}{(1+r)^n} \tag{5.5}$$

式中,P 为目标公司评估值;R_t 为未来第 t 个预测年期的收益额;r 为折现率;t 为收益预测年期;n 为收益预测期限;I_n 为退出时点目标公司价值关联指标的预测值;X 为退出倍数。

5.1.1.4 退出倍数法的应用步骤

退出倍数法应用于公司估值的具体操作步骤如下:

(1) 确定目标公司的假定退出时点(n)

退出时点的确定主要取决于对目标公司未来收益的判断。如果在某一时点以后,未来收益的不确定性极大地影响了对收益预测因素的定性和定量分析,即可将这一时点作为目标公司的假定退出时点。在评估实践中,应当首先分析企业的经营状况及财务状况,在此基础上,综合参考企业的生命周期、近期投资计划、经营风险水平,以及在经济周期中的所处阶段等其他因素,确认其预测期和退出时点。

(2) 测算目标公司在收益预测期的收益现值合计值

一方面,通过分析目标公司的历史财务数据,预测其在未来若干年可能的盈利情况,测算各年预期收益额;另一方面,在估算目标公司折现率的基础上,将各年预期收益额折算为现值。根据投资口径的不同,目标公司的预期收益额可以选择 FCFF、FCFE、息税前利润(earnings before interest and tax, EBIT)、息税摊销折旧前利润(earnings before interest, taxes, depreciation and amortization, EBITDA)、净利润等不同的净现金流或利润指标;目标公司的折现率可以选择 WACC 或权益资本成本等。这一步的具体分析和测算方法与传统收益法无异。

(3) 选择目标公司价值关联指标和作为退出倍数的价值比率

首先,根据投资口径的不同,市场法评估公司价值时采用的价值比率可以进一步划分为全投资口径价值比率和股权投资口径价值比率。全投资口径是对公司整体价值进行评估,股权投资口径是对公司股权价值进行评估。公司股权价值需要从公司整体价值中扣除债务价值。在选择目标公司的价值关联指标和价值比率时,也需要与目标公司价值口径保持一致。

其次,价值比率的分子通常反映价值,可以是公司价值、股价等,分母即为主要的公司价值关联指标。对于价值关联指标,一般通过分析目标公司的具体类型及财务状况,可以选择 EBIT、EBITDA、FCFF、FCFE、每股收益、销售收入等收入盈利类指标,也可以选择净资产价值、总资产价值、固定资产价值、每股净资产等资产类指标,还可以选择矿山可开采储量、装卸量、仓储量等非财务类指标。在这三类价值关联指标中,收入盈利类指标和资产类指标更为常用,非财务类指标适用于特殊行业的公司估值。一般情况下,目标公司退出倍数类型的选择需要与价值关联指标相互对应。

据此,退出倍数法中常见的退出倍数类型既包括公司价值/息税前利润(EV/EBIT)、公司价值/息税摊销折旧前利润(EV/EBITDA)、公司价值/无杠杆公司自由现金流(EV/FCFF)、公司价值/销售收入、公司价值/

总资产价值、公司价值/固定资产价值、公司价值/非财务类指标等全投资口径价值比率,也包括市盈率(P/E)、市销率(P/S)、市净率(P/B)、股权价值/净利润、股权价值/无杠杆股权自由现金流(EV/FCFE)、股权价值/非财务类指标等股权投资口径价值比率。其中的公司价值和股权价值一般以公司市值为基础计算得到。

(4)计算退出时点目标公司价值关联指标的预测值(I_n)

对于盈利类指标和资产类指标在退出时点的预测值,可以在目标公司收益额预测值的基础上进行计算;对于非财务类指标在退出时点的预测值,则需要通过查阅目标公司公开披露的各类报告及其相关部门的内部研究报告,以及市场调研、实地调查和访谈目标公司管理层等方法获得。

(5)测算基于价值关联指标的目标公司退出倍数(X)

目标公司退出倍数主要有两种测算途径:一种是采用上市公司比较法,通过修正可比公司的价值比率计算得到目标公司的退出倍数;另一种是采用交易案例比较法,通过修正可比交易案例的价值比率计算得到目标公司的退出倍数。在采用上市公司比较法时,选择的可比公司应与目标公司经营业务相似、且从事该业务已有一段时间、生产规模相当、未来成长性相当;在采用交易案例比较法时,选择的交易案例应与目标公司经营业务相同或相似、成交日期与评估基准日相近、控制权状态相似,以此尽可能合理地测算得到目标公司的退出倍数。可比公司或可比交易案例的数量以至少3家(个)为宜。可比对象价值比率的计算时点可以是评估时点,也可以是与退出时点市场特征更加一致的其他时点,但以前者居多。这一步的具体分析和测算方法与传统市场法无异。

(6)计算目标公司评估值(P)

将目标公司收益预测期的收益现值合计值以及目标公司价值关联指标的预测值(I_n)、目标公司退出倍数(X)等代入式(5.5),可以计算得到目标公司价值(P)。但如果目标公司存在非经营性资产或溢余资产,则需要将此评估值再加上评估基准日的非经营性资产评估值和溢余资产评估值,以此作为目标公司价值的最终评估结论。

5.1.1.5 退出倍数法的适用范围

综上所述,只要是第一阶段预期收益额较为明朗,而第二阶段预期收益额剧烈波动或者缺乏显著特征的公司估值,均可采用退出倍数法。退出倍数法综合采用收益法和市场法的估值思路,一方面避免了应用收益法时

因公司长期收益难以预测所形成的估值困扰，另一方面也有效利用了较为可靠的短期收益预期对整体估值合理度的提升作用，降低了在评估时点直接采用市场法时因可比对象选择不当而可能产生估值偏差的概率。所以，退出倍数法特别适用于未来收益与宏观经济波动相关性较强的周期性行业及其公司估值；部分增长性行业因成长性强、未来收益不确定性大，并且在实践中真实存在私募股权基金等择时退出的情形，因而亦可选用退出倍数法进行公司估值。

5.1.1.6 使用退出倍数法的注意事项

（1）假定退出时点的确定

在确定目标公司的退出时点时，如果是收益波动性较强的行业，收益预测期应当尽可能涵盖当前时点所处的完整收益周期，尽量避免将退出时点选择在收益周期的波峰或波谷，这样可以减少收益剧烈波动对退出时点市场法估值造成的影响，避免对目标公司退出变现价值的过分高估或低估。

（2）退出倍数的选取、测算和可比对象的选择

在应用市场法估算目标公司退出变现价值时，其主要依赖可比公司或可比交易案例的价值比率分析测算目标公司的价值比率。所以，市场的有效性、退出倍数的合理选择以及可比对象相关数据的可获得性和可靠性显得至关重要。退出倍数的口径应与目标公司价值口径及其所处行业特征相一致，对于可比公司或可比交易案例的选取应满足应用步骤第五步中可比对象的选择标准，据此通过客观、合理的比较、分析和修正，测算得到目标公司的退出倍数。

（3）价值类型的一致性

由于退出倍数法应用收益法和市场法的思路分别计算目标公司在不同阶段的收益现值合计值与退出变现价值，而公司估值中的价值类型涉及市场价值、投资价值等不同类型，所以，应确认采用两种评估思路分别估算不同阶段公司价值时的价值类型相一致，对于其中涉及的具体估值参数，也应完全依照相同的评估目的和价值类型进行选取与测算。

（4）评估报告中的评估方法和评估假设

退出倍数法中的"退出"只是一种退出变现的假设行为，所以在应用退出倍数法进行公司估值时，应在评估报告的评估方法和评估假设部分，清晰地说明退出倍数法的基本思路与计算模型，合理设定关于退出、退出

时点、退出变现价值的具体假设说明，以避免报告使用者对评估报告的误解或误用。

5.1.2 退出倍数法应用于周期性公司估值的案例分析

本部分结合周期性公司估值实例，具体选择某周期性上市公司（以下简称"SJ公司"）作为研究样本，对退出倍数法进行模拟应用。

5.1.2.1 退出倍数法在周期性公司估值中的案例应用

SJ公司主营钢铁冶炼、金属轧制设备配件、耐火材料制品、金属结构及其构件制造、废钢收购与加工等业务。现评估SJ公司整体价值，评估基准日为2015年12月31日。假设SJ公司不存在非经营性资产或溢余资产，下面根据退出倍数法的应用步骤，分六步对SJ公司整体市场价值进行评估。

（1）确定SJ公司的假定退出时点

经分析，SJ公司属于钢铁行业，公司收益额波动较为剧烈。尤其是根据SJ公司发展现状与趋势，SJ公司在2016—2020年的收益额预期相对明朗，但2020年以后不确定性大幅增加，导致收益额难以判断，所以2020年年末是可供考虑的假定退出时点。

再结合宏观经济形势和钢铁行业走势进行分析。首先，参照刘树成（2010）对新中国成立60年的经济增长率波动曲线的分析，我国经济从1953年大规模工业化建设开始，共经历了10个完整的经济周期。其中，1991—1999年为第9个周期；2000—2009年为第10个周期；2010年，我国经济进入第11轮经济周期。1995—2015年我国GDP及其增长率走势详见图5.1。其次，钢铁产品年产量通常随市场总需求量的变化而变动，所以每年粗钢产量及其增长率等指标的变动趋势，在一定程度上表现出钢铁行业的周期性规律。图5.2是我国2001—2015年粗钢产量及其增长率，呈周期性，与2001—2015年GDP及其增长率走势相似，平均9年左右为一个周期，2008年和2015年分别形成两个波谷。因此，可以推断SJ公司在2020年应该处于其收益增长周期的中段，较大程度上避开了波峰或波谷，可以选择2020年年末作为SJ公司的假定退出时点。

（2）测算收益预测期SJ公司FCFF及其现值合计值

根据SJ公司经营状况及其2011—2015年财务年报数据，预测第一阶段（2016—2020年）SJ公司各年FCFF，并通过折现率将各年FCFF折算为现值，计算得到收益预测期的收益现值合计为 234 959.47 万元，具体测算明细如表 5.1 所示。表 5.1 使用的折现率是采用 WACC 模型计算得到，取值为 12%。

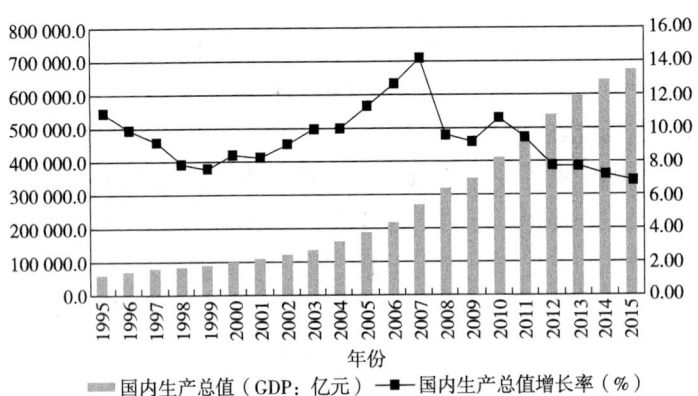

图 5.1 1995—2015 年我国 GDP 及其增长率走势

资料来源：国家统计局网站。

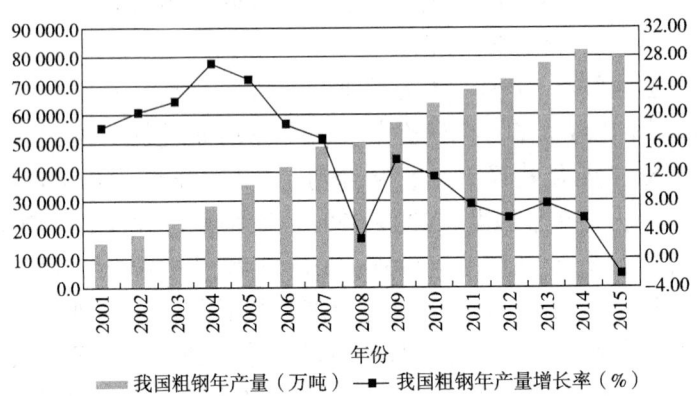

图 5.2 2001—2015 年我国粗钢产量及其增长率走势

资料来源：《中国统计年鉴（2015）》。

表 5.1 2016—2020 年 SJ 公司 FCFF 及其现值测算　　　单位：万元

项　　目	2016 年	2017 年	2018 年	2019 年	2020 年
一、营业收入	678 877.79	746 765.57	776 636.19	815 468.00	897 014.80

续表

项　目	2016年	2017年	2018年	2019年	2020年
二、营业成本	605 408.74	637 644.68	633 382.07	637 581.36	692 511.45
减：营业税金及附加	4 978.97	6 501.25	7 996.88	9 720.70	11 048.77
减：销售费用	4 539.76	5 777.88	6 370.11	6 786.70	8 177.61
减：管理费用	25 206.71	37 804.95	42 007.73	46 723.70	50 723.39
减：财务费用	2 300.05	3 240.96	4 690.77	6 700.83	9 120.30
减：资产减值损失	0.00	0.00	0.00	0.00	0.00
加：公允价值变动损益	0.00	0.00	0.00	0.00	0.00
加：投资收益	0.00	0.00	0.00	0.00	0.00
三、营业利润	36 443.55	55 795.85	82 188.63	107 954.71	125 433.28
四、利润总额	36 443.55	55 795.85	82 188.63	107 954.71	125 433.28
五、净利润	27 332.66	41 846.89	61 641.47	80 966.03	94 074.96
加：折旧摊销	14 590.49	16 390.49	18 190.49	19 703.90	20 689.10
减：资本性支出	1 000.00	1 000.00	1 000.00	1 000.00	1 000.00
减：营运资本增加额	6 522.81	10 985.24	10 036.94	11 095.89	6 889.41
七、股权自由现金流	34 400.35	46 252.14	68 795.02	88 574.04	106 874.64
加：新增贷款	0.00	0.00	0.00	0.00	0.00
加：税后财务费用	150.76	236.21	422.79	603.75	821.07
减：贷款偿还	0.00	0.00	0.00	0.00	0.00
八、企业自由现金流	34 551.10	46 488.35	69 217.81	89 177.79	107 695.72
折现率	12.00%	12.00%	12.00%	12.00%	12.00%
折现系数	0.89	0.80	0.71	0.64	0.57
九、收益现值	30 850.68	37 060.52	49 269.23	56 672.49	61 106.55
收益现值合计（经营性资产价值）					234 959.47

资料来源：根据相关资料整理。

(3) 选择 SJ 公司价值关联指标和作为退出倍数的价值比率

考虑到被评估 SJ 公司的全投资价值口径，应当选择全投资口径的价值比率，并且代表公司价值的分子应与代表价值关联指标的分母的含义相互对应。EBITDA 相较于其他收益类指标不受利息及税收的影响，在剔除折旧与摊销后，可以使信息使用者更清晰地观察企业的经营情况；并且，在选取可比公司或可比交易案例时，拥有不同资本结构、税率和折旧摊销政策的可比对象可以在 EBITDA 的统一口径下对比分析盈利能力，使其免受这些干扰因素的影响。所以，这里选取 EBITDA 作为其价值关联指标，选取 EV/EBITDA 作为退出倍数。

(4) 计算退出时点 SJ 公司 EBITDA 预测值

上一步选择 EBITDA 作为 SJ 公司价值关联指标，EBITDA 的计算公式为：

$$EBITDA = 净利润 + 所得税 + 偿付利息所支付的现金 + 折旧 + 摊销 \quad (5.6)$$

根据表 5.1 中 2011—2015 年 SJ 公司财务预测数据，测算 2016—2020 年 SJ 公司 EBITDA 预测值及其现值，如表 5.2 所示。根据表 5.2，SJ 公司在退出时点的 EBITDA 预测值为 146 943.45 万元，EBITDA 现值为 83 375.71 万元。

表 5.2　2016—2020 年 SJ 公司 EBITDA 预测值及其现值测算

项　目	2016 年	2017 年	2018 年	2019 年	2020 年
净利润（万元）	27 332.66	41 846.89	61 641.47	80 966.03	94 074.96
所得税（万元）	9 110.89	13 948.96	20 547.16	26 988.68	31 358.32
加：折旧和摊销（万元）	14 590.49	16 390.49	18 190.49	19 703.90	20 689.10
加：税后财务费用（万元）	150.76	236.21	422.79	603.75	821.07
EBITDA 终值（万元）	51 184.79	72 422.55	100 801.91	128 262.36	146 943.45
折现率（%）	12.00	12.00	12.00	12.00	12.00
折现系数	0.8929	0.7972	0.7118	0.6355	0.5674
EBITDA 现值（万元）	45 702.90	57 735.26	71 750.80	81 510.73	83 375.71

资料来源：根据相关资料整理。

(5) 测算基于 EBITDA 的 SJ 公司退出倍数

采用上市公司比较法,通过修正可比公司评估时点的 EV/EBITDA 计算得到 SJ 公司的退出倍数。按照可比公司的选择标准,我们在钢铁行业上市公司中选择 4 家与 SJ 公司经营业务相似、生产规模相当、未来成长性相当、已有一定存续时间的可比公司;分别计算这 4 家可比公司在评估基准日 2015 年 12 月 31 日的股权价值、公司价值及 EBITDA,得到各可比公司的 EV/EBITDA。通常选取各可比公司价值比率的平均值或中位数作为目标公司价值比率的参考数,这里将 4 家可比公司 EV/EBITDA 的平均值作为 SJ 公司退出倍数,即 7.29,如表 5.3 所示。其中,股权价值、公司价值的计算公式分别为:

$$股权价值 = 评估基准日股价 \times 发行在外股票数量 \qquad (5.7)$$

$$公司价值 = 股权价值 + 净负债 \qquad (5.8)$$

表 5.3 2015 年 12 月 31 日可比公司 EV/EBITDA 计算

可比公司	股权价值(万元)	公司价值(万元)	EBITDA(万元)	EV/EBITDA
GL 公司	861 554.82	873 331.32	113 396.79	7.70
SF 公司	609 050.00	779 542.45	96 379.10	8.09
DF 公司	808 916.72	994 137.72	158 011.53	6.29
GJ 公司	907 777.57	982 438.54	138 619.20	7.09
平均值		—		7.29

资料来源:根据相关资料整理。

(6) 计算 SJ 公司整体价值评估值

假设 SJ 公司不存在非经营性资产或溢余资产,将 SJ 公司 2016—2020 年收益现值合计 234 959.47 万元、退出时点的 EBITDA 现值 83 375.71 万元、退出倍数 EV/EBITDA 取值 7.29 等代入式(5.5),计算得到 SJ 公司整体价值评估值为:

$$P = 234\ 959.47 + 83\ 375.71 \times 7.29 = 234\ 959.47 + 607\ 808.93 = 842\ 768.40\ (万元)$$

其中,SJ 公司在假定退出时点的退出变现价值为 607 808.93 万元,整体价值评估值为 842 768.40 万元。

5.1.2.2 案例分析结论及建议

(1) 案例分析结论

通过以上案例模拟,可以进一步推知:

第一,当退出倍数法应用于周期性公司估值时,除了理论框架部分提出的退出倍数法注意事项以外,还须注意,在确定周期性公司的假定退出时点时,由于周期性行业受宏观经济影响显著,收益额波动剧烈,准确判断其周期性拐点比较困难,所以应综合考量公司发展趋势、宏观经济形势以及周期性行业走势,以确定合理的假定退出时点。本案例将收益预测期确定为5年,将退出时点设定为第5年年末,是仅针对样本公司的时点设定,并不适用于所有周期性公司。

第二,如前所述,可比对象价值比率的计算时点以评估时点居多,所以,从案例模拟的代表性和直观性出发,本案例通过修正可比公司评估时点的 EV/EBITDA 计算得到样本公司的退出倍数。但是,这并不是本案例的最佳选择,因为样本公司在评估基准日正处于收益周期的波谷,该时点的价值比率可能无法客观体现退出时点预计处于收益周期中段的市场状况,当前计算所得退出倍数可能偏低于退出时点市场水平;更为合理的做法是选取收益周期中段的对应时点计算可比对象价值比率,或者直接测算价值比率的历史平均水平用于计算样本公司的退出变现价值。可比对象价值比率的计算时点选择,对于退出倍数法在周期性公司估值中的应用而言更为显著。

第三,本案例选取 FCFF 和 WACC 分别作为收益预测期的收益额和折现率,选择 EV/EBITDA 作为假定退出时点的退出倍数,以评估样本公司的整体价值。需要注意的是,如果本案例是评估样本公司的股权价值,则应选取 FCFE 和权益资本成本分别作为收益预测期的收益额和折现率。在计算样本公司退出变现价值时,还应在现有结论基础上扣减退出时点的债务价值现值,或者直接选择股权口径退出倍数计算样本公司的退出变现价值。

第四,本案例假设样本公司不存在非经营性资产或溢余资产,将经营性资产评估值作为样本公司的整体价值。如果样本公司存在非经营性资产或溢余资产,则需要将现有评估结果加上评估基准日的非经营性资产评估值和溢余资产评估值,作为最终评估结论。

(2) 退出倍数法应用建议

退出倍数法综合采用收益法和市场法的估值思路,为公司估值尤其是周期性公司估值提供了新的路径。首先，恰当运用退出倍数法进行公司估值，一方面避免了应用收益法因公司长期收益难以预测所形成的估值困扰，另一方面也有效利用了较为可靠的短期收益预期对整体估值合理度的提升作用，降低了直接采用市场法因可比对象选择不当而可能产生估值偏差的概率，因而有利于提高公司估值的合理性和可靠性；其次，只要是第一阶段预期收益额较为明朗，而第二阶段预期收益额剧烈波动或者缺乏显著特征的公司估值，均可采用退出倍数法，并且，退出倍数法特别适用于周期性公司估值和部分增长性行业公司估值；最后，目标公司假定退出时点的确定、退出倍数的选择与测算、可比对象的选择等是退出倍数法的应用重点与难点，退出倍数的口径、可比对象价值比率的计算时点，以及对价值类型和评估假设等评估要素的把握等，是其中值得注意的事项。

5.2 周期性公司估值、收益额测算与情景分析法

剧烈波动的宏观经济环境导致周期性公司的收益额呈现高度不稳定现象，进一步加大了收益途径在周期性公司估值中的应用难度。一些学者建议，在使用收益途径的过程中可以尝试引入情景分析法，以使周期性公司估值结果更加客观合理。然而，在相关的理论研究与估值实践中，情景分析法往往只是作为一种改进传统估值方法的创新思路或者案例分析的辅助工具得到初步考虑，关于情景分析法应用于收益途径的详细步骤、具体模型和应用难点等方面的研究并不丰富。这无疑不利于情景分析法的规范、合理及有效应用。鉴于此，本节在回顾国外已有研究的基础上，系统剖析情景分析法在周期性公司估值中的应用步骤、模型选择、应用难点与解决途径，并结合微案例对情景分析法应用于周期性公司估值的关键环节进行模拟演示。

5.2.1 情景分析法及其应用于周期性公司估值的文献回顾

本部分重点对情景分析法及其应用于周期性公司估值的相关文献进行回顾、梳理与述评。

5.2.1.1 情景分析法相关背景与研究现状
（1）情景分析法相关背景
情景分析法作为一种预测未来可能的方法，根据影响事物或者项目的

内外部系统综合分析，设置出两种或两种以上不同前景，描述并分析这些前景的内容，从而形成总体性的综合预测，所以也被称为前景描述法。该方法最早被使用于20世纪40年代末，具体由美国兰德公司的国防分析员用来分析敌对国家利用核武器的各种可能，但此时尚未形成明确的情景分析法表述。20世纪70年代，美国壳牌石油公司的科研人员提出并利用情景分析法提前做好应对能源危机的准备，使公司在中东战争期间大幅盈利；随后，美国壳牌石油公司又于20世纪80年代利用情景分析法成功预测石油泡沫并卖掉多余的石油储备，得以在石油泡沫期间良好运营，其在世界石油公司排名也从第六位上升到第二位。

此后，情景分析法的优点逐渐为人所知：能及时地识别未来发展中可能出现的难题，以便采取行动消除或减轻它们的影响；能尽早发现可能会错过的未来机会；能通过应变计划对新的发展和突发事件做出灵活、快速的反应；能极其灵敏地反映环境的变化，深化对市场环境及作用机制的理解；能提醒对决策风险保持清醒的认识；能比较容易地将分析和预测结果用于制定规划的过程。于是，情景分析法受到全球各大商业机构和政府机构的欢迎，随着社会的发展被广泛使用。西方在投资、军事、政治、图书情报、企业管理等很多领域都对情景分析法展开了应用。我国学术界也于20世纪90年代逐渐引入情景分析法，已涉及投资、交通规划、情报、能源、环境、物流等国内各大领域。

（2）情景分析法相关研究

围绕情景分析法，国内外学者陆续开展了相关研究。情景分析法的核心词是"情景"，关于该词的定义，国外学者Kahn和Wiener（1967）等持有一种观点，即"情景"可以理解为将来具有多样性，任何潜在的结果都有可能在未来发生，并且通向各种未来结果的路径也存在多种可能；Fahey（1986）提出，一种情景应该包括结束状态、策略、驱动力和逻辑等四个要素，且这些要素因具有多种发展途径和彼此之间的不同联系而构成不同情景。此外，Fink和Schlake（2000）认为，做情景分析时要结合系统整体性和未来连续性而考虑到多种可能结果。Chermack（2005）对情景分析进行了明确的定义，就情景分析理论进行了综述。

有关情景分析法的国内文献，初期主要以介绍性为主，具体从不同角度对情景分析法的基本定义、适用范围等展开讨论。宗蓓华（1994）归纳提出了情景分析法的定义和本质特征；于红霞和钱荣（2006）强调，情景分析法适用于事物的未来发展形势很不确定、过去曾有突发现象出现并造成损失、可能有明显跳跃性的几类事物；田光明（2008）认为，情景分析法适用于资金密集、企业规模调整所需时间长、投入高的行业，以及产品开发的研发期长、不确定性强的行业。娄伟（2012）列举了美国直觉逻辑学派、美国概率修正趋势学派、法国远景学派等三类情景分析学派，提出我国常用的情景分析法属于美国直觉逻辑学派。

如今，关于情景分析法的国内研究更趋向于结合具体领域展开。王京等（2015）在结合宏观经济发展预测铜资源需求时，利用情景分析法把我国未来铜消费增长情景分为高情景、中情景、低情景三种；夏凌娟和彭婉丽（2016）在研究通过能源行业技术进步来抑制二氧化碳排放量时，把我国未来能源发展情景分为基准情景、技术进步情景、可持续发展情景三种。情景分析法在图书情报、情报学领域的应用研究也相对成熟（王克平，2014；杨峰等，2016）。

5.2.1.2 情景分析法应用于周期性公司估值的相关研究

（1）国外相关研究

国外学者对情景分析法在周期性公司估值中的应用开展了相对深入的探讨。Koller 等（2007）提出可以将情景分析法应用于新兴市场、高成长性公司以及周期性公司估值；以双情景为例，根据评估对象历史信息及其近期经营状况和行业新形势，分析两种情景内容和确定相应概率，最后加权计算不同情景下的公司价值。Damodaran（2013）亦提出可以将情景分析法应用于周期性公司估值，即评估各种情景之下的预期现金流和公司价值，计算其不同概率下的加权平均数；强调情景分析法主要包括确定情景围绕哪些要素建立、确定对每个要素要分析多少种情景、评估每种情景下的现金流、为每种情景计算相关概率等四个关键部分，并需要注意可能存在的情景不现实且不能覆盖所有可能性、持续性风险，以及双倍计入风险等问题。"双倍计入风险"意味着预期价值已经被调整过风险，所以，潜在的相同风险可能被双倍计入，或双倍计入了与决策不相关的风险。Massari 等（2016）认为，情景分析法能帮助分析师和公司经理更好地理解和确定公司估值的相关风险，并总结了该方法的优缺点。

（2）国内相关研究

谈及周期性公司估值，国内学者多是将情景分析法作为一种改进传统估值方法的创新思路或者案例分析的辅助工具予以考虑。吴月琴、冯耕中

(2002)运用现金流量贴现法,辅以行业分析、微观经济分析和概率加权的情景分析,对网络企业进行估值,并建议将其推广应用到存在高度不确定性的其他新兴行业。韩辉(2010)分析了有色金属企业与宏观经济景气程度的关系,尝试将情景分析法应用于有色金属企业估值。郜志宇(2011)在对矿业企业价值评估收益法的创新思路中,提出可以合理运用情景分析法,对情景分析法的大致思路与应用步骤进行简要描述。但是,已有的研究在对不同情景进行加权平均的计算思路上存在一定分歧。其中,一种观点是分别预测未来不同情景下的公司价值并对其赋予不同的权重,最后得出公司的加权平均价值。郜志宇(2011)、郭庆奎(2012)分别将情景分析法引入矿业企业和钢铁企业的传统收益法估值过程,具体预测样本公司在不同情景下的净现金流、折现率以及样本公司价值,进而计算得到公司加权平均价值。另一种观点是分别预测未来不同情景下的预期现金流并对其赋予不同的权重,在计算得到加权平均后的预期现金流后,再进行折现得到公司价值。陈小伟(2014)将情景分析法引入航运企业的传统收益法估值过程,对两阶段FCFF模型中不同情景下的预期FCFF分别进行加权平均后,再进行折现求得样本公司价值。

5.2.1.3 研究述评

综上所述可见,国内外学者已围绕情景分析法在公司估值特别是收益法估值中的应用展开研究,但涉及具体模型、应用难点和解决路径等方面的系统性研究不够丰富。这无疑不利于情景分析法在公司估值中的规范实践和有效应用。鉴于此,本部分在已有研究的基础上,系统剖析情景分析法在公司估值中的应用思路、模型选择、情景构建和概率测算等关键问题,并结合案例对关键环节进行模拟演示,希冀为公司估值的方法选择和实务操作提供参考。

5.2.2 情景分析法在周期性公司估值中的应用步骤与模型选择

本部分重点探讨情景分析法在周期性公司估值中的详细应用步骤、具体模型及其选择问题。

5.2.2.1 情景分析法在周期性公司估值中的应用步骤

(1)情景分析法的一般操作步骤

各个学派的情景分析法操作步骤虽有所区别,但大体结构一致,其一般操作步骤可以归纳为以下6个步骤:

5 周期性公司估值收益额测算模型的理论修正

①明确决策主题

明确要进行情景分析的项目主题,即焦点。主题应具有重要性特征和不确定性特征,并了解项目主题的背景、目的、限制范围等。

②识别重要影响因素

重要影响因素是指影响该项目未来发展,对主题至关重要的因素,是造成未来情景变化的主要内部原因。

③确定关键外在驱动力量

影响项目的外在驱动力量,包含市场经济环境、政策法规、行业技术手段等。最重要、最不确定的因素应是构成情景框架的主要目标。

④构造情景框架并形成不同具体情景

将关键外在驱动力量按照重要性和不确定性排序,总结形成情景框架,并依此形成具体情景。

⑤确定每种情景对应概率

描述根据情景框架形成的各种情景,监测主要的指标和先兆事件并预期哪一情景正在出现;确定每种情景对应的概率。

⑥分析情景内容

针对每种情景具体分析其含义,并给出适当建议。

(2) 情景分析法应用于周期性公司估值的具体步骤

参照已有研究,结合一般操作步骤,情景分析法应用于周期性公司估值的具体步骤如下。

①明确估值对象及相关背景

明确要进行情景分析的估值对象,即周期性公司。综合应用收益途径和情景分析法对周期性公司进行估值,具体通过分析标的公司相关背景与自身特征、明确评估基本事项、搜集重要内外部数据等信息,为后续分析提供依据。

②识别影响估值的内部重要参数

影响估值的内部重要参数,主要是可能导致周期性公司估值结果发生重大变化的内部影响因素,多体现为营业收入、营业成本、利润率、稳定增长率、资本性支出等不确定性较强的周期性公司收益指标。要利用情景分析法对公司未来发展的不同可能情景进行预测和描述,必须先识别这些重要参数。

③确定影响估值的关键外在驱动因素

影响周期性公司估值的关键外在驱动因素,主要包含宏观经济、政策

法规、技术进步等，这些因素能够促发内部重要参数的波动，进而使公司估值结果发生重大变化。对于周期性公司，最重要、不确定性最强的关键外在驱动因素多表现为宏观经济因素，这应该成为周期性公司未来情景构建的主要目标。通常，获得驱动因素相关信息的手段包括查阅电子或者纸质资料、相关主体访谈、询问权威专家等方式。

④构建周期性公司估值的未来情景框架并形成不同具体情景

将宏观经济、政策法规、技术进步等影响周期性公司估值的关键外在驱动因素按照重要性和不确定性排序，总结形成周期性公司估值的未来情景框架，并依此形成不同具体情景。

⑤确定周期性公司每种情景对应的概率

描述根据周期性公司估值的未来情景框架所形成的各种具体情景，结合历史信息与当前时点的因素特征、先兆事件，采用适当的定性或定量分析方法，综合测算每种情景可能发生的概率。

⑥分析周期性公司在每种情景下的具体估值参数内容

针对不同具体情景，逐项分析周期性公司估值的各项重要参数特征，此时需要考虑到各参数之间的联动关系，体现情景设定和参数组合的现实性和可行性，进而计算周期性公司在每种情景下的收益额具体数值。例如，最佳情景并不意味着公司各项收益指标均为最佳，否则这种情景将不具有现实性，因为公司可能为了获得更高的营业收入而不得不接受较低的利润率。

⑦通过加权平均计算得到周期性公司估值结果

将情景分析思路与收益途径估值思路相结合，选择和构建合适的周期性公司估值计算模型，再将不同情景的发生概率、收益额等数据代入模型，进而加权计算得到周期性公司估值结果。其中，将两种分析思路相结合的具体计算模型阐述如下。

5.2.2.2 情景分析法应用于周期性公司估值的模型构建与选择

为构建将情景分析思路与收益途径估值思路相结合的周期性公司估值具体模型，这里以 FCFF 两阶段模型为例，将其作为基本模型并引入情景分析过程中涉及的情景概率等相关参数。

（1）基本模型及其参数的内涵

首先，假设企业收益期为永续期，企业 FCFF 在第 n 年（含第 n 年）以前有变化，在第 n 年（不含第 n 年）以后达到稳定状态并保持不变。则基本模型可以用公式表示为：

5 周期性公司估值收益额测算模型的理论修正

$$P = \sum_{t=1}^{n} \frac{FCFF_t}{(1+r)^t} + \frac{A}{r(1+r)^n} \qquad (5.9)$$

式中，P 表示企业整体价值；$FCFF_t$ 表示第 t 年的 FCFF；r 表示折现率，具体采用 WACC 测算得到；A 表示企业收益达到稳定状态以后的年金。

其次，对于周期性公司，A 可以被视为正常化（或标准化）的收益额。所谓正常化，即公司在正常年份的收益额。一个正常年份代表周期中段的年份，此时的收益额、折现率、增长率等指标受宏观经济的影响可以忽略不计。所以，这种正常化的收益额，可以近似被看作周期性公司收益的一种内在稳定状态，其具体数额可以根据历史长周期数据进行分析估计；而达到这种状态的时点第 t 年末，则意味着周期性公司刚刚经历完一个完整的收益周期，其既不是收益周期的波峰，也不是收益周期的波谷，这一点与本章第 1 节式（5.1）退出倍数法中退出时点的确定思路类似。

最后，根据已有文献提出的两种加权平均的计算思路，即直接对不同情景下的公司价值进行加权平均的第一种思路，以及先对不同情景下的现金流进行加权平均再进行折现的第二种思路，分别构建将情景分析法应用于周期性公司估值的具体模型。这里暂假设不同情景下周期性公司的收益额测算结果（$FCFF_t$）存在显著差异，但折现率（r）以及达到正常化收益额（A）的时间（n）在不同情景下均保持一致。并且，无论采用哪种计算思路，同一周期性公司的正常化收益额（A）理论上应当相同。

（2）基于第一种加权平均计算思路的模型构建

假设周期性公司估值的未来情景被设定为 m（$m \geq 2$ 且为整数）种不同具体情景，在经过未来情景构建、情景概率测算、情景内容分析、收益额测算等步骤以后，式（5.9）中的 $FCFF_t$、A、r、t 等变量均为已知数；此时，再引入情景概率（W）变量，按照第一种计算思路，直接对不同情景下的公司价值进行加权平均，则式（5.9）可变为：

$$\begin{aligned} P &= \sum_{t=1}^{n} \frac{FCFF_{t1}}{(1+r)^t} \times W_1 + \sum_{t=1}^{n} \frac{FCFF_{t2}}{(1+r)^t} \times W_2 + \cdots + \sum_{t=1}^{n} \frac{FCFF_{tm}}{(1+r)^t} \times W_m + \frac{A}{r(1+r)^n} \\ &= P_1 \times W_1 + P_2 \times W_2 + \cdots + P_m \times W_m \end{aligned} \qquad (5.10)$$

式中，P_1，P_2，$\cdots$，P_m 分别表示第 1，2，$\cdots$，m 种情景下的周期性公司整体价值；$FCFF_{t1}$，$FCFF_{t2}$，$\cdots$，$FCFF_{tm}$ 分别表示第 1，2，$\cdots$，m 种情景下的 $FCFF_t$；W_1，W_2，$\cdots$，W_m 分别表示第 1，2，$\cdots$，m 种情景的发生概率，即权重。

下面结合一个周期性公司估值的微案例对基于第一种加权平均计算思路构建的估值模型（5.10）进行模拟演示。假设 KL 公司属于钢铁行业，评估基准日为 2016 年 12 月 31 日。KL 公司在评估基准日的 FCFF 为 100 000 万元。经预测，未来宏观经济发展有中速增长（增长率为 60%）和低速增长（增长率为 40%）两种情景。两种情景下，KL 公司 FCFF 均在 5 年以后达到正常化水平，且 FCFF 的正常化数值为 170 000 万元，KL 公司 FCFF 增长率如表 5.4，折现率均取值 10%。

表 5.4　两种情景下 KL 公司 FCFF 增长率预测　　　　单位：%

情　景	2017 年	2018 年	2019 年	2020 年	2021 年
中速增长情景	5	10	20	30	15
低速增长情景	−5	3	13	20	10

资料来源：根据相关资料整理。

若不考虑非经营性资产及溢余资产，则两种情景下 KL 公司 FCFF 及整体价值评估值预测详见表 5.5。

表 5.5　两种情景下 KL 公司 FCFF 及评估值预测

项　目	2017 年	2018 年	2019 年	2020 年	2021 年	2022 年及之后
中速增长情景 FCFF（百万元）	1 050.00	1 155.00	1 386.00	1 801.80	2 072.07	1 700.00
低速增长情景 FCFF（百万元）	950.00	978.50	1 105.71	1 326.85	1 459.53	1 700.00
折现率（%）	10.00	10.00	10.00	10.00	10.00	10.00
折现系数	0.909 1	0.826 4	0.751 3	0.683 0	0.620 9	6.209 2
中速增长情景收益现值（百万元）	954.56	954.49	1 041.30	1 230.63	1 286.55	10 555.64
低速增长情景收益现值（百万元）	863.65	808.63	830.72	906.24	906.22	10 555.64
中速增长情景企业整体价值评估值（百万元）	16 023.17					
低速增长情景企业整体价值评估值（百万元）	14 871.10					
企业整体价值评估值加权平均值（百万元）	15 562.34					

资料来源：根据相关资料整理。

5 周期性公司估值收益额测算模型的理论修正

所以,根据式(5.10),在评估基准日,KL公司基于第一种加权平均计算思路的整体价值评估值为15 562.34万元。

(3) 基于第二种加权平均计算思路的模型构建

同样假设周期性公司估值的未来情景被设定为 m($m \geq 2$)种不同情景,在经过未来情景构建、情景概率测算、情景内容分析、收益额测算等步骤以后,式(5.9)中的 $FCFF_t$、A、r、t 等变量均为已知数;此时,再引入情景概率(W)变量,按照第二种计算思路,先对不同情景下的现金流进行加权平均再进行折现,则式(5.9)可变为:

$$P = \sum_{t=1}^{n} \frac{FCFF_{t1} \times W_1 + FCFF_{t2} \times W_2 + \cdots + FCFF_{tm} \times W_m}{(1+r)^t} + \frac{A}{r(1+r)^n} \quad (5.11)$$

继续以KL公司为例,对基于第二种加权平均计算思路构建的估值模型即式(5.11)进行模拟演示。按照相同的评估基础数据及情景构建思路,两种情景下KL公司FCFF及整体价值评估值预测详见表5.6。

表5.6 两种情景下KL公司FCFF及评估值预测

项 目	2017年	2018年	2019年	2020年	2021年	2022年及之后
中速增长情景FCFF(百万元)	1 050.00	1 155.00	1 386.00	1 801.80	2 072.07	1 700.00
低速增长情景FCFF(百万元)	950.00	978.50	1 105.71	1 326.85	1 459.53	1 700.00
FCFF加权平均值(百万元)	1 010.00	1 084.40	1 273.88	1 611.82	1 827.05	1 700.00
折现率(%)	10.00	10.00	10.00	10.00	10.00	10.00
折现系数	0.909 1	0.826 4	0.751 3	0.683 0	0.620 9	6.209 2
收益现值(百万元)	918.19	896.15	957.07	1 100.87	1 134.42	10 555.64
企业整体价值评估值(百万元)						15 562.34

资料来源:根据相关资料整理。

所以,根据式(5.11),在评估基准日,KL公司基于第二种加权平均计算思路的整体价值评估值为15 562.34万元。这一估值结果与通过第一种加权平均计算思路得到的估值结果完全一样,但这并不代表基于两种加权平均计算思路构建的估值模型即式（5.10）和式（5.11）彼此相同。

（4）情景分析法在周期性公司估值中的模型选择

在上述案例分析的基础上，通过比较模型推导过程亦可推知，即使不同情景下周期性公司的收益额测算结果（$FCFF_t$）存在显著区别，只要折现率和达到正常化收益额的时间相同，则两种加权平均计算思路并无本质差异，只是在操作步骤上存在计算顺序的不同。此时，并不存在具体模型的选择问题。

但事实上，在构建未来不同具体情景时，公司收益额从评估时点发展至内在稳定状态，可能需要经历不同的时间长度，即公司在不同情景下的 n 可能并不相同。上述案例 KL 公司，在未来宏观经济中速增长和低速增长两种情景下，也许其 FCFF 分别需要 4 年和 7 年时间方可达到正常化水平。同理，KL 公司在不同情景下所面临的风险也往往不同，即不同情景下的 r 亦可能存在差异。

对此，若假设 r 及 n 在不同情景下均不相同，那么，通过式（5.10）和式（5.11）得到的估值结果势必会不同，并且按照式（5.11）得到的加权平均现金流甚至已不再适合采用不同的折现率和收益期进行折现，所以，基于第一种加权平均计算思路的估值模型成为优先选择的模型。此时，式（5.10）亦可变为：

$$P = \left[\sum_{t=1}^{n_1} \frac{FCFF_{t1}}{(1+r_1)^t} + \frac{A}{r(1+r_1)^{n_1}}\right] \times W_1 + \left[\sum_{t=1}^{n_2} \frac{FCFF_{t2}}{(1+r_2)^t} + \frac{A}{r(1+r_2)^{n_2}}\right] \times W_2 + \cdots + \left[\sum_{t=1}^{n_m} \frac{FCFF_{tm}}{(1+r_m)^t} + \frac{A}{r(1+r_m)^{n_m}}\right] \times W_m$$

$$= P_1 \times W_1 + P_2 \times W_2 + \cdots + P_m \times W_m$$

(5.12)

式中，n_1，n_2，$\cdots$，n_m 分别表示第 1，2，$\cdots$，m 种情景下周期性公司达到正常化收益额的时间（年）；r_1，r_2，$\cdots$，r_m 分别表示第 1，2，$\cdots$，m 种情景下在第一阶段适用的折现率；r 表示正常化的折现率。

需要强调的是，参考已有研究（Damodaran，2013），将情景分析法应用于周期性公司估值时，需要注意双倍计入风险等问题。"双倍计入风险"意味着预期价值已经被调整过风险，所以，潜在的相同风险可能被双倍计入，或双倍计入了与决策不相关的风险。应该看到，本部分已经通过不同情景下的收益额预测，将周期性公司可能面临的不确定性风险考虑在内，如果再对折现率进行相应的情景分析并赋予不同权重,则可能存在重复性操作、双倍计入风险的问题。因此,本研究认为,在选择情景分析法对周期性公司进行估值时,应考虑选用正常化的折现率,即周期性公司收益达到稳定状态后的折现率,作为不同情景下的折现率取值依据,即 $r_1 = r_2 = \cdots = r_m = r$。故式(5.12)可进一步变为:

$$P = \left[\sum_{t=1}^{n_1} \frac{FCFF_{t1}}{(1+r)^t} + \frac{A}{r(1+r)^{n_1}}\right] \times W_1 + \left[\sum_{t=1}^{n_2} \frac{FCFF_{t2}}{(1+r)^t} + \frac{A}{r(1+r)^{n_2}}\right] \times W_2 + \cdots + \left[\sum_{t=1}^{n_m} \frac{FCFF_{tm}}{(1+r)^t} + \frac{A}{r(1+r)^{n_m}}\right] \times W_m$$

$$= P_1 \times W_1 + P_2 \times W_2 + \cdots + P_m \times W_m$$

(5.13)

式中,P_1,P_2,$\cdots$,P_m 分别表示第 1,2,$\cdots$,m 种情景下的周期性公司整体价值;n_1,n_2,$\cdots$,n_m 分别表示第 1,2,$\cdots$,m 种情景下周期性公司达到正常化收益额的时间(年);$FCFF_{t1}$,$FCFF_{t2}$,$\cdots$,$FCFF_{tm}$ 分别表示第 1,2,$\cdots$,m 种情景下的 $FCFF_t$;W_1,W_2,$\cdots$,W_m 分别表示第 1,2,$\cdots$,m 种情景的发生概率,即权重;r 表示正常化的折现率,具体采用 WACC 测算得到;A 表示周期性公司正常化的收益额。

综上所述,论及情景分析法在周期性公司估值中的模型构建及其选择问题,直接对不同情景下公司价值进行加权平均的估值模型即式(5.13)具有最广泛的适用性,成为可供选择采用的最佳模型。虽然本部分只是以周期性公司 FCFF 两阶段模型为例,探索情景分析法在周期性公司估值中的具体模型及选择问题,但如果继续以收益法的其他模型进行分析,亦可形成类似结论。

5.2.3 情景分析法在周期性公司估值中的应用难点与解决路径

前文围绕情景分析法在周期性公司估值中的应用步骤与模型选择进行分析,在此基础上,本部分进一步梳理情景分析法在周期性公司估值中的应用难点并提出解决路径。

5.2.3.1 情景分析法在周期性公司估值中的应用难点

不难看出,未来情景构建和情景概率确定是情景分析法在周期性公司估值中的两大难点环节。

(1) 周期性公司未来情景构建

情景分析法应用于周期性公司估值的第四步是构建周期性公司估值的未来情景框架并形成不同具体情景，需要分别明确未来可能情景的数量及各自特征。此时，需要将宏观经济、政策法规、技术进步等影响周期性公司估值的关键外在驱动因素按照重要性和不确定性排序，总结形成周期性公司估值的未来情景框架，并依此形成不同具体情景。这一环节对于公司估值整体过程而言至关重要，直接涉及整个分析框架的合理性，并为后续的重要参数估计奠定基础，将直接决定情景分析法的应用效果。因为情景分析法的评价标准就在于情景之间的连贯性、情景综合性、不同情景的内部相同性、情景新颖性、情景结构分析和逻辑基础的严谨性，而要满足以上各项评价标准，难度很大。

(2) 周期性公司情景概率确定

情景分析法应用于周期性公司估值的第五步是确定周期性公司每种情景对应的概率，即分别度量式（5.13）中的 W_1, W_2, $\cdots$, W_m。在这一步，需要通过描述各种具体情景，结合历史信息与当前时点的因素特征、先兆事件，采用适当的定性或定量分析方法，综合确定每种情景可能发生的概率。这一环节同样是公司估值整体过程中的关键环节，很大程度上决定着整个分析框架及情景分析法估值结果的可靠度。对于这一问题，已有研究多是对影响周期性公司各种未来情景的宏观经济走势、周期性公司所属行业发展趋势等进行定性分析，继而直接推测每种情景的发生概率。而如何综合采用定性与定量分析估算每种情景发生的概率，提高参数预测的合理性和可靠性，成为情景分析法的另一大难点环节。

5.2.3.2 情景分析法应用于周期性公司估值的未来情景构建

在明确估值对象及相关背景、识别影响估值的内部重要参数、确定影响估值的关键外在驱动因素以后，对于未来情景构建这一难点，这里从识别关键外在驱动因素、对关键外在驱动因素排序、设置未来情景的数量、划分不同情景的内容和构建情景轴等五方面探索解决路径。

(1) 识别关键外在驱动因素

在识别外在驱动因素时，应尽可能全面地列出影响周期性公司估值的关键外在驱动因素。前已述及，宏观经济、政策法规、技术进步等是影响周期性公司估值的常见外在驱动因素。以某周期性能源公司为例，对其关键外在驱动因素的识别详见表5.7。

5 周期性公司估值收益额测算模型的理论修正

表 5.7 关键外在驱动因素及其评价指标

关键因素	评价指标
宏观环境	国内经济发展情况、产业结构等
市场需求	市场环境、投入与产出、成本及价格、替代产品等
政府政策	政策稳定性、政治稳定性、资产支持度等
技术发展	可替代性、人才素质与政策、核心技术等

资料来源：根据相关资料整理。

通常情况下，关键外在驱动因素的识别和确定由专家讨论分析确定，除此之外，也可以采用 PEST 分析、STEEP 分析、PESTLE 分析、波特五力分析等方法。以 PESTLE 分析为例，可以分别从政治、经济、社会、资源、环境、技术等方面进一步细化外在驱动因素。常见的外在驱动因素分类详见表 5.8。

表 5.8 常见的外在驱动因素分类

宏观层面	外在驱动因素
政治层面	政府产业政策、国际压力等
经济层面	市场发展状况、消费理念、成本问题、税收政策等
社会层面	社会关注程度、自媒体关注度、消费模式等
资源层面	行业密集程度、资源可利用量、资源再生能力等
环境层面	气候变化、低碳经济贡献、环境保护、生态保护等
技术层面	科研现状、技术环境、科技创新能力等

资料来源：根据相关资料整理。

（2）关键外在驱动因素排序

对于前期形成的外在驱动因素，按照重要性和不确定性排序，一般将关键外在驱动因素控制在五个以内，最重要、不确定性最强的因素成为首选因素。此排序环节可以借助平面直角坐标系进行，如图 5.3 所示。其中，落入第Ⅱ象限的因素是情景框架构建中最关键的因素，其次是落入第Ⅰ象限和第Ⅳ象限的因素，最后是落入第Ⅲ象限的因素。当然，不同行业周期性公司的关键外在驱动因素可能相同，亦有可能不同，需要具体公司具体分析。此外，当驱动因素较多时，还可以采用重要性与不确定性矩阵对驱动因素进行排序。

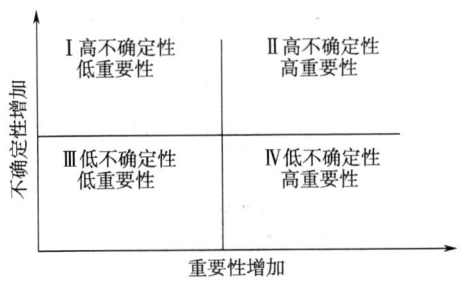

图 5.3　未来情景构建中的关键外在驱动因素排序

资料来源：根据相关资料整理。

（3）设置未来情景的数量

根据排序选择的关键外在驱动因素形成情景时，一般需要筛选并设置 2 个（含）以上未来情景，例如双情景、三情景、四情景、五情景等多种形式。多数情况下，应用情景分析法所构建的项目未来情景的总数不超过 5 个，但个别情况下，也不排除会根据具体需要而设计 5 个以上未来情景的可能。未来情景设置数量的多少，一般取决于经排序选择的关键外在驱动因素的数量。对于周期性公司估值，这些情景应尽可能涵盖目标公司估值涉及的各项关键估值参数与外在驱动因素。表 5.9 较为直观地列示出常见的情景框架设计方案。

表 5.9　常见的情景框架设计方案

双情景	三情景	四情景	五情景	六情景	……
情景 1	情景 1	情景 1	情景 1	情景 1	
情景 2	情景 2	情景 2	情景 2	情景 2	
	情景 3	情景 3	情景 3	情景 3	……
		情景 4	情景 4	情景 4	
			情景 5	情景 5	
				情景 6	

资料来源：根据相关资料整理。

（4）划分不同情景的内容

与设置未来情景的数量紧密相关的是，根据不同情景的各自特征，对其进行内容划分。这里以双情景和三情景为例,进一步列举常见的情景内容划分方案,详见表 5.10 和表 5.11。

表 5.10　常见的双情景内容划分方案

种类	种类一	种类二	种类三	种类四	……
内容划分	情景 1	积极	乐观	事件发生	……
	情景 2	消极	悲观	事件不发生	……

资料来源:根据相关资料整理。

根据表 5.10,双情景通常被划分为情景 1 和情景 2、积极情景和消极情景、乐观情景和悲观情景、事件发生情景和事件不发生情景等不同内容。除了第一种划分方法不体现具体情景特征外,其他划分方法中的两种情景均属性分明、对立性较强。所以,双情景分析更适用于关键外在驱动因素非常少的情形;且多数情况下,其中只有一个驱动因素是不确定性最强又最重要的。

表 5.11　常见的三情景内容划分方案

种类	种类一	种类二	种类三	种类四	种类五	……
程度	情景 1	高情景	乐观情景	繁荣情景	协调发展情景	……
	情景 2	中情景	中性情景	正常情景	基准增长情景	……
	情景 3	低情景	悲观情景	衰退情景	风险情景	……

资料来源:根据相关资料整理。

根据表 5.11,三情景通常被划分为情景 1、情景 2、情景 3,高情景、中情景、低情景,乐观情景、中性情景、悲观情景,繁荣情景、正常情景、衰退情景,协调发展情景、基准增长情景、风险情景等不同内容。显然,较之双情景,三情景增加了一种处于中间地带的情景,使三种情景之间的对立性有所减弱。这是因为涉及的关键外在驱动因素数量有所增加,或者是因为不确定性最强又最重要的驱动因素不止一个,摊薄了单一因素的重要性或不确定性。

可见,关键外在驱动因素的数量越少、其所占的重要性和不确定性比重越大,则需要设置的未来情景数量就越少,不同情景之间的对立性也越强;反之,需要设置的未来情景数量越多,情景彼此的对立性也越弱。

（5）构建情景轴

构建情景轴实际上是设置未来情景的数量和划分不同情景的内容的补充手段。因为周期性公司未来情景的发展，主要取决于高重要性、高不确定性驱动因素之间的相互联系，而通过情景轴可以将各种驱动因素联动并构建周期性公司的逻辑分析框架，有利于明确未来情景的数量和内容。例如，假设借助平面直角坐标系，已经从高重要性、高不确定性的驱动因素中选取宏观经济、产业政策、技术进步这3种关键因素，那么在制定情景框架设计方案时，可以先对其构建不确定轴面。详见图5.4。

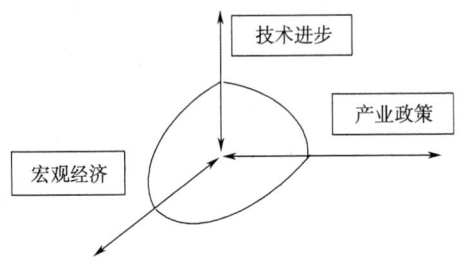

图 5.4 构建情景轴示例

资料来源：根据相关资料整理。

图5.4中，轴面圆圈内区域分别代表宏观经济不景气、产业政策中性、技术进步慢；靠近坐标轴指向的一端分别代表宏观经济景气、产业政策利好、技术进步快。据此，根据三项驱动因素的特征设计情景框架（如表5.12所示），进而划分情景和描述内容。

表 5.12 未来情景框架设计示例

不同情景	宏观经济	产业政策	技术进步
1	景气	利好	快
2	景气	中性	慢
3	不景气	利好	快
4	不景气	利好	慢
5	不景气	中性	慢

资料来源：根据相关资料整理。

5.2.3.3 情景分析法应用于周期性公司估值的情景概率测算

对于情景概率测算这一难点,本部分尝试采用历史财务信息分析法、概率树分析法、交叉影响分析法等三种估算方法探索解决路径。

(1) 基于历史财务信息测算未来情景的概率

基于历史财务信息确定未来情景的概率,就是通过分析周期性公司历史年度财务信息,研究各年度收益增长率和测算其分布特征,并结合公司当前在整个经济周期中位于波峰、中段或波谷的阶段分析,判断该公司未来可能走势的概率分布。其中,在测算各年度收益增长率的分布特征环节,评估人员选取以评估基准日为倒推起点的研究时段时,应尽可能涵盖若干个完整的经济周期。不过,这种估算思路特别适用于周期性公司估值的情景概率测算,以及关键外在驱动因素非常少的情形,特别是双情景情形。

下面结合一个公司估值案例对历史财务信息分析法进行说明。X公司是主营钢铁及炉料销售的上市公司,成立于1997年1月。评估基准日为2018年12月31日。经预测,对X公司的未来发展趋势,适用于采用双情景进行分析,具体可划分为乐观情景和悲观情景。如果X公司未来的平均净利润增长率大于0,则为乐观情景;如果X公司未来的平均净利润增长率小于0,则为悲观情景。参照已有研究(刘树成,2010),整体看我国的经济周期,平均9年左右为一个周期。据此,假设2000—2017年恰好跨越两个完整的经济周期。经过对X公司2000—2017年17个净利润增长率的可观测值进行分析,53%为正值,47%为负值,详见表5.13。据此,X公司未来发展处于乐观情景的概率大致为53%,面临悲观情景的概率大致为47%。

表5.13 2000—2017年X公司净利润增长率分析

	频数	频率	平均值(%)
正增长率	9	0.53	100.04
负增长率	8	0.47	-105.04
总数	17	1	3.53

资料来源:根据相关资料整理。

(2) 采用概率树分析法测算未来情景概率

基于历史财务信息测算未来情景的概率,多适用于关键外在驱动因素非常少的情形。当关键外在驱动因素较多时，可以采用概率树分析法测算未来情景概率。概率分析又称风险分析，是通过研究各种不确定性因素发生不同变动幅度的概率分布及其对项目经济效益指标的影响，对项目可行性、风险性以及方案优劣做出判断的一种不确定性分析法；概率树分析法则具体将各种不确定性因素之间的逻辑关系用一种称为概率树的树形图表示出来。

下面结合一个公司估值案例对概率树分析法进行说明。Y 公司是以加工、销售有色金属为主业的上市公司。经预测，影响 Y 公司估值的最关键外在驱动因素有两个：宏观经济发展水平和产业政策支持力度。假设两个关键驱动因素之间相互独立。通过进一步聘请专家对这两项关键外在驱动因素的可能性做出合理假设判断以及对每一个可能性赋值，宏观经济未来可能呈现良好发展（即中高速发展）和低速发展两种情形，发生概率分别为 60% 和 40%；产业政策未来可能呈现支持政策和中性政策两种方向，发生概率分别为 60% 和 40%。可见，Y 公司适用于采用四情景进行分析，具体可划分为情景 1、情景 2、情景 3 和情景 4。据此，绘制 Y 公司未来情景的概率树分析图，详见图 5.5。

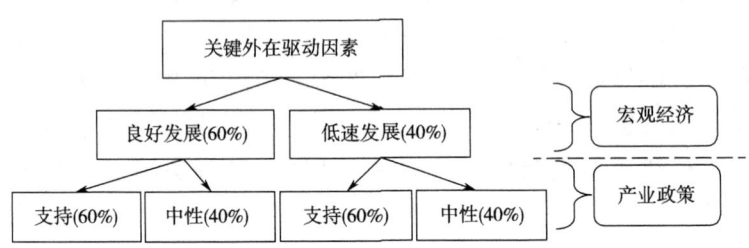

图 5.5　Y 公司未来情景的概率树分析

资料来源：根据相关资料整理。

根据图 5.5，采用概率树分析法分别测算 Y 公司未来四种情景的发生概率。如果各关键驱动因素之间相互独立，则可以将每个关键驱动因素的各种可能性概率与其他关键驱动因素各种可能性概率分别相乘，进而组合计算得到未来各种情景的发生概率。测算结果如下。

情景 1：宏观经济以良好水平发展，有色金属行业得到政府政策的支持，这是乐观情景。将中速发展的宏观经济和支持性产业政策的发生概率相乘，即：60%×60%＝36%。36% 是情景 1 发生的概率。

5 周期性公司估值收益额测算模型的理论修正

情景2：宏观经济以良好水平发展，有色金属产业政策保持中性，任其自然发展，这是次优情景。将中速发展的宏观经济和中性产业政策的发生概率相乘，即：60%×40%＝24%。24%是情景2发生的概率。

情景3：宏观经济以低速水平发展，有色金属行业得到政府政策的支持，这是一般情景。将低速发展的宏观经济和支持性产业政策的发生概率相乘，即：40%×60%＝24%。24%是情景3发生的概率。

情景4：宏观经济以低速水平发展，有色金属产业政策保持中性，任其自然发展，这是悲观情景。将低速发展的宏观经济和中性产业政策的发生概率相乘，即：40%×40%＝16%。16%是情景4发生的概率。

因此，Y公司未来情景1、情景2、情景3和情景4的发生概率分别为36%、24%、24%和16%。未来四种情景的发生概率之和为100%，即36%+24%+24%+16%＝100%。以上是关键外在驱动因素为2个的四情景下的周期性公司估值案例分析，概率树分析法亦可被用于情景设置更为复杂、关键外在驱动因素更多的周期性公司估值与决策。

(3) 采用交叉影响分析法测算未来情景概率

概率树分析法是假设各外在驱动因素之间相互独立的一种理想化的概率测算方法。事实上，许多外在驱动因素的变动具有关联性，某一驱动因素的变动可能导致其他驱动因素的变动。当外在驱动因素之间存在关联时，可以尝试进一步引入交叉影响分析法。交叉影响分析法作为一种系统预测技术，于1968年由海沃德（H. Hayward）和戈登（T. J. Gordon）首先提出。这一方法综合了专家调查法、主观概率法、因果分析、蒙特卡罗模拟等一系列预测技术，以确定一组目标的相互影响程度及未来发生的概率。因此，我们可以利用交叉影响分析法对公司估值的关键外在驱动因素间的联动关系加以考虑，并对关键外在驱动因素的初始概率进行修正，再通过概率树分析法计算未来情景概率。这里分别对基于蒙特卡罗模拟的交叉影响分析、基于马尔科夫链的交叉影响分析、基于贝叶斯规则的交叉影响分析进行应用模拟。

①基于蒙特卡罗模拟的交叉影响分析

根据交叉影响分析法的思路，当一种驱动因素事件发生时，在一定程度上会影响到其他驱动因素事件发生的概率，此时可以根据式（5.14）对各因素交叉影响下的事件发生概率进行修正。但由于一次性修正后的概率准确度仍然有限，所以可以继续使用蒙特卡罗模拟技术对其进行调整。

$$P'_n = P_n + KS_n \times P_n \times (1 - P_n) \tag{5.14}$$

式中，P_n 表示某驱动因素事件发生前第 n 个驱动因素事件发生的初始概率值；KS_n 表示第 n 个驱动因素事件受该驱动因素事件的影响方向和程度；P'_n 则为该驱动因素事件发生后第 n 个驱动因素事件发生的修正概率值。

这里继续以 Y 公司估值为例对基于蒙特卡罗模拟的交叉影响分析进行说明。

首先，假设宏观经济发展水平和产业政策支持力度这两个关键外在驱动因素之间具有关联性；除此之外，其他预测信息保持不变，即宏观经济良好发展（事件 A_1）的初始概率为 60%，产业政策支持（事件 A_2）的初始概率为 60%。

其次，专家根据因素交叉影响程度参照表（详见表 5.14），对 Y 公司关键外在驱动因素事件的 KS 值进行评分，由此整理得到事件 A_1 和事件 A_2 之间的相互影响方向和程度（详见表 5.15）。从表 5.15 可知，当事件 A_1 发生时，对事件 A_2 有 50% 的一定的正向影响；当事件 A_2 发生时，对事件 A_1 也有 20% 的较弱的正向影响。

表 5.14　因素交叉影响程度参照

因素交叉影响程度	K	S
无影响	0	0
强的正影响	+1	0.80
弱的正影响	+1	0.40
强的反向影响	−1	0.80
弱的反向影响	−1	0.40

资料来源：根据相关资料整理。

表 5.15　因素交叉影响程度参照

| 关键外在驱动因素事件 | 初始概率 | 影响系数（KS） | |
		事件 A_1	事件 A_2
宏观经济良好发展（事件 A_1）	0.60	0.00	+0.50
产业政策支持（事件 A_2）	0.60	+0.20	0.00

资料来源：根据相关资料整理。

5 周期性公司估值收益额测算模型的理论修正

再次，按照以下步骤，利用式（5.14）和蒙特卡罗模拟实验进一步计算事件 A_1 和事件 A_2 发生的修正概率：

一是从其他因素事件集合中随机选取某一事件，根据 0~99 随机数表，将随机数与因素事件发生的初始概率相比较。如果随机数小于或等于事件发生的概率，则假设该事件发生，需要对其他事件的发生概率进行修正；反之，则假设该事件不发生，并保持其他事件的发生概率不变。在本案例第一次模拟中，假设随机选取出事件 A_1，且随机数为 49，位于 0~60 区间内，则认定事件 A_1 发生，并修正事件 A_2 的发生概率 P_2，得到 $P'_2 = 0.60 + 0.50 \times 0.60 \times (1-0.60) = 0.72$。当然，如果随机数不在 0~60 区间内，则说明事件 A_1 不发生，不需要对 P_2 进行调整。

二是再次从其他因素事件集合中随机选取某一事件，按照更新后事件发生的概率重复以上步骤。在本案例中，继续选择事件 A_2，假设随机数为 53，位于 0~72 区间内，故认定事件 A_2 发生，同样修正事件 A_1 的发生概率 P_1，得到 $P'_1 = 0.60 + 0.20 \times 0.60 \times (1-0.60) = 0.648$。同样，如果随机数不在概率区间内，则说明事件 A_2 未发生，不需要对 P_1 进行调整。

三是重复以上 2 个步骤，对因素事件集合中的所有事件都进行一次判断——发生或者不发生，至此，完成一次蒙特卡罗模拟实验。在本案例中，因为只有 2 个因素事件，所以已经完成一次模拟。

四是重复以上 3 个步骤，进行 x 次蒙特卡罗模拟实验，并采用整个过程中各因素事件发生的频率作为事件发生的最终修正概率。即在 x 次实验中，如果某一因素事件发生的次数为 m，则认为其发生的修正概率为：

$$P'' = m \div x = \frac{m}{x} \tag{5.15}$$

一般来说，需要经过 1 000 次以上的模拟实验才能形成精确度较高的结果，因此有必要借助计算机软件进行模拟操作。在本案例中，仅以 100 次模拟实验为例进行简要说明。例如，通过 100 次蒙特卡罗模拟，事件 A_1 发生了 61 次，事件 A_2 发生了 63 次，则 $P''_1 = 0.61$，$P''_2 = 0.63$。即事件 A_1 和事件 A_2 发生的修正概率分别为 61% 和 63%。

最后，将因素事件的修正概率值应用于前文介绍的概率树分析法，进而测算周期性公司估值的未来情景概率。对于 Y 公司，在考虑到不同关键外在驱动因素间的关联性后，宏观经济未来可能呈现良好发展和低速发展的概率分别为 61% 和 39%；产业政策未来可能呈现支持政策和中性政策的概率分别为63%和37%。由此，通过概率树分析法计算得到未来情景1、情景2、情景3和情景4的发生概率分别为38.43%、22.57%、24.57%和14.43%。需要说明的是，随着模拟试验次数的增加，这一估算结果还会有变动的空间。

②基于马尔科夫链的交叉影响分析法

许多学者尝试对传统交叉影响分析法提出改进方案，以求简化复杂的计算过程。其中，马尔科夫决策分析方法与交叉影响分析法相结合可视为一种相对有效的概率修正方法。马尔科夫预测模型，是根据事件目前的状况预测未来各个时刻变动状况的一种方法，其原始模型是马尔科夫链。马尔科夫链的基本性质是在时间序列上具有无记忆性，即事物发展的当前状态仅与较前一个时间段所处的状态相关，而对更早的时间没有依赖性。基于马尔科夫链的交叉影响分析法的核心，则是将各情景下的初始概率和各情景之间的条件概率，转化为马尔科夫状态的初始概率和一步状态转移概率。

本部分将需要预测的公司估值的所有外在驱动因素看作一个整体，将各个驱动因素事件的概率占全部驱动因素事件的概率之和的比重组成矩阵，用 P 表示；再将因素事件发生的初始概率转化为马尔科夫链下的初始概率 $P^{(0)}$，P 则作为马尔科夫链的一步转移概率矩阵；经预测分析，第 n 次实验后稳定状态的矩阵可以由式（5.16）得到，$P^{(N)}$ 即为经过调整后的各驱动因素事件发生概率的占比；然后，将初始概率之和与稳定状态矩阵相乘，由式（5.17）便可以得到最终的修正概率。

$$P^{(N)} = P_1^{-1} \times b \tag{5.16}$$

$$P_{最终} = \sum P_{初始} \times P^{(N)} \tag{5.17}$$

同样，以 Y 公司估值为例，对基于马尔科夫链的交叉影响分析进行说明，相关预测信息、驱动因素事件的初始概率及相互影响情况与上例完全相同。

首先，事件 A_1 和事件 A_2 的初始概率之和为 $\sum P_n = 1.2$，以此构建马尔科夫链初始状态矩阵 $P^{(0)}$ 及转移矩阵如下：

$$P^{(0)} = \begin{bmatrix} P_1 / \sum P_N \\ P_2 / \sum P_N \end{bmatrix} = (0.5 \quad 0.5)^T$$

$$P = \begin{bmatrix} 0.600\,0/1.320\,0 & 0.720\,0/1.320\,0 \\ 0.648\,0/1.248\,0 & 0.600\,0/1.248\,0 \end{bmatrix}$$

5 周期性公司估值收益额测算模型的理论修正

其次,进一步得到矩阵 P_1 和最终的马尔科夫稳定状态矩阵 $p^{(N)}$ 如下:

$$P_1 = \begin{bmatrix} 0.600\ 0/1.320\ 0-1 & 0.648\ 0/1.248\ 0 \\ 1 & 1 \end{bmatrix} P^{(N)} = \begin{bmatrix} 0.487\ 7 \\ 0.512\ 3 \end{bmatrix}$$

再次,通过式(5.17),计算得到事件 A_1 和事件 A_2 的修正概率分别为 0.585 2 和 0.614 8,如下式和表 5.16 所示。

$$P = (0.6+0.6) \times P^{(N)} = (0.5852\quad 0.6148)^T$$

表 5.16 Y 公司关键外在驱动因素事件发生的初始概率及最终修正概率比较

关键外在驱动因素事件	初始概率	第一次模拟试验修正概率	最终修正概率
宏观经济良好发展(事件 A_1)	0.600 0	事件 A_1 发生时,$P'_2 = 0.720\ 0$	0.585 2
产业政策支持(事件 A_2)	0.600 0	事件 A_2 发生时,$P'_1 = 0.648\ 0$	0.614 8
宏观经济低速发展	0.400 0	—	0.414 8
产业政策中性	0.400 0	—	0.385 2

资料来源:根据相关资料整理。

最后,将此修正概率值同样应用于概率树分析法,可以计算得到 Y 公司估值的未来情景 1、情景 2、情景 3 和情景 4 的发生概率分别为 35.98%、22.54%、25.50% 和 15.98%。

③基于贝叶斯规则的交叉影响分析法

贝叶斯规则也提供了一种计算概率的方法,具体将未知参数的先验信息与样本信息综合,再根据贝叶斯公式计算得到后验信息,为情景概率测算提供了另一思路。该思路需要基于先前财务数据或主观判断的起点概率(初始概率),结合新的信息(特征向量)不断调整(后验概率),其中的特征向量便是通过因素间的交叉影响强度矩阵分析得到。比较具有代表性的巴特尔研究所 BASIC 方法便基于此方法,其可通过 IFS 软件实现计算。

这里部分参考 Y 公司估值案例信息,对基于贝叶斯规则的交叉影响分析进行说明。其中,公司预测信息和驱动因素事件的初始概率取值与上例相同,但为了更好演示基于贝叶斯规则的交叉影响分析过程,此处各因素事件互相影响的情况具有不同假定条件,即其间存在正面(+)、负面(-)和无影响(0)等三种情况,以此构建交叉影响强度矩阵如表 5.17 所示。

表 5.17　Y 公司关键外在驱动因素事件的交叉影响强度矩阵

驱动因素事件	初始概率	宏观经济		产业政策	
		良好发展	低速发展	支持	中性
宏观经济良好发展	0.60	0	0	3	-2
宏观经济低速发展	0.40	0	0	-2	1
产业政策支持	0.60	1	-2	0	0
产业政策中性	0.40	0	1	0	0

资料来源：根据相关资料整理。

首先，需要根据关键外在驱动因素事件的交叉影响强度矩阵计算交叉影响系数。其中，当交叉影响强度大于或等于 0 时，交叉影响系数取值为"交叉影响强度+1"；当交叉影响强度小于 0 时，交叉影响系数取值为"1/（1-交叉影响强度）"。据此，由表 5.17 得到交叉影响系数矩阵 B_1 为：

$$B_1 = \begin{bmatrix} 1.00 & 1.00 & 4.00 & 0.33 \\ 1.00 & 1.00 & 0.33 & 2.00 \\ 2.00 & 0.33 & 1.00 & 1.00 \\ 1.00 & 2.00 & 1.00 & 1.00 \end{bmatrix}$$

其次，将判断矩阵的每一列元素做归一化处理得到矩阵 B_2 为：

$$B_2 = \begin{bmatrix} 0.20 & 0.23 & 0.63 & 0.08 \\ 0.20 & 0.23 & 0.05 & 0.46 \\ 0.40 & 0.08 & 0.16 & 0.23 \\ 0.20 & 0.46 & 0.16 & 0.23 \end{bmatrix}$$

利用和积法计算特征向量，得到特征向量 $W^T = [0.28 \quad 0.24 \quad 0.22 \quad 0.26]^T$。

再次，利用"初始概率×特征向量"计算出后验概率，再通过计算同一驱动因素在不同事件内容下的后验概率占比求得相应的修正概率。结果如表 5.18 所示。

表 5.18　Y 公司关键外在驱动因素事件的后验概率

关键外在驱动因素事件	初始概率	特征向量	后验概率	修正概率
宏观经济良好发展	0.600 0	0.280 0	0.168 0	0.640 0
宏观经济低速发展	0.400 0	0.240 0	0.096 0	0.360 0

续表

关键外在驱动因素事件	初始概率	特征向量	后验概率	修正概率
产业政策支持	0.6000	0.2200	0.1320	0.5600
产业政策中性	0.4000	0.2600	0.1040	0.4400

资料来源：根据相关资料整理。

最后，将此修正概率值同样应用于概率树分析法，可以计算得到 Y 公司估值的未来情景 1、情景 2、情景 3 和情景 4 的发生概率分别为 35.84%、28.16%、20.16% 和 15.84%。

5.2.3.4 不同解决途径的比较分析

不同解决途径均有助于测算周期性公司估值中各情景的概率值，但亦存在自身的优缺点，所以不同解决途径的适用范围存在差异，须视具体情况灵活选用。具体归纳如表 5.19 所示。

表 5.19 情景概率确定不同解决途径的优缺点

解决途径		优点	缺点
历史财务信息分析法		财务数据便于获取，计算简便	只能确定单一概率
概率树分析法		计算简便，且考虑多种驱动力因素	未考虑驱动力因素间的相互影响
交叉影响分析法	基于蒙特卡罗模型的交叉影响分析法	考虑驱动力因素间的相互影响	需上机运算，计算复杂
	基于马尔科夫链的交叉影响分析法	考虑驱动力因素间的相互影响，时间序列没有记忆性，避免上机运算	计算过程较多
	基于贝叶斯规则的交叉影响分析法	考虑驱动力因素间的相互影响，降低估值结果偏离的风险	概率均需进行归一化处理，计算复杂

资料来源：根据相关资料整理。

其中，财务数据分析法适用于设立时间较长、财务数据易得的周期性公司。概率树分析法则适用于公司估值时受多种驱动力影响，且各驱动力因素相互独立的周期性公司。较之概率树分析法，基于蒙特卡罗模型的交叉影响分析法考虑到了驱动力因素间的相互影响，但计算复杂，往往需借助相关软件进行蒙特卡罗模拟；基于马尔科夫链的交叉影响分析法适用于初始概率能够确定、驱动力因素间相互影响程度能够量化的周期性公司，

该方法是对交叉影响分析法的进一步修正；基于贝叶斯规则的交叉影响分析法是在主观概率或财务数据分析方法的基础之上修正初始概率，适合于初始概率能够确定、驱动力因素间相互影响程度能够量化的周期性公司。

5.2.4 情景分析法在周期性公司估值中的案例应用

本部分结合周期性公司估值实例，具体选择某周期性上市公司（以下简称"PJ公司"）作为研究样本，对情景分析法进行模拟应用。

5.2.4.1 案例背景信息

（1）样本公司简介

PJ公司是由八家法人共同发起设立的股份有限公司，于1999年10月29日登记注册。公司于2001年在上海证券交易所采取上网定价发行方式向社会公众发行人民币普通股，并于2001年在上海证券交易所挂牌上市。在此次评估中，选定2018年1月1日作为评估基准日。

（2）样本公司主营构成

PJ公司主要从事原煤开采、煤炭的特殊加工、煤炭及焦煤的销售、化工产品销售等业务，除煤炭相关产品外，PJ公司还对外出口相关产业技术。此外，PJ公司需进口其生产所需的机械设备、仪器仪表、原材料及相关先进技术等。该企业属于煤炭行业，而煤炭行业属于周期性行业，因此，该企业受宏观经济环境影响较大。

5.2.4.2 样本公司未来情景构建

（1）样本公司驱动力识别及排序

①影响周期性公司价值的内部驱动力

内部参数指可能导致公司评估结果发生重大变化的内部影响，利用敏感性分析来确定PJ公司的内部参数。PJ公司属于周期性上市公司，根据前期对其未来收益额及价值进行的预测，且该预测PJ公司在2023年及以后的永续收益与2022年相同，即永续增长率为0，可汇总得到评估预测如表5.20所示。

表5.20　PJ公司未来各年度现金流量及评估值预测　单位：百万元

项　目	2018年	2019年	2020年	2021年	2022年	2023年及以后
一、营业收入	6 619.45	6 761.66	6 906.93	7 055.31	7 278.20	7 278.20

续表

项　目	2018年	2019年	2020年	2021年	2022年	2023年及以后
二、营业成本	4 376.42	4 470.45	4 566.49	4 664.59	4 711.95	4 711.95
减：营业税金及附加	224.50	230.72	237.11	243.67	250.42	250.42
减：销售费用	15.55	17.42	19.51	21.85	24.47	24.47
减：管理费用	668.57	686.07	704.03	722.46	741.37	741.37
减：财务费用	80.23	84.66	89.33	94.26	99.46	99.46
三、营业利润	1 254.18	1 272.36	1 290.47	1 308.48	1 450.52	1 450.52
四、利润总额	1 254.18	1 272.36	1 290.47	1 308.48	1 450.52	1 450.52
减：所得税	313.55	318.09	322.62	327.12	362.63	362.63
五、净利润	940.64	954.27	967.85	981.36	1 087.89	1 087.89
加：本期折旧	183.45	213.45	243.45	273.45	303.45	303.45
减：资本支出	209.86	125.92	75.55	45.33	27.20	27.20
减：营运资金增加额	185.36	189.36	193.36	197.36	201.36	201.36
六、股权自由现金流	728.87	852.44	942.39	1 012.12	1 162.79	1 162.79
加：新增贷款	0.00	0.00	0.00	0.00	0.00	0.00
加：税后财务费用	60.17	63.49	67.00	70.70	74.60	74.60
减：贷款偿还	0.00	0.00	0.00	0.00	0.00	0.00
七、企业自由现金流	789.04	915.94	1 009.39	1 082.82	1 237.38	1 237.38
折现率	13.63%	13.63%	13.63%	13.63%	13.63%	13.63%
折现系数	0.88	0.77	0.68	0.60	0.53	3.87
八、收益现值	694.40	709.38	687.99	649.51	653.19	4 792.30
企业整体价值	8 186.77					

资料来源：根据相关资料整理。

PJ公司整体价值 P 为敏感性分析指标，选择对 P 影响可能较大的不确定因素，比如营业收入 A、营业成本 B、资本支出 C、营运资金增加额 D、折现率 E。假设各因素之间相互独立，各因素的变化率分别为 ±10%、±5%，则可在表5.20基础上分别计算出PJ公司整体价值变动情况，如表 5.21 所示。

表 5.21　PJ 公司整体价值单因素敏感性分析　　　　单位:%

因素	-10	-5	0	5	10
A	-47.67	-23.83	0.00	23.83	47.67
B	31.11	15.56	0.00	-15.56	-31.11
C	0.59	0.29	0.00	-0.29	-0.59
D	1.77	0.88	0.00	-0.88	-1.77
E	12.06	5.71	0.00	-5.71	-12.06

资料来源：根据相关资料整理。

根据表 5.21 的结果，以各不确定因素的变化率为横坐标，以公司整体价值变化率为纵坐标，绘制敏感性分析曲线图，如图 5.6 所示。

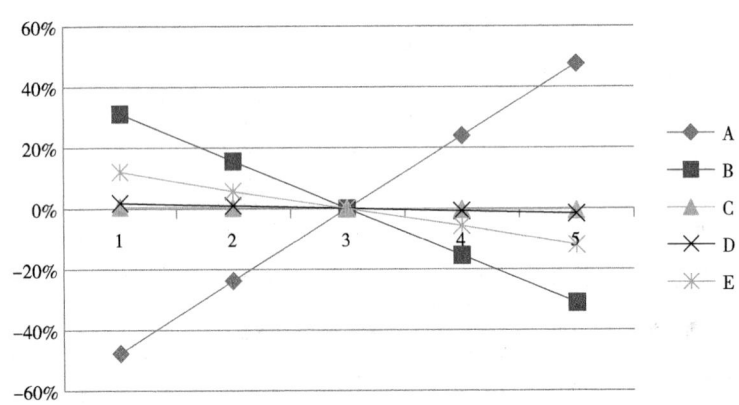

图 5.6　PJ 公司整体价值敏感性分析

资料来源：根据相关资料整理。

根据图中直线的斜率的绝对值，因素敏感性分析结果大小排序为：A>B>E>D>C，即营业收入、折现率、营业成本和营运资金增加额对企业整体价值的影响更明显。其中，企业整体价值与营业收入呈正相关变动，与折现率、营业成本和营运资金增加额呈反方向变动。

②影响公司的外部驱动力

PJ 公司属于煤炭行业类的能源企业，根据大量资料和该公司相关数据可知，影响周期性公司的宏观驱动力如表5.22所示。

表5.22　PJ公司宏观层面驱动力

宏观层面	驱动力
政治层面	产业政策、国际压力、政府支持程度等
资源层面	行业密集程度、资源可利用量、煤炭资源再生能力等
经济层面	能源安全、成本、政府资金扶持、税收优惠、经济发展健康度等
社会层面	社会关注度、民众接受度、消费模式等
环保层面	气候变化、低碳经济贡献、环境保护、生态保护
技术层面	洁净煤技术

资料来源：根据相关资料整理。

在分析过程中，应尽可能全面地列出周期性公司估值的影响因素；鉴于PJ公司是煤炭业企业，因而还需要分析能源价格、电力价格、石油危机等影响因素。

（2）样本公司情景构建及情景发展

经过查询该企业的相关资料，按照不确定性和重要性进行排序，外部驱动力因素主要有宏观经济发展、科技创新、政府支持程度、产业政策、税收优惠等，通过平面直角坐标系来进行排序。图5.7是PJ公司的驱动能力排序，第Ⅱ象限是关键驱动能力所处的象限。根据已有研究可知，宏观经济发展（市场发展）可视为其中最不确定和最重要的影响因素。

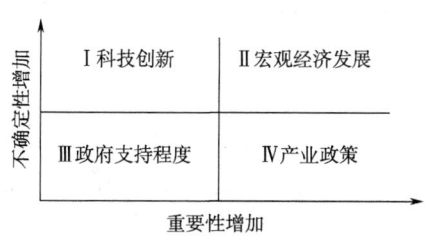

图5.7　PJ公司的关键外在驱动因素排序

资料来源：根据相关资料整理。

通过选取宏观经济发展、科技创新、产业政策作为关键驱动力，生成不同情景,如表 5.23 所示。

表 5.23 PJ 公司的情景选择

编号	宏观经济	科技创新	产业政策	情景选择
1	中高速发展	技术制约	政策有效	中情景
2	中高速发展	技术制约	政策无效	
3	中高速发展	技术突破	政策有效	高情景
4	中高速发展	技术突破	政策无效	
5	低速发展	技术制约	政策有效	
6	低速发展	技术制约	政策无效	低情景
7	低速发展	技术突破	政策有效	
8	低速发展	技术突破	政策无效	

资料来源:根据相关资料整理。

①高情景

关键技术获得突破,注重对可再生能源的开发和利用,企业转型成功且宏观经济发展呈现出极好的态势,企业净利润为正。产业政策有效且极好地推动产业转型和发展,因此企业在此时处于高速发展的状态。

②中情景

关键技术没有得到突破,但宏观经济环境处于中高速发展时期,煤炭行业的产业政策有效,去产能去库存的供给侧改革能推动企业缓慢发展,且企业净利润为正。

③低情景

关键技术未获得突破,企业未能成功转型且受到技术限制,宏观经济处于低速发展,发展脚步缓慢,一般企业净利润为负。因此,企业在此时处于亏损状态。

5.2.4.3 样本公司情景概率确定

(1)基于历史财务信息确定未来情景概率

营业收入是敏感性较强且受宏观经济波动影响较大的内部参数,选取该项指标的历年数据确认情景概率,在此仅考虑宏观经济对营业收入的影响。PJ 公司 1998—2017 年共计 20 年的营业收入和增长率走势如表 5.24、图 5.8 所示。

表 5.24　1998—2017 年 PJ 公司营业收入及其增长率

年份	营业收入（百万元）	增长率（%）
1998	431.90	-12.71
1999	478.49	10.79
2000	470.35	-1.70
2001	493.22	4.86
2002	668.10	35.46
2003	963.23	44.18
2004	1 707.33	77.25
2005	2 529.49	48.16
2006	2 450.22	-3.13
2007	2 408.67	-1.70
2008	4 104.04	70.39
2009	4 546.06	10.77
2010	5 469.24	20.31
2011	7 464.93	36.49
2012	7 882.29	5.59
2013	5 783.69	-26.62
2014	5 174.84	-5.99
2015	4 069.02	-21.37
2016	3 914.22	-3.80
2017	6 081.31	55.36

资料来源：根据 PJ 公司 1998—2017 年年度报告整理得出。

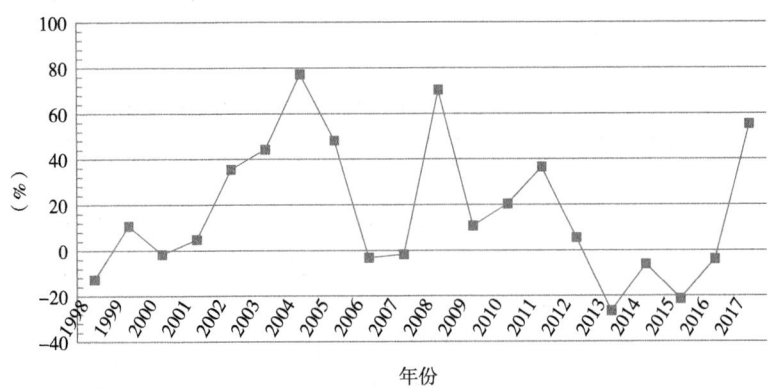

图 5.8　1998—2017 年 PJ 公司营业收入增长率走势

资料来源：根据 PJ 公司 1998—2017 年年度报告整理得出。

这里根据 PJ 公司的营业收入增长率的历史走势，将宏观经济划分为中高速发展水平和低速发展水平。当营业收入增长率>0 时，为中高速发展水平；反之，则为低速发展水平。在 1998—2017 年这一跨越两个经济周期的时间段内，PJ 公司营业收入增长率的分布特征经计算如表 5.25 所示。据此判断，宏观经济中高速发展的概率为 60%，低速发展的概率为 40%。

表 5.25　1998—2017 年 PJ 公司营业收入增长率分析

营业收入增长率	频数	频率	平均值（%）
正增长率	12	0.60	34.97
负增长率	8	0.40	-9.63
总数	20	1	17.13

资料来源：根据相关资料整理。

(2) 基于交叉影响分析法修正未来情景概率

通过分析其他两项驱动因素的可能性，继续做出相应的假设判断和可能性赋值后，我们认为：技术创新可能呈现技术突破和技术制约两种情形，概率分别为 60% 和 40%；产业政策可能存在政策有效和政策无效两种情形，概率分别为 65% 和 35%。综合以上所述，这里给出具体情景的初始概率（详见表 5.26）。

5 周期性公司估值收益额测算模型的理论修正

表 5.26 交叉影响矩阵

不同情景	不同表现	初始概率	宏观经济		科技创新		产业政策	
			中高速发展	低速发展	技术突破	技术制约	政策有效	政策无效
宏观经济	中高速发展	0.60			0.5	0	0	0
	低速发展	0.40			-1	1	0	0
科技创新	技术突破	0.60	1	0			2	-1
	技术制约	0.40	-2	1			-1	1
产业政策	政策有效	0.65	0	0	0	-1		
	政策无效	0.35	0	0	-1	1		

资料来源：根据相关资料整理。

综合整理专家咨询意见后，得到关于此问题的各事件发生概率，并进一步构建交叉影响矩阵，其中存在三种影响，即正面、负面和无影响。

根据 5.2.3 所述交叉影响系数的计算方法，得到系数矩阵 B_1：

$$B_1 = \begin{bmatrix} 1.00 & 1.00 & 1.50 & 1.00 & 1.00 & 1.00 \\ 1.00 & 1.00 & 0.50 & 2.00 & 1.00 & 1.00 \\ 2.00 & 1.00 & 1.00 & 1.00 & 3.00 & 0.50 \\ 0.33 & 2.00 & 1.00 & 1.00 & 0.50 & 2.00 \\ 1.00 & 1.00 & 0.50 & 0.50 & 1.00 & 1.00 \\ 1.00 & 1.00 & 0.50 & 2.00 & 1.00 & 1.00 \end{bmatrix}$$

利用和积法计算特征向量 $W^T = [0.17 \quad 0.16 \quad 0.21 \quad 0.17 \quad 0.14 \quad 0.15]^T$，将判断矩阵的每一列元素做归一化处理，得到矩阵 B_2：

$$\sum b_{ij} = [6.33 \quad 7.00 \quad 5.50 \quad 7.50 \quad 7.50 \quad 6.50]$$

$$B_2 = \begin{bmatrix} 0.16 & 0.14 & 0.27 & 0.13 & 0.13 & 0.15 \\ 0.16 & 0.14 & 0.09 & 0.27 & 0.13 & 0.15 \\ 0.32 & 0.14 & 0.18 & 0.13 & 0.40 & 0.08 \\ 0.05 & 0.29 & 0.18 & 0.13 & 0.07 & 0.31 \\ 0.16 & 0.14 & 0.18 & 0.07 & 0.13 & 0.15 \\ 0.16 & 0.14 & 0.09 & 0.27 & 0.13 & 0.15 \end{bmatrix}$$

利用初始概率×特征向量计算出后验概率，再求出每个驱动因素下两个不同状态后验概率的百分比，作为最终的适用概率值。计算结果见表 5.27。

表 5.27　适用概率

不同情景	宏观经济		科技创新		产业政策	
不同表现	中高速发展	低速发展	技术突破	技术制约	政策有效	政策无效
初始概率	0.60	0.40	0.60	0.40	0.65	0.35
特征向量	0.17	0.16	0.21	0.17	0.14	0.15
后验概率	0.10	0.06	0.13	0.07	0.09	0.05
适用概率	0.63	0.37	0.65	0.35	0.63	0.37

资料来源：根据相关资料整理。

此时，采用概率树分析法分别测算 PJ 公司未来三情景的发生概率，可以将每个关键驱动因素的各种可能性概率与其他关键驱动因素各种可能性概率分别相乘，进而组合计算得到未来各种情景的发生概率，如图 5.9 所示。

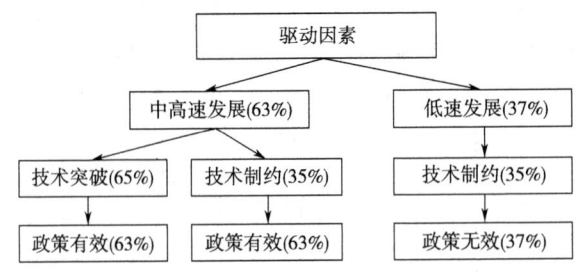

图 5.9　概率树分析

资料来源：根据相关资料整理。

根据图 5.9 初步计算可知，PJ 公司未来发生高情景、中情景、低情景的概率分别为 25.80%、8.15% 和 4.79%，但由于该概率结果是以剔除六种情景前的总情景框架为基础计算的，所以还需要对此进一步进行归一化处理。即 PJ 公司未来发生三种情景的最终概率分别为：

高情景概率：25.80%/（25.80%+8.15%+4.79%）= 66.60%

中情景概率：8.15%/（25.80%+8.15%+4.79%）= 21.04%

低情景概率：4.79%/（25.80%+8.15%+4.79%）= 12.36%

5.2.4.4　样本公司未来现金流预测及估值结果

（1）样本公司未来现金流预测

依前文分析，影响 PJ 公司整体价值的因素主要有营业收入、营业成本等，结合PJ公司历年的财务数据，其中三个科目在2018—2023年不同情景下的增长率如表5.28所示。

表5.28　各科目不同情景下增长率　　　　　　　　　　单位：%

情　景	营业收入	营业成本	营运资金增加额
高情景	2.50	1.50	2.00
中情景	2.00	1.70	3.00
低情景	-0.50	1.70	4.00

资料来源：根据相关资料整理。

采用WACC模型计算得到PJ公司折现率R=13.63%。由于PJ公司在2023年及以后的永续收益与2022年相同，即永续增长率为0，则三种情景下的PJ公司评估结果详见表5.29、表5.30及表5.31。

表5.29　PJ公司高情景下未来各年度现金流量及评估值预测

　　　　　　　　　　　　　　　　　　　　　　　　　　单位：百万元

项　目	2018年	2019年	2020年	2021年	2022年	2023年及以后
一、营业收入	6 619.45	6 784.94	6 954.56	7 128.42	7 306.63	7 306.63
二、营业成本	4 376.42	4 442.07	4 508.70	4 576.33	4 644.98	4 644.98
减：营业税金及附加	224.50	230.72	237.11	243.67	250.42	250.42
减：销售费用	15.55	17.42	19.51	21.85	24.47	24.47
减：管理费用	668.57	686.07	704.03	722.46	741.37	741.37
减：财务费用	80.23	84.66	89.33	94.26	99.46	99.46
三、营业利润	1 254.18	1 324.01	1 395.89	1 469.85	1 545.93	1 545.93
四、利润总额	1 254.18	1 324.01	1 395.89	1 469.85	1 545.93	1 545.93
减：所得税	313.55	331.00	348.97	367.46	386.48	386.48
五、净利润	940.64	993.01	1 046.92	1 102.39	1 159.45	1 159.45
加：本期折旧	183.45	213.45	243.45	273.45	303.45	303.45
减：资本支出	209.86	125.92	75.55	45.33	27.20	27.20
减：营运资金增加额	185.36	189.07	192.85	196.71	200.64	200.64

续表

项　目	2018 年	2019 年	2020 年	2021 年	2022 年	2023 年及以后
六、股权自由现金流量	728.87	891.48	1 021.97	1 133.81	1 235.07	1 235.07
加：新增贷款	0.00	0.00	0.00	0.00	0.00	0.00
加：税后财务费用	60.17	63.49	67.00	70.70	74.60	74.60
减：贷款偿还	0.00	0.00	0.00	0.00	0.00	0.00
七、企业自由现金流量	789.04	954.97	1 088.97	1 204.50	1 309.66	1 309.66
八、收益现值	694.40	739.61	742.23	722.50	691.35	5 072.23
企业整体价值			8 662.32			

资料来源：根据相关资料整理。

根据表 5.29 所列高情景下的收益预测数据，计算得到 PJ 公司评估值约为 86.62 亿元，这一数值高于通过传统收益法得到的评估结果。

表 5.30　PJ 公司中情景下未来各年度现金流量及评估值预测

单位：百万元

项　目	2018 年	2019 年	2020 年	2021 年	2022 年	2023 年及以后
一、营业收入	6 619.45	6 751.84	6 886.88	7 024.61	7 165.11	7 165.11
二、营业成本	4 376.42	4 450.82	4 526.49	4 603.44	4 681.70	4 681.70
减：营业税金及附加	224.50	230.72	237.11	243.67	250.42	250.42
减：销售费用	15.55	17.42	19.51	21.85	24.47	24.47
减：管理费用	668.57	686.07	704.03	722.46	741.37	741.37
减：财务费用	80.23	84.66	89.33	94.26	99.46	99.46
三、营业利润	1 254.18	1 282.16	1 310.42	1 338.94	1 367.69	1 367.69
四、利润总额	1 254.18	1 282.16	1 310.42	1 338.94	1 367.69	1 367.69
减：所得税	313.55	320.54	327.60	334.73	341.92	341.92
五、净利润	940.64	961.62	982.81	1 004.20	1 025.77	1 025.77
加：本期折旧	183.45	213.45	243.45	273.45	303.45	303.45
减：资本支出	209.86	125.92	75.55	45.33	27.20	27.20

5 周期性公司估值收益额测算模型的理论修正

续表

项　目	2018 年	2019 年	2020 年	2021 年	2022 年	2023 年及以后
减：营运资金增加额	185.36	190.92	196.65	202.55	208.62	208.62
六、股权自由现金流量	728.87	858.23	954.07	1 029.78	1 093.40	1 093.40
加：新增贷款	0.00	0.00	0.00	0.00	0.00	0.00
加：税后财务费用	60.17	63.49	67.00	70.70	74.60	74.60
减：贷款偿还	0.00	0.00	0.00	0.00	0.00	0.00
七、企业自由现金流量	789.04	921.73	1 021.07	1 100.47	1 167.99	1 167.99
折现率	13.63%	13.63%	13.63%	13.63%	13.63%	13.63%
八、收益现值	694.40	713.87	695.95	660.10	616.56	4 523.55
企业整体价值			7 904.43			

资料来源：根据相关资料整理。

根据表 5.30 所列中情景下的收益预测数据，计算得到 PJ 公司评估值约为 79.04 亿元，这一数值最接近于通过传统收益法得到的评估结果。

表 5.31　PJ 公司低情景下未来各年度现金流量及评估值预测

单位：百万元

项　目	2018 年	2019 年	2020 年	2021 年	2022 年	2023 年及以后
一、营业收入	6 619.45	6 586.35	6 553.42	6 520.65	6 488.05	6 488.05
二、营业成本	4 376.42	4 450.82	4 526.49	4 603.44	4 681.70	4 681.70
减：营业税金及附加	224.50	230.72	237.11	243.67	250.42	250.42
减：销售费用	15.55	17.42	19.51	21.85	24.47	24.47
减：管理费用	668.57	686.07	704.03	722.46	741.37	741.37
减：财务费用	80.23	84.66	89.33	94.26	99.46	99.46
三、营业利润	1 254.18	1 116.67	976.96	834.98	690.63	690.63
四、利润总额	1 254.18	1 116.67	976.96	834.98	690.63	690.63
减：所得税	313.55	279.17	244.24	208.74	172.66	172.66
五、净利润	940.64	837.50	732.72	626.23	517.97	517.97

续表

项　目	2018 年	2019 年	2020 年	2021 年	2022 年	2023 年及以后
加：本期折旧	183.45	213.45	243.45	273.45	303.45	303.45
减：资本支出	209.86	125.92	75.55	45.33	27.20	27.20
减：营运资金增加额	185.36	192.77	200.49	208.50	216.84	216.84
六、股权自由现金流量	728.87	732.27	700.14	645.85	577.38	577.38
加：新增贷款	0.00	0.00	0.00	0.00	0.00	0.00
加：税后财务费用	60.17	63.49	67.00	70.70	74.60	74.60
减：贷款偿还	0.00	0.00	0.00	0.00	0.00	0.00
七、企业自由现金流量	789.04	795.76	767.14	716.55	651.98	651.98
折现率	13.63%	13.63%	13.63%	13.63%	13.63%	13.63%
八、收益现值	694.40	616.31	522.87	429.81	344.17	2 525.08
企业整体价值			5 132.64			

资料来源：根据相关资料整理。

根据表 5.31 所列低情景下的收益预测数据，计算得到 PJ 公司评估值约为 51.32 亿元，这一数值远低于通过传统收益法得到的评估结果。

（2）样本公司估值结果

综合考量 PJ 公司三种不同情景下的评估结果及其预计的发生概率，计算得到 PJ 公司的最终评估值为 80.66 亿元。

$$P = P_1 \times W_1 + P_2 \times W_2 + P_3 \times W_3$$
$$= 86.62 \times 66.60\% + 79.04 \times 21.04\% + 51.32 \times 12.36\%$$
$$= 57.69 + 16.63 + 6.34$$
$$= 80.66（亿元）$$

5.2.5　研究结论及建议

情景分析法为高度不确定性下的周期性公司估值提供了新思路。本节系统剖析情景分析法在周期性公司估值中的应用思路、模型选择、情景构建和概率测算等关键问题，并结合案例进行模拟演示，希冀为公司估值的方法选择和实务操作提供参考。

第一，情景分析法在周期性公司估值中的应用思路可通过七个步骤体现：一是明确估值对象及相关背景，二是识别影响估值的内部重要参数，三是确定影响估值的关键外在驱动因素，四是构建未来情景框架并形成不同具体情景，五是测算每种未来情景对应的概率，六是分析标的公司在每种情景下的具体估值参数内容，七是通过加权平均计算得到公司估值结果。

第二，将情景分析法应用于周期性公司估值的两种加权平均计算思路进行比较，可以发现，只要折现率和达到收益稳定状态的时间在不同情景下均保持一致，那么两种计算思路并无本质差异，只是在操作步骤上存在计算顺序的不同。但是，直接对不同情景下公司价值进行加权平均所构建的估值模型具有更广泛的适用性，应被视为优先选择的模型。

第三，未来情景的构建和情景概率的测算是情景分析法应用于周期性公司估值的两大难点环节。建议前者从识别关键外在驱动因素、关键外在驱动因素排序、设置未来情景数量、划分不同情景内容、构建情景轴等方面构建未来情景，建议后者采用历史财务信息分析法、概率树分析法、交叉影响分析法等估算方法测算情景概率。其中，交叉影响分析法可进一步细分为基于蒙特卡罗模拟的交叉影响分析、基于马尔科夫链的交叉影响分析、基于贝叶斯规则的交叉影响分析等三种思路，都在一定程度上有助于对公司估值的未来情景概率进行判断。

5.3 周期性公司估值、收益额测算与正常化估值

在宏观经济波动背景下，对周期性公司的第二阶段收益额进行预测，除退出倍数法、情景分析法之外，正常化估值思路又提供了新的有效途径，但相关研究的系统性理论和操作指引尚显薄弱。鉴于此，本节拟构建正常化估值理论框架，将其应用于周期性公司估值，设计、模拟和比较周期性公司正常化估值的具体模型，并提出相关建议。

5.3.1 周期性公司正常化估值的理论框架构建

本部分从基本思路、基本模型、应用步骤、适用范围及注意事项等方面，系统构建周期性公司正常化估值的理论框架。

5.3.1.1 周期性公司正常化估值的基本思路

对于当前公司估值中常用的收益法两阶段永续模型，目标公司在第一

阶段的预期收益额通常较为明朗，在第二阶段则达到或近似达到稳定状态，其收益额一般是永续年金形式或永续增长形式。但事实上，周期性公司在第二阶段的预期收益额通常无法达到稳定或近似稳定的状态，因为其收益更易受宏观经济影响，呈现一种上下反复的周期性运动。因此，传统的两阶段永续模型无法合理体现第二阶段的收益水平。

周期性公司正常化估值的实质，就是合理估算周期性公司的正常化价值。同时，结合目标公司在评估基准日位于收益周期的具体阶段和经历完当前这一完整收益周期的时间，综合判断目标公司在评估基准日的时点价值。即：假定目标公司在第一阶段期末刚刚经历完一个完整的收益周期，其不是收益周期的波峰或波谷，而是恰好达到周期中段年份（以下简称"基准年"），此后进入第二阶段的新一轮收益周期并循环反复，如图 5.10 所示。可见，目标公司在第一阶段期初的收益现值，就是该公司从评估基准日至新一轮周期基准年的各年预期收益额的现值合计，这可以通过分析公司历史财务数据和预测未来若干年可能的盈利情况测算确定；目标公司在第二阶段期初的收益现值，则可视为该公司的正常化价值，这需要根据其历史收益的长周期或跨周期数据的起伏状况，分别建模估计正常化的收益额、稳定增长率和折现率，以减少收益剧烈波动导致的价值严重高估或低估问题。

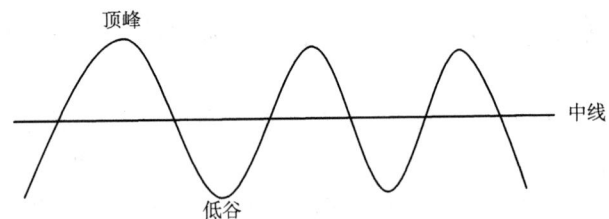

图 5.10 周期性公司收益周期示意图

资料来源：根据相关资料整理。

5.3.1.2 周期性公司正常化估值的基本模型

首先，根据周期性公司正常化估值的基本思路，其基本模型可以表示为：

$$P = \sum_{t=1}^{n} \frac{R_t}{(1+r)^t} + \frac{P_n}{(1+r)^n} \quad (5.18)$$

式中，P 为目标公司评估值；R_t 为未来第 t 个预测年期的收益额；r 为当期折现率；t 为收益预测年期；n 为第一阶段收益预测期限，第 $n+1$ 年亦即目标公司新一轮收益周期基准年；P_n 为目标公司正常化价值。

其次，结合永续年金模型和永续增长模型的公式，周期性公司正常化价值 P_n 可以分别用公式表示为：

$$P_n = \frac{A_n}{r_n} \tag{5.19}$$

$$P_n = \frac{A_n(1+g_n)}{r_n - g_n} \tag{5.20}$$

式中，A_n 为正常化的收益额，g_n 为正常化的稳定增长率，r_n 为正常化的折现率。

综上所述，周期性公司正常化估值的基本模型，可根据其收益额增长特征进一步表示为：

$$P = \sum_{t=1}^{n} \frac{R_t}{(1+r)^t} + \frac{A_n}{r_n(1+r)^n} \tag{5.21}$$

$$P = \sum_{t=1}^{n} \frac{R_t}{(1+r)^t} + \frac{A_n(1+g_n)}{(r_n - g_n)(1+r)^n} \tag{5.22}$$

其中，当目标公司的正常化稳定增长率 $g_n = 0$ 时，式（5.20）等同于式（5.19），式（5.22）等同于式（5.21）。

不难看出，对周期性公司收益周期的判断及其正常化价值 P_n 的测算，是周期性公司正常化估值的重点，而在此过程中，对价值因子（A_n、g_n、r_n 等）的正常化，进一步成为周期性公司正常化价值测算的难点。对此，本书将在 5.3.2 节深入探讨周期性公司正常化价值及其因子的具体测算模型，对基本模型予以细化。

5.3.1.3 周期性公司正常化估值的应用步骤

周期性公司正常化估值的具体操作步骤如下。

（1）确定新一轮收益周期基准年

确定新一轮收益周期基准年，通常需要对目标公司未来收益进行判断，具体参考企业的经营和财务状况以及生命周期、近期投资计划、经营风险水平、外在宏观经济走势等其他因素，选取一个正常年份即收益周期中段年份，作为两阶段的分割点。如果直接将当期年份作为基准年，则忽视了目标公司自身的历史情况与现处周期阶段，会导致估值结果的走形；如果选取的基准年处于收益周期的波峰或较高位置，会造成目标公司的价值高估；如果选取的基准年处在收益周期的波谷或较低位置，则会造成目标公司的价值低估。因此,应避免以上三种情况的发生。

(2) 测算目标公司第一阶段收益现值合计值

测算目标公司第一阶段收益现值合计值,一是要分析目标公司历史财务数据,预测基准年之前未来若干年的盈利状况及其各年预期收益额;二是要估算目标公司折现率,将各年预期收益额进行折现求和。这一步的具体分析和测算方法与传统收益法无异。其中,企业自由现金流、股权自由现金流、息税前利润、息税摊销折旧前利润、净利润等不同的净现金流或利润指标是可供选择的预期收益额口径,加权平均资本成本、权益资本成本是可供选择的折现率口径,须注意二者口径的一致。

(3) 选取正常化估值的历史周期区间测算目标公司的正常化价值

选取正常化估值的历史周期区间,需要分析目标企业历史收益的波动规律。这一区间应当恰好涵盖目标企业一个完整的历史收益周期,且应距离评估基准日较近。其长度可短至 5 年,亦可长至 10 年,通常后者较为常见。在此之后,可采用绝对平均测算模型、相对平均测算模型或近似年金测算模型等具体模型测算正常化价值。

(4) 计算目标公司的评估值

将目标公司第一阶段收益现值合计值以及目标公司正常化价值 P_n 等代入式 (5.18),计算得到目标公司价值 P。但如果目标公司存在非经营性资产或溢余资产,则需将此评估值再加上评估基准日的非经营性资产评估值和溢余资产评估值,以此作为目标公司价值的最终评估结论。

5.3.1.4 周期性公司正常化估值的适用范围

周期性公司正常化估值思路的应用,一是避免了应用收益法时,因公司长期收益额难以预测所形成的估值困扰,二是充分利用了有据可循的历史财务数据,从而提升整体估值的可信度,三是合理兼顾并妥善处理了公司当期位于收益周期的具体阶段与基准年之间可能存在的差异。因此,该思路无疑为周期性公司估值提供了新的有效路径。

但在周期性公司正常化估值过程中,通常需要对历史收益的长周期或跨周期数据的起伏状况进行分析,据此测算目标公司的正常化价值,因此,正常化估值思路更适合于成立时间较早、已经具有长期经营纪录的周期性公司,对于经营期有限或经营纪录曾发生变化的周期性公司,其适用性相对较弱。

5.3.1.5 周期性公司正常化估值的注意事项

(1) 正常化估值的完整性

在测算目标企业正常化价值时,容易陷入只对部分因子(例如收益额)进行正常化处理的误区,而其余因子仍采用当期数据。这容易把周期性公司的正常化收益同衰退年份或繁荣年份提取的其他指标数据相混淆,从而造成估值的走形。正确的正常化估值,除需对收益额进行正常化处理外,还需对折现率、稳定增长率等因子进行正常化。因此,还可能涉及对融资成本、资本回报率、再投资率等具体指标数据的正常化,此谓完整的正常化。

(2) 是否考虑通货膨胀

若选取一个完整历史周期区间的收益数据,测算目标公司在新一轮收益周期基准年的正常化价值,则存在是否应当考虑通货膨胀的疑问,此疑问可通过简单举例分析予以说明。假设基准年正常化收益额为 A_0,每年通货膨胀率为 i_t,则预期年收益为 $R_t = A_0(1+i_t)^n$;假设正常化折现率为 r_0,受通货膨胀影响,折现率变为 $r_t = (1+r_0)(1+i_t) - 1$。于是,考虑通货膨胀的估算模型可表示为:

$$P = \sum_{t=1}^{n} \frac{R_t}{(1+r_t)^t} = \sum_{t=1}^{n} \frac{A_0(1+i_t)^t}{[1+(1+r_0)(1+i_t)-1]^t} = \sum_{t=1}^{n} \frac{A_0(1+i_t)^t}{(1+r_0)^t(1+i_t)^t} = \sum_{t=1}^{n} \frac{A_0}{(1+r_0)^t} \quad (5.23)$$

由式(5.23)可知,对目标公司采用现行价格水平进行未来收益预测时,如果其价格水平仅受通货膨胀的影响,则这种影响可以在价值估算过程中得以抵消,即最终估值结果不会因是否考虑通货膨胀而存在差异。

5.3.2 周期性公司正常化价值的具体测算模型及案例分析

本部分重点针对式(5.18)中的正常化价值 P_n 以及式(5.21)和式(5.22)中正常化收益额 A_n 的测算问题展开讨论。具体结合周期性公司估值案例,设计、模拟、比较绝对平均测算模型、相对平均测算模型、近似年金测算模型等三种具体模型,并提出选择建议,以对前文提出的周期性公司正常化估值的基本模型予以细化。

5.3.2.1 绝对平均测算模型及案例分析

(1) 基于绝对平均测算模型的收益额正常化

均值是统计学中最基本、最常用的一种平均指标,是估算目标公司正

常化收益额的最简易方式,将已选定的历史周期区间内的历史收益额数据直接进行平均化处理。用公式可表示为:

$$A_n = \frac{\sum_{t=1}^{m} R_t}{m} \tag{5.24}$$

式中,m 为历史周期区间期限,R_t 为历史周期区间内第 t 年的历史收益额。

(2) 关于折现率和稳定增长率的正常化

折现率的正常化通常需要关注目标公司在较长时间跨度里的资本成本。如果目标公司的资本结构和资本成本在很长时间内都未发生较大变动,那么可以直接以此判断正常化的折现率。反之,需要进一步采用正常化的无风险报酬率、风险报酬率、负债率、债务资本成本等具体指标,判断正常化的折现率。例如,可采用长期国债收益率取代当期利率作为无风险报酬率,采用历史周期区间内的市场平均风险溢价等计算风险报酬率。同样,稳定增长率的正常化,亦可根据目标公司在历史周期区间内的历史增长规律加以统计分析和具体判断。关于折现率和稳定增长率的正常化问题,因在后续探讨其他三种具体测算模型的过程中并无实质差异,故不再赘述。

(3) 基于绝对平均测算模型的案例分析

下面结合一个周期性上市公司(ZC 公司)正常化估值的案例,对绝对平均测算模型进行模拟应用。假设评估基准日为 2017 年 12 月 31 日,评估对象为 ZC 公司的股东全部权益价值,其在 2008—2017 年的经营状况如表 5.32 所示。

表 5.32 2008—2017 年 ZC 公司的经营状况

年份	营业收入(百万元)	收入增长率(%)	营业利润(百万元)	利润增长率(%)	营业利润率(%)	FCFE(百万元)	FCFE 增长率(%)
2008	21 281.23	20.68	342.63	23.48	1.61	261.14	25.47
2009	15 402.87	-27.62	232.58	-32.12	1.51	180.21	-30.99
2010	20 437.68	32.69	292.26	25.66	1.43	223.73	24.15
2011	22 592.88	10.55	347.93	19.05	1.54	268.59	20.05
2012	19 814.73	-12.30	378.46	8.78	1.91	290.58	8.19

5 周期性公司估值收益额测算模型的理论修正

续表

年份	营业收入 （百万元）	收入增长率 （%）	营业利润 （百万元）	利润增长率 （%）	营业利润率 （%）	FCFE （百万元）	FCFE 增长率 （%）
2013	20 041.79	1.15	328.69	-13.15	1.64	254.24	-12.51
2014	19 355.58	-3.42	371.63	13.06	1.92	289.50	13.87
2015	16 723.63	-13.60	269.25	-27.55	1.61	208.23	-28.07
2016	17 384.73	3.95	252.08	-6.38	1.45	196.48	-5.64
2017	18 134.65	4.31	270.14	7.16	1.49	210.47	7.12

资料来源：根据 ZC 公司年报数据整理。

测算目标公司正常化价值，首先需要选取正常化估值的历史周期区间。根据 1995—2016 年我国 GDP 增长走势，其在 2009 年及 2015 年形成了两个低谷，平均 9 年左右会形成一个完整的经济波动周期；再结合 ZC 公司 2008—2016 年的经营状况，可以看出 ZC 公司在 2009—2015 年恰好经历一个完整的收益波动周期，与宏观经济走势基本吻合，加之此时段距离评估基准日较近，故将 2009—2015 年选定为 ZC 公司正常化估值的历史周期区间。

其次是对收益额、折现率、稳定增长率等因子的正常化。将 ZC 公司在 2009—2015 年的各年度股权自由现金流（FCFE）数值分别代入式（5.24），计算得到正常化的股权自由现金流为：

$$A_n = （180.21+223.73+268.59+290.58+254.24+289.50+208.23）÷7=245.01（百万元）$$

同时，综合考虑 ZC 公司在 2009—2016 年的投资回报率、股权风险溢价、收益增长率等指标的波动特征和期间均值，将正常化的折现率 r_n 和正常化的稳定增长率 g_n 分别取值为 8% 和 2%。

最后，将 A_n、r_n、g_n 一并代入式（5.20），计算得到 ZC 公司的正常化价值为：

$$P_n = 2.45×（1+2\%）÷（8\%-2\%）=41.65（亿元）$$

5.3.2.2 相对平均测算模型及案例分析

（1）基于相对平均测算模型的收益额正常化

为解决绝对平均过程中可能存在的尺度问题，继续引入相对平均测算模型，即计算一段时期内该变量缩小版指标的平均数。该种方法更加注重各指标的比率而非绝对值，例如应用一段时期的利润率指标取代净利润予以平均化,再将平均利润率与正常化的营业收入或基准年相近年度(如第 n 年)的营业收入预测值相乘,以此求得正常化收益额。对于资本性支出、营运资本等指标也可采取此法,即将一段时期内各指标与收入或账面资本的比率予以平均化,而非直接将绝对值进行平均化。

以利润率为例,则正常化的营业利润可以用公式表示为:

$$A_n = \frac{\sum_{t=1}^{m} p_t}{m} \times I_n \tag{5.25}$$

式中,p_t 为历史周期区间内第 t 年的营业利润率(营业利润/营业收入),I_n 为第 n 年营业收入或正常化的营业收入。

(2)基于相对平均测算模型的案例分析

继续以 ZC 公司的正常化估值为例,对相对平均测算模型进行模拟应用。假设 ZC 公司在第 n 年的营业收入预测值为 190 亿元,预计没有投资收益、营业外收入和营业外支出,企业所得税税率为 25%。将 ZC 公司在 2009—2015 年的各年度营业利润率分别代入式(5.25),计算得到正常化的营业利润为:

$$A_n = [(1.51\% + 1.43\% + 1.54\% + 1.91\% + 1.64\% + 1.92\% + 1.61\%) \div 7] \times 190$$
$$= 1.65\% \times 190 = 3.14 \text{(亿元)}$$

据此可进一步求得 ZC 公司正常化的净利润为 2.36 亿元 [3.14×(1-25%)]。将此数值与 $r_n = 8\%$、$g_n = 2\%$ 一并代入式(5.20),计算得到 ZC 公司的正常化价值为:

$$P_n = 2.36 \times (1+2\%) \div (8\% - 2\%) = 40.12 \text{(亿元)}$$

5.3.2.3 近似年金测算模型及案例分析

(1)基于近似年金测算模型的收益额正常化

在现实估值活动中,企业在稳定期的未来预期收益虽然比较稳定,但在大多数情况下,并不一定表现为绝对等额的年金收益,而是表现为有窄幅波动的非年金收益。此时,可利用年金现值系数将每年不等额的非年金收益转化为近似年金收益,再进行资本化处理求取评估值。对于周期性公司而言,同样可借助这一思路,将其在历史周期区间内的各年不等额的非年金收益转化为近似年金收益即正常化收益额,进而测算周期性公司的正常化价值。这可以用公式表示为:

$$A_n = \sum_{t=1}^{m} \frac{R_t}{(1+r_n)^t} \div \sum_{t=1}^{m} \frac{1}{(1+r_n)^t} \tag{5.26}$$

式中，前半部分表示目标公司在历史周期区间内的非年金收益"现值"合计值，后半部分表示目标公司在历史周期区间内的折现系数之和，即年金现值系数。将二者相除，即可得到被视为正常化收益额的近似年金收益。

（2）基于近似年金测算模型的案例分析

这里仍以 ZC 公司的正常化估值为例，对近似年金测算模型进行模拟应用。将 ZC 公司在 2009—2015 年的各年度股权自由现金流（FCFE）数值和 r_n = 8%分别代入式（5.26），计算得到正常化的股权自由现金流如下，详细计算过程见表 5.33。

A_n =（166.86+191.80+213.21+213.58+173.04+182.44+121.50）÷（P/A，8%，7）
= 1 262.43÷5.206 4 = 239.99（百万元）

表 5.33 2009—2015 年 ZC 公司历史收益及其"现值"测算

项目	2009 年	2010 年	2011 年	2012 年	2013 年	2014 年	2015 年
FCFE（百万元）	180.21	223.73	268.59	290.58	254.24	289.50	208.23
折现率（%）	8	8	8	8	8	8	8
折现系数	0.925 9	0.857 3	0.793 8	0.735 0	0.680 6	0.630 2	0.583 5
收益现值（百万元）	166.86	191.80	213.21	213.58	173.04	182.44	121.50

资料来源：根据相关资料整理。

最后，将 A_n = 239.99 百万元 = 2.4 亿元、r_n = 8%、g_n = 2%一并代入式（5.20），计算得到 ZC 公司的正常化价值为：

P_n = 2.4×（1+2%）÷（8%-2%）= 40.80（亿元）

5.3.2.4 不同测算模型的比较与选择

通过比较可以看出，无论是哪种测算模型，关键都在于对历史收益进行适当的平滑化处理，并配以正常化的折现率、增长率等因子，从而测算目标公司正常化价值。基于三种测算模型所展开的案例测算结果基本趋于一致，这种相互验证也从侧面说明了将上述模型用于测算周期性公司正常化价值的适用性。然而，不同测算模型具有各自不同的优缺点，在具体估值实务中须结合目标公司实际合理选择使用。例如，绝对平均测算模型最简便直观，易于操作；相对平均测算模型能够解决绝对平均过程中可能存在的尺度问题，但计算相对复杂，需要进行正常化处理的指标相对较多；

近似年金测算模型有效考虑目标公司在历史周期区间的收益波动情况，更适合于收益呈窄幅波动、异常值不多的周期性公司。

5.3.3 研究结论与启示

本节将正常化估值思路作为一个新的周期性公司估值有效路径，具体从构建理论框架、测算模型和案例分析等方面进行了研究，研究发现：

第一，周期性公司正常化价值的测算需依赖于周期内和跨周期的历史收益数据。因此，正常化估值思路对于成立时间较早、具有长期经营纪录的周期性公司的适用性更强；对于经营期有限或经营纪录曾发生变化的周期性公司，适用性相对较弱。

第二，对收益周期的判断和正常化价值的测算是周期性公司正常化估值的重点，而在此过程中对收益额、折现率、稳定增长率等因子的正常化进一步成为周期性公司正常化价值测算的难点；在具体估值实务中，估值人员可结合目标公司实际情形，考虑各测算模型的优缺点，并合理选择采用测算模型来估计周期性公司的正常化价值。

此外，周期性公司正常化价值的测算应当并不仅限于以上三种具体模型，并且正常化估值思路在周期性公司估值的其他方法或环节中同样可能具有一定的适用性，我们将在未来周期性公司估值的具体实践中逐渐补充完善和予以深化。

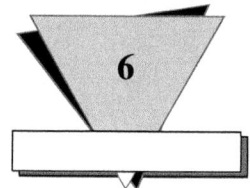

周期性公司估值折现率测算模型的理论修正

6 周期性公司估值折现率测算模型的理论修正

在第 5 章关于周期性公司估值收益额测算模型的理论修正研究之后,本章继续针对周期性公司折现率的有效测算问题展开研究,以探索折现率测算模型的理论修正路径,丰富周期性公司估值的方法体系。对于折现率,度量系统性风险是测算折现率尤其是风险收益率的核心环节。本章首先从资本资产定价模型(CAPM)入手,在理论上剖析 Beta 系数跨期时变、时间要素设定差异对系统性风险度量及公司估值结果的影响;其次,在梳理多因素定价模型应用研究的基础上,实证检验套利定价模型(APT)应用于周期性公司折现率测算的适用性;最后,将传统 CAPM 扩展至跨期资本资产定价模型(I-CAPM)、消费资本资产定价模型(C-CAPM)和货币资本资产定价模型(M-CAPM),并进行多维度比较分析,尝试化解周期性公司估值中折现率测算的难题。

6.1 周期性公司估值、折现率测算与资本资产定价模型

Sharpe 提出的 CAPM 作为现代金融市场价格理论的支柱,采用 Beta 系数对资产系统性风险进行测度,在国内外估值实务中受到广泛应用。但因为该模型仅建立在系统性风险单因素分析基础上,所以受到越来越多的质疑(Brealey,1996;Fletcher,2001)。尤其是近年来,大量实证研究结果表明,在跨期条件下 Beta 系数具有时变性特征。于是,如何提高 Beta 系数的解释能力以及 CAPM 的有效性,便成为解决周期性公司估值折现率测算难题的首要问题。

6.1.1 Beta 系数跨期时变与周期性公司估值

该部分重点从理论角度探讨 Beta 系数跨期时变对周期性公司估值的可能影响,并对 Beta 系数跨期时变问题的相关文献进行回顾与梳理。

6.1.1.1 Beta 系数跨期时变对周期性公司估值的可能影响

运用回归方法估算 Beta 系数时,回归样本的选择会涉及两项时间要素,即回归期限和收益率度量时限;如果 Beta 系数跨期时变现象存在,对时间要素的不同选择就可能导致估算结果差异,从而影响 Beta 系数解释能力,也会使公司估值结论受到质疑。事实上,当前主要 Beta 系数提供商及数据库对回归样本的时间要素设定方式各不相同。例如,路透社(Reuters)选用 5 年期限月收益率样本,价值线(Value Line)选用 5 年期

限周收益率样本,彭博(Bloomberg)选用2年期限周收益率样本,国泰安(Csmar)则选用1年期限日收益率样本。

周期性公司估值所包含的系统性环境因素,使得估值结果对不同时点的外部环境变化极为敏感,于是对Beta系数等估值参数测算的准确性提出更高要求。那么,Beta系数跨期时变和时间要素设定差异,究竟会对系统性风险度量及周期性公司估值结果产生怎样的影响?如何对时间要素进行设定?审慎设定时间要素,是否有利于提高Beta系数的稳定性,同时降低系统性风险度量及周期性公司估值误差?这些都是进行周期性公司估值理论研究和实践操作必须厘清的问题。

6.1.1.2 有关Beta系数跨期时变问题的文献回顾

国内外学术界有关Beta系数跨期时变问题的研究主要分为三类,即跨期时变存在性、跨期时变结构或路径,以及跨期时变成因。

在Beta系数跨期时变的存在性问题上,国内外学者已展开了大量实证研究,主要体现在:

一是大多数研究表明,Beta系数具有跨期不稳定或时变性特征(Blume,1971;Braun et al,1995;Gencay et al,2005;沈艺峰、洪锡熙,1999;陈浪南、屈文洲,2000;丁志国,2012;杨克磊、郭经华,2014;王兴运、白钦先,2015);少数研究得出Beta系数具有稳定性的结论(高鸿桢、郭济敏,1999;靳云汇、李学,2000)。

二是部分研究提出,Beta系数稳定性与回归期限长短或资产组合规模大小无关(Porter & Ezzell,1975;Theobald,1981;Gong et al,2006;Sarma & Sarmah,2008;Mollik & Bepari,2010);但也有研究认为,随着回归期限拉长或资产组合规模扩大,Beta系数稳定性能够得到提高(Levy,1971;苏卫东、张世英,2002;赵景文,2005;袁皓,2007)。

三是个别研究进一步探讨组合Beta系数稳定性,发现与组合构造方式有关。随机组合的Beta系数稳定性较差(Porter & Ezzell,1975),甚至比单只股票Beta系数更不稳定(Brooks et al,1994)。在此基础上,一些学者从行业视角研究特定行业的Beta系数稳定性(丁晓裕,2014;张士凤,2015),或比较不同行业之间的Beta系数稳定性差异(王荆杰,2009;丁志国等,2012)。

在Beta系数跨期时变的结构或路径方面,国内外学者选择不同模型作为时变Beta系数经验形式,采用各种估计方法拟合时变Beta系数变化路径（Brenner & Smidt，1977；Brown，1985；Collins et al.，1987；Hoesli & MacGregor，2000；Koutmos & Knif，2002；刘丹红等，2003；吕长江、赵岩，2003；马喜德、郑振龙，2006；丁志国等，2007）。GARCH、MSVAR、SWARCH、STR、RW-SSM 模型等都是用来刻画 Beta 系数时变路径的常用模型；还有一类具有代表性的观点，Kolb 和 Rodriguez（1989）、苏治等（2008）、王红卫（2014）等都证明在一定条件下，Beta 系数的跨期时变路径围绕均值 1 随机发生，并具有收敛趋势。

对于 Beta 系数跨期时变的成因，早期的研究主要从外生性原因入手，将资产系统性风险和 Beta 系数时变的原因归结为宏观经济变量、市场走势等外生因素变化（Bos & Newbold，1984；陈浪南、屈文州，2000）。而丁志国等（2012）研究发现，资产系统性风险和 Beta 系数跨期时变的原因具有内生性；市场中投资者的主体选择偏好构成其时变的内生性原因，宏观经济因素等变化只是间接影响因素。

此外，既有的研究围绕三类问题所采用的研究设计可谓丰富多样。归纳起来，研究对象涉及美国、英国、日本、印度、孟加拉国、中国等不同证券市场的个股或资产组合，对回归期限的选取以 1~10 年不等，对收益率度量时限的设定包括日、周、月、季等不同时段，对 Beta 系数稳定性采用的实证检验方法包括 Chow 检验、Farley 检验、CUSUM 检验、CUSUMSQ 检验、Ploberger 检验、Dufour 检验、White 检验、ARCH-LM 检验、Ljung-Box 检验等，对 Beta 系数时变结构或路径采用的估计方法或模型包括 ROLS 方法、RELS 方法、QTARCH 模型、GARCH 模型、MSVAR 模型、SWARCH 模型、STR 模型、RW-SSM 模型、MR-SSM 模型等。然而，各种实证检验方法因回归样本和统计量构造的不同，可能形成差异化的分析结果（王荆杰，2009）；不同估计模型的采用，也会显著影响对 Beta 系数时变路径的拟合效果（丁志国，2012）。此外，Beta 系数估计值还会因收益率度量时限的设定不同而相对独立（Jensen，1969；Estrada，2001；刘仁和等，2003）。

综上所述可见，国内外学术界对 Beta 系数跨期时变这一热络命题进行了较深入、全面的探讨，实证分析跨期条件下 Beta 系数的稳定性和时变路径，揭示出影响 Beta 系数稳定性的部分因素及时变成因，为后续研究积累了大量宝贵素材。但应该看到，已有的研究多是随机抽取若干个股作为实证检验样本，其隐含的假设是不同个股在 Beta 系数稳定性方面具有一致特征。这一方面不利于剔除单个企业微观因素的干扰，另一方面也忽视了可能存在的行业差异。只有个别研究从行业视角对 Beta 系数时变及其间差异进行探讨，而涉及 Beta 系数跨期时变与特定行业系统性风险度量或公司估值的关联研究更不多见。另外，部分实证研究的观点和结论并非完全一致，甚至截然相反，这与多样化的研究设计不无关系，也说明纵使 Beta 系数跨期时变现象普遍存在，具体结论也可能因样本而异、因期限而异、因方法而异。因此，对于围绕特定命题所展开的细分研究而言，"Beta 系数是否稳定"不可一概而论；这种结论差异显然又为提高 Beta 系数估算、系统性风险度量与公司估值的科学性、合理性提供了可能，与之相关的研究领域和方向也值得进一步延伸与细化。

6.1.2 资本资产定价模型应用于周期性公司估值的实证分析

参考已有的研究，本部分从理论上剖析 Beta 系数跨期时变、时间要素设定差异对系统性风险度量及周期性公司估值结果的影响，并以 2005—2014 年为样本周期，以我国沪深 A 股市场中典型周期性行业为研究对象，对理论分析结论和研究假说进行实证检验，并在此基础上进一步提出周期性公司估值中应用 CAPM 及测算 Beta 系数的相关建议。

6.1.2.1 理论分析与研究设计

（1）理论分析与研究假说

标准 CAPM 和市场模型是在 Beta 系数估算的实证研究中较常使用的单变量线性模型。

标准 CAPM 可表示为：

$$R_i = R_f + \beta \times (R_m - R_f) \tag{6.1}$$

式中，R_i 表示行业期望收益率；R_f 表示无风险收益率；R_m 表示市场组合期望收益率；$\beta = \dfrac{\mathrm{cov}(R_i, R_m)}{\mathrm{var}(R_m)}$ 为资产的 Beta 系数。

将式（6.1）进行变形可得到市场模型：

$$\begin{aligned} R_i &= R_f \times (1-\beta) + \beta \times R_m \\ &= \alpha + \beta \times R_m \end{aligned} \tag{6.2}$$

采用市场模型对 Beta 系数进行正确估计的重要前提假设之一是，Beta 系数不会随时间发生变化。Beta 系数直接由市场组合期望收益率变动情况与资产期望收益率变动情况之间的关系确定。但已有文献研究表明：宏观经济因素等外生性原因和市场投资者主体选择偏好等内生性原因共同导致不同时期资产系统性风险的变化，亦可表现为 Beta 系数的跨期时变；而对 Beta 系数进行稳定性检验时，检验结论可能受到资产组合规模与构造方式、回归期限等因素影响；Beta 系数估计值还可能因收益率度量时限不同而存在差异。所以，回归样本选择及其时间要素设定可能对 Beta 系数稳定性和估算结果（即系统性风险度量）产生影响。

进一步看，当 DCF 模型和 CAPM 应用于公司估值时，Beta 系数取值变化又必然引起风险收益率和折现率的同步变化，进而影响公司估值结果。下面以 FCFE 折现模型为例，推倒和模拟 Beta 系数估算误差对公司估值结果的影响①。

假设各期现金流固定为 FCFE 且公司持续经营，使用的折现率和 Beta 系数分别为 CAPM 和 β，则公司评估价值 P 可表示为：

$$P = \frac{FCFE}{CAPM} = \frac{FCFE}{R_f + (R_m - R_f) \times \beta} \tag{6.3}$$

若 Beta 值变化幅度为 $\Delta\beta$，其变化率表示为 $\frac{\Delta\beta}{\beta}$，此时的折现率和公司评估价值相应变为 $CAPM'$ 和 P'，则由此引起的公司评估价值变化率 $\frac{\Delta P}{P}$ 可表示为：

$$\begin{aligned}
\frac{\Delta P}{P} &= \frac{P' - P}{P} = \frac{\frac{FCFE}{CAPM'}}{\frac{FCFE}{CAPM}} - 1 \\
&= \frac{\frac{FCFE}{R_f + (R_m - R_f) \times (\beta + \Delta\beta)}}{\frac{FCFE}{R_f + (R_m - R_f) \times \beta}} - 1 \\
&= -\frac{(R_m - R_f) \times \Delta\beta}{R_f + (R_m - R_f) \times (\beta + \Delta\beta)} \\
&= -\frac{(R_m - R_f) \times \beta \times \frac{\Delta\beta}{\beta}}{R_f + (R_m - R_f) \times \beta \times \left(1 + \frac{\Delta\beta}{\beta}\right)}
\end{aligned} \tag{6.4}$$

---

① 如果对企业 FCFF 折现模型进行推倒和模拟，也会得到相似结论。

若按 2005—2014 年我国市场历史平均水平①，R_f 取值 3.00%，R_m 取值 13.45%，则式（6.4）进一步变化为：

$$\frac{\Delta P}{P} = \frac{-10.45\% \times \beta \times \frac{\Delta \beta}{\beta}}{3\% + 10.45\% \times \beta \times \left(1 + \frac{\Delta \beta}{\beta}\right)} \tag{6.5}$$

采用 Matlab 软件编程求解和模拟式（6.5）中 β、$\frac{\Delta \beta}{\beta}$、$\frac{\Delta P}{P}$ 三者之间的定量关系，绘制对应的三维关系图（如图 6.1 所示），以及用于刻画 $\frac{\Delta \beta}{\beta}$ 与 $\frac{\Delta P}{P}$、β 与 $\frac{\Delta P}{P}$ 之间关系的剖面图（如图 6.2、图 6.3 所示），以便清晰判断 Beta 系数估算误差可能对公司估值结果产生的影响。

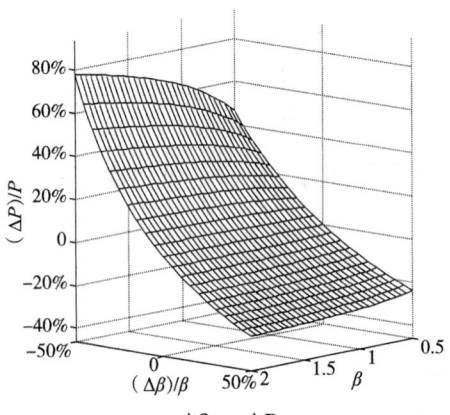

图 6.1　β、$\frac{\Delta \beta}{\beta}$ 和 $\frac{\Delta P}{P}$ 的三维关系

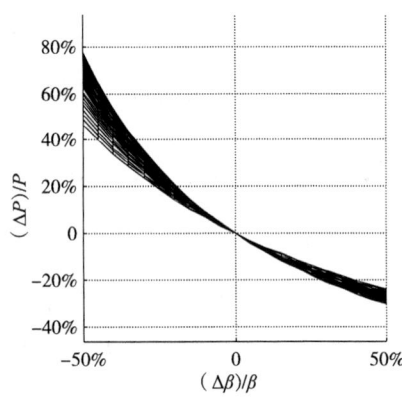

图 6.2　$\frac{\Delta \beta}{\beta}$ 与 $\frac{\Delta P}{P}$ 间的关系剖面图

---

① 估值实务中，一年期银行定期存款利率和沪深 300 指数收益率常被用于衡量无风险收益率与市场平均收益率。2005—2014 年，我国一年期银行定期存款利率在 2.25%~4.14% 范围内浮动，沪深 300 指数平均年收益率为 $\sqrt[10]{\frac{3\,533.71}{1\,000}} - 1 \approx 13.45\%$。其中，沪深 300 指数在 2004 年 12 月 31 日的基日点位和在 2014 年 12 月 31 日的收盘点位分别为 1 000 和 3 533.71。

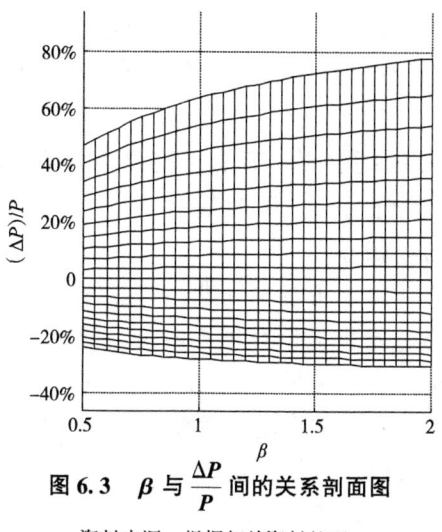

图 6.3 β 与 $\dfrac{\Delta P}{P}$ 间的关系剖面图

资料来源：根据相关资料整理。

从图 6.1 至图 6.3 可以看出，β 和 $\dfrac{\Delta \beta}{\beta}$ 共同对 $\dfrac{\Delta P}{P}$ 产生影响。当 β 一定时，$\left|\dfrac{\Delta P}{P}\right|$ 与 $\left|\dfrac{\Delta \beta}{\beta}\right|$ 呈同方向变动，即公司估值误差随着 Beta 系数估算误差的增大而增大；当 $\dfrac{\Delta \beta}{\beta}$ 一定时，$\dfrac{\Delta P}{P}$ 变化幅度与 β 也呈同方向变动，即 $\dfrac{\Delta P}{P}$ 变化幅度随着 Beta 值的增大而增大；并且，β 和 $\dfrac{\Delta \beta}{\beta}$ 对公司价值被高估的影响弹性大于其被低估的影响弹性。根据式（6.4）亦可推知，这一结论对正常取值情况下的 R_f 和 R_m 具有普适性。

可以预见，回归样本选择及其时间要素设定可能通过影响 Beta 系数估算而对公司估值结果产生影响，并且这种可能性不容小觑。为剔除单个企业微观信息冲击对系统性风险变化的干扰，可以选用行业这一同质性个股组合作为研究样本测算特定行业 Beta 系数，以实现资产组合规模与构造方式的优化。这也符合传统金融理论，即投资组合内的个股波动会在一定程度上相互抵消和降低行业组合相对整个市场的波动性。此时，若市场组合期望收益率算法固定，则回归期限和收益率度量时限两项时间要素极有可能成为影响 Beta 系数稳定性及其估算结果的重要因素。

由此，本部分综合理论分析和已有经验研究证据，提出三个可供检验

的假说:

假说1:时间要素设定差异会显著影响Beta系数稳定性。

假说2:时间要素设定差异会显著影响系统性风险度量及周期性公司估值结果。

假说3:审慎设定时间要素,有利于提高Beta系数稳定性,同时降低系统性风险度量及周期性公司估值误差。

(2) 检验对象与回归样本

本部分以我国沪深A股市场中周期性行业作为检验对象。当前针对我国特定行业Beta系数稳定性的研究虽不多见,但个别涉及周期性行业的研究结论为本部分研究提供了对照比较的对象。例如,王荆杰(2009)通过滚动回归方法发现,Beta系数稳定性较差的前五个行业中,有三个是周期性行业,即采掘业、房地产业和建筑业,可能是较强周期性导致产生波动较大的系统性风险;丁志国等(2012)发现,在5%的显著性水平上,采用7种实证方法得到的8种检验结果中,分别有6种以上结果支持机械设备业、石油化工业、交运仓储业、采掘业、建筑业、金属非金属业、造纸印刷业、制造业的Beta系数跨期不稳定,有5种结果支持房地产业的Beta系数跨期不稳定,而金融业的8种结果则全部证明其Beta系数跨期稳定。也就是说,采掘业等工业类周期性行业Beta系数比房地产业、金融业等消费类周期性行业Beta系数的跨期时变特征更显著。对此,根据第2章有关我国周期性行业的范围界定标准,这里选取若干工业类周期性行业和消费类周期性行业作为样本行业,并将实证检验结果与已有研究结论进行对照比较。

在回归样本考察期限的设定方面,尽管Beta系数稳定性通常被认为是随着回归期限延长而增加,却也并非越长越好(Alexander & Chervany, 1980);已有文献关于Beta系数最佳估计时段的结论不一,既有"4~6年"(Alexander & Chervany, 1980),也有"9年"(Logue & Aber, 1974)等其他时段,上述可对照研究则选用"7~8年"作为估计时段;加之资产系统性风险和Beta系数跨期时变具有其内生性原因(丁志国等,2012),回归期限除不宜过长外还不宜相距太远,否则测算结果可能失真。综合以上分析,这里将样本考察区间设定为10年,具体样本选取采用临近原则。

在回归样本收益率度量时限的选择方面,上述可对照研究均采用行业日收益率数据作为样本。虽然日收益率能够增加观测量,扩大回归数据规模,但波动幅度过大,且不利于剔除股票单日价格不确定性、个股日收益率因停牌缺失等干扰因素的影响,最终容易影响实证结果;并且,倘若收益率度量时限太短,行业内某些个股特别是市值占比较大的个股的异动,对行业 Beta 系数的影响较大。所以,不排除以上可对照研究结论中鲜见 Beta 系数跨期稳定的情形可能是受到这些影响的干扰。而稍长的收益率度量时限有利于个股组合平滑个股异动对行业的影响,往往使得估算效果更好。当然,"季""半年""年"等过长的收益率度量时限也会因为回归数据较少而降低估算结果的可靠性。基于此,这里采用"周"和"月"为单位算取样本行业收益率。

所以,围绕 Beta 系数跨期时变与周期性公司估值关联问题,此处选择 2005 年 1 月 1 日—2014 年 12 月 31 日作为样本周期,具体选取有色金属(以下简称"有色")、钢铁、石化、房地产、银行等 5 个周期性行业板块收益率及市场平均收益率的周数据和月数据,共计 3 042 个周样本、720 个月样本。将所选样本周期划分成不同时间段,可进一步形成回归样本的若干子集,便于对三个研究假说进行检验。

(3) 研究方法与步骤

本部分采用的研究方法分为三个主要步骤。

第一,通过 OLS 方法分别考察不同回归期限(1~10 年)和收益率度量时限(周、月)下的样本行业 Beta 系数估计值与动态轨迹;除了使用标准差,还参照已有研究(Alexander & Chervany, 1980)使用平均绝对偏差(Mean Absolute Deviation,MAD)值检验 Beta 系数稳定性。

区别于已有研究多把观测值区间直接等分成若干时段进行比较,本部分着眼于公司估值视角,分别以 2005 年 1 月 1 日为评估基准日依次测算未来 1~10 年①真实 Beta 系数的可观测值,以 2014 年 12 月 31 日为评估基准日依次测算过去 1~10 年②历史 Beta 系数的可观测值,并将各样本行业每期 Beta 系数作为时间序列进行比较,分析不同回归期限变化过程中 Beta 系数波动性和测算效果,比较异同和优劣。

---

① 以 2005 年 1 月 1 日为评估基准日时,根据临近原则,2005 年 1 月 1 日—2005 年 12 月 31 日为 1 年,2005 年 1 月 1 日—2006 年 12 月 31 日为 2 年,依此类推。

② 以 2014 年 12 月 31 日为评估基准日时,根据临近原则,2014 年 1 月 1 日—2014 年 12 月 31 日为 1 年,2013 年 1 月 1 日—2014 年 12 月 31 日为 2 年,依此类推。

其中，与 CAPM 相比，市场模型的理论假设、应用条件和参数个数都较少，更具可操作性；并且，从统计学角度分析，即使市场中不存在无风险利率，也不会影响 Beta 系数检验效果（吕长江、赵岩，2003），据此采用基于市场模型的 OLS 方法测算 Beta 系数。

根据式（6.2），引入一元一次方程即式（6.6）和式（6.7）：

$$R_{i,wn} = \alpha_{wn} + \beta_{wn} \times R_{m,w} + \varepsilon_{wn} \tag{6.6}$$

$$R_{i,mn} = \alpha_{mn} + \beta_{mn} \times R_{m,m} + \varepsilon_{mn} \tag{6.7}$$

式中，$R_{i,wn}$ 和 $R_{i,mn}$ 分别表示样本行业周收益率和月收益率，$R_{m,w}$ 和 $R_{m,m}$ 分别表示市场平均周收益率和月收益率，$\beta_{wn} = \dfrac{\text{cov}(R_{i,wn}, R_{m,w})}{\text{var}(R_{m,w})}$ 和 $\beta_{mn} = \dfrac{\text{cov}(R_{i,mn}, R_{m,m})}{\text{var}(R_{m,m})}$ 分别表示收益率度量时限为"周"和"月"的样本行业 Beta 系数，α_{wn} 和 α_{mn} 为常数项，ε_{wn} 和 ε_{mn} 为零均值的随机误差项，n 代表有色、钢铁、石化、房地产、银行等不同样本行业。

第二，参照已有研究（沈艺峰、洪锡熙，1999；赵景文，2005），在样本周期内利用 Chow 检验法（Chow，1960）检验样本行业相邻两期的 Beta 系数是否相等，判断模型结构在预先给定时间点上是否发生变化。检验过程中对 Beta 系数的估计同样采用基于市场模型的 OLS 方法，并基于不同收益率度量时限（周、月）分别展开。

区别于已有研究多把观测值区间直接等分为两段进行估计和检验，本部分在样本周期内以"年"为间隔分别假定 9 个模型结构变化的可能断裂点，并分别对每个假定断裂点的前后两期（2005 年 1 月 1 日至第 n 个假定断裂点、第 n 个假定断裂点至 2014 年 12 月 31 日）观测值进行 Chow 检验，以此判断、比较样本行业 Beta 系数稳定性和时变规律。这同时有利于克服 Chow 检验需要先验信息以确定参数变化可能发生位置的局限。

Chow 检验的具体步骤如下：

一是在每个假定断裂点前后两期（各自包含 N 和 M 个数据）分别估计 Beta 系数为 β_1、β_2，得到两个残差平方和 SSR_1、SSR_2，自由度分别为 $N-A$、$M-A$；整个完整时间序列的 Beta 系数估计为 β，得到残差平方和 SSR，自由度为 $N+M-A$。

二是建立假设并检验：

原假设：$H_0: \beta_1 = \beta_2 = \beta$

备择假设：$H_1: \beta_1 \neq \beta_2$

统计量为：

$$F = \frac{(SSR - SSR_1 - SSR_2)/A}{(SSR_1 + SSR_2)/(N + M - 2A)} \sim F(A, N + M - 2A) \quad (6.8)$$

在5%的显著性水平上，若 F 值大于临界值、伴随概率小于显著性水平，拒绝原假设并接受备择假设，说明两个模型不属于同一个回归模型，Beta 值不稳定。

第三，以理论分析部分得到的式（6.5）为实证模拟模型，即 $\dfrac{\Delta P}{P} = \dfrac{-10.45\% \times \beta \times \dfrac{\Delta \beta}{\beta}}{3\% + 10.45\% \times \beta \times \left(1 + \dfrac{\Delta \beta}{\beta}\right)}$，假设暂不考虑公司特有风险，针对公司价值可能被高估和低估的两种结果，分别统计每个样本行业各期 β_{wn} 之间、β_{mn} 之间，及同期 β_{wn} 和 β_{mn} 之间的最大变化率 $\left|\dfrac{\Delta \beta_{wn}}{\beta_{wn}}\right|_{\max}$、$\left|\dfrac{\Delta \beta_{mn}}{\beta_{mn}}\right|_{\max}$、$\left|\dfrac{\beta_{wn} - \beta_{mn}}{\beta_{mn}}\right|_{\max}$，也就是不同回归期限（1~10年）和收益率度量时限（周、月）下系统性风险度量的最大可能误差，并分别代入式（6.5）求得与之对应的公司估值最大可能误差 $\left|\dfrac{\Delta P}{P}\right|_{\max,1}$、$\left|\dfrac{\Delta P}{P}\right|_{\max,2}$、$\left|\dfrac{\Delta P}{P}\right|_{\max,3}$，比较异同和优劣。

6.1.2.2 样本数据与描述性统计

（1）变量构建与数据来源

①行业收益率

这里选择行业板块股价指数衡量行业收益率，具体选取 2005 年 1 月 1 日—2014 年 12 月 31 日有色、钢铁、石化、房地产、银行共计 5 个周期性行业板块的周收盘指数和月收盘指数，数据来自 Wind 数据库。

对行业收益率 $R_{i,n}$ 的计算是基于 5 个行业板块的周收盘指数和月收盘指数，分别得到各行业板块的周收益率 $R_{i,wn}$ 和月收益率 $R_{i,mn}$ 的时间序列数据。具体计算公式如下：

$$R_{i,n} = \ln \frac{T \text{时段行业板块收盘指数}}{(T-1) \text{时段行业板块收盘指数}} \quad (6.9)$$

②市场平均收益率

沪深 300 指数是我国沪深证券交易所于 2005 年联合发布的第一只跨市场指数,以 2004 年 12 月 31 日为基准日,反映流动性强和规模大的代表性股票的股价综合变动,样本股行业分布状况与市场行业分布状况接近,对整个市场具有较强的代表性,也比较符合 CAPM 所描述的市场组合。参考路透社、彭博等估计 Beta 系数时选用标准普尔 500 指数(S&P 500),这里选择沪深 300 指数衡量市场平均收益率,具体选取 2005 年 1 月 1 日—2014 年 12 月 31 日的周收盘指数和月收盘指数,数据来自 Wind 数据库。

对市场平均收益率 R_m 的计算是基于沪深 300 指数的周收盘指数和月收盘指数,分别得到周收益率 $R_{m,w}$ 和月收益率 $R_{m,m}$ 的时间序列数据。具体计算公式如下:

$$R_m = \ln \frac{T \text{时段沪深 300 收盘指数}}{(T-1) \text{时段沪深 300 收盘指数}} \qquad (6.10)$$

(2) 描述性统计分析

利用 Eviews8.0 软件,对 5 个样本行业收益率和市场平均收益率的时间序列数据进行描述性统计分析,结果详见表 6.1。

表 6.1　变量描述性统计

变量	观测数	最小值(%)	最大值(%)	均值(%)	标准差	偏度	峰度
$R_{i,w}$ 有色	507	-20.59	22.65	0.30	5.70	0.06	1.58
$R_{i,w}$ 钢铁	507	-20.78	19.48	0.12	4.73	-0.06	2.19
$R_{i,w}$ 石化	507	-16.73	14.94	0.17	3.92	-0.13	1.71
$R_{i,w}$ 房地产	507	-23.01	19.37	0.35	5.04	-0.31	1.72
$R_{i,w}$ 银行	507	-18.83	16.96	0.35	4.64	-0.02	1.78
$R_{m,w}$	507	-16.26	15.03	0.25	3.95	-0.12	1.79
$R_{i,m}$ 有色	120	-42.69	30.39	1.26	13.64	-0.46	0.86
$R_{i,m}$ 钢铁	120	-37.81	29.75	0.49	11.82	-0.57	1.52
$R_{i,m}$ 石化	120	-31.76	20.30	0.73	9.42	-0.89	1.38
$R_{i,m}$ 房地产	120	-30.08	30.71	1.47	11.04	-0.15	0.65
$R_{i,m}$ 银行	120	-34.96	29.36	1.47	10.30	-0.31	1.59
$R_{m,m}$	120	-29.91	24.63	1.05	9.59	-0.49	1.18

资料来源:根据相关资料整理。

6 周期性公司估值折现率测算模型的理论修正

根据表 6.1，在样本周期内，每个周收益率变量各获得 507 个观测值，每个月收益率变量各获得 120 个观测值。各类收益率变量的观测值均有正有负，标准差远大于均值，说明数据离散程度很高，样本股价波动较为剧烈，市场较不稳定。除 $R_{i,w\text{有色}}$ 外，其他各类收益率变量的偏度均为负值，但数值较小，说明分布形态与正态分布相比为负偏或左偏，偏斜程度较小。各类收益率变量的峰度均为正值①，说明分布曲线比正态分布的高峰更加陡峭，呈尖顶曲线。此外，所有收益率变量的均值都为正值，说明样本行业与市场组合在样本周期内的收益表现总体较好。其中，房地产和银行这 2 个消费类周期性行业的收益率变量均值都高于其他 3 个工业类周期性行业，所有月收益率变量的最大值、最小值和均值普遍高于其同类样本的周收益率变量。

（3）时间序列趋势分析

为进一步比较分析各类收益率变量的时间序列趋势，借助 Eviews8.0 软件，根据样本数据分别输出得到各类收益率变量的时间序列趋势图，如图 6.4 至图 6.15 所示。

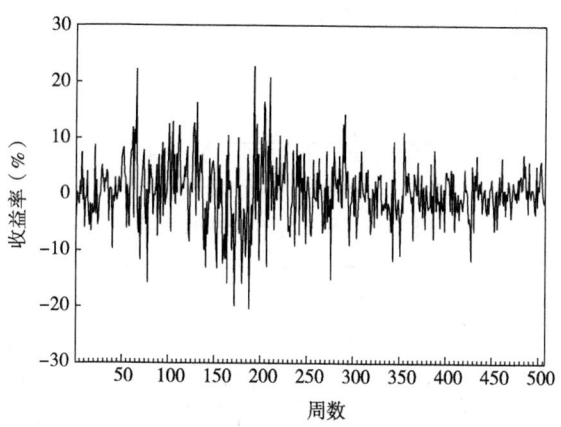

图 6.4　$R_{i,w\text{有色}}$ 时间序列趋势

---

① 正态分布的峰度系数为 3，但 SPSS19.0 软件在计算峰度时，自动做减 3 处理，即将正态分布的峰度值默认为 0。

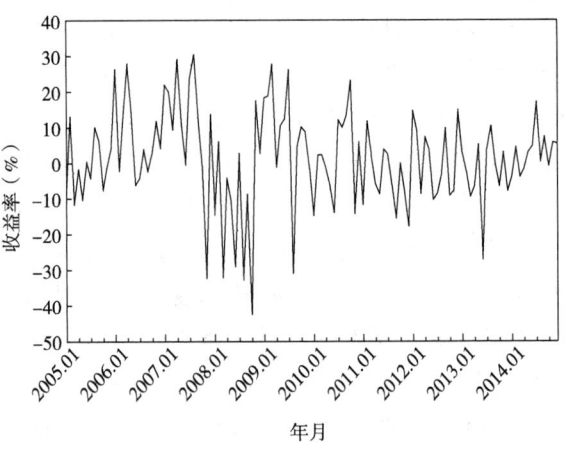

图 6.5 $R_{i,m有色}$ 时间序列趋势

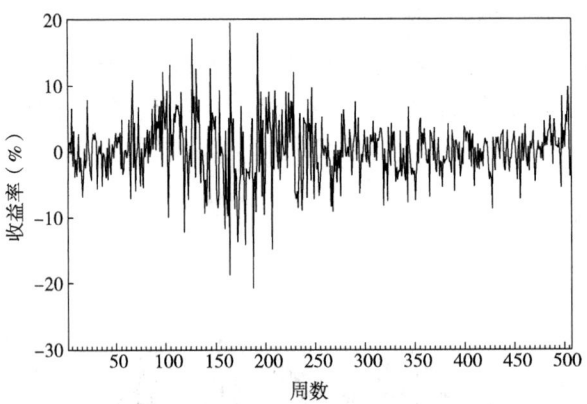

图 6.6 $R_{i,w钢铁}$ 时间序列趋势

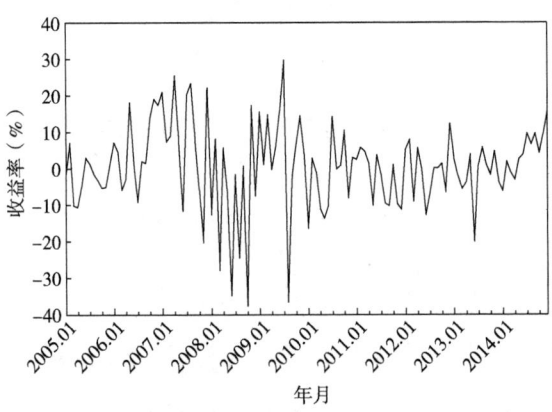

图 6.7 $R_{i,m钢铁}$ 时间序列趋势

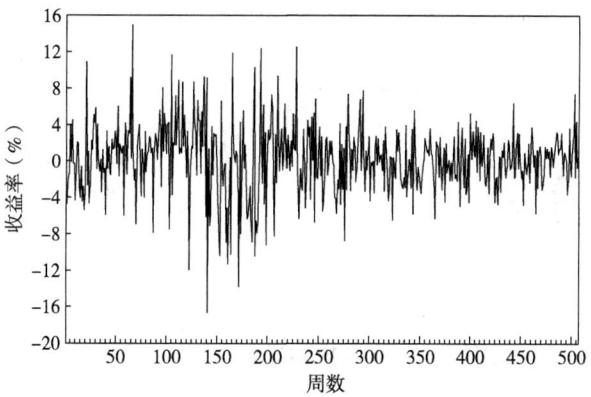

图 6.8　$R_{i,w石化}$ 时间序列趋势

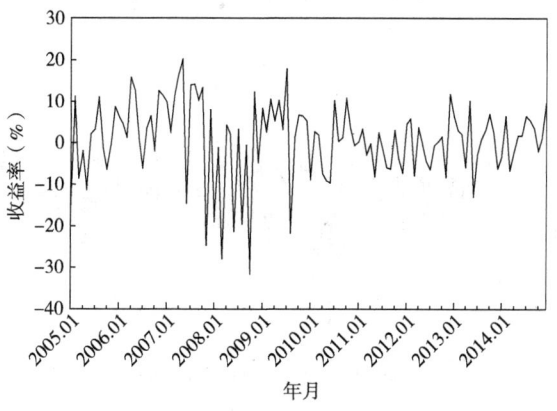

图 6.9　$R_{i,m石化}$ 时间序列趋势

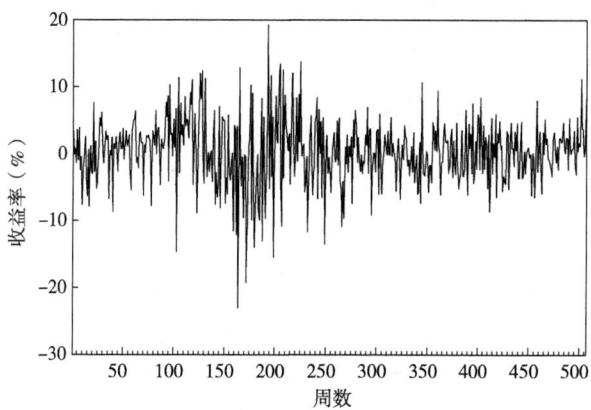

图 6.10　$R_{i,w房地产}$ 时间序列趋势

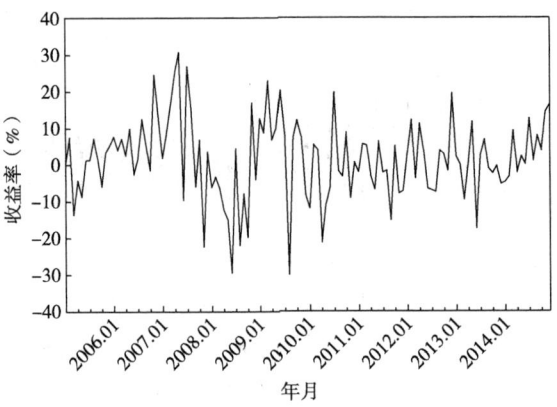

图 6.11　$R_{i,m房地产}$ 时间序列趋势

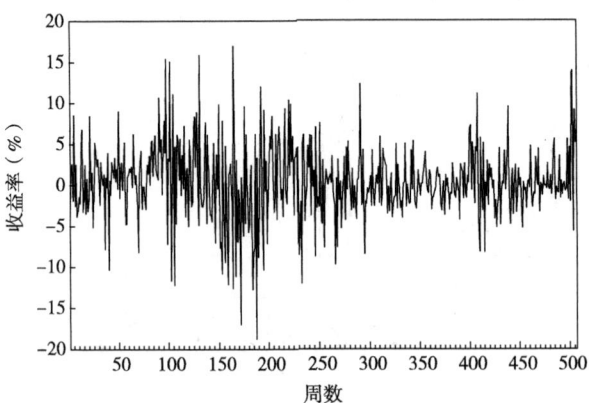

图 6.12　$R_{i,w银行}$ 时间序列趋势

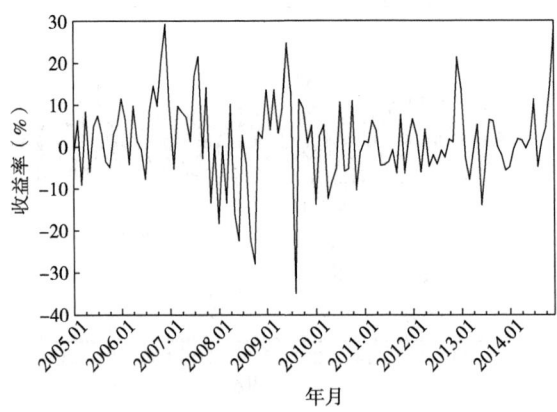

图 6.13　$R_{i,m银行}$ 时间序列趋势

6 周期性公司估值折现率测算模型的理论修正

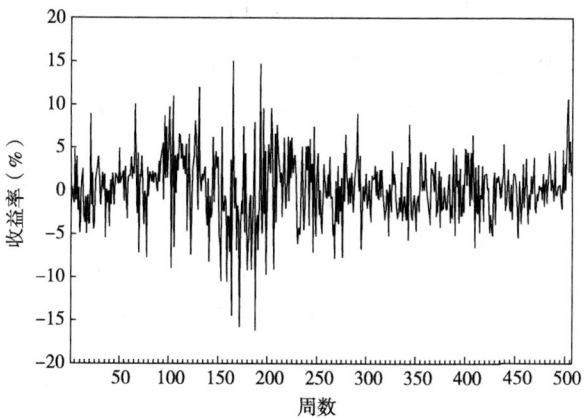

图 6.14　$R_{m,w}$ 时间序列趋势

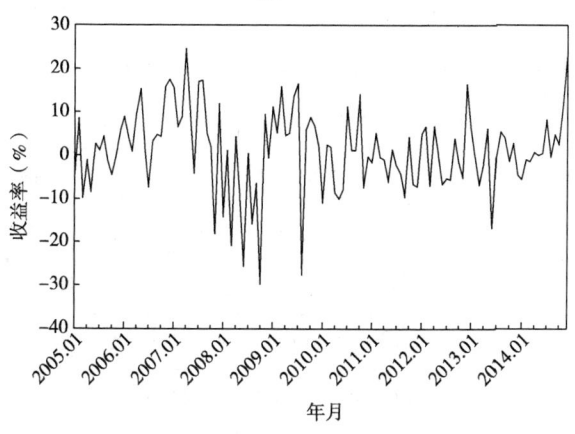

图 6.15　$R_{m,m}$ 时间序列趋势

资料来源：根据相关资料整理。

从图 6.4 至图 6.15 可见，与描述性统计分析结果相似，各类收益率变量的时间序列数据均呈剧烈波动的不规则变化趋势，但在相同收益率度量时限下，样本行业收益率走势与市场平均收益率走势基本一致。只是不同样本行业的收益率波动幅度存在差异；月收益率变量因观测数较少，波动的剧烈程度相对弱于周收益率变量。

6.1.2.3　对 Beta 系数跨期时变特征的实证检验

（1）Beta 系数动态轨迹与标准差、MAD 值稳定性检验

利用 Eviews8.0 软件，以 2005 年 1 月 1 日为评估基准日，测算得到各

样本行业未来 1~10 年真实 β_{wn}、β_{mn} 的可观测值如表 6.2 所示，相应的回归期限变化过程中 β_{wn}、β_{mn} 动态轨迹见图 6.16、图 6.17；以 2014 年 12 月 31 日为评估基准日，测算各样本行业过去 1~10 年历史 β_{wn}、β_{mn} 的可观测值如表 6.3 所示，相应的回归期限变化过程中 β_{wn}、β_{mn} 动态轨迹见图 6.18、图 6.19；对两种情形下全部 β_{wn}、β_{mn} 估计结果进行描述性统计分析，结果如表 6.4 所示。

表 6.2 未来 1~10 年回归期限下真实 β_{wn}、β_{mn} 观测值（以 2005 年 1 月 1 日为评估基准日）

Beta 值	1 年	2 年	3 年	4 年	5 年	6 年	7 年	8 年	9 年	10 年
β_w有色	1.122**	1.276**	1.238**	1.236**	1.261**	1.271**	1.281**	1.277**	1.265**	1.238**
β_w钢铁	0.842**	0.935**	1.019**	1.059**	1.073**	1.068**	1.071**	1.060**	1.045**	1.033**
β_w石化	1.050**	0.944**	0.907**	0.851**	0.842**	0.848**	0.853**	0.850**	0.838**	0.824**
β_w房地产	1.141**	0.917**	0.998**	1.072**	1.110**	1.102**	1.104**	1.110**	1.108**	1.096**
β_w银行	1.052**	0.849**	0.846**	0.926**	0.932**	0.933**	0.922**	0.906**	0.921**	0.933**
β_m有色	1.309**	1.011**	1.268**	1.323**	1.319**	1.308**	1.324**	1.318**	1.325**	1.267**
β_m钢铁	0.714**	0.998**	1.159**	1.183**	1.209**	1.203**	1.201**	1.185**	1.176**	1.151**
β_m石化	1.413**	0.995**	0.986**	0.995**	0.947**	0.930**	0.925**	0.916**	0.906**	0.872**
β_m房地产	1.069**	0.860**	0.992**	0.924**	0.964**	0.989**	0.997**	1.003**	1.006**	0.996**
β_m银行	0.860**	1.000**	0.740**	0.840**	0.909**	0.921**	0.905**	0.900**	0.906**	0.925**

资料来源：根据相关资料整理。

注：** 表示 Beta 系数通过 1% 的显著性水平检验。

表 6.3 过去 1~10 年回归期限下历史 β_{wn}、β_{mn} 观测值（以 2014 年 12 月 31 日为评估基准日）

Beta 值	1 年	2 年	3 年	4 年	5 年	6 年	7 年	8 年	9 年	10 年
β_w有色	0.749**	0.910**	0.999**	1.094**	1.170**	1.240**	1.236**	1.233**	1.244**	1.238**
β_w钢铁	0.787**	0.802**	0.827**	0.898**	0.929**	0.995**	1.040**	1.049**	1.042**	1.033**
β_w石化	0.583**	0.605**	0.671**	0.729**	0.778**	0.786**	0.793**	0.807**	0.813**	0.824**
β_w房地产	0.847**	0.972**	1.051**	1.077**	1.059**	1.130**	1.135**	1.122**	1.093**	1.096**

6 周期性公司估值折现率测算模型的理论修正

续表

Beta 值	1年	2年	3年	4年	5年	6年	7年	8年	9年	10年
$\beta_{w银行}$	1.145**	1.159**	0.993**	0.937**	0.935**	0.943**	0.963**	0.942**	0.927**	0.933**
$\beta_{m有色}$	0.398	0.880**	0.985**	1.069**	1.117**	1.194**	1.264**	1.302**	1.266**	1.267**
$\beta_{m钢铁}$	0.694**	0.878**	0.900**	0.952**	1.004**	1.110**	1.164**	1.178**	1.163**	1.151**
$\beta_{m石化}$	0.382*	0.524	0.605**	0.640**	0.675**	0.710**	0.828**	0.856**	0.855**	0.872**
$\beta_{m房地产}$	0.789**	0.935	0.988**	1.035**	1.082**	1.091**	1.001**	1.014**	0.993**	0.996**
$\beta_{m银行}$	1.183**	1.117	1.023**	0.956**	0.969**	1.037**	0.991**	0.906**	0.929**	0.925**

资料来源：根据相关资料整理。

注：** 表示 Beta 系数通过 1% 的显著性水平检验；* 表示 Beta 系数通过 5% 的显著性水平检验；1年期 $\beta_{m有色}$ 对应 P 值为 0.084，仅通过 10% 的显著性水平检验。

表 6.4　β_{wn}、β_{mn} 估计结果描述性统计

变量	观测数	最小值	最大值	均值	标准差	MAD 值
$\beta_{w有色}$	19	0.749	1.281	1.176	0.15	0.06
$\beta_{w钢铁}$	19	0.787	1.073	0.978	0.10	0.07
$\beta_{w石化}$	19	0.583	1.050	0.809	0.11	0.06
$\beta_{w房地产}$	19	0.847	1.141	1.065	0.08	0.04
$\beta_{w银行}$	19	0.846	1.159	0.956	0.08	0.03
$\beta_{m有色}$	19	0.398	1.325	1.171	0.23	0.09
$\beta_{m钢铁}$	19	0.694	1.209	1.064	0.17	0.11
$\beta_{m石化}$	19	0.382	1.413	0.840	0.22	0.12
$\beta_{m房地产}$	19	0.789	1.091	0.986	0.07	0.04
$\beta_{m银行}$	19	0.740	1.183	0.948	0.10	0.05

资料来源：根据相关资料整理。

注：以 2005 年 1 月 1 日为评估基准日的未来 10 年回归期限下真实 β_{wn}、β_{mn} 与以 2014 年 12 月 31 日为评估基准日的过去 10 年回归期限下历史 β_{wn}、β_{mn} 的回归样本相同，故估计结果一致，共同作为一种变量观测值纳入描述性统计分析。

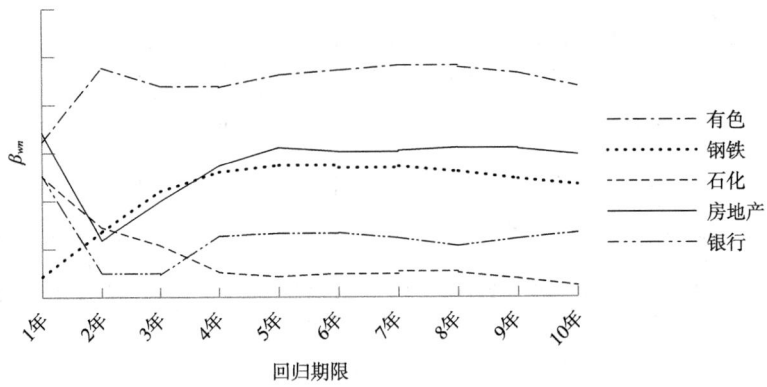

图 6.16　2005 年 1 月 1 日评估基准日真实 β_{wn} 趋势

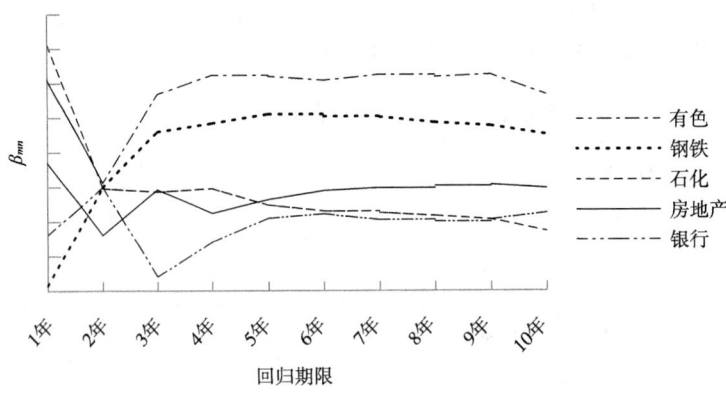

图 6.17　2005 年 1 月 1 日评估基准日真实 β_{mn} 趋势

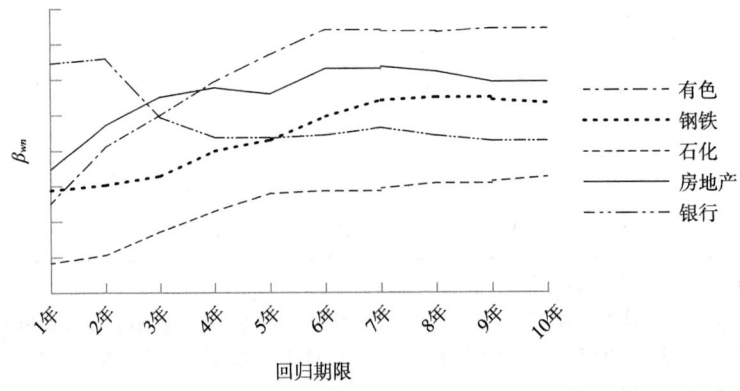

图 6.18　2014 年 12 月 31 日评估基准日历史 β_{wn} 趋势

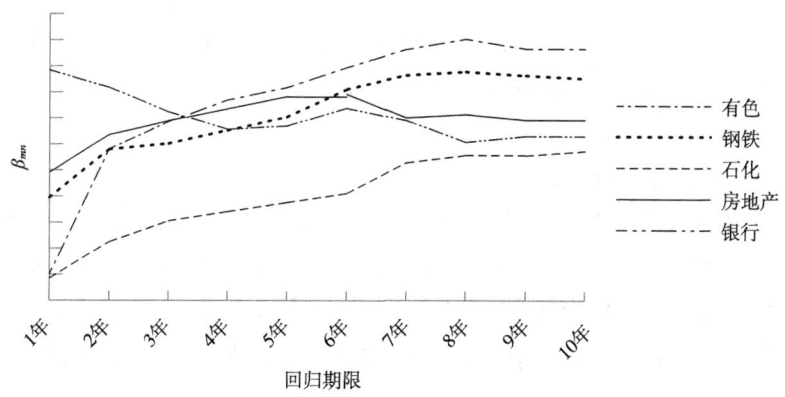

图 6.19　2014 年 12 月 31 日评估基准日历史 β_{mn} 趋势

资料来源：根据相关资料整理。

从表 6.2 至表 6.4、图 6.16 至图 6.19 可以发现：

第一，全部 β_{wn} 和绝大多数 β_{mn} 都通过 1% 的显著性水平检验，1 年期 $\beta_{m石化}$ 和 $\beta_{m有色}$ 分别只通过 5% 和 10% 的显著性水平检验，说明当回归期限较短时，样本行业 Beta 系数的周收益率估计结果较月收益率估计结果具有更好的可靠性；

第二，β_{wn}、β_{mn} 在同一回归期限下的估计结果并不相同，且在数值大小方面未呈现显著规律①，说明样本行业 Beta 系数的周收益率估计结果和月收益率估计结果相对独立；

第三，β_{wn}、β_{mn} 在回归期限为 1~4 年时均表现出较强的波动性，在回归期限为 5 年（含）以上时逐渐趋于稳定，说明样本行业 Beta 系数估计结果在回归期限为 5 年（含）以上时具有更好的稳定性；

第四，β_{wn}、β_{mn} 最小值均小于 1，最大值均大于 1，均值都接近于 1，说明样本行业 Beta 系数估计结果围绕均值 1 波动，并具有收敛趋势；

第五，经计算，β_{wn} 标准差均值、MAD 均值分别为 0.10 和 0.05，β_{mn} 标准差均值、MAD 值均值分别为 0.16 和 0.08，后者数值高于前者，说明样本行业 Beta 系数的周收益率估计结果比月收益率估计结果具有更好的稳

---

① 这一结果与 Estrada（2000）的研究结论不一致。Estrada（2000）提出，Beta 系数估计值随着收益率度量时限的增大而降低，也就是周收益率估计结果会低于月收益率估计结果。

定性；

第六，有色、钢铁、石化三大行业 β_{wn}、β_{mn} 的标准差和 MAD 值均高于房地产业和银行业，说明消费类周期性样本行业的 Beta 系数估计结果比工业类周期性样本行业具有更好的稳定性。

（2）Beta 系数的 Chow 稳定性检验

借助 Eviews8.0 软件，分别对 9 个假定断裂点前后两期的各样本行业 β_{wn}、β_{mn} 观测值进行 Chow 检验，检验得到 F 值结果如表 6.5 所示。继续以 2014 年 12 月 31 日为评估基准日，则 9 个假定断裂点可依次看作是历史回归期限取 1~9 年的时间节点，其后的 β_{wn}、β_{mn} 观测值可分别看作为过去 1~9 年历史 β_{wn}、β_{mn} 观测值。

表 6.5 β_{wn}、β_{mn} 稳定性检验（F 值）

F 值	2005/12/30	2006/12/29	2007/12/28	2008/12/31	2009/12/31	2010/12/31	2011/12/30	2012/12/28	2013/12/27
β_w有色	0.31	0.76	0.05	0.01	1.02	3.58*	5.56*	7.52*	6.29*
β_w钢铁	1.88	2.68	0.14	0.68	2.86	3.34*	5.74*	4.80*	2.76
β_w石化	2.13	1.98	2.26	0.98	0.68	1.95	3.66*	4.83*	2.91
β_w房地产	0.06	1.84	2.49	0.54	0.40	0.24	0.43	0.81	2.05
β_w银行	0.80	1.96	1.32	0.06	0.03	0.36	0.41	3.13*	1.31
β_m有色	0.05	0.07	0.02	0.62	1.32	2.25	2.69	4.60*	6.94*
β_m钢铁	1.70	2.00	1.42	0.40	2.79	3.77*	3.59*	4.37*	4.70*
β_m石化	2.33	1.26	1.57	6.19*	4.48*	4.04*	4.10*	4.84*	4.58*
β_m房地产	0.05	0.16	0.03	1.27	0.46	0.28	0.22	0.03	0.47
β_m银行	0.42	0.59	1.80	1.93	0.16	0.47	0.40	1.57	1.05

资料来源：根据相关资料整理。

注：对 β_{wn}，*表示 F 值大于临界值 3.01，伴随概率小于 5% 的显著性水平；对 β_{mn}，*表示 F 值大于临界值 3.07，伴随概率小于 5% 的显著性水平。

由表 6.5 可见，在 5% 的显著性水平上：

6 周期性公司估值折现率测算模型的理论修正

第一,$\beta_{w房地产}$、$\beta_{m房地产}$、$\beta_{m银行}$在 9 个假定断裂点的 Chow 检验 F 值全部小于临界值,说明房地产业 Beta 系数估计结果和银行业 Beta 系数的月收益率估计结果均具有很好的稳定性;

第二,统计 Chow 检验 F 值大于临界值的假定断裂点个数,$\beta_{w银行}$有 1 个,$\beta_{w石化}$、$\beta_{m有色}$各有 2 个,$\beta_{w钢铁}$有 3 个,$\beta_{w有色}$、$\beta_{m钢铁}$各有 4 个,$\beta_{m石化}$则高达 6 个,说明对于银行业 Beta 系数的周收益率估计结果和其他 4 个行业 Beta 系数估计结果,检验时点设定的不同或者说样本回归期限的选择差异,可能会导致稳定性检验的结论相悖;

第三,β_{wn}、β_{mn}的 Chow 检验结果中,F 值大于临界值的情形分别占 22.22%和 26.67%,前者比例略低于后者,说明样本行业 Beta 系数的周收益率估计结果的稳定性略好于月收益率估计结果;

第四,前 5 个假定断裂点和后 4 个假定断裂点的 Chow 检验结果中,F 值大于临界值的情形分别占 4.44%和 44.44%,前者比例远低于后者,说明历史回归期限为 5 年(含)以上时,样本行业 Beta 系数估计结果的稳定性更好;

第五,消费类周期性样本行业和工业类周期性样本行业的 Chow 检验结果中,F 值大于临界值的情形分别占 2.22%和 46.67%,前者比例远低于后者,说明消费类周期性样本行业 Beta 系数的稳定性好于工业类周期性样本行业。

6.1.2.4 对周期性公司估值结果影响的实证模拟

根据表 6.3 数据和式(6.5),继续以 2014 年 12 月 31 日为评估基准日,假设暂不考虑公司特有风险,分别统计各样本行业系统性风险度量及公司估值最大可能误差的实证模拟结果,其中,在不同回归期限(1~10年)和相同收益率度量时限下的结果如表 6.6 所示,在相同回归期限(5~10 年)[①] 和不同收益率度量时限下的结果如表 6.7 所示。表 6.6、

---

① 鉴于实证分析前两部分均已证明当回归期限为 5 年(含)以上时,样本行业 Beta 系数估计结果具有更好的稳定性,此部分只统计分析各样本行业在 5~10 年回归期限下的同期 $\left|\dfrac{\beta_{mn}-\beta_{wn}}{\beta_{wn}}\right|_{max}$ 和 $\left|\dfrac{\Delta P}{P}\right|_{max}$,以集中考察 Beta 系数相对稳定情况下不同收益率度量时限对系统性风险度量及公司估值结果可能产生的影响。

表 6.7 中的 $\left(\dfrac{\Delta\beta_{wn}}{\beta_{wn}}\right)_{\max}$、$\left(\dfrac{\Delta\beta_{mn}}{\beta_{mn}}\right)_{\max}$、$\left(\dfrac{\beta_{wn}-\beta_{mn}}{\beta_{mn}}\right)_{\max}$、$\left(\dfrac{\Delta P}{P}\right)_{\min}$ 和 $\left(\dfrac{\Delta\beta_{wn}}{\beta_{wn}}\right)_{\min}$、$\left(\dfrac{\Delta\beta_{mn}}{\beta_{mn}}\right)_{\min}$、$\left(\dfrac{\beta_{wn}-\beta_{mn}}{\beta_{mn}}\right)_{\min}$、$\left(\dfrac{\Delta P}{P}\right)_{\max}$ 分别与公司价值被低估和高估时的 $\left|\dfrac{\Delta\beta_{wn}}{\beta_{wn}}\right|_{\max}$、$\left|\dfrac{\Delta\beta_{mn}}{\beta_{mn}}\right|_{\max}$、$\left|\dfrac{\beta_{wn}-\beta_{mn}}{\beta_{mn}}\right|_{\max}$、$\left|\dfrac{\Delta P}{P}\right|_{\max}$ 相对应。

表 6.6 不同回归期限（1~10 年）和相同收益率度量时限下最大可能误差的实证模拟

行业	$\left(\dfrac{\Delta\beta_{wn}}{\beta_{wn}}\right)_{\max}$	$\left(\dfrac{\Delta P}{P}\right)_{\min,1}$	$\left(\dfrac{\Delta\beta_{wn}}{\beta_{wn}}\right)_{\min}$	$\left(\dfrac{\Delta P}{P}\right)_{\max,1}$	$\left(\dfrac{\Delta\beta_{mn}}{\beta_{mn}}\right)_{\max}$	$\left(\dfrac{\Delta P}{P}\right)_{\min,2}$	$\left(\dfrac{\Delta\beta_{mn}}{\beta_{mn}}\right)_{\min}$	$\left(\dfrac{\Delta P}{P}\right)_{\max,2}$
有色	66.09%	-32.33%	-39.79%	47.78%	54.43%	-28.68%	-35.25%	40.22%
钢铁	33.29%	-19.61%	-24.98%	24.39%	227.13%	-56.89%	-69.43%	131.96%
石化	41.34%	-21.69%	-29.25%	27.70%	69.74%	-33.04%	-41.09%	49.33%
房地产	34.00%	-20.25%	-25.37%	25.40%	128.27%	-42.27%	-56.19%	73.23%
银行	25.03%	-16.04%	-20.02%	19.11%	38.28%	-21.91%	-27.68%	28.06%

资料来源：根据相关资料整理。

表 6.7 相同回归期限（5~10 年）和不同收益率度量时限下最大可能误差的实证模拟

行业	$\left(\dfrac{\beta_{wn}-\beta_{mn}}{\beta_{mn}}\right)_{\max}$	$\left(\dfrac{\Delta P}{P}\right)_{\min,3}$	$\left(\dfrac{\beta_{wn}-\beta_{mn}}{\beta_{mn}}\right)_{\min}$	$\left(\dfrac{\Delta P}{P}\right)_{\max,3}$
有色	4.74%	-3.64%	-5.30%	4.54%
钢铁	—	—	-10.95%	9.66%
石化	15.26%	-9.67%	-5.72%	4.48%
房地产	13.39%	-9.42%	-2.13%	1.71%
银行	3.97%	-2.93%	-9.06%	7.64%

资料来源：根据相关资料整理。

注："—"表示公司价值被低估情形不存在，即回归期限为 5~10 年时，钢铁行业 β_{wn} 均小于 β_{mn}。

通过实证模拟可以看出：

一是在不同回归期限（1~10 年）下，样本行业 $\dfrac{\Delta\beta_{wn}}{\beta_{wn}}$、$\left(\dfrac{\Delta P}{P}\right)_{1}$、$\dfrac{\Delta\beta_{mn}}{\beta_{mn}}$、

$\left(\frac{\Delta P}{P}\right)_2$ 的最大可能变化区间都远超误差允许范围，即使是受影响最小的银行业，其四种对应区间也分别达到 -20.02%~25.03%、-16.04%~19.11%、-27.68%~38.28%、-21.91%~28.06%，可见回归期限设定差异对样本行业系统性风险度量及公司估值结果影响显著；

二是除有色行业数值差异度相对较低外，其他样本行业 $\frac{\Delta \beta_{mn}}{\beta_{mn}}$、$\left(\frac{\Delta P}{P}\right)_2$ 的最大可能变化区间均大于 $\frac{\Delta \beta_{wn}}{\beta_{wn}}$、$\left(\frac{\Delta P}{P}\right)_1$，尤其是钢铁行业 $\left(\frac{\Delta \beta_{mn}}{\beta_{mn}}\right)_{max}$、$\left(\frac{\Delta P}{P}\right)_{max,2}$ 甚至分别高达 $\left(\frac{\Delta \beta_{wn}}{\beta_{wn}}\right)_{max}$、$\left(\frac{\Delta P}{P}\right)_{max,1}$ 的 6.82 倍和 5.41 倍，说明收益率度量时限设定差异同样对样本行业系统性风险度量及公司估值结果影响显著，且周收益率估计结果的精确度在多数情况下好于月收益率估计结果；

三是在相同回归期限（5~10年）下，即样本行业 Beta 系数已相对稳定时，$\frac{\beta_{wn}-\beta_{mn}}{\beta_{mn}}$、$\left(\frac{\Delta P}{P}\right)_3$ 的最大可能变化区间最小为有色行业的 -5.30%~4.74% 和 -3.64%~4.54%，最大为石化行业的 -5.72%~15.26%、-9.67%~4.48%，可见，即使都选择了较长且一致的回归期限，由于不同收益率度量时限下样本行业 Beta 系数各自独立，所以也表现出一定的估算精度差异，说明在样本行业 Beta 系数较为稳定且已剔除回归期限差异影响的情况下，收益率度量时限设定差异仍会对系统性风险度量及公司估值结果产生一定影响。

6.1.2.5 实证分析结论及建议

（1）实证分析结论

综合以上各步骤的实证结果及分析，可以得到以下主要结论：一是回归期限和收益率度量时限设定差异会显著影响样本行业 Beta 系数稳定性，验证假说 1。二是回归期限和收益率度量时限设定差异对样本行业系统性风险度量及公司估值结果影响显著，验证假说 2。三是样本行业 Beta 系数估计结果在回归期限为 5 年（含）以上时具有更好的稳定性，Beta 系数的周收益率估计结果和月收益率估计结果相对独立，且前者比后者具有更好的稳定性、可靠性和精确度，这有利于降低系统性风险度量及公司估值误

差,验证假说3。

与部分已有研究结果相比,上述结论既是验证和延伸,又是探索与创新:

其一,不同收益率度量时限下的 Beta 系数估计结果不仅会相对独立,还存在估计效果差异。除了周收益率数据估计效果好于月收益率数据样本外,本部分采用周收益率和月收益率数据的估计效果整体好于已有对照文献的日收益率数据样本。

其二,Beta 系数最佳估计时段的确存在,但有别于已有研究的是,回归期限为 5~10 年时的 Beta 系数估计效果更佳。

其三,Beta 系数跨期时变虽然会导致公司估值困境,但这一难题在较大程度上可以通过时间要素的审慎设定得以解决。因为检验结果表明,即便是周期性行业,只要时间要素设定合理,也可以估算得到具有较好稳定性的 Beta 系数。

其四,实证结果也可以证明,消费类周期性样本行业 Beta 系数的稳定性好于工业类周期性样本行业,样本行业 Beta 系数估计结果围绕均值 1 随机发生,并具有收敛趋势,这些结论与已有文献结论一致。

(2) CAPM 应用及 Beta 系数测算建议

综上所述,Beta 系数跨期时变、时间要素设定差异关系到系统性风险度量及周期性公司估值结果的精确度。在周期性公司估值中,若应用 CAPM 测算折现率,应当审慎设定时间要素,以提高 Beta 系数稳定性,同时降低系统性风险度量及周期性公司估值误差,进而提高 Beta 的解释能力及 CAPM 的有效性。其中,5~10 年是更为可取的 Beta 系数估计时段[①],并应优先选择以周为单位的收益率度量时限,其次是以月为单位。

此外,鉴于 CAPM 建立在严格的假定前提下,学者们也尝试保持其原有的风险-收益对应关系,将该模型的假设放松并进行模型的修正,以求更加适用于资本市场的实际情况。例如,将单因素 CAPM 拓展为 APT 等多因素模型;提出基于消费的 C-CAPM、基于货币的 M-CAPM,将资产回报率与其他经济变量联系起来;将 CAPM 的单投资期假设拓展为多期,如

---

① 实证结果表明,样本行业 Beta 系数估计结果在回归期限为 5 年(含)以上时具有更好的稳定性,但考虑到 Beta 系数跨期时变的内生性、回归样本数据规模无限扩大的操作意义,以及关于 Beta 系数最佳估计时段的现有结论等因素,Beta 系数回归期限不宜过长,以 5~10 年更为可取。

I-CAPM。因此，对于周期性公司估值中的折现率测算难题，从多种 CAPM 拓展模型的优先选择与可行性分析入手进行探讨，也不失为一种可以尝试的化解路径。

6.2 周期性公司估值、折现率测算与套利定价模型

根据 6.1 节的研究结论，对于周期性公司估值的折现率测算，除了适当应用具有较大影响的 CAPM 以外，实际上还会涉及多种资产定价模型的优先选择与可行性分析问题。在周期性公司估值中，为了合理考虑宏观经济因素的定量影响，寻找更好的定价模型便成为一种趋势，建立多因素定价模型就是重要方向之一。对此，APT 认为股票价格受到多种宏观经济因素的影响，其期望风险回报取决于它对各个因素的敏感程度（Cox & Ross, 1976），这使 APT 在理论上更具优越性。只是实务中影响因素的选择和确定，以及在不同市场中的适用性等问题，导致 APT 的应用难度与争议依然存在。鉴于此，本节在梳理现有 APT 应用研究的基础上，实证检验 APT 应用于周期性公司折现率测算的适用性，并归纳提出具体的应用建议，希冀为周期性公司估值的折现率测算提供理论依据和实务借鉴。

6.2.1 套利定价模型的影响因素与适用性研究

国内外学术界有关 APT 的应用研究主要分为两类，即 APT 的影响因素和 APT 的适用性。

6.2.1.1 套利定价模型的影响因素

对于 APT 的影响因素，国内外学者针对影响因素的选择与确定等进行了较多实证研究。Roll & Ross（1986）发现，证券期望收益率主要受商业周期、利率期限结构、违约风险、短期通胀率和通胀预期等 5 个宏观经济因素的影响。Brown（1989）认为，长短期利率差异、预期和非预期通货膨胀率、工业生产指数、优等债券和劣等债券之间的差异等变量对证券收益率影响较为显著。Fama & French（1992）提出，上市公司的市值、账面市值比、市盈率可以解释不同股票的回报率差异，这里产生的超额收益可视为对 CAPM 中 Beta 系数未能反映的风险因素的补偿，此即 Fama-French 三因子模型；随后，Fama & French（2015）进一步展开研究，提出了资产定价的五因子模型，强调市场收益率、规模、盈利能力、价值和投资等 5

个因子能够解释股票平均收益。张宗新（2005）发现，市场规模、行业差异性、政策、机构投资者规模和经济景气程度是系统性风险的主要影响因子。刘文秀（2006）指出，证券期望收益率主要受商业周期、利率期限结构、违约风险、短期通货膨胀率和通货膨胀预期等5个宏观经济变量的影响。田大伟（2006）证明，短期利率、通胀、商业周期和经济增长等4个因素对股票超额预期收益的解释力良好。孙君敏、王颖（2007）确定，能分别反映国家总体经济水平、通货膨胀率、全社会固定资产投资增长速度和利率期限结构等4个有明确经济意义的公共因子对证券收益率有显著影响。

6.2.1.2 套利定价模型的适用性

在 APT 的适用性问题上，国内外学者围绕美国、中国等不同证券市场开展了较广泛的探索，且结论不一。其中，立足于中国证券市场，部分研究肯定了 APT 的适用性，认为中国证券市场满足或接受 APT；部分研究则证明，APT 在中国证券市场无效或受到限制。例如，张妍（2000）运用 APT 对中国上海证券市场进行检验，结果表明三因子 APT 在中国基本适用；尹康（2008）对上证 B 股的资本资产定价是否符合 APT 进行实证检验，发现9个因子方差累计贡献率达到 85.71%，说明上证 B 股证券收益接受 APT；李福贵（2010）通过实证研究上海股票市场上 APT 中风险因子的问题，发现少量的风险因子可以解释股市变动的大部分原因；王荣娟（2010）还针对4个行业股票收益率数据进行实证分析，证明 APT 适用于上海股票市场的钢铁、汽车、医药以及重工业等行业。另一方面，刘霖、秦宛顺（2004）以 1997—2003 年沪深股市 6 年的股票价格为依据，认为 APT 不适用于中国股市；张关心、阳玉香（2004），曹红英、阳玉香（2005）分别以上海股票市场 486 家和深圳股票市场 431 家 A 股上市公司数据为样本，对 APT 在中国市场的有效性进行检验，均验证 APT 在中国股票市场上不适用；汪珍、李敏（2012）在深圳股市中随机选择 50 家上市公司样本数据，认为股票价格变动随机且不可预测，故 APT 在深圳股市无效。

综上所述，可见国内外学术界集中于 APT 的影响因素与适用性等方面进行了较深入、全面的探讨，为后续研究积累了宝贵素材。但部分实证研究的观点和结论存在分歧，这可能是因研究对象、研究样本、研究周期等的差异所致。例如，研究对象涉及美国、中国等不同证券市场股票，研究样本包括证券市场全部个股、随机选取的部分个股等，研究周期亦是长短皆有、回归期限不同、收益率度量时限不一。对此，本章在对我国沪深A股市场中周期性行业进行实证分析时，将聚焦于不同样本行业、不同回归期限、不同收益率度量时限，分别对APT进行模拟应用并做比较分析，以进一步检验APT的适用性。

6.2.2 套利定价模型应用于周期性公司估值的实证分析

参考已有研究，为合理考量宏观经济因素对周期性公司估值折现率的影响，本部分以2006—2015年为样本周期，以我国沪深A股市场中典型周期性行业为研究对象，检验在不同回归期限和收益率度量时限下APT应用于周期性公司折现率测算的适用性，在此基础上，进一步归纳提出APT在周期性公司折现率测算中的应用建议。

6.2.2.1 理论分析与研究设计

（1）模型构建

APT通过创建多样化的因素组合，利用因素模型来描述资产价格的决定因素和均衡价格的形成机理。这里采用常见的考虑经济增长、通货膨胀和短期利率的三因素APT[①]构建多元线性回归模型，并分别采用国内生产总值变化率、消费者价格指数变化率和一年期银行利率衡量这三种宏观经济因素。该模型可表示为：

$$R_i = \alpha + \beta_{GDP}\Delta GDP + \beta_{CPI}\Delta CPI + \beta_I I + \varepsilon \qquad (6.11)$$

式中，R_i代表行业期望收益率；ΔGDP、ΔCPI和I分别表示国内生产总值变化率、消费者价格指数变化率和一年期银行利率；β_{GDP}、β_{CPI}、β_I分别代表各因素对行业期望收益率的影响程度；α为常数项；ε为零均值的随机误差项。

（2）样本选择

这里具体选择钢铁、有色、煤炭、石化、房地产和银行等6个典型的周期性行业作为样本。周期性行业一般按收入增速形成"衰退—谷底—扩张—顶峰"的周期性特征，约10年经历一个周期，参照6.1节中相关研究，选取5年和10年长度测算区间作为样本回归期限；同时，考虑到

---

① 罗斯，威斯特菲尔德，杰富. 公司理财[M]. 吴世农，沈艺峰，王志强，等译. 9版. 北京：机械工业出版社，2012：247.

式(6.4)中的自变量统计特征,选用"月"、"季"和"年"为单位作为回归样本的收益率度量时限。样本数据时间跨度从2006年1月1日到2015年12月31日,共计1080个月度样本、360个季度样本和90个年度样本。

(3)研究方法

借鉴并区别于已有研究,通过构建多元线性回归模型,分别考察不同回归期限(5年、10年)和收益率度量时限(月、季和年)下APT应用于周期性公司折现率测算的适用性,比较异同和优劣。其中,分别以2015年12月31日为评估基准日,具体选择2011—2015年的60组月度数据,以及2006—2015年的120组月度数据、40组季度数据和10组年度数据,依次测算不同回归期限和收益率度量时限变化过程中样本行业APT各Beta系数β_{GDP}、β_{CPI}、β_I的可观测值,并结合显著性水平检验,分析不同回归期限和收益率度量时限下APT的应用效果。

(4)变量构建与数据来源

①行业收益率

这里选择6个样本行业板块股价指数衡量行业收益率,实证数据包括2006年1月1日—2015年12月31日板块的月收盘指数、季收盘指数和年收盘指数,数据来自Wind数据库。

根据行业板块月收盘指数、季收盘指数和年收盘指数,可以计算得到各行业板块的月收益率$R_{i,mn}$,季收益率$R_{i,qn}$和年收益率$R_{i,yn}$的时间序列数据。其中,n代表钢铁、有色、煤炭、石化、房地产和银行等不同样本行业;$R_{i,mn}$在5年回归期限(即60个月)和10年回归期限(即120个月)下分别表示为$R_{i,m1n}$和$R_{i,m2n}$。

②国内生产总值变化率

国内生产总值的季度变化率ΔGDP_q和年度变化率ΔGDP_y可直接通过国家统计局发布的国内生产总值季度数据和年度数据得到。由于国家统计局不直接发布国内生产总值月度数据,这里利用Eviews8.0软件的频率转换功能,先将国家统计局发布的国内生产总值季度数据转换为月度数据,再据此进一步计算国内生产总值月度变化率,即ΔGDP_m。ΔGDP_m在5年回归期限下和10年回归期限下分别表示为ΔGDP_{m1}和ΔGDP_{m2}。鉴于同比数据较环比数据更能反映出宏观指标的增长变化,ΔGDP均采用同比增长率。

③消费者价格指数变化率

消费者价格指数数据来自国家统计局,据此计算消费者价格指数的月

度变化率 ΔCPI_m、季度变化率 ΔCPI_q 和年度变化率 ΔCPI_y。ΔCPI_m 在 5 年回归期限下和 10 年回归期限下分别表示为 ΔCPI_{m1} 和 ΔCPI_{m2}。ΔCPI 同样采用同比增长率。

④一年期银行利率

一年期银行利率数据来自中国人民银行，具体取一年期贷款基准利率，其在四种回归期限和收益率度量时限组合下分别表示为 I_{m1}、I_{m2}、I_q、I_y。

6.2.2.2 套利定价模型应用效果的实证检验

（1）描述性统计分析

利用 SPSS 23.0 软件，对 6 个样本行业收益率和宏观经济因素的时间序列数据进行描述性统计分析，分析结果详见表 6.8。

表 6.8 变量描述性统计

变量	观测数	最小值（%）	最大值（%）	均值（%）	标准差（%）	偏度	峰度
$R_{i,m1}$钢铁	60	-50.20	108.68	2.25	37.41	1.283	1.247
$R_{i,m1}$有色	60	-53.80	89.78	-0.14	33.44	0.701	-0.082
$R_{i,m1}$煤炭	60	-68.65	76.55	-7.31	34.68	0.587	-0.041
$R_{i,m1}$石化	60	-27.31	64.54	4.17	20.42	1.064	1.851
$R_{i,m1}$房地产	60	-23.43	104.62	14.61	32.86	1.168	0.654
$R_{i,m1}$银行	60	-23.78	66.94	10.31	23.63	0.823	-0.212
ΔGDP_{m1}	60	-21.09	39.63	11.54	8.10	-0.855	6.291
ΔCPI_{m1}	60	0.80	6.50	2.83	1.50	1.106	0.161
I_{m1}	60	4.35	6.56	5.89	0.59	-1.299	1.287
$R_{i,m2}$钢铁	120	-129.69	160.21	8.85	56.35	0.435	0.408
$R_{i,m2}$有色	120	-184.44	175.76	17.75	65.13	-0.195	0.672
$R_{i,m2}$煤炭	120	-126.82	175.65	8.83	57.14	0.532	0.505
$R_{i,m2}$石化	120	-128.61	121.93	11.41	42.40	-0.187	1.133
$R_{i,m2}$房地产	120	-136.38	156.23	21.03	56.60	0.053	0.392

续表

变量	观测数	最小值（%）	最大值（%）	均值（%）	标准差（%）	偏度	峰度
$R_{i,m2\text{银行}}$	120	-124.33	141.76	16.97	47.69	0.027	0.880
ΔGDP_{m2}	120	-21.09	39.63	14.09	7.84	0.600	4.001
ΔCPI_{m2}	120	-1.80	8.70	2.89	2.24	0.429	0.162
I_{m2}	120	4.35	7.47	6.02	0.70	0.227	0.318
$R_{i,q\text{钢铁}}$	40	-121.67	160.21	8.97	56.63	0.471	0.707
$R_{i,q\text{有色}}$	40	-145.66	175.76	17.64	65.53	-0.153	0.889
$R_{i,q\text{煤炭}}$	40	-111.15	175.65	9.02	57.82	0.652	1.019
$R_{i,q\text{石化}}$	40	-104.26	106.46	11.27	41.73	-0.160	1.098
$R_{i,q\text{房地产}}$	40	-109.61	144.77	21.45	55.85	-0.073	0.236
$R_{i,q\text{银行}}$	40	-106.03	124.32	17.17	47.47	0.000	0.666
ΔGDP_q	40	5.95	24.02	13.96	5.75	0.159	-1.421
ΔCPI_q	40	-1.53	18.50	4.27	4.88	2.035	3.670
I_q	40	4.35	7.47	5.97	0.75	0.270	0.067
$R_{i,y\text{钢铁}}$	10	-121.67	105.84	8.18	66.44	-0.423	0.258
$R_{i,y\text{有色}}$	10	-145.66	136.22	17.75	82.75	-0.541	0.432
$R_{i,y\text{煤炭}}$	10	-111.15	136.65	9.10	71.39	0.316	0.362
$R_{i,y\text{石化}}$	10	-104.26	81.09	9.91	53.21	-0.822	1.469
$R_{i,y\text{房地产}}$	10	-104.78	97.19	22.55	63.31	-0.787	0.157
$R_{i,y\text{银行}}$	10	-106.03	99.30	16.64	60.06	-0.683	0.657
ΔGDP_y	10	6.90	14.20	9.54	2.40	0.926	0.086
ΔCPI_y	10	-0.70	5.90	2.88	2.03	-0.029	-0.368
I_y	10	4.35	7.47	5.85	0.83	0.215	1.456

资料来源：根据相关资料整理。

6 周期性公司估值折现率测算模型的理论修正

由表6.8可知：

第一，在样本周期内，每个月度变量分别获得60和120个观测值，每个季度变量各获得40个观测值，每个年度变量各获得10个观测值。

第二，各类收益率变量的观测值均有正有负，标准差远大于均值，说明数据离散程度很高，样本行业收益波动较为剧烈，市场较不稳定。而对于同为月度变量的 $R_{i,m1n}$ 和 $R_{i,m2n}$，前者数据的离散程度低于后者，说明2006—2015年的样本行业月收益率数据较之2011—2015年的波动更加剧烈。

第三，各类宏观经济因素的观测值均为正，标准差基本小于均值，说明数据离散程度较低，波动较为稳定。

（2）多元线性回归分析

根据前文模型构建的理论分析，为进一步研究分析各样本行业收益率在不同回归期限下的时间序列数据与上述3个宏观经济因素间的线性关系，这里借助SPSS 23.0软件，针对6个样本行业，分别对各解释变量和被解释变量的60组月度数据、120组月度数据、40组季度数据和10组年度数据进行多元线性回归分析，最终得到APT各Beta系数 β_{GDP}、β_{CPI}、β_I 的可观测值及其显著性水平检验结果。其中，以具有代表性的房地产业60组月度数据的回归结果为例，构建多元回归模型如下：

$$R_{i,m1房地产} = 2.553 + 1.656\Delta GDP - 4.279\Delta CPI - 42.037I \quad (6.12)$$

$$Sig = (0.000) \quad (0.000) \quad (0.044) \quad (0.000)$$

$$T = (9.174) \quad (5.154) \quad (-2.065) \quad (-7.958)$$

$$R^2 = 0.695 \quad \bar{R}^2 = 0.679 \quad F = 42.601$$

由以上所列模型回归结果可见，回归方程式（6.12）整体效果较好。在1%的显著性水平上，β_{GDP} 和 β_I 均通过检验，在5%的显著性水平上，β_{CPI} 也通过检验。

其他样本行业回归分析结果按不同回归期限和不同样本行业汇总如表6.9所示。

表6.9 多元线性回归分析结果

被解释变量	$\bar{R}^2$	β_{GDP}	Sig_{GDP}	β_{CPI}	Sig_{CPI}	β_I	Sig_I	常数
$R_{i,m1钢铁}$	0.598	2.704	0.000***	-1.152	0.664	-46.068	0.000***	2.457

续表

被解释变量	$\bar{R}^2$	β_{GDP}	Sig_{GDP}	β_{CPI}	Sig_{CPI}	β_I	Sig_I	常数
$R_{i,m1}$有色	0.435	1.943	0.000 ***	4.085	0.150	-41.673	0.000 ***	2.114
$R_{i,m1}$煤炭	0.479	2.269	0.000 ***	7.871	0.007 ***	-43.514	0.000 ***	2.006
$R_{i,m1}$石化	0.434	1.123	0.000 ***	-0.479	0.78	-22.914	0.000 ***	1.276
$R_{i,m1}$房地产	0.679	1.656	0.000 ***	-4.279	0.044 **	-42.037	0.000 ***	2.553
$R_{i,m1}$银行	0.615	1.362	0.000 ***	-4.971	0.004 ***	-24.340	0.000 ***	1.520
$R_{i,m2}$钢铁	0.198	3.499	0.000 ***	4.699	0.171	-23.200	0.037 **	0.857
$R_{i,m2}$有色	0.141	3.717	0.000 ***	2.492	0.543	-22.765	0.086 *	0.953
$R_{i,m2}$煤炭	0.238	3.235	0.000 ***	7.611	0.026 **	-18.957	0.083 *	0.554
$R_{i,m2}$石化	0.128	2.331	0.000 ***	1.207	0.653	-12.550	0.148	0.507
$R_{i,m2}$房地产	0.090	2.777	0.000 ***	-0.336	0.927	-18.998	0.108	0.953
$R_{i,m2}$银行	0.126	2.691	0.000 ***	-0.488	0.872	-10.555	0.279	0.440
$R_{i,q}$钢铁	0.109	1.196	0.589	6.851	0.042 **	-32.002	0.110	1.542
$R_{i,q}$有色	0.131	4.176	0.104	5.491	0.148	-43.788	0.058 *	1.974
$R_{i,q}$煤炭	0.306	2.607	0.195	8.636	0.006 ***	-39.601	0.031 **	1.723
$R_{i,q}$石化	0.057	2.25	0.184	2.565	0.305	-19.863	0.189	0.876
$R_{i,q}$房地产	0.019	0.414	0.856	5.609	0.104	-32.090	0.122	1.834
$R_{i,q}$银行	-0.013	1.26	0.524	2.834	0.336	-17.183	0.332	0.901
$R_{i,y}$钢铁	0.706	6.108	0.417	-29.289	0.005 ***	52.479	0.054 *	-2.729
$R_{i,y}$有色	0.751	14.177	0.128	-36.653	0.003 ***	45.410	0.122	-2.777
$R_{i,y}$煤炭	0.577	11.179	0.262	-27.321	0.020 **	43.792	0.174	-2.752
$R_{i,y}$石化	0.830	6.165	0.199	-24.743	0.001 ***	40.391	0.024 **	-2.140
$R_{i,y}$房地产	0.604	5.332	0.517	-28.720	0.008 ***	38.974	0.161	-1.737
$R_{i,y}$银行	0.747	3.637	0.559	-28.568	0.002 ***	47.561	0.042 **	-2.142

资料来源：根据相关资料整理。

注：*** 代表 β 系数通过1%的显著性水平检验，** 代表 β 系数通过5%的显著性水平检验，* 代表 β 系数通过10%的显著性水平检验。

由表 6.9 可见:

第一，总体来看，煤炭、房地产、银行等三个样本行业 $R_{i,m1n}$ 的回归分析结果较好，β_{GDP}、β_{CPI}、β_I 的估计结果全部通过 5% 的显著性水平检验，说明此时 APT 的应用效果较之其他样本行业或选样标准更好;

第二，不同回归期限和相同收益率度量时限下，如前所述，$R_{i,m1n}$ 的回归分析结果好于 $R_{i,m2n}$，说明 5 年回归期限下的样本行业 APT 应用效果好于 10 年回归期限，可能是 $R_{i,m2n}$ 的数据离散程度普遍高于 $R_{i,m1n}$ 所致;

第三，相同回归年限和不同收益率度量时限下，$R_{i,m2n}$、$R_{i,qn}$、$R_{i,yn}$ 的 β_{GDP}、β_{CPI}、β_I 估计结果均相互独立，其通过显著性水平检验的总体比例依次为 55.56%、22.22% 和 50.00%，说明月收益率度量时限下的样本行业 APT 应用效果最好，年收益率度量时限次之，季收益率度量时限的适用度最低;

第四，对于 ΔGDP、ΔCPI、I 等解释变量，β_{GDP}、β_{CPI}、β_I 的估计结果分别通过显著性水平检验的占比依次为 50.00%、50.00%、58.33%，说明 I 作为解释变量对样本行业折现率的影响最为显著，ΔGDP 和 ΔCPI 的影响其次且程度相当。

6.2.2.3 实证分析结论及建议

(1) 实证分析结论

为将宏观经济因素这一重要变量纳入周期性公司收益途径估值框架，合理考虑其定量影响，本部分以 2006—2015 年为样本周期，以我国沪深 A 股市场中钢铁、有色、煤炭、石化、房地产和银行等 6 个典型的周期性行业为研究对象，选择经济增长、通货膨胀和短期利率作为 APT 的影响因素，检验在不同回归期限和收益率度量时限下 APT 应用于周期性公司折现率测算的适用性。结果表明，APT 对我国沪深 A 股市场中周期性行业的应用效果，因不同样本行业而异，因样本的不同回归期限和收益率度量时限而异；在具体样本选取方面，煤炭、房地产、银行等 3 个样本行业的 APT 应用效果好于钢铁、有色、石化等 3 个样本行业，5 年回归期限下的 APT 应用效果好于 10 年回归期限，月收益率度量时限下的 APT 应用效果好于年收益率和季收益率度量时限；在宏观经济因素对周期性公司折现率的影响方面，短期利率影响最为显著，其次是经济增长和通货膨胀，经济增长的影响程度与通货膨胀相当。

(2) APT 应用建议

综上所述，"APT 对我国沪深 A 股市场中周期性行业是否有效" 不可

一概而论,其适用性很大程度上受到具体行业及回归样本的时间要素设定标准的影响。在具体估值实践中,评估人员可以尝试多种周期性行业或公司样本选择、宏观经济因素选择、多元回归模型构建的方式,力求构建适用性最佳的 APT 折现率测算模型,以合理考量宏观经济因素对周期性公司估值折现率的影响。

6.3 周期性公司估值、折现率测算与 CAPM 拓展模型

如前所述,由于资本市场的发展以及投资者对市场预期发生转变,CAPM 日渐受到质疑。于是,CAPM 的模型拓展研究成为重要方向之一。对此,国内外学者尝试在原有"风险-收益"对应关系的基础上,通过放松模型假设对其进行修正,将传统 CAPM 扩展至 I-CAPM、C-CAPM、M-CAPM 等。本节对不同 CAPM 拓展模型进行比较分析,以期为周期性公司估值中折现率的合理测算提供多样化的选择路径。

6.3.1 CAPM 及其拓展模型相关文献简要回顾

6.3.1.1 CAPM 相关文献简要回顾

20 世纪 70 年代以来,西方学者的大量实证研究表明,CAPM 在西方发达的股票市场适用程度较高。但 20 世纪 80 年代以后,更多的实证研究开始对 CAPM 的有效性提出质疑。Reinganum(1981)、Lakonishok 和 Shapiro(1986)发现,70 年代以后,风险与平均股票收益的正相关关系消失,其他多种因素对股票收益具有显著解释能力。Fama 和 French(1992)的有效性检验认为,CAPM 无法解释股票市场近 50 年平均股票收益。Hwang 等(2010)发现,在使用传统资本资产定价模型时,由于该模型未将股票的期权类收益考虑在内,导致出现不适用的状况。Breeden(1979)在连续时间分析框架下,探讨具有随机消费和投资机会的跨期资本资产定价模型。Hansen 和 Singleton(1982)利用美国 1959 年 2 月—1978 年 12 月的月度数据,对离散非线性 C-CAPM 运用广义矩法(GMM),证实了在通常显著性水平下,统计上可拒绝多个资产收益率,却无法拒绝单个资产收益率的这一结论。Banz(1981)将公司规模这一影响因素加入 CAPM 中对其检验发现,在适当调整股票风险后,市值较小的公司股票平均收益率比市值较大的公司股票平均收益率高,这一现象被称为公司股本规模效应。

6 周期性公司估值折现率测算模型的理论修正

随着我国经济开放程度的逐渐加深,资产定价与公司估值理论及方法论被学者们引入,并结合我国实际进行深入研究。施东辉(1996)首次运用CAPM对中国的资本市场进行实证检验,得出了与CAPM解释相反的结论,表明除了系统性风险外,股票定价行为中的非系统性风险的影响亦不容忽视。陈浪南、屈文洲(2000)在利用1994年1月4日—1998年12月31日沪市股票数据对CAPM进行实证检验时发现,多数时间中Beta值对市场风险的影响较为显著,但与收益率的相关性并不稳定,因此,较之传统的CAPM,零Beta值的资本资产定价模型具有更强的解释力。李治国、唐国兴(2001)利用1994—2001年股市的季度数据和消费数据,将C-CAPM运用在我国股票市场,研究结果表明,我国市场远不能反映中国整体资产的有效组合。刘霖、靳云汇(2001)对截至1996年12月的496家上市公司股票的研究发现,股票收益率不仅与Beta外的因子有关,而且同Beta也并非呈线性关系,这一结论间接否定了CAPM的有效性。张妍(2000)在套利定价模型的实证检验中发现,市场投资组合的日超额收益率与0之间,企业的规模大小与超额收益率之间均无显著区别,因此推断套利定价模型适用于我国市场。陈蕾、马轶芳(2017)利用套利定价模型对周期性行业的折现率进行测算时提出,套利定价模型在周期性行业中会因不同样本行业而表现出不同程度的适用性,同时样本不同的回归期限和收益率度量时限也会影响模型的适用性。

6.3.1.2 CAPM拓展模型相关文献简要回顾

在利用CAPM对折现率进行测算方面,市场经济的不断发展变化使得影响折现率的因素愈加多样,故除了系统性风险和非系统性风险外,通货膨胀等宏观因素对折现率的影响亦不容忽视。有学者指出,由于投资具有连续性,单一时期测算的折现率在实际应用中缺乏精准性。于是,有学者对静态CAPM扩展到动态一般均衡展开研究。其中,一种思路是基于放宽CAPM严苛的假设条件,如Ross(1976)在弱假设条件下推导出一般的资本市场定价(APT)模型(本章6.2节对此已予以详细介绍);另一种研究思路是基于Beta系数的不同宏观影响因素,对CAPM进行拓展,这也是本节将着重探讨的内容。

Merton(1971,1973)创立的I-CAPM(intertemporal capital asset pricing model),对CAPM中的单一投资期假设做出改变,提出动态环境中的跨期CAPM,该假设的改进使I-CAPM与企业的持续经营假设相符合;

他还指出，任何资产的预期超额收益都可由"多 Beta"的 CAPM 计算得到。但由于 Merton 推导出的 Beta 系数具有多重性，因此其较难应用于实证。在此基础上，Breeden（1979）把多重 Beta 转化为单一 Beta，通过消费来衡量资产收益率，将 I-CAPM 进一步扩展为 C-CAPM（consumption capital asset pricing model）模型。C-CAPM 是 Lucas 和 Breeden 推导出的以消费为基础的资本资产定价模型，可视为将消费因子引入 I-CAPM 后的一种特殊形式，因而是对 I-CAPM 的延伸。C-CAPM 将企业所持资金按用途分为消费和储蓄投资两类，而企业对用于消费和投资两类资金进行配置的最终目的是达到效用最大化。随后，Chan 等（1996）将通货膨胀对 Beta 的影响考虑在内，提出 M-CAPM（money capital asset pricing model）。作为较为重要的宏观经济变量之一，货币量对消费者的消费以及企业的投资都有较为重要的影响。此后，Balvers & Huang（2009）结合随机贴现因子理论，提出 M-CAPM 用以考察货币在资本资产定价中的作用，并通过美国股市数据的实证检验发现，该模型的实证表现优于 CAPM、I-CAPM 和 C-CAPM。

6.3.2 I-CAPM 在周期性公司折现率测算中的应用分析

I-CAPM 是在 CAPM 的基础上进行修正，将单期投资延伸为跨期投资，同时将模型由单因子模型拓展为多因子模型，除无风险收益率以及市场风险收益率外，还把其他可能影响企业价值的因素纳入模型公式，使得 I-CAPM 的适用范围更广。

6.3.2.1 I-CAPM 理论分析

（1）假设前提

I-CAPM 在 CAPM 的基础上，放松其对单一投资期的假设，并认为利率并非为某一固定值，而是会随时间发生改变。

企业利用股票市场进行融资的行为并不是某一时段的特殊行为，其股价也并非一成不变。无论企业在某一时点的经营状况如何，投资者总会根据其对该企业财务状况的分析结果和未来预期，做出买卖公司股票的决策，以对其资产进行合理配置，进而使投资者的投资决策影响公司价值。因此，公司的股权价值折现率难以测度的原因之一是投资者的投资决策难以预测。例如，即使处于同一期限，所有投资者均可以相同利率进行无限制借贷，但 Merton 认为，利率可随时间发生改变，因此当模型假设推广至非单一期限后，投资者可能会根据不同时期利率的变化而改变其投资决策。若投资者认为该企业所处行业为朝阳产业，即使企业目前经营状况和财务状况并不乐观，投资者仍会做出买入股票的决定，等待股价上涨；同时，所处朝阳行业的企业亦会因投资者的乐观预期而融得更多资金，从而提高生产经营，提升企业价值。

因为企业必须满足可持续经营的前提，所以企业在规划生产经营活动时不但要关注短期现金流，而且会不断地融资和调整企业资本结构，以实现持久而稳定的现金流。因此 I-CAPM 将投资期延伸为多期，既与企业可持续经营假设保持一致，也有利于更科学地测算股权资本成本。相反，在 CAPM 单一投资期的假设下，必须将企业生产经营活动限定在一定时期内，同时又必须满足可持续经营的假设，这两种假设之间的冲突也是造成用 CAPM 测算的折现率不准确的原因之一。

(2) 模型公式

以前人研究为基础，Merton 的推导公式需探讨的主要问题是：如何确定合理的状态变量，以及如何构建与这些状态变量高度相关的资产组合，以满足在连续时间下投资者的收益需求。对此，他利用均衡状态下总需求等于所有资产总价值这一基本原理，将所有投资者的需求方程加总，最终推导出跨期资本资产定价模型如下：

$$K_i - R_F = \beta_i^m (R_m - R_F) + \sum_{j=1}^{m} \beta_i^j (R_j - R_F) \tag{6.13}$$

式中，K_i 为资产 i 的收益率；R_F 为无风险收益率；R_m 为市场期望收益率；R_j 为 j 个市场以外的因素的期望收益率；β_i^j 为资产组合 i 对 j 个因子的敏感度；β_i^m 为资产组合 i 对 m 个因子的敏感度。

在模型公式涉及的参数中，R_F 通常有两种确认方式，一是使用长期国债收益率，二是使用定期储蓄利率。由于各国资本市场发展程度不一，因此在不同资本市场背景下进行实证检验时，通常会根据测度的不同时间界限或不同数据指标，在其基础上稍做调整。R_m 一般以股票指数等指标作为其确定的基准。但同确定 R_F 一样，投资者处于不同资本市场，在实际应用过程中对具体指标的选取也有所不同。例如，在中国市场一般使用沪深 300、上证指数等作为确定 R_m 的指标，而在美国市场则大多使用标普 500 指数确定 R_m 的指标。

模型中最关键的参数是 j 个影响资产收益率的状态变量的选取。刘澄、高鑫、刘祥东等（2016）认为，由于工业是我国经济发展的主要动力，房地产经济也是经济发展的重要组成部分，因此选取工业增加值的增长速率和房地产开发综合指数作为经济变量。王燕鸣、王宜峰（2012）为了能够较全面地分析状态变量对 I-CAPM 的影响，选择包含广义货币供应增长率、固定资产投资同比增长率、金融机构存贷款差额同比增长率以及上海银行间同业拆借利率等指标作为可能影响投资者决策的宏观经济指标，以此反映经济的总体状况。国外大多学者将 Fama-French 三因子公式作为检验 I-CAPM 有效性的公式，并在实证研究中加以运用，具体可表示为：

$$E(R_p) - R_f = \beta[E(R_m) - R_f] + sE(SMB) + hE(HML) \qquad (6.14)$$

I-CAPM 中的状态变量确定为 SMB 和 HML 两个指标，其中 SMB 是指小盘股和大盘股之间的收益差额，HML 是指高账面市值比与低账面市值比股票收益之间的差额。在具体运用过程中，使用的是不同投资组合下 SMB 和 HML 的期望。

作为 I-CAPM 的具体应用模型之一，Fama-French 三因子模型表明在影响企业价值的因素中，除市场风险、非系统性风险以外，规模因素、市账比等指标也可能导致更大的风险敞口，产生风险溢价，进而对企业价值也存在一定影响。

6.3.2.2　I-CAPM 应用于折现率测算的实证分析

（1）样本选取

以 2000 年 1 月—2005 年 12 月沪深市场 300 只股票的月度收盘数据作为样本，并将这 300 只股票分为 6 个组合。首先，将市值分为高低两组；然后，将账面市值比分为高、中、低三组；最后，以"高市值低市账比"（A）、"高市值中市账比"（B）、"高市值高市账比"（C）、"低市值低市账比"（E）、"低市值中市账比"（F）、"低市值高市账比"（G）的形式分为 6 组，形式如图 6.20 所示。

随后将这 300 只股票重新分为 25 组。首先，分别根据市值和市账比将 300 只股票五等分，再两两组合，最终将 300 只股票分为 25 组，并计算各组合收益率。分类形式具体如图 6-21 所示，其中，E51 表示高市值低市账比的组合，E55 表示高市值高市账比的组合，E11 为低市值低市账比的组合，E15 表示低市值高市账比的组合。

6 周期性公司估值折现率测算模型的理论修正

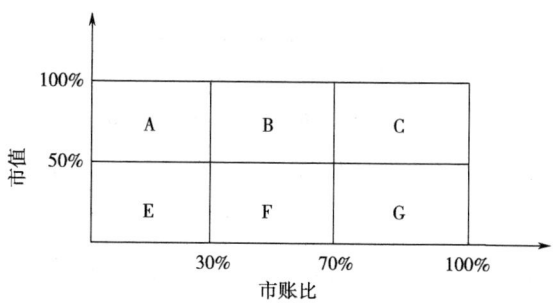

图 6.20 投资组合分类

资料来源：根据相关资料整理。

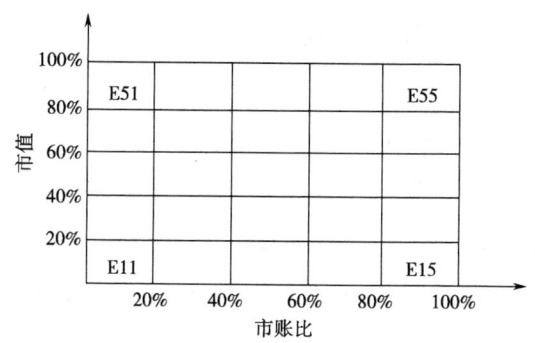

图 6.21 五等分投资组合

资料来源：根据相关资料整理。

（2）折现率测算

李罗（2011）对中国股票市场进行实证研究发现，中国股票市场基本符合 Fama-French 的三因子模型，因此，本案例将其作为折现率的测算公式。

首先，将发行的 10 年期国债平均收益率作为无风险收益率；其次，利用上证综指和深证成指取对数后计算出来的收益率平均数作为市场利率，并将 Wind 数据库中提取的样本数据进行拟合，得到参数值，如表 6.10 所示。

表 6.10 300 只股票样本数据拟合结果

组合	c	$c(t)$	b	$b(t)$	s	$s(t)$	h	$h(t)$	AR^2
E11	−0.005 1	−0.569 2	1.022 2	8.735 0	0.129 3	0.729 8	0.044 5	0.236 4	0.567 1

续表

组合	c	$c(t)$	b	$b(t)$	s	$s(t)$	h	$h(t)$	AR^2
E12	-0.012 7	-1.362 6	1.097 6	9.235 9	0.205 4	1.140 6	-0.002 2	-0.011 7	0.591 4
E13	-0.015 3	-1.116 7	1.065 6	6.126 8	0.092 0	0.346 0	0.281 3	1.005 7	0.396 7
E14	-0.011 1	-0.983 4	1.032 0	7.272 1	-0.269 9	-1.254 9	0.438 4	1.920 5	0.528 2
E15	-0.008 8	-0.776 1	0.763 4	5.285 9	-0.041 0	-0.187 4	0.651 4	2.803 0	0.394 3
E21	-0.003 1	-0.358 5	1.127 5	10.198 4	0.071 9	0.429 3	-0.211 2	-1.187 3	0.643 2
E22	-0.007 8	-0.952 9	1.086 0	10.383 1	-0.154 3	-0.973 3	0.130 5	0.775 5	0.672 1
E23	-0.017 7	-1.532 7	1.220 3	8.322 5	-0.148 3	-0.667 5	0.321 7	1.363 8	0.571 3
E24	-0.012 3	-1.169 4	1.110 4	8.324 1	0.051 0	0.251 7	0.325 8	1.518 3	0.561 5
E25	-0.007 7	-0.860 0	1.097 4	9.624 3	-0.062 5	-0.361 5	0.273 1	1.488 7	0.636 9
E31	0.002 9	0.522 2	1.211 31	6.892 4	0.061 4	0.565 5	-0.099 4	-0.861 5	0.834 9
E32	-0.008 4	-0.728 3	1.078 3	7.395 0	0.129 5	0.586 0	0.091 9	0.391 7	0.482 4
E33	-0.011 1	-0.858 8	1.092 6	6.676 4	-0.248 7	-1.002 9	0.128 9	0.489 6	0.458 6
E34	-0.004 1	-0.545 5	1.114 8	11.737 6	-0.186 0	-1.292 4	0.205 9	1.347 9	0.729 3
E35	-0.011 5	-1.436 9	1.155 2	11.399 9	-0.068 0	-0.442 7	0.461 7	2.832 0	0.722 8
E41	0.004 0	0.494 5	1.167 5	11.445 9	-0.134 8	-0.871 4	-0.029 1	-0.177 1	0.708 3
E42	-0.002 6	-0.433 4	1.145 2	14.818 1	-0.171 9	-1.467 6	-0.111 7	-0.898 4	0.805 7
E43	-0.006 0	-0.837 1	1.102 4	12.080 2	-0.163 9	-1.185 9	0.171 9	1.170 7	0.738 1
E44	-0.005 8	-0.538 2	1.163 8	8.512 7	-0.786 5	-3.796 5	0.493 1	2.242 0	0.657 7
E45	-0.010 1	-1.456 2	1.182 0	13.364 4	-0.215 2	-1.605 5	0.151 1	1.062 0	0.777 2
E51	0.011 5	1.663 1	1.015 2	11.529 1	-0.012 7	-0.095 1	-0.247 5	-1.747 2	0.703 6
E52	-0.008 1	-0.697 7	0.889 0	6.040 0	-1.164 1	-5.219 6	-0.756 0	-3.192 8	0.600 1
E53	-0.016 7	-1.561 2	0.974 4	7.151 0	-0.817 0	-3.956 7	0.192 6	0.878 6	0.586 1
E54	-0.013 9	-1.367 3	1.096 4	8.472 1	-0.980 5	-5.000 0	0.606 5	2.913 3	0.692 2
E55	-0.013 4	-1.136 8	0.984 4	6.572 8	-0.977 4	-4.306 7	1.066 1	4.424 8	0.629 5

资料来源：Wind 数据库。

6 周期性公司估值折现率测算模型的理论修正

由此得到 s 为 -0.23，h 为 0.18，将其代入式（6.14）后得到式（6.15）：

$$E(R_p) - R_f = \beta[E(R_m) - R_f] - 0.23E(SMB) + 0.18E(HML) \quad (6.15)$$

其中，无风险收益率选取中国工商银行已经发行的 10 年期国债平均收益率为 3.51%，市场利率选提取自 Wind 数据库中 2000 年至 2005 年的上证综指和深证成指，对两个指数进行对数计算并取平均值，确定市场利率为 7.82%。将样本期间 300 只股票中的小公司与大公司的平均收益之差 -0.0004（SMB）、高市账比公司与低市账比公司的平均收益之差 -0.0024（HML）、假设被评估周期性公司（以下简称"A 公司"）的 β 值 1.35 代入式（6.15），经测算得到 $E(R_p)$ 为 9.29%，即 A 公司的折现率为 9.29%。

需要说明的是，该案例分析直接选取 Fama-French 三因素模型，没有讨论 I-CAPM 在具体运用时的参数确定问题，但除市场因素以外，其他影响因素需评估专业人员对特定国家、特定市场或者特定公司进行分析后再做决定。同时，由于影响因素众多，在对潜在影响因素做相关性分析时涉及的工作量较大，且不同分析人员的分析侧重点不同，这使得最终模型公式结果出现差异，这些不确定性都是导致最终估值结果不同的原因。故在分析同一行业或同一类型的企业价值时，模型公式的参数确定应尽可能保持一致，这不仅可以降低周期性公司估值时结果的不确定性，也可以在一定程度上提高对企业和行业进行后续研究时的可比性。

6.3.3 C-CAPM 在周期性公司折现率测算中的应用分析

C-CAPM 与 I-CAPM 的不同之处在于，C-CAPM 是消费理论与资产定价理论相结合的产物。该模型从理性消费者角度出发，以其投资意愿及风险承受能力为研究对象，对企业价值进行评估。

6.3.3.1 C-CAPM 理论分析

（1）假设前提

首先，标准的 C-CAPM 基于 I-CAPM 假设前提，再假定所有企业都被当作一个个体，并且该个体是所有消费者的一个典型代表，即该模型默认所有企业均同质。需要指出的是，此假定并未提高 I-CAPM 适用性，反而因新加入的消费因子，忽略了企业之间主营业务、业务收入水平以及收入稳定性的差异，而这些恰好是影响企业的风险厌恶程度和资产配置偏好的主要因素。

其次，假定企业的最终目的是追求其在整个生命周期的效用最大化。C-CAPM 用消费数量来定义效用函数，认为消费量决定理性消费者的效用大小，故此时消费量被看作企业为经营活动所产生的必要花费。企业会根据自身收入和风险偏好程度对资金进行配置，使得效用最大化。按消费时间不同，分为当期消费和未来消费，而未来消费可被看作当期投资。同时，由于当期消费金额可在当期确定，因此 C-CAPM 讨论的问题主要集中在如何给未来消费定价，即如何确定资产收益率。

（2）模型公式

C-CAPM 的公式可表示为：

$$E[M_{t+1}R_{i,t+1} - 1|I_t] = 0 \quad i = 1, \cdots, N \quad (6.16)$$

式中，M_{t+1} 为随机贴现因子；$R_{i,t+1}$ 为从 t 期到 $t+1$ 期的标的资产总收益率；I_t 为该企业在 t 时刻所获得的信息集。

由于标准的 C-CAPM 是利用效用函数反推企业价值测算过程中所需的折现率，因此其公式参数与 CAPM、I-CAPM 等存在较大区别。其中，与跨期资产配置有关的参数主要是随机贴现因子，即：

$$M_{t+1} = \beta(C_{t+1}/C_t)^{-\alpha} \quad (6.17)$$

式中，β 为主观贴现因子，即企业愿意给予未来消费效用的权重，$0 < \beta < 1$，β 值越大表明企业愿意给予未来消费效用的权重越大，反之则越小；C_{t+1} 和 C_t 表示企业在 $t+1$ 和 t 时刻的花销；α 为常数相对风险规避系数，$0 \leq \alpha \leq \infty$，$\alpha$ 值越大，表明企业厌恶风险的程度越深，从而愿意对未来消费效用给予的权重越小。

6.3.3.2 C-CAPM 应用于折现率测算的实证分析

（1）样本选取

我国股市形成初期，规模尚小且投资者大多以投机为主。本案例将样本期间范围确定为 1996 年 1 月—2008 年 12 月，样本为随机抽选的沪市 300 只股票，在股市小范围波动时期的基础上将样本期间延长至 2008 年金融危机爆发，以观测股市大幅波动下的模型解释力度。数据分析选取消费增长率、消费品零售额和人口等各指标月度数据，在此基础上确定其他参数和调整因子。

具体选取方法为：从数据中提取的原始数据均为名义收益率，不能直接应用于模型，因此需要调整因子，将其调整为实际收益率，调整因子为

CPI 环比数据。

第一步，确定消费价格环比指数。获取样本期间各月度消费价格同比数据，根据最新一年消费价格的每月环比数据，计算得到样本期的消费价格环比指数，并利用 CPI 环比数据作为各变量的通货膨胀调整因子对其进行调整。

第二步，确定真实的消费品零售额。已有实证研究发现，使用非耐用消费品和服务消费数据的实证结果与使用包含耐用消费品支出的数据实证结果无显著区别。在此利用社会消费品零售总额作为总消费数据，但直接从 Wind 数据库中获得的社会消费品零售总额为名义量，仍需利用通货膨胀调整因子对其进行调整以得到实际消费品零售总额。

第三步，确定人口数据。我国年度总人口数据和人口自然增长率摘自国家统计局，再推算样本期间的月度总人口数。

第四步，通过样本期间实际社会消费品零售总额与月度总人口相比得到实际月度消费额，进而获得真实消费增长率。

第五步，确定无风险收益率。由于资产收益率使用的是真实收益率，因此 10 年期国债平均收益率也需要通过 CPI 环比数据进行调整，得到真实的无风险收益率。

（2）折现率测算

为更好地表现股市变动情况，整个样本期间划分为持续上涨、持续走跌、急速上涨和急速走跌四个子样本，样本期间的上证综指走势如图 6.22 所示。其中，1996 年 2 月—2001 年 6 月为持续上涨阶段，2001 年 7 月—2005 年 7 月为持续下降阶段，2005 年 8 月—2007 年 10 月为急速上涨阶段，而 2007 年 11 月—2008 年 12 月为急速下降阶段。

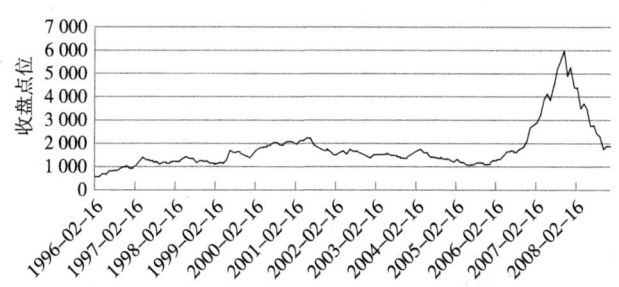

图 6.22　1996—2008 年上证综指走势

资料来源：根据相关资料整理。

将四个子样本期间和整个样本期间的变量数据进行相关性分析,具体如表6.11所示。

表6.11 市场总收益、无风险总收益与消费增长的相关性描述

变量	1996/02—2001/06	2001/07—2005/07	2005/08—2007/10	2007/11—2008/12	1996/02—2008/12
市场总收益与消费增长	0.081	0.221	-0.097	-0.027	0.020
无风险总收益与消费增长	0.077	-0.014	-0.152	0.006	-0.051

资料来源:根据相关资料整理。

通过相关性分析发现,市场总收益与消费增长、无风险总收益与消费增长两组变量之间的相关性均不显著,相关程度较低。在上证综指持续下降阶段,市场总收益与消费增长之间的相关性增大,表明消费与市场收益之间相较于无风险总收益与市场收益之间具有更强的相关性。

利用广义矩估计对C-CAPM中各变量参数进行估计时,由于韩玮哲(2014)利用C-CAPM对我国股票市场进行实证分析发现,利用变量滞后一期的数值对变量参数进行估计时得到的结果更加显著,故此处选择滞后一期的数据对参数进行估计,估计量如表6.12所示。

表6.12 C-CAPM广义矩估计结果

变量	1996/02—2001/06	2001/07—2005/07	2005/08—2007/10	2007/11—2008/12	1996/02—2008/12
$\hat{\beta}$	0.969 3	1.019 5	0.929 6	0.998 4	0.969 1
	(235.7)	(372.4)	(278.1)	(218.7)	(243.1)
	[0.000]	[0.000]	[0.000]	[0.000]	[0.000]
$\hat{\alpha}$	0.699 7	1.053 7	-0.539 2	-0.130 9	-0.078 8
	(3.36)	(7.1)	(-1.23)	(-0.58)	(-1.18)
	[0.001]	[0.000]	[0.216]	[0.563]	[0.248]
J-统计量	1.696	2.124	1.510	1.529	1.666
	[0.889 2]	[0.832 0]	[0.912 0]	[0.909 5]	[0.892 2]

资料来源:根据相关资料整理。

根据广义矩估计结果可看出,主观贴现因子的估计值显著性均偏高,

该因子反映企业作为投资者对时间的偏好。从估计结果来看,企业对未来投资的偏好较小,更愿意进行当期消费。而从 2005 年 8 月到 2008 年 12 月,风险厌恶系数呈现出负数的异常状态,表明在股票市场异常波动情况下,企业为追求更大利益进行高风险投资,由于这两阶段的置信水平均超过 20%,说明该估计值的可信度不高。

假设对于被评估周期性公司(以下简称"B 公司"),经计算得到风险厌恶系数 α 为 0.876 7,根据企业愿意给予未来消费效用的权重与风险厌恶系数互为倒数这一假设,可知 β 值为 1.140 6,再将经数据处理后的消费增长率 0.85%(C_{t+1}/C_t)代入式(6.16),即可得到 B 公司折现率 $R_{i,t+1}$ 为 17.32%。

C-CAPM 在具体运用时的主要难点在于,如果被评估企业处于股市波动较大的时期,那么通过 GMM 对参数系数进行估计时极易出现异常值,即投资者从风险厌恶型变为风险偏好型。正如本案例所选取的样本期间,在次贷危机爆发前后股市波动较为剧烈,且投资者呈现出风险追逐的异常状态,因此通过模型检验分析得到的企业价值评估折现率相比一般时期会高很多。此外,在模型参数计算时,模型给予的风险厌恶系数与跨期替代弹性之间互为倒数的假设过于牵强,与实证检验得到的数据结果存在一定程度偏差。在这种情况下,公司估值特别是周期性公司估值的结果可靠程度偏低,其有效性也有待商榷。

6.3.4　M-CAPM 在周期性公司折现率测算中的应用分析

M-CAPM 将货币因子引入模型之中,使 M-CAPM 对经济危机后企业股票价格波动的解释力高于其他模型。

6.3.4.1　M-CAPM 理论分析

(1)假设前提

国外学者研究发现,较低的利率会增加企业和投资者对现金的持有量,当有流动性较强、风险较小的资产可供企业投资时,企业会相应减少货币持有量,转而投资该种资产。由此可见,在实际金融市场中,货币往往被当作可投资资产的替代品。同时,股票市场作为货币政策传导渠道中较为重要的环节,货币供给的扰动会影响股票市场稳定性,使企业调整所持资产配置组合,进而影响企业价值。

M-CAPM 假设持有货币可以降低购置资产的交易成本,由此增加企业

的效用,故将货币这一宏观因素引入随机贴现因子。因此,企业对持有资产的配置,在消费和投资的基础上,增加持有货币这一配置方式。该假设从企业等投资者角度出发,资产定价更接近真实值,也使得模型更符合金融市场的实际情形。

(2) 模型公式

M-CAPM 的公式可表示为:

$$E(K_i) = R_F + \beta_{im}[E(R_m) - R_F] + \gamma_i[E(g_m) - \alpha_m] \tag{6.18}$$

式中,$E(K_i)$ 为资产 i 的期望收益率;R_F 为无风险收益率;$E(R_m)$ 为市场期望收益率;β_{im} 为资产 i 的系统性风险因子系数;γ_i 为资产 i 的实际货币风险因子系数;$E(g_m) - \alpha_m$ 为实际货币风险溢价。

其中,实际货币增长率 $E(g_m)$ 一般是用名义货币增长率经过 CPI 环比数据调整后得到。由于 α_m 无法直接测算,故 $E(g_m) - \alpha_m$ 无法直接获取。货币增长因子一般用来表示交易成本发生变化的可能性,而交易成本既有替代效应也有收入效应,当替代效应超过收入效应时,实际货币风险溢价为正,反之则为负。因此,实际货币风险溢价这一因子既无法直接观测,也无法事先确定正负。γ_i 是通过市场超额收益、资产收益率以及实际货币增长率进行多元回归得到。R_F 和 $E(R_m)$ 的选取和计算与 I-CAPM 中的分析相一致,在此不再赘述。

6.3.4.2 M-CAPM 应用于折现率测算的实证分析

(1) 样本选取

M-CAPM 的测算过程仍需通过 CPI 环比指数对货币因子进行调整,得到真实货币增长率。由于 2008 年次贷危机爆发,政府的货币政策和财政政策均发生变化,因此选取样本期间为 2003 年 1 月—2013 年 12 月,从 Wind 数据库中随机选取沪市 300 只股票的月度收盘数据作为样本数据。根据 Balvers & Huang(2009)对 M-CAPM 的实证研究,采用 Fama-MacBeth 两阶段回归来确定模型系数,该回归方法需对样本数据进行分组。其分组方法同 Fama-French 三因素模型,在此不再赘述。

不管 M2 如何变化,沪深指数都会与之呈现出正向或反向关系,故此处名义货币增长率由 M2 的月末余额计算得到,再根据与 C-CAPM 中确定人均消费增长率相同的方式,推算人口数,并对名义货币增长率进行调整,最终得到实际货币持有增长率。货币风险溢价部分通过对 25 个 Fama-French 股票组合横截面回归得到名义量,再经 CPI 环比指数调整得到实际值。

（2）折现率测算

从 Wind 数据库中提取上证综指 2003 年 1 月—2013 年 12 月的变化趋势，如图 6.23 所示，次贷危机爆发前后的两年，股市波动较为剧烈，即使恢复平稳后，上证综指较次贷危机爆发之前也有所升高。

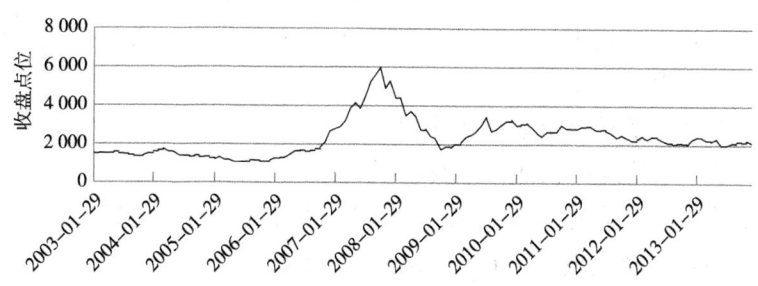

图 6.23　2003—2013 年上证综合指数走势

资料来源：根据相关资料整理。

对样本数据采用 Fama-MacBeth 两阶段回归，确定市场收益率和实际货币增长率的系数，回归结果见表 6.13。

表 6.13　Fama-MacBeth 两阶段回归结果

回归结果	Const.	$E(R_m)-R_F$	$E(g_m)$	Adjusted R^2
Coeff.	-0.043	0.052	0.006	60.12%
t-value	-5.960	7.430	2.420	
FM-t	-2.100	2.270	1.220	
GMM-t	-1.785	1.872	0.935	

资料来源：根据相关资料整理。

由表 6.13 可得，调整 R^2 为 60.12%，说明 M-CAPM 的回归方程有较好的拟合度。同时，市场收益率和实际货币增长均呈现正风险溢价，货币风险溢价系数为 0.006。假设被评估周期性公司（以下简称"C 公司"）的 β 值为 1.35，则 C 公司折现率经计算取值为 9.40%。

以单边 5% 的 t 值作为临界值观察检验结果，从回归结果来看，货币风险溢价因子的状态不显著。同时，由于 α_m 无法进行测量，实证过程中以实际货币增长率代替,所以回归系数存在一定误差,直接导致企业价值评估折现率结果不够可靠。探究以何种经济指标表示 α_m,是 M-CAPM 目前遇到的最大问题。

6.3.5 不同 CAPM 拓展模型应用于折现率测算的比较研究

以下通过对 I-CAPM、C-CAPM、M-CAPM 在理论和应用两个方面的综合分析,进一步对 CAPM 三个拓展模型的前提假设、模型公式、优劣势和适用性等展开比较研究。

6.3.5.1 基于理论分析的比较

(1) 不同拓展模型的假设前提比较分析

按照模型发展顺序(从 CAPM 到 M-CAPM),假设对模型约束力越来越弱,而与现实状况的关联性越来越强(见表 6.14)。

表 6.14 I-CAPM、C-CAPM、M-CAPM 假设前提比较

模型	CAPM	I-CAPM	C-CAPM	M-CAPM
假设	单期投资	跨期投资		
	企业不具备操纵市场的能力			
	只能买卖市场公开交易的金融产品		可持有部分货币不做交易用	
	证券市场无交易成本		有交易成本	
	投资者同质			

资料来源:根据相关资料整理。

经比较,CAPM 的假设条件最为严苛,对投资期、投资者类型和投资者预期等方面均做出规定,难以符合资本市场投资实际情况;I-CAPM 实现了将投资从单期发展至跨期的研究突破,为之后模型发展奠定基础;C-CAPM 是在 I-CAPM 的基础上发展而来的,虽然模型最终仍使用典型消费者来代替所有消费者,但区别于前者的是,该模型首先对投资者的同质性提出了质疑;M-CAPM 在模型研究的过程中认为,货币的持有与可投资资产之间的关系是相互替代的,所以对市场上不存在交易成本这一假设提出了不同意见,认为企业之所以持有货币,是为了减少交易成本,从而达到效用最大化。

(2) 不同拓展模型的公式参数比较分析

三种拓展模型均为多因子模型,都是在 CAPM 的基础上加入更多的解

6 周期性公司估值折现率测算模型的理论修正

释因子以贴合实际情况,其公式参数之间的比较结果如表 6.15 所示。

表 6.15 I-CAPM、C-CAPM、M-CAPM 公式参数比较

模型	I-CAPM	C-CAPM	M-CAPM
对风险的诠释	均衡状态时,企业除承担市场风险外,还要承担投资机会集受到意外冲击的风险	总消费增长率与资产收益率的协方差	除市场风险外企业面临的风险还有货币风险
公式	$K_i - R_F = \beta_i^m (R_m - R_F) + \sum_{j=1}^{m} \beta_i^j (R_j - R_F)$	$E[M_{t+1}(1+R_{i,t+1}) - 1 \mid I_t] = 0, i = 1, \cdots, N$	$E(K_i) = R_F + \beta_{im}[E(R_m) - R_F] + \gamma_i [E(g_m) - \alpha_m]$
对收益率的解释	收益率不仅包括市场证券组合回报率,还包括补偿状态变量不利变动风险的收益率	资产"期望收益-风险比"是资本市场上所有投资者的相对风险规避系数的加权平均	除对系统性风险和非系统性风险的补偿之外,还有对企业可能遭受的货币风险的补偿
模型类型	多因子模型		

资料来源:根据相关资料整理。

首先,I-CAPM 将 CAPM 的单因子公式拓展为多因子公式,可根据不同的研究内容调整公式中的影响因素指标。比较著名的 Fama-French 三因子模型是将公司规模和市账比两个相关因子纳入公式所得。

其次,C-CAPM 与其他模型在公式上较为不同,该模型利用消费变量来解释资产收益变化,在研究资产与消费边际效用的协方差方面具有深刻的理论意义。C-CAPM 将效用函数引入模型,认为当期消费与未来消费之间为替代关系,企业可通过选择一定量的消费和对资产的持有,实现预期贴现效用最大化,也可在边际效用下驱动资产价格变化,从而影响资本市场价格。同时,该模型将包含主观贴现因子的随机贴现因子引入,用以测定企业对当前与未来消费的配置,从而对企业投资者的异质性进行针对性研究。

最后,M-CAPM 将货币这一宏观因素引入模型中,把投资者所持有的资产分为持有的货币及可投资的资产两部分,因此在风险度量方面也分为系统性风险、非系统性风险以及货币风险三种。M-CAPM 在参数的 GMM

估计方面比 C-CAPM 更加明显地表现出真实货币余额在典型经济人效用函数中的作用，并且在研究货币因素如何影响资产价格时，相对于 C-CAPM 也呈现出更高精准度。此外，无论在原始时间序列中，还是在季节性调整时间序列中，M-CAPM 都可发挥货币余额在资产定价模型中的重要作用。

综上所述，I-CAPM 是将 CAPM 从单因子模型拓展为多因子模型；C-CAPM 转换角度，从效用函数出发，以消费者效用最大化为目标，对资产进行定价；M-CAPM 则是将两者结合，将货币作为投资集可能受到的不利风险因素纳入模型研究范围内，同时运用效用函数思想和模型验证的方法，将效用函数 Beta 化，在形态上与 I-CAPM 保持一致。

(3) 不同拓展模型的优劣势比较分析

三种拓展模型在其适用范围内对市场的检验精准度不断提高，模型引入收益率产生不同影响因子之后得到的拓展模型越来越贴近真实市场状况。对 CAPM 拓展模型的优势、劣势分别归纳如表 6.16 所示。

表 6.16　I-CAPM、C-CAPM、M-CAPM 优劣势比较

模型	优　势	劣　势
I-CAPM	1. 将状态变量随机波动引起投资机会集时变带来的风险因素纳入考虑范围，为研究宏观经济变量对资产价格的影响奠定基础； 2. 涵盖概率与最优思想	1. 无法解释其他影响股票价格行为的因素不被考虑在模型之中的原因； 2. 模型的合理性受到广泛质疑； 3. 未阐明具体影响投资可行集的经济状态变量以及寻找与状态变量完全相关的资产（组合）的具体途径； 4. 内部结构不清晰，对实际缺乏指导性
C-CAPM	1. 将资产的系统风险与经济状态相联系，将资产收益率与消费相联系； 2. 将消费选择理论引入不确定性领域； 3. 精准表述典型经济人跨期最优选择问题的一阶条件，并对 CAPM 存在的问题做出解释； 4. 不依赖均值-方差效率和市场组合，CAPM 的市场组合在实证检验中的可观测问题得到解决； 5. 将多 Beta 的 I-CAPM 转化为单 Beta 模型	1. 消费和选择资产组合的问题具有随机性与时期性，对该模型很难进行验证； 2. 消费数据具有很大的间断性； 3. 公布的总消费数据往往是通过抽样调查取得的，存在一定的抽样误差，同时投资者也较难获得准确、及时的消费增长率； 4. 跨期替代弹性与相对风险规避系数之间在现实状况下并非倒数关系

续表

模型	优 势	劣 势
M-CAPM	1. 假设企业投资者在整个生命周期内都追求货币效用最大化来研究货币消费与资产的配置问题,并认为持有货币可以减少交易成本的产生; 2. M-CAPM 可以在一定程度上为政策指导者提供决策依据; 3. M-CAPM 为投资组合的选择、风险管理等提供出新的风险视角	1. 有关货币和资产组合的选择是个随机动态的跨时际问题,难以对该模型进行验证; 2. 货币因素的溢价参数难以测算; 3. 不同国家的货币结构不同,因此对货币增长率的定义也有区别

资料来源:根据相关资料整理。

其一,I-CAPM 将更多状态变量引入模型,为投资者研究不同变量对收益率的影响、解决规模溢价等问题提供了新的研究方向。

其二,C-CAPM 首次将消费与资产定价结合,合理解释典型消费者如何跨期配置所持有的资产。企业作为消费者之一,该模型也为它们合理配置资产,以及如何通过跨期资产配置提高企业价值给出衡量办法。同时,C-CAPM 还将 I-CAPM 中的诸多不确定的状态变量转化为单 Beta 模型,影响因素无法尽全的问题得以解决。此外,该模型利用消费增长率衡量风险资产市场组合收益率,为企业的人力资本等非交易资产的测量提供了新的解决思路。

其三,M-CAPM 认为投资市场的交易存在交易成本,若企业投资者持有一定量的货币,可减少交易成本支出。对于货币政策是否应该将资产价格纳入政策目标问题,M-CAPM 可以在一定程度上为政策指导者提供决策依据。同时,该模型丰富了国内关于宏观经济风险因子是否被定价的相关研究,为中国股票市场提供了新选择,为企业价值评估带来了新角度,并为投资组合的选择、风险管理等问题找到了新视角。

但由于以上拓展模型都是在 CAPM 部分假设放松的基础上推导得来,因此都存在与 CAPM 共同的局限性。例如,在模型应用方面,CAPM 和其拓展模型均使用历史 Beta 值计算,但在现实生活中各种资产的 Beta 值会随经济发展变化而发生相应改变,因此评估结果会存在计算误差。再如,CAPM 这种单指数模型仅将市场风险考虑在内,忽视了非市场风险,从而可能低估企业所持投资组合总风险和可分散风险。此外,这些拓展模型未

被广泛运用的原因还在于部分模型参数无法直接观测，或度量难度较大。

6.3.5.2 基于样本行业折现率测算的适用性比较

I-CAPM、C-CAPM、M-CAPM三种模型均适用于跨期投资，但由于在模型修正过程中对参数不断进行调整，因此在具体应用方面也有所偏重。

第一，I-CAPM适用范围较广，除市场风险因子以外，评估人员可根据具体情况对其他因子进行选择调整，以达到最符合评估标的公司特点的状态，使折现率的测量更为合理，因此，在对具体企业和行业进行评估时，I-CAPM的适用性最佳。此外，该模型不仅考虑当期可购买资产，还将当前可投资资产纳入对冲资产范围中，符合企业的永续经营假设，所以在确定周期性公司折现率时采用I-CAPM更为科学。

第二，C-CAPM适用于识别廉价股票和昂贵股票。该模型将消费与投资相结合，通过分析典型消费者当期或未来的消费行为，间接地确定企业价值层次，识别企业股票是否为廉价股票。在应用方面，学者将该模型更多地运用于检验某市场是否存在"股票溢价之谜"等实证难题，因此该模型的使用率较高。但是，C-CAPM的应用难点在于，如果被评估公司处于股市波动较大的时期，那么通过GMM对参数系数进行估计时极易出现异常值，因此对于宏观经济剧烈波动情形下的周期性公司估值，其用于测算折现率的可靠性可能会受到较大影响。

第三，M-CAPM更适用于政府干预较大的交易市场中的公司估值。M-CAPM明确了货币可作为资产的替代品被持有，为解决货币供给量对股市的影响提供了新视角。当股票价格波动较大时，政府为稳定金融市场发展，采取货币政策进行干预，货币政策的"告示作用"可能会改变投资者决策。因此，该模型主要是从货币政策的传导过程对股市的影响、投资者持有货币能够降低交易成本两个方面，对资产定价进行讨论，这对企业价值的异常波动有较强解释力。周期性公司大都涉及国有资产，在交易时易受政府关注，该模型能为政府政策目标的确定以及投资者的风险管理提供参考。

综上所述，可见在具体应用过程中，三种拓展模型都需要确定无风险利率和市场利率。I-CAPM和M-CAPM是将无风险利率和市场利率直接带入公式，而C-CAPM则是间接利用这两个参数，通过分析无风险利率和市场利率与消费因子之间的相关性，确定该市场是否适用该公式，并最终通过 GMM 估计出公式的系数。在对周期性公司折现率进行测算的具体运用方面，预计三种拓展模型中 I-CAPM 的实用性最强，其次是 C-CAPM，目前较难被用来进行实证检验的模型是 M-CAPM。

6.3.6 研究结论与启示

本节从理论分析和案例应用角度，对三种 CAPM 拓展模型进行比较研究，以期为周期性公司估值中折现率的合理测算提供多样化的选择路径。研究发现：

第一，尽管各种拓展模型都存在一定的局限性，但由于这些模型是建立在 CAPM 基础之上，因而具有特定的先天优势，能够为周期性公司折现率的测算提供新的路径。

第二，在内涵方面，I-CAPM 和 C-CAPM 侧重从企业自身出发，分析企业自身的状态或投资决策的状况；M-CAPM 则侧重从外部因素出发，探讨货币因素对包括政府决策及持有企业股票的投资者在内的整个投资市场的影响。

第三，在适用性方面，I-CAPM 应用于周期性公司估值的普适性最高，C-CAPM 和 M-CAPM 虽然具有较高的理论性，但实证参数的测量难度较大，导致其适用性水平受到影响。对于周期性公司估值中的折现率测算难题，建议尝试从多种 CAPM 扩展模型的可行性分析和合理选择入手，进行具体探讨和适当选用。

第三篇　混合所有制改革中周期性公司估值体系的实践调整

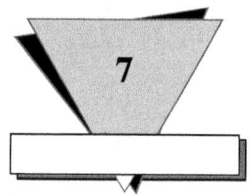

7

混合所有制改革中周期性公司估值的服务路径及其成效评价

7 混合所有制改革中周期性公司估值的服务路径及其成效评价

伴随着混合所有制改革的深入推进,股权多元化所涉及的企业经济行为不断增多,实践中的敏感问题、复杂问题和疑难问题也层出不穷。企业价值评估作为提供市场价值尺度的重要专业手段,其对规范交易秩序、优化资源配置、维护公共利益的作用愈发关键。尽管评估学界和业界目前关于混合所有制改革及其中企业价值评估作用的相关研究非常丰富,但多以必要性分析为主,鲜见深入、系统的统计分析和实证分析。鉴于此,本章首先梳理我国混合所有制改革的实施现状和股权转让、增资扩股、员工持股、改制上市、融资渠道创新、PPP 项目等六种常见的实现路径;然后,重点针对股权转让、增资扩股、员工持股等三种典型路径,从理论上归纳以周期性公司估值为主体的企业价值评估在不同路径下的评估特征和应用要求;最后通过数据统计和实证分析,从参与性和专业性两个层面剖析以周期性公司估值为主体的企业价值评估服务于混合所有制改革的成效与贡献,并在此基础上进一步提出周期性公司估值服务于混合所有制改革的实践建议。

7.1 混合所有制改革的实施现状和实现路径

本节在梳理我国混合所有制改革进程及实施现状的基础上,分析混合所有制改革的不同实现路径,阐述周期性公司估值在不同混合所有制改革实现路径下的重要作用。

7.1.1 混合所有制改革进程回顾及实施现状

7.1.1.1 国企改革与混合所有制改革进程回顾

国企改革作为国有资本保值增值、提高国有经济竞争力、放大国有资本功能的重大战略举措,一直备受社会各界广泛关注。纵观国企改革的演进历程,可以简要梳理如下:1984 年,十二届三中全会首次提出"增强大中型国营企业活力"的口号;1987 年,十三大提出"分离经营权和所有权,盘活全民所有制企业";1992 年,十四大提出"转换大中型国有企业的经营机制,利用市场,增强企业活力,提高企业素质";1993 年十四届三中全会提出"建立现代企业制度";1999 年十五届四中全会提出调整国有经济布局,以股份制改造为主的改制成为国企改革的主题;2002 年十六大提出"改革国有资产管理体制";2007 年十七大提出"依托现代产权理

论,推动混合所有制经济";2013年十八届三中全会更是明确要求"将资本管理作为国有资产监管的重点","大力推动国有、集体、非公有三大资本的交叉持股,促进混合所有制经济的发展";2017年十九大再次强调发展混合所有制经济等深化国企改革举措,为新时代国有企业改革指明了方向、提供了根本遵循。国企改革已成为整个经济体制改革的中心环节,对于社会主义市场经济体制的建立和完善具有重大意义。多年来,国企改制已取得很大进展,国企数量持续下降,而资产收益不断增加,资产结构日益改善。

毋庸置疑,混合所有制改革是当前国企改革的重要突破口。其一方面有利于优化国有经济布局,实现社会资源的优化配置,另一方面有利于优化国有企业股权结构,提高国有企业发展的质量与效益,改善国有企业的公司治理。放眼2013年11月以来新一轮的混合所有制改革,党的十八届三中全会首先审议通过了《关于全面深化改革若干重大问题的决定》,提出积极发展混合所有制经济,允许混合所有制经济实行企业员工持股,推动国有企业完善现代企业制度,指明了新一轮深化国有企业混合所有制改革的方向,正式拉开了新一轮国企深化改革的帷幕。随后,中共中央、国务院及各部委从各方面制定更为具体的政策指引,先后发布《关于深化国有企业改革的指导意见》(中发〔2015〕22号)、《关于国有企业发展混合所有制经济的意见》(国发〔2015〕54号)、《关于深化混合所有制改革试点若干政策的意见》(发改经体〔2017〕2057号)、《关于印发〈国企改革"双百行动"工作方案〉的通知》(国资发研究〔2018〕70号)等多个政策文件,为全国各地推进国有企业混改工作构建了基础性的政策框架。例如,2015年9月,国务院提出分类、分层推进国企混改,鼓励国有资本多种方式入股非国有企业;2017年10月,党的十九大报告指出要促进国有资产保值增值,推动国有资本做强做优做大,有效防止国有资产流失;2018年3月,国务院决定在2018—2020年实施"国企改革双百行动",不断推进国有企业混合所有制改革的进程;2019年4月,国家发改委推出第四批160家国有企业混改试点,混合所有制改革进一步放开范围、放大层次、放活机制。2019年10月31日,国务院国资委进一步印发《中央企业混合所有制改革操作指引》(国资产权〔2019〕653号),明确中央企业实施混合所有制改革的基本操作流程,力求促进各种所有制资本取长补短、相互促进、共同发展,夯实社会主义基本经济制度的微观基础。

7 混合所有制改革中周期性公司估值的服务路径及其成效评价

7.1.1.2 混合所有制改革的实施成效

截至 2019 年底,我国实施混合所有制改革已有六年,在各方面均初显成效。

第一,混合所有制改革在企业数量和改革范围方面均实现大幅增长。包括 98 家中央企业集团公司在内的中央企业各级子企业,到 2017 年底已基本完成公司制股份制改革;发改委与国资委现已累计确定 4 批共 210 家混改试点企业。其中,前两批 19 家试点全部为中央企业;第三批 31 家既有中央企业(包括中央企业子企业),也有地方国企;第四批 160 家试点,改革领域不仅涵盖电力、铁路、石油、军工等典型领域,并已逐步扩展至互联网、新材料等竞争性领域。此外,国资委推动"四项改革"试点以来,时隔两年又推动"十项改革"试点,涉及企业 57 家;国有资本投资运营两类公司试点累计 21 家。2018 年,国资委推动的"双百行动"改革试点涉及国企 404 家,可谓数量空前,标志着国有企业混改加量加速。

第二,混合所有制改革的力度和深度逐步加强,资金体量亦大幅提升。根据中央企业产权登记数据,2013—2016 年中央企业及各级子企业中混合所有制企业户数占比由 65.7% 提高至 68.9%;2017 年中央企业新增混合所有制企业户数超过 700 户,其中通过资本市场引入社会资本超过 3 386 亿元,中央企业在产权层面已与社会资本实现了较大范围的混合;2018 年中央企业新增混合所有制企业 1 003 户,地方国企新增混合所有制企业 1 877 户,混合所有制改革的户数占比超过了 70%,与 2012 年相比提高了 20%。十八大以来,中央企业累计实施混合所有制改革 3 700 多项,引入非公资本超过 1 万亿元,中央企业资产总额的 65% 已进入上市公司,营业收入的 61%、利润总额的 88% 均来自上市公司。

7.1.2 混合所有制改革的实现路径

所谓混合所有制改革的实现路径,实质是通过采取不同经济行为,进一步降低国有股比重,以股权结构变化带动经营机制改变,以吸引民营资本实现国有资本与非公有资本有效融合。这种有效融合既可以是国有企业引入非公有资本以持有股份,也可以是由公有股东和非公有股东共同投资设立一家新企业,还可以是公有股东将资本投入到非公有企业包括外资企业中。具体而言,可以体现为四种情形:一是增资情形,即国有企业在产权交易所公开征集增资方;二是转让情形,即国有企业在产权交易所公开征集受让方;三是增资加转让情形,即国有企业在产权交易所公开征集增资方及转让方;四是新设公司情形,即国有企业与外部投资者共同新设公司。

在此基础上,混合所有制改革过程中的资本融合方式及具体实现路径可谓丰富多样,包括但不限于产权转让、股权转让、增资扩股、员工持股、改制上市、融资渠道创新、新设企业、PPP项目、并购投资等多种类别,详见图7.1所示。

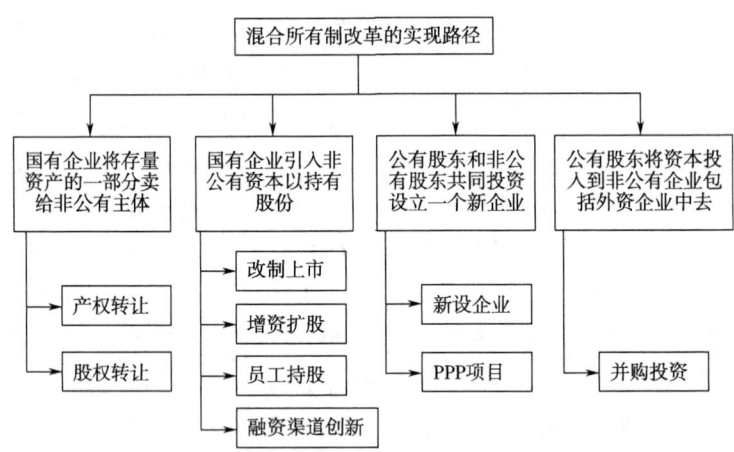

图 7.1 混合所有制改革的实现路径

资料来源:根据相关资料整理。

下面对其中六类常见的实现路径分别做简要介绍。

7.1.2.1 股权转让

股权转让是指公司股东依法将自己的股份让渡给他人,使他人成为公司股东的民事法律行为。股权自由转让制度是现代公司制度发展的产物,通过股权转让协议予以确认。由于股权的流动性和可转让性,法律规定股东可以依法让渡其所持有的部分或全部股份。股权包括收益权、知情权、表决权以及其他相关权利,是股东因为出资所获得的权利和法律地位,所以股东对公司及其事务拥有控制权或者支配权。有限责任公司股东可以把股权转让给其他现有股东,即公司内部的股权转让;也可以将其股权转让给现有股东以外的其他投资者,即公司外部的股权转让。因此,股权转让的形式有普通转让与特殊转让、内部转让与外部转让、全部转让与部分转让、约定转让与法定转让等不同类别。

7.1.2.2 增资扩股

增资扩股是指公司通过新股东增资入股、公开增发股票、向社会进行募捐或原有股东投资扩大股权等方式增加企业资本金，从而扩大生产与经营规模、提高信用度和竞争水平、优化股东股权比例、改善企业结构的行为。增资扩股又被称为股权增量融资，是权益性融资的一种形式。对于股份有限公司，增资扩股一般表现为企业增发股票；对于有限责任公司，增资扩股一般表现为企业增加注册资本金。其中，增资扩股的本质是通过增加企业股份获得增资，增资和扩股可以同时进行，也可以选择只增资不扩股，或者选择只扩股不增资（相当于股权稀释和股权转让）。本书所指增资扩股属于前两种情形。

7.1.2.3 员工持股

员工持股是指为了吸引、保留和激励公司员工，通过让员工持有股票，使员工享有剩余索取权的利益分享机制和拥有经营决策权的参与机制。这是实现企业股权多元化的又一种方式。员工持股最早起源于西方国家工业革命时代，但是现代员工持股兴起于20世纪50年代的美国。拥有持股资格的员工个人可以通过个人或成立员工持股委员会持有本公司股权，参与公司日常经营和管理、分红以及表决，从而成为公司的股东。因此，员工持股计划是企业所有者与本企业员工共同分享企业所有权和未来收益的一种制度。

与其他股权转让形式相比，员工持股具有四点特殊之处：其一，只有本企业的员工才能参与员工持股计划，而且根据员工参与的广泛性分为管理层持股和全员持股；其二，员工通过员工持股计划所持有的企业股份存在锁定期，锁定期内不能在市场内流通交易；其三，员工购买股份的资金可以来自个人，也可以在非员工股东的担保下，向银行或其他金融机构贷款购买股份；其四，员工持股计划在锁定期和持股比例方面受到限制，其股权流动性价值和控制权价值会相应受到影响。

7.1.2.4 改制上市

改制上市是指企业以在资本市场公开发行股票，并以上市为目的而设立股份有限责任公司的改组行为。从改制上市的基本业务流程来看，一般要经历股份有限公司设立、上市辅导、发行申报与审核、股票发行与挂牌上市等阶段。从发达国家经验看，相对其他方式，企业上市是实现资本高效运作较为普遍和安全的做法，有利于规范公司管理和运营，完善公司治

理结构,为企业健康长远发展奠定制度基础。企业成功上市后,通过公开市场的价值发现功能,吸引投资者直接参与企业运营管理,并为企业可持续发展获得稳定的长期融资渠道。根据公司上市的规模和方式,改制上市的基本模式分为母公司整体上市模式、资产一次性整体上市模式、主业资产整体上市模式、多元业务分别上市模式和借壳整体上市模式等五种。其中,第一种模式最彻底,不保留后续企业,是首选模式。

7.1.2.5 融资渠道创新

融资渠道是指筹集资金来源的方向与通道,体现了资金的源泉和流量。融资渠道创新实质是创新资金来源渠道。资金是企业的"血液",任何一个企业的创立、生存、发展、成熟,都要以投入、保持和再投入、再保持一定数量的资金为前提,所以融资过程贯穿在整个企业的运行、发展过程。2014年1月15日,中国人民银行联合科技部、证监会、银监会、保监会、知识产权局发布《关于大力推进体制机制创新,扎实做好科技金融服务的意见》(银发〔2014〕9号),提出要拓宽适合科技创新发展规律的多元化融资渠道。2014年3月21日,证监会正式颁布《优先股试点管理办法》(证监会令〔第97号〕),规定上市公司可以发行优先股,非上市公众公司可以非公开发行优先股。所以,国有企业可以通过发行优先股,引入更多其他资本。此外,可转债也是一种较新的融资方式。随着融资渠道的不断创新,国有企业可以随之通过更多途径发展混合所有制,实现股权多元化。

7.1.2.6 PPP项目

PPP(public-private-partnership)模式是指政府与私人组织为提供某种公共物品和服务,以特许权协议为基础,在彼此间形成一种伙伴式的合作关系,通过签署合同方式明确双方的权利和义务,以保证合作顺利完成,并使合作各方实现比预期单独行动更为有利的效果。PPP项目则是政府和社会资本合作实施PPP模式下的具体项目,多为基础设施或公共服务类项目,通常具有价格调整机制相对灵活、市场化程度相对较高、投资规模相对较大、需求长期稳定、各方通过合同确定契约关系等特点。我国PPP项目的运营模式主要包括购买服务、特许经营和股权合作三种。

7.1.3 不同混合所有制改革实现路径下的周期性公司估值

纵观我国所有制改革的发展历程,资产评估基于防止国有资产流失、

7 混合所有制改革中周期性公司估值的服务路径及其成效评价

维护国有资产权益的需求而产生，在改革开放和建立社会主义市场经济体制过程中逐渐兴起，在历次经济体制改革中发挥了不可或缺的重要作用。随着经济社会的不断发展，资产评估已从最初服务于国有资产管理逐渐转变为服务于整个资本和产权市场。伴随混合所有制改革的深入推进，资产评估更是在坚守国有资产价值、衡量非公资本价值、维护社会公共利益等方面发挥着关键作用，其提供价值尺度的功能在参与的广度和深度方面也在不断加强。

在上述混合所有制改革的实现路径中，特别是增量式混合所有制改革，大多涉及企业价值评估。无论是转让国有产权、增资扩股、员工持股还是改制上市，都需要通过企业价值评估防范国有资产流失、维护产权交易各方的合法权益。这对其中占比极高的周期性公司估值而言更不例外。因此，混合所有制改革的实现路径所呈现出的多元化局面，进一步带来周期性公司估值业务类型的多样化。其服务于混合所有制改革的评估对象既可以是企业整体，也可以是股东全部权益，还可以是股东部分权益。特别值得强调的是，不同的混合所有制改革实现路径，还会涉及不同的实施方案和实施流程，与之相对应的周期性公司估值的服务路径、应用特征及实践要求亦可能存在差异。

7.2 混合所有制改革中周期性公司估值的服务路径及特征剖析

鉴于国有股权比例调整和优化是混合所有制改革的关键问题，且混合所有制改革有多种资本融合方式及实现路径，本节重点选择本轮混合所有制改革中最典型的股权转让、增资扩股、员工持股这三种具体路径展开分析，探讨不同路径的实施依据，辨析不同路径之间的关系，并对以周期性公司估值为主体的企业价值评估在不同路径中的评估特征和应用要求进行总结。

7.2.1 股权转让与企业价值评估

7.2.1.1 股权转让的实施依据

这里以企业国有股权转让为例进行重点分析。首先，2004—2017 年，在规范企业国有产权转让行为和企业国有产权交易的监督管理方面，2003

年12月31日发布的《企业国有产权转让管理暂行办法》(国资委、财政部令第3号)是企业国有产权(包括股权)转让的依据之一。其内容主要包括:第一,"企业国有产权转让应当在依法设立的产权交易机构中公开进行,不受地区、行业、出资或者隶属关系的限制。企业国有产权转让可以采取拍卖、招投标、协议转让以及国家法律、行政法规规定的其他方式进行。在征集受让方时,转让方可以对受让方的资质、商业信誉、经营情况、财务状况、管理能力、资产规模等方面提出必要的受让条件。转让企业国有产权导致转让方不再拥有控股地位的,应当附送经债权金融机构书面同意的相关债权债务协议、职工代表大会审议职工安置方案的决议等"。第二,对企业国有产权进行转让时,"在清产核资和审计的基础上,转让方应当委托具有相关资质的资产评估机构依照国家有关规定进行资产评估。评估报告经核准或者备案后,作为确定企业国有产权转让价格的参考依据。在产权交易过程中,当交易价格低于评估结果的90%时,应当暂停交易,在获得相关产权转让批准机构同意后方可继续进行"。

随后,2016年6月24日,国务院国资委、财政部再次发布《企业国有资产交易监督管理办法》(国资委、财政部令第32号),其内容主要包括:第一,"转让方应当按照企业发展战略做好产权转让的可行性研究和方案论证。产权转让原则上通过产权市场公开进行。产权转让原则上不得针对受让方设置资格条件。产权转让信息披露期满、产生符合条件的意向受让方的,按照披露的竞价方式组织竞价。竞价可以采取拍卖、招投标、网络竞价以及其他竞价方式,且不得违反国家法律法规的规定。产权转让导致国有股东持有上市公司股份间接转让的,应当同时遵守上市公司国有股权管理以及证券监管相关规定"。第二,"产权转让事项经批准后,由转让方委托会计师事务所对转让标的企业进行审计。对按照有关法律法规要求必须进行资产评估的产权转让事项,转让方应当委托具有相应资质的评估机构对转让标的进行资产评估,产权转让价格应以经核准或备案的评估结果为基础确定。因产权转让导致转让标的企业的实际控制权发生转移的,转让方应当在转让行为获批后10个工作日内,通过产权交易机构进行信息预披露,时间不得少于20个工作日。产权转让项目首次正式信息披露的转让底价,不得低于经核准或备案的转让标的评估结果。信息披露期满未征集到意向受让方的,可以延期或在降低转让底价、变更受让条件后重新进行信息披露。降低转让底价或变更受让条件后重新披露信息的,

7 混合所有制改革中周期性公司估值的服务路径及其成效评价

披露时间不得少于 20 个工作日。新的转让底价低于评估结果的 90% 时，应当经转让行为批准单位书面同意。转让项目自首次正式披露信息之日起超过 12 个月未征集到合格受让方的，应当重新履行审计、资产评估以及信息披露等产权转让工作程序"。

此外，上市公司国有股权转让具体又可分为国有股东所持上市公司股份通过证券交易系统转让、公开征集转让、非公开协议转让、无偿划转、间接转让、国有股东发行可交换公司债券等不同情形。对此，国务院国资委、财政部、证监会于 2018 年 5 月 16 日联合发布的《上市公司国有股权监督管理办法》相关规定成为其主要实施依据。其内容主要包括：第一，"国有股东所持上市公司股份变动应在作充分可行性研究的基础上制定方案，严格履行决策、审批程序，规范操作，按照证券监管的相关规定履行信息披露等义务。在上市公司国有股权变动信息披露前，各关联方要严格遵守保密规定。上市公司国有股权变动应当根据证券市场公开交易价格、可比公司股票交易价格、每股净资产值等因素合理定价"。第二，"国有股东拟公开征集转让上市公司股份的，财务顾问应当勤勉尽责，遵守行业规范和职业道德，对上市公司股份的转让方式、转让价格、股份转让对国有股东和上市公司的影响等方面出具专业意见；并对拟受让方进行尽职调查，出具尽职调查报告"。国有股东公开征集转让上市公司股份的价格不得低于"提示性公告日前 30 个交易日的每日加权平均价格的算术平均值"和"最近一个会计年度上市公司经审计的每股净资产值"两者之中的较高者。第三，国有股东非公开协议转让上市公司股份的价格也不得低于"提示性公告日前 30 个交易日的每日加权平均价格的算术平均值"和"最近一个会计年度上市公司经审计的每股净资产值"两者之中的较高者。但国有股东非公开协议转让上市公司股份存在下列特殊情形的，可按以下原则确定股份转让价格：一是"国有股东为实施资源整合或重组上市公司，并在其所持上市公司股份转让完成后全部回购上市公司主业资产的，股份转让价格由国有股东根据中介机构出具的该上市公司股票价格的合理估值结果确定"；二是"为实施国有资源整合或资产重组，在国有股东之间转让且上市公司中的国有权益并不因此减少的，股份转让价格应当根据上市公司股票的每股净资产值、净资产收益率、合理的市盈率等因素合理确定"；三是"国有股东发行的可交换公司债券交换为上市公司每股股份的价格，应不低于债券募集说明书公告日前 1 个交易日、前 20 个交易日、前 30 个

交易日该上市公司股票均价中的最高者"。

显而易见,在股权转让的实施过程中,合理定价成为股权转让交易成功的关键环节。股权转让价格应该公允、合理,且为交易双方所接受。

7.2.1.2 股权转让的评估特征

通过以上分析可知,股权转让的价格确定通常采用评估值法、股票均价法和净资产法等方法。其中,评估值法,即股权转让价格以法定的、有资质的资产评估机构出具的企业价值评估结果为依据确定,是企业股权转让特别是非上市企业股权转让时广泛使用的定价方法。虽然该方法有利于科学体现股权的市场价值,但与其他两种方法相比,操作较复杂,成本较高,耗时较长,对评估人员的职业道德水平和专业胜任能力要求较高。股票均价法,即股权转让价格以前若干个交易日的股票均价为依据确定,在上市公司股权转让定价时较为常用,这一方法简单、直观、易操作,但是当上市公司股价发生大幅波动时,往往无法合理体现股权的市场价值。净资产法,即股权转让价格依照公司经审计的每股净资产为依据确定,该方法简便易行,但也存在一些不足。例如,每股净资产通常测算企业有形资产的价值,忽略了企业无形资产的价值,且容易受到交易双方人为操纵会计指标的影响。显而易见,如何合理选择和使用定价方法,如何科学评估被评估企业及其股权的价值,成为股权转让评估的核心问题。

7.2.2 增资扩股与企业价值评估

7.2.2.1 增资扩股的实施依据

与股权转让相同,《企业国有资产交易监督管理办法》(国资委、财政部令第32号)相关规定亦是国有企业增资扩股的主要实施依据。其内容主要包括:第一,"企业增资应当符合国家出资企业的发展战略,做好可行性研究,制定增资方案,明确募集资金金额、用途、投资方应具备的条件、选择标准和遴选方式等。企业增资应当由增资企业按照企业章程和内部管理制度进行决策,形成书面决议。国有控股、国有实际控制企业中国有股东委派的股东代表,应当按照本办法规定和委派单位的指示发表意见、行使表决权,并将履职情况和结果及时报告委派单位"。第二,"企业增资在完成决策批准程序后,应当由增资企业委托具有相应资质的中介机构开展审计和资产评估"。其中,"增资企业原股东同比例增资""履行出资人职责的机构对国家出资企业增资""国有控股或国有实际控制企业对其独资子企业增资""增资企业和投资方均为国有独资或国有全资企业"这四种情形"按照《公司法》、企业章程履行决策程序后，可以依据评估报告或最近一期审计报告确定企业资本及股权比例"。第三，"产权交易机构接受增资企业的委托提供项目推介服务，负责意向投资方的登记工作，协助企业开展投资方资格审查。通过资格审查的意向投资方数量较多时，可以采用竞价、竞争性谈判、综合评议等方式进行多轮次遴选。产权交易机构负责统一接收意向投资方的投标和报价文件，协助企业开展投资方遴选有关工作。企业董事会或股东会以资产评估结果为基础，结合意向投资方的条件和报价等因素审议选定投资方。投资方以非货币资产出资的，应当经增资企业董事会或股东会审议同意，并委托具有相应资质的评估机构进行评估，确认投资方的出资金额"。

可见，企业在增资扩股时需要按照规定流程逐步施行，详见图7.2。其中，资产评估特别是企业价值评估，是企业增资扩股及其定价过程的一项重要环节。此外，"向上级单位（国资监管机构）进行申报批准"和"验资"通常是国有企业进行增资扩股的特有环节。

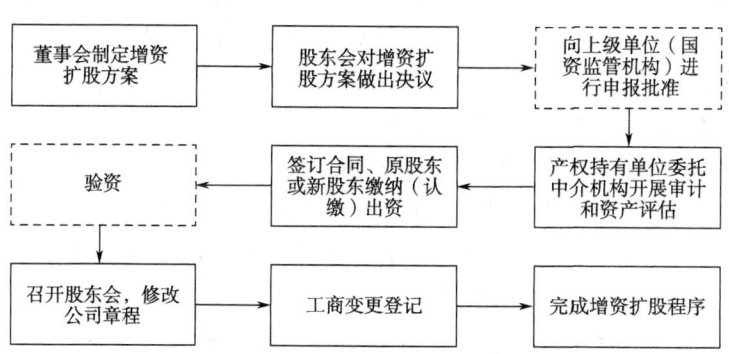

图 7.2　增资扩股的实施流程

资料来源：根据相关资料整理。

7.2.2.2　增资扩股与股权转让关系辨析

增资扩股与股权转让都是混合所有制改革的典型经济行为，且在实施过程中均涉及股权交易，但两者又有所区别。

其一，增资扩股与股权转让的受让方不同。在增资扩股中，资金的去向是标的企业，而非企业股东；在股权转让中，资金的去向则是该部分股

权的原持有股东。增资扩股的资金性质属于标的公司的资本金，股权转让资金的性质属于原持股股东转让股权取得的对价。所以，股权转让是转让股权的股东与受让方之间的交易，不影响其他股东的权益；而增资扩股是股权受让方与企业之间的关系，在引进新股东时，原股东的权益会受到影响。

其二，增资扩股与股权转让后的企业注册资本不同。增资扩股引进新股东时，注册资本会发生变化；股权转让则不影响企业的注册资本。股权转让是企业股东依法将自己的股东权益让渡给他人，使其成为公司股东的民事法律行为，成交金额最终属于转让股权的股东，所以不会增加企业的注册资本。增资扩股则是以企业的名义向社会募集股份、发行股票，采用新股东投资入股或原股东增加投资的方式，募集资金最终归企业所有，同时会增加企业的注册资本。

其三，投资方对公司所享有的权利和承担的义务不同。在股权转让过程中，投资方会取代原持股股东的地位，投资方既享有原股东在公司的权利，又承担原股东在公司相应的义务。而在增资扩股过程中，投资方享有的权利和承担的义务会受到增资协议的条款约束，原股东的权利与义务是否发生改变以及如何改变、投资方享有哪些权利以及是否需要承担之前的义务等事宜，都需要由协议各方以书面合同的形式进行约定。

7.2.2.3 增资扩股的评估特征

根据《企业国有资产交易监督管理办法》（国资委、财政部令第32号）规定，除"增资企业原股东同比例增资""履行出资人职责的机构对国家出资企业增资""国有控股或国有实际控制企业对其独资子企业增资""增资企业和投资方均为国有独资或国有全资企业"这四种情形可以评估报告或最近一期审计报告确定企业资本及股权比例外，其他情形均须以资产评估结果为基础来确定投资方的出资金额。而混合所有制改革中涉及的企业增资扩股情形大多属于以上四种情形之外，此时国有企业增资扩股应委托具有相应资质的评估机构开展资产评估。所以，资产评估特别是企业价值评估就成为其中的必要环节，评估机构所发挥的作用和承担的责任亦更为重大。

在当前的评估实务中，增资扩股的评估对象通常是股东全部权益价值。为维护原有股东的合法权益，在评估过程中，评估范围应注意涵盖账外资产、无形资产，以有效维护原股东的合法权益。特别是国有企业因历史原因，其长期经营积累的企业品牌、商标、技术、营销网络等账外无形资产，在评估时应纳入评估范围。此外，如果以股东全部权益价值评估结果为基础确定投资人的出资金额，如何考虑可能存在的控制权溢价和少数股权折价等因素的影响，就值得进一步思考与关注。

7.2.3 员工持股与企业价值评估

7.2.3.1 员工持股的实施特征

这里从员工持股的实施历程和实施方案两个方面分析员工持股的实施特征。

（1）员工持股的实施历程

我国 20 世纪 80 年代的员工持股计划，最初是通过股份合作制的形式，服务于我国中小企业股份改制，虽然曾取得部分成效，但后期由于出现相关问题而被叫停。随后，20 世纪 90 年代的两轮员工持股计划，在推动我国经济发展和企业改制的过程中，虽然也发挥了一定的积极作用，但因存在制度不完善、管理不健全等问题再度被叫停。我国前三轮员工持股计划的实施历程详见表 7.1。

表 7.1 我国前三轮员工持股计划的实施历程

阶段	实施时间	实施目的	实施特征	叫停时间	叫停原因
第一轮员工持股计划	20世纪80年代	筹措资金	自上而下募集资金	1994年	持股主体范围过大，出现平均主义，股权退出机制不合理
第二轮员工持股计划	20世纪90年代中期	资本市场快速发展	国有控股上市公司	1998年	资本市场不完善，制度设计跟不上实践发展，可能沦为套利工具
第三轮员工持股计划	20世纪90年代后期	亚洲金融危机后国企脱困	兼顾福利激励功能	2003年	管理层收购是主要形式，内部人控制，国有资产流失等

资料来源：根据相关资料整理。

由表 7.1 可知，我国前三轮员工持股计划被叫停，首先是因为背离了员工持股计划的初衷。员工持股计划的基本宗旨是激励，而非集资。其次，员工持股计划是舶来品，在我国具体实施过程中，未能结合我国国情设计合理的本土化制度。最后，在员工持股计划实施过程中，关于持股主体、持股比例等股权流转机制的设计不尽合理，导致出现内部人控制、国有资产流失等后果。

党的十八届三中全会后，我国国有控股企业开始进行混合所有制改革，其中，员工持股计划成为混改的重要方式之一，由此启动了第四轮员工持股计划。基于前车之鉴，施行员工持股计划应特别注意两个关键点：一是员工持股价格。应尽可能合理确定员工持股价格，过高或者过低都不利于员工持股计划的推进。二是员工持股比例。如果全员持股，则股权激励的效果就会降低，反之，如果只有管理层持股，也不利于发挥员工持股计划的作用，还有可能导致利益输送的后果。

(2) 员工持股计划的实施方案

对于我国上市公司和非上市国企，员工持股计划目前需要分别依照证监会和国资委公布的相关指导意见实施，即分别遵照《关于上市公司实施员工持股计划试点的指导意见》（证监会公告〔2014〕33号）和《关于国有控股混合所有制企业开展员工持股试点的意见》（国资发改革〔2016〕133号）执行。二者在资金来源、股票来源、持股价格、持股比例和持股期限等方面存在差异，如表7.2所示。

表7.2 上市公司和非上市国企员工持股计划实施方案对比

比较事项	上市公司	非上市国企
资金来源	员工合法薪酬；法律、行政法规允许的其他方式	以货币出资；以科技成果出资入股的，依法评估作价
股份来源	二级市场回购；非公开发行股票；股东自愿赠与等	增资扩股；出资新设等
持股价格	在实践中主要以股票交易均价为基础确定	员工入股价格不得低于经核准或备案的每股净资产评估值
持股比例	持股总量不高于总股本的10%，且单一员工持股比例不高于总股本的1%	持股总量不高于总股本的30%，且单一员工持股比例不高于总股本的1%
持股期限	公开发行方式不低于12个月；非公开方式发行不低于36个月	不低于36个月
管理方式	员工自行管理；公司委托相应机构管理	个人直接持股；成立持股平台

资料来源：根据相关资料整理。

其一，在资金来源方面，上市公司员工持股计划的资金主要来源于员工的合法薪酬以及法律、行政法规允许的其他方式。非上市国企员工入股则主要以货币出资，并按约定及时足额缴纳；按照国家有关法律法规，员工以科技成果出资入股的，应提供所有权属证明并依法评估作价，及时办理财产权转移手续。

其二，在股份来源方面，员工持股计划可以据此分为存量式员工持股计划和增量式员工持股计划。存量式员工持股计划主要是指通过股东资源赠与、二级市场回购股票等方式获得新股份，增量式员工持股计划则是通过定向增发、非公开发行等方式获得新股份。对此，上市公司员工持股计划的股份来源主要包括二级市场回购、非公开发行股票、股东自愿赠与等方式，非上市国企则主要涉及增资扩股、出资新设等方式。

其三，在持股价格方面，一般而言，在施行存量式员工持股计划时，需要对企业股东权益价值进行评估，以重新确定股权结构；在施行增量式员工持股计划时，也同样需要评估企业股东权益价值，并在新的价值基础上确定员工新增股本在总股本中的比重。但是，目前我国上市公司员工持股定价在实践中主要是以股票交易的均价为基础，具体包括两种典型方式：一是以不低于定价前 20 个交易日公司股票交易均价的 90% 为基础，招商银行、民生银行、上港集团、海格通信等多数上市公司均采取该定价方式；二是以不高于决议公告前 30 个交易日收盘价算术平均值的 110% 为基础，中央商场、翰宇药业等少数上市公司采用这一方式。对于非上市国企，国有控股企业在进行员工持股计划时，需采用增量方式，这也就意味着非上市国企在实施员工持股计划时，通常要先进行增资扩股，并由资产评估机构确定股东全部权益价值；在此基础上，员工入股价格不得低于经核准或备案的每股净资产评估值。

其四，在持股比例方面，虽然上市公司和非上市国企的单一员工持股比例均不得高于公司总股本的 1%，但是员工持股的总股本要求却不一样，因为上市公司的员工持股总量不能高于公司总股本的 10%，非上市国企则要求不高于 30% 即可。这说明非上市公司员工持股计划的持股主体范围要大于上市公司的持股范围，能够激发更多员工的生产积极性，提高非上市国企的竞争力。

其五，在持股期限方面，上市公司可以采用增量式或存量式两种方式施行员工持股计划，每期员工持股计划的持股期限不得低于 12 个月，以非公开发行方式实施员工持股计划的，持股期限不得低于 36 个月。非上市国企则采用增量式员工持股计划,以非公开发行方式发行股票,锁定期不少于36个月,以此建立企业与公共利益共享机制,发挥长期激励作用。

当然,尽管在实施方案上存在较大差异,但无论是上市公司还是非上市国企,在实施员工持股计划时,都需要按照图7.3所示的流程依次推进。其中,股权比例设置和持股价格确定无疑是关键环节。

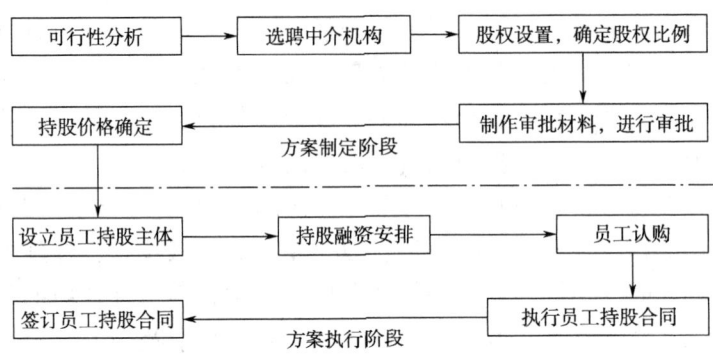

图7.3 员工持股计划的实施流程

资料来源:根据相关资料整理。

7.2.3.2 员工持股与增资扩股关系辨析

员工持股计划的目的在于激励、吸引和留住企业员工。员工持股计划可谓是一种特别的回报员工计划,通过让员工持有股票,使员工参与企业经营管理,分享企业剩余价值。事实上,员工持股是增资扩股中的一项特殊经济行为,表现在以下两点。

第一,员工持股的股权购买方只能是企业内部员工。企业实施员工持股方案主要基于三个目的,即为员工提供福利、激励员工高效工作、改善管理制度和获得资金。根据实施员工持股计划的目的,员工持股方案可被设计为同股同价或者同股不同价。在增资扩股下的员工持股定价,主要取决于企业增发的那部分股权价值,而股权价值评估的开展会受到不同因素的影响,评估结果也因此有所不同。员工持股计划的施行,既要实现预期目的,又要保证公平公正,所以合理公正的价值评估对于计划实施的双方(员工和企业)而言都十分必要。如果企业价值被高估导致新增股份定价过高,员工持股的意愿往往不高;而当企业价值被低估导致新增股份定价过低时,又会损害企业所有者权益,国有企业可能出现国有资产流失现象。

第二，员工所持股份有锁定期，流动性较其他参与方式获得的股权流动性较差。根据《公司法》《证券法》等相关法律法规，"发起人持有的公司股份，自股份公司成立之日起一年内不得转让"，"非控股股东、实际控制人的股东所持发行人公开发行股份前已发行的股份，自公司股票在证券交易所上市交易之日起一年内不得转让"。一些企业在实施员工持股计划时，在方案设计中会设置阶梯解锁期，例如，中国联通实施限制性股票激励计划时，依据所在单位的经营业绩和激励对象的价值贡献，确定解锁当年的业绩贡献匹配档次，并据此差异化确定解锁比例。由于员工持股解锁期限制会影响员工持股股权短期的流动性，所以在评估过程中应考虑流动性因素对股权价值的影响，即考虑流动性折扣。David（1993）曾利用Black-Scholes模型，估计得到限制期为2年的股票流动性折扣率通常为28%~41%，限制期为4年的股票流动性折扣率通常为32%~49%。

7.2.3.3 员工持股的评估特征

与普通流通股相比，员工持股具有三点特殊之处：第一，存在锁定期，在锁定期内股份无法流转。例如，锁定期不低于12个月或36个月。第二，无论是对员工个人还是对公司，都对持股比例有明确的限制。例如，单个员工持股比例不得超过公司总股本的1%，所有员工持股的比例不得超过总股本的10%或30%。第三，在资金来源方面，普通流通股的资金来源多样，既可以是员工的自有资金，也可以是评估作价的专有技术或专利等，员工持股则不然。

可见，对员工持股计划中员工所持股份的价值评估，本质上可视作对限售股的股权价值评估。目前，我国资本市场上的限售股大概可以分为三种：一是在企业股权分置过程中产生的限售股，二是企业IPO、再融资或者在并购重组中形成的限售股，三是由于股权激励形成的限售股。根据我国会计准则的相关规定，限售股属于金融资产：一方面，在初始确认时需按公允价值计量，并在作为以公允价值计量且其变动计入当期损益的金融资产或可供出售金融资产时，按以公允价值进行后续计量；另一方面，限售股在限售期内与非流通股一样不能在二级市场自由转让，但可以通过拍卖或协议方式转让，只是进行转让时需要对这部分限售股的价值进行评估，而限售股在解禁后其性质又与流通股完全一样。

因此，员工持股计划标的股权的价值在理论上应存在一定程度的折

价，故应适当考虑流动性折扣因素的影响。此外，由于政策约束下的员工持股比例通常较低，所以对其所持股份价值进行评估时，有必要根据具体情况适当考虑少数股权折价因素的影响。

7.3 混合所有制改革中周期性公司估值的成效评价

本节进一步以 2014—2018 年为研究期间，选择沪市和深市公开的相关资产评估报告及说明等为研究样本，对相关指标数据进行筛选、提取，并分别进行描述性统计及实证分析，从参与性分析和专业性分析两个层面，考察企业价值评估服务于混合所有制改革的成效与贡献。其中，参与性分析和专业性分析进一步立足宏观层面、特殊路径这两个由大及小的视角，分别予以展开；在此基础上，立足混合所有制改革中的周期性公司估值，针对性地提出相应的操作要点及实践建议。例如，是否有必要，以及如何进一步提高周期性公司估值服务于混合所有制改革的参与性，如何在评估要素设定和专业技术处理等方面进一步提升专业性，以更加有效地发挥其重要作用。

7.3.1 企业价值评估服务于混合所有制改革的参与性分析

企业价值评估服务于混合所有制改革的参与性分析，主要体现在两个方面：一是混合所有制改革的不断推进，促使越来越多的评估机构陆续参与，服务于其中。本部分以此为基础，以上市公司为研究样本开展宏观层面分析。二是企业价值评估服务于混合所有制改革的不同路径分别呈现出不同的参与态势及个性特征。鉴于国有股权比例调整和优化是混合所有制改革的关键，本部分重点考察员工持股和增资扩股两种情形，以非上市国企为研究样本开展特殊路径分析。

7.3.1.1 宏观层面参与性分析
（1）资产评估服务于上市公司总体情况
①样本选择与数据来源

本部分首先以 2015—2017 年为样本期间，重点筛选和提取我国上市公司资产评估总体情况数据和资产评估机构业务统计数据进行宏观层面分析。数据主要来源于 Wind 数据库。

7 混合所有制改革中周期性公司估值的服务路径及其成效评价

②评估机构数量和评估业务数量分析

2015—2017年，资产评估服务于上市公司的评估机构数量和评估业务数量均呈现连年上升的趋势，如表7.3所示。究其原因，这与混合所有制改革的逐步推进密切相关。2017年是实施混合所有制改革的重要一年，该年不管是上市公司还是非上市公司都开始大规模施行混改。尤其在资本市场上，相关产权交易不断增多，评估业务类型更加丰富，评估机构在混合所有制改革中的参与度日益提升。

表7.3 2015—2017年服务于上市公司的评估机构数量和评估业务数量

区域	服务于上市公司的评估机构数量（家）			服务于上市公司的评估业务数量（项）		
	2015年	2016年	2017年	2015年	2016年	2017年
安徽	53	60	62	132	158	175
北京	173	214	231	3 708	6 925	10 580
福建	29	35	37	139	220	346
甘肃	10	13	14	17	25	24
广东	92	113	138	391	701	1 091
广西	18	21	23	24	31	34
贵州	9	9	11	12	12	14
海南	8	8	8	8	9	10
河北	22	33	37	25	41	47
河南	44	51	57	103	131	146
黑龙	18	24	28	23	32	46
湖北	30	36	46	134	180	241
湖南	37	48	54	54	76	100
吉林	10	12	13	13	15	16
江苏	79	99	113	350	553	805
江西	15	19	21	21	27	31
辽宁	30	37	39	100	142	164
内蒙古	11	14	16	15	18	20

续表

区域	服务于上市公司的评估机构数量（家）			服务于上市公司的评估业务数量（项）		
	2015年	2016年	2017年	2015年	2016年	2017年
宁夏	2	1	3	4	1	5
青海	3	3	4	3	4	5
山东	94	112	130	180	259	359
山西	16	20	22	20	25	28
陕西	17	23	27	56	76	99
上海	39	55	60	750	1 464	2 313
四川	44	50	55	92	115	137
天津	20	26	28	78	129	203
外资	15	18	18	18	21	21
西藏	1	1	1	1	1	1
新疆	23	23	25	34	39	44
云南	23	27	26	28	32	32
浙江	70	90	106	360	653	980
重庆	20	22	27	56	75	98
合计	1 075	1 317	1 480	6 949	12 190	18 215

资料来源：根据相关资料整理。

③区域分布分析

由表7.3和表7.4可知，资产评估服务于上市公司的评估业务数量的区域分布情况悬殊。其中，2017年评估业务数量最多的三个省市分别是北京、上海和广东，累计占全国总评估业务数量的76.77%；北京的评估业务数量占比更是达到近六成。区域分布占比在一定程度上显示出了各地区上市公司产权交易活动的频繁程度以及评估机构参与其中的活跃程度。资产评估参与度的高低，又能够从侧面进一步印证混合所有制改革在全国各地的推进情况与规模分布。

7 混合所有制改革中周期性公司估值的服务路径及其成效评价

表 7.4 2017 年评估业务数量排名前十的区域及占比

排名	区域	评估业务数量（项）	占比（%）	累计（%）
1	北京	10 580	58.08	58.08
2	上海	2 313	12.70	70.78
3	广东	1 091	5.99	76.77
4	浙江	980	5.38	82.15
5	江苏	805	4.42	86.57
6	山东	359	1.97	88.54
7	福建	346	1.90	90.44
8	湖北	241	1.32	91.77
9	天津	203	1.11	92.88
10	安徽	175	0.96	93.84

资料来源：根据相关资料整理。

（2）上市公司公告的企业价值评估业务情况

①样本选择与数据来源

本部分进一步以 2014—2017 年为样本期间，重点筛选和提取我国上市公司发布公告的全部资产评估报告数据进行宏观层面分析。数据主要来源于国泰安数据库。经统计，2014—2017 年，上市公司公告的资产评估报告总计 6 601 份。在此基础上，从其中具体筛选以企业整体价值、股东全部权益价值、股东部分权益价值作为评估对象且评估要素信息完整的报告，由此得到 2 882 份企业价值评估报告，作为数据统计和实证分析的研究样本。

②行业分布及周期性公司占比分析

数据显示，2014—2017 年，合计 2 882 项企业价值评估业务，涉及 18 个行业的 1 176 家上市公司，详见表 7.5。从行业分布看，制造业上市公司 633 家，占比 53.83%，位列第一；其次分别是信息传输、软件和信息技术服务业、房地产业、批发和零售业，分别占比 8.84%、6.21% 和 6.12%；其他行业占比仅为 2% 左右。

表 7.5　2014—2017 年企业价值评估服务的上市公司行业分布

行业类型	上市公司数量（家）	占比（%）
采矿业	32	2.72
电力、热力、燃气及水生产和供应业	52	4.42
房地产业	73	6.21
建筑业	28	2.38
交通运输、仓储和邮政业	43	3.66
教育业	1	0.09
金融业	21	1.79
科学研究和技术服务业	10	0.85
农、林、牧、渔业	16	1.36
批发和零售业	72	6.12
水利、环境和公共设施管理业	18	1.53
卫生和社会工作业	5	0.43
文化、体育和娱乐业	27	2.30
信息传输、软件和信息技术服务业	104	8.84
制造业	633	53.83
住宿和餐饮业	6	0.51
综合	9	0.77
租赁和商业服务业	26	2.21
合计	1 176	100.00

资料来源：根据相关资料整理。

为更好地了解企业价值评估服务于制造业上市公司的行业细分情况，对 633 家制造业上市公司进一步细化到行业大类，发现其细分行业占比情况差异也较大，如表 7.6 所示。其中，计算机、通信和其他电子设备制造业、电气机械及器材制造业、医药制造业的占比分别是 15.32%、12.16% 和 11.69%。反观其他行业大类，如木材加工及木、竹、藤、棕、草制品业，占比仅为 0.16%；家具制造业、印刷和记录媒介复制业，占比均只有

7 混合所有制改革中周期性公司估值的服务路径及其成效评价

0.32%。分析原因,一方面,可能是由于不同行业大类的制造业上市公司基数本身存在较大差异,其产权交易活动基数自然不同;另一方面,可能是由于不同行业大类的制造业上市公司规模及所处行业生命周期不同,因而产权交易活动的频繁程度及与之相应的企业价值评估参与需求也有所不同。

表7.6 2014—2017年企业价值评估服务的制造业上市公司细分行业分布

制造业大类	上市公司数量（家）	占比（%）
电气机械及器材制造业	77	12.16
纺织服装、服饰业	7	1.11
纺织业	13	2.05
非金属矿物制品业	23	3.63
废弃资源综合利用业	4	0.63
黑色金属冶炼及压延加工业	13	2.05
化学纤维制造业	8	1.26
化学原料及化学制品制造业	62	9.79
计算机、通信和其他电子设备制造业	97	15.32
家具制造业	2	0.32
金属制品业	11	1.74
酒、饮料和精制茶制造业	11	1.74
木材加工及木、竹、藤、棕、草制品业	1	0.16
农副食品加工业	18	2.84
皮革、毛皮、羽毛及其制品和制鞋业	1	0.16
其他制造业	4	0.63
汽车制造业	22	3.48
石油加工、炼焦及核燃料加工业	6	0.95
食品制造业	11	1.74
铁路、船舶、航空航天和其他运输设备制造业	20	3.16
通用设备制造业	35	5.53

续表

制造业大类	上市公司数量（家）	占比（%）
文教、工美、体育和娱乐用品制造业	3	0.47
橡胶和塑料制品业	12	1.90
医药制造业	74	11.69
仪器仪表制造业	10	1.58
印刷和记录媒介复制业	2	0.32
有色金属冶炼及压延加工业	26	4.11
造纸及纸制品业	6	0.95
专用设备制造业	54	8.53

资料来源：根据相关资料整理。

根据第2章第2.1节所提出的周期性行业的范围界定标准，对表7.5和表7.6进一步分析可知，在2 882项企业价值评估业务所涉及的1 176家上市公司中，约2/3是周期性上市公司，合计767家；经筛选，398家制造业上市公司被纳入其中，并在周期性上市公司中占比超过半数。周期性上市公司和非周期性上市公司具体占比情况如表7.7所示。可见，周期性公司无疑是新一轮混合所有制改革的主要参与主体，也是企业价值评估的重点服务对象。

表7.7 2014—2017年企业价值评估服务的周期性上市公司与非周期性上市公司占比

行业类型	上市公司数量（家）	占比（%）
周期性行业	767	65.22
非周期性行业	409	34.78

资料来源：根据相关资料整理。

③企业类型及国企数量分析

统计表明，1 176家上市公司可进一步划分为412家国有企业、684家自然人企业及80家其他类型企业，如表7.8所示。一方面，"6 601份资产评估报告""2 882项企业价值评估业务""18个行业""1 176家上市公司""412家国有控股上市公司"等数据，充分体现了资产评估特别是企业价值评估,参与包括混合所有制改革相关经济行为在内的上市公司产权变动业务的广泛性;另一方面,国有企业和自然人企业是企业价值评估服务于上市公司的主要企业类型,国有企业的产权交易活动频繁,而自然人企业的产权交易活动较之国有企业也并不逊色,这在很大程度上源自混合所有制改革所带来的股权多元化。

表7.8 2014—2017年企业价值评估服务的上市公司企业类型   单位:家

行业类型	国有企业	自然人企业	集体所有制企业	社会团体	外商投资企业	其他	合计
采矿业	20	11	0	0	0	1	32
电力、热力、燃气及水生产和供应业	38	11	0	0	0	3	52
房地产业	28	37	3	2	1	2	73
建筑业	14	11	3	0	0	0	28
交通运输、仓储和邮政业	30	9	2	0	1	1	43
教育业	1	0	0	0	0	0	1
金融业	12	8	1	0	0	0	21
科学研究和技术服务业	2	8	0	0	0	0	10
农、林、牧、渔业	10	4	1	0	0	1	16
批发和零售业	36	31	0	3	1	1	72
水利、环境和公共设施管理业	5	11	1	0	0	1	18
卫生和社会工作业	0	4	1	0	0	0	5
文化、体育和娱乐业	11	16	0	0	0	0	27
信息传输、软件和信息技术服务业	9	88	2	0	0	5	104
制造业	182	410	9	2	6	24	633
住宿和餐饮业	5	1	0	0	0	0	6
综合	2	7	0	0	0	0	9
租赁和商业服务业	7	17	0	2	0	0	26
合计	412	684	23	9	9	39	1 176

资料来源:根据相关资料整理。

进一步分析可以发现,国有控股上市公司和自然人上市公司中的周期性公司与非周期性公司的各自分布情况如表 7.9 所示。根据表 7.8 和表 7.9,412 家国有企业即国有控股上市公司中,合计有 315 家周期性公司,占国有企业上市公司数量的 76.46%。其中,115 家属于制造业,38 家属于电力、热力、燃气及水生产和供应业,36 家属于批发和零售业,30 家属于交通运输、仓储和邮政业,28 家属于房地产业,20 家属于采矿业,48 家分别属于建筑业、金融业、租赁和商业服务业等行业。684 家自然人上市公司中,合计有 411 家周期性公司,占自然人上市公司数量的 60.23%。可见,从不同所有权性质角度来看,周期性公司在占比方面同样具有绝对优势,再次印证其在新一轮混合所有制改革中的核心地位。

表 7.9 2014—2017 年企业价值评估服务的国有控股和自然人上市公司周期性行业分布

企业类型	周期性公司数量	周期性公司占比(%)	非周期性公司数量	非周期性公司占比(%)
国有控股企业	315	76.46	97	23.54
自然人企业	412	60.23	273	39.77

资料来源:根据相关资料整理。

7.3.1.2 特殊路径参与性分析

本部分重点以员工持股和增资扩股这两种具体路径为例,以非上市国企为样本,继续剖析企业价值评估服务于混合所有制改革的参与性。

(1) 非上市国企员工持股的企业价值评估参与性分析

为了在国有企业中更有效地推行员工持股计划,根据《关于中央企业所属 10 户子企业开展员工持股试点的通知》,国务院国资委于 2017 年在中央企业及其子公司中首先选择了 10 家企业进行员工持股计划试点,以便分析其实施特点和总结注意事项,进而实现员工持股计划的全面有效推行。10 家试点中央企业名单及其实施员工持股计划简况如表 7.10 所示。

表 7.10 首批员工持股计划试点企业名单及实施简况

企业名称	所属央企	员工持股比例(%)	员工持股方式
宁夏神耀科技有限责任公司	神华集团	20	合伙制企业持股
中国电器科学研究院有限公司	中国机械工业集团	22	合伙制企业持股

续表

企业名称	所属央企	员工持股比例（%）	员工持股方式
欧冶云商股份有限公司	中国宝武钢铁集团	5	合伙制企业持股
上海泛亚航运有限公司	中国远洋海运集团	8	合伙制企业持股
中国茶叶有限公司	中粮集团	15	合伙制企业持股
中外运化工国际物流有限公司	招商局集团 中国外运长航集团有限公司	20	合伙制企业持股
中节能大地环境修复有限公司	中国节能环保集团	25	合伙制企业持股
中材江西电瓷电气有限公司	中国建筑材料集团 中国中材股份有限公司	6.23	合伙制企业持股
北京构力科技有限公司	中国建筑科学研究院	25	合伙制企业持股
中铁工程设计咨询集团有限公司	中国铁路工程总公司	20	资产管理计划持股

资料来源：全国企业信息系统、北京产权交易所、上海产权交易所、上市公司公告等。

表7.10所列10家试点中央企业已经于2017年底基本完成员工持股计划。在员工持股比例方面，试点企业的员工持股比例设置基本处于0~30%之间；在股权结构方面，大部分试点企业依然保持着国有资本控股的股权结构，部分企业国有股份超过70%，属于绝对控股；在员工持股方式方面，绝大多数企业选择专门成立企业作为员工持股平台来管理员工所持股份。与其他持股形式相比，这样可以避免双重纳税而减轻税负，同时也具有设立程序简单等特点。除了国资委公布的10家非上市国企已施行员工持股计划外，员工持股计划还在地方非上市国企中不断推行。

前已述及，出于政策要求，非上市国企在进行员工持股时，须先进行增资扩股并由资产评估机构确定股东全部权益价值，随后以备案的每股净资产的评估值为基础确认员工所持股份的认购价格。目前，企业价值评估服务于非上市国企员工持股计划的形式，的确主要体现为以增资扩股为目的，出具的评估结论基本是股东全部权益价值评估值，极少直接以员工持股为目的并对员工所持股份价值进行评估。但实际上，无论是否为上市公司，直接以员工持股为目的承接业务并出具相应评估结论，是美国等发达国家评估机构的重要业务和服务方式。

(2) 非上市企业（含国企）[①] 增资扩股的企业价值评估参与性分析

①样本选择与数据来源

本部分以 2016—2017 年为样本期间，根据资产评估公告相关内容和报告基础数据，在 2 882 份企业价值评估报告中重点筛选[②]"拟进行增资扩股的评估报告"，经剔除重复评估报告和评估说明，从中进一步筛选"委托方为上市公司、被评估单位为非上市企业（含国企）"的评估报告，最终得到 182 份企业价值评估报告作为非上市企业（含国企）增资扩股的研究样本。

②行业分布及周期性公司占比分析

如图 7.4 所示，经过对 182 家进行增资扩股的非上市企业（含国企）进行所属行业统计，发现 182 家样本公司分别来自 15 个行业：制造业企业 67 家，交通运输、仓储和邮政业企业 29 家，金融业企业 23 家，房地产业企业 17 家，信息传输、软件和信息技术服务业企业 12 家，建筑业、采矿业等其他行业企业 34 家。其中，145 家属于周期性企业，占比 80.56%。可见，在非上市企业（含国企）增资扩股过程中，企业价值评估同样是广泛参与和服务于其中的，且周期性企业依然是其重点服务对象。

7.3.1.3 企业价值评估服务于混合所有制改革的参与性评价

实践证明，企业价值评估已经广泛参与和服务于新一轮混合所有制改革，并在其中发挥不可或缺的助力作用。特别是周期性公司在其中占比约 2/3，无疑是新一轮混合所有制改革的主要参与主体，也是企业价值评估的重点服务对象。具体而言：

一方面，通过宏观层面参与性分析可知，伴随混合所有制改革的逐步推进，资本市场相关产权交易日益活跃，评估业务类型越发多样，企业价值评估服务于混合所有制改革的参与度不断提升。具体表现在：资产评估服务于上市公司的评估机构数量和评估业务数量均逐年增加；资产评估参与度的区域分布

---

① 在非上市企业（含国企）的企业价值评估报告样本中，部分是委托方为上市公司、被评估单位为非上市国企；部分是委托方为国有控股上市公司、被评估单位为非上市企业。二者都可以作为混合所有制改革中增资扩股路径下企业价值评估参与性分析的研究样本。下同。

② 此处所指样本筛选过程，是指项目组根据资产评估公告相关内容和报告基础数据，首先从 2014—2017 年 2 882 份企业价值评估报告中，筛选得到 2016—2017 年符合设定条件的 182 份"拟进行增资扩股的评估报告"，然后将 182 份评估报告逐一下载，手动提取、整理"被评估单位所属行业、价值类型、评估方法、评估增值率"等基础数据，进而开展后续参与性和专业性研究。

特征同混合所有制改革推进的区域分布特征趋于一致；资产评估在国有企业和自然人企业的产权交易活动中均具有不断增长的参与广泛性。

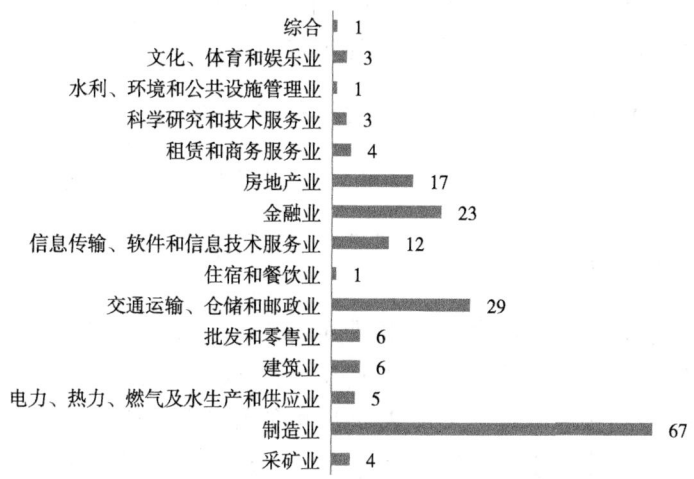

图 7.4　2016—2017 年进行增资扩股的非上市企业（含国企）行业分布

资料来源：根据相关资料整理。

另一方面，通过特殊路径参与性分析可知，企业价值评估作为必要程序之一，在非上市国企进行增资扩股和施行员工持股计划过程中的参与度很高，且其所服务行业的分布特征同混合所有制改革推进的行业分布特征趋于一致。但也要看到，企业价值评估服务于混合所有制改革的参与广度和深度仍有进一步提高的必要。

7.3.2　企业价值评估服务于混合所有制改革的专业性分析

与参与性分析相似，企业价值评估服务于混合所有制改革的专业性分析，主要立足以上市公司为样本的宏观层面和以增资扩股为重点的特殊路径予以展开。

7.3.2.1　宏观层面专业性分析

（1）样本选择与数据来源

本部分继续以 2014—2017 年为样本期间，以前文筛选得到的 2 882 份上市公司公告的企业价值评估报告作为宏观层面专业性分析的研究样本。

（2）价值类型的选取分析

资产评估价值类型一般分为市场价值和市场价值以外的价值类型；后

者又进一步包括投资价值、在用价值、清算价值、残余价值等。经统计，2 882 份企业价值评估报告的价值类型选取情况如表 7.11 所示。其中，2 843 份样本评估报告选择将市场价值作为价值类型，占比高达 98.6%；仅有 34 份评估报告选择将投资价值作为价值类型。

表 7.11 2014—2017 年上市公司企业价值评估报告的价值类型选择

价值类型	回收价值	清算价值	市场价值	投资价值	合计
选择数量	3	2	2 843	34	2 882

资料来源：根据相关资料整理。

可见，上市公司企业价值评估业务更倾向于以市场价值作为价值类型，投资价值等其他价值类型的占比远低于市场价值。这一方面是源于市场价值一直是被普遍接受的价值类型，更能体现资产评估的独立、客观、公正，其理论研究和实践应用也最为成熟，另一方面则是基于证监会及其他监管机构的审核要求。

(3) 评估方法的选择分析

收益法、市场法、资产基础法是企业价值评估的三大基本方法。根据表 7.12，在 2 882 份样本评估报告中，评估方法的选择情形包括 8 种，即"仅选用市场法"（A）、"仅选用收益法"（B）、"仅选用资产基础法"（C）、"同时选用收益法和市场法"（D）、"同时选用资产基础法和市场法"（E）、"同时选用资产基础法和收益法"（F）、"同时选用资产基础法、收益法和市场法"（G）、"除基本方法外还选用其他方法"（H）。其中，"仅选用资产基础法"和"同时选用资产基础法和收益法"的情形最多，分别占比 30.67% 和 48.23%；而以市场法、收益法和资产基础法测算得到的评估结果作为最终评估结论的报告，分别有 66 份、1 367 份和 1 449 份，占比分别为 2.29%、47.43% 和 50.28%。

表 7.12 2014—2017 年上市公司企业价值评估报告的评估方法选择

评估方法选择	合计	占比（%）	评估结果作为最终评估结论		
			市场法	收益法	资产基础法
市场法	4	0.14	4	0	0
收益法	239	8.29	0	239	0

7 混合所有制改革中周期性公司估值的服务路径及其成效评价

续表

评估方法选择	合计	占比（%）	评估结果作为最终评估结论		
			市场法	收益法	资产基础法
资产基础法	884	30.67	0	0	884
收益法、市场法	120	4.16	37	83	0
资产基础法、市场法	88	3.05	14	0	74
资产基础法、收益法	1 390	48.23	0	946	444
资产基础法、收益法、市场法	137	4.75	0	96	41
其他	20	0.69	11	3	6
合计	2 882	100.00	66	1 367	1 449

资料来源：根据相关资料整理。

整体来看，在专业服务方面，评估机构能够灵活选择和使用不同评估方法，以满足不同企业价值评估业务的需要。无论是评估方法选择，还是评估结论确定，资产基础法都成为上市公司企业价值评估实践的首选方法，收益法次之，市场法的应用相对最少，详见表7.13。进一步分析，2 882份上市公司公告涉及18个样本行业的企业价值评估报告中，涉及周期性上市公司的有2 035份，占比70.61%；在周期性上市公司企业价值评估的方法选择方面，分析结果与以上全口径样本的分析结论大致相同，即资产基础法得到最广泛的应用，其次是收益法、市场法，可能由于可比公司或交易案例选择难度较大而被较少选用。

表7.13 2014—2017年不同行业上市公司的企业价值评估报告的方法选择分布

样本行业	A	B	C	D	E	F	G	H	合计
采矿业	0	4	30	0	1	37	3	0	75
电力、热力、燃气及水生产和供应业	1	10	47	4	4	103	3	1	173
房地产业	2	5	143	3	17	73	2	4	249
建筑业	0	2	13	1	2	50	5	0	73
交通运输、仓储和邮政业	0	6	42	1	2	35	2	0	88
教育业	0	0	0	1	0	0	0	1	2

续表

样本行业	A	B	C	D	E	F	G	H	合计
金融业	1	5	8	15	6	16	6	3	60
科学研究和技术服务业	0	6	7	3	0	9	2	0	27
农、林、牧、渔业	0	3	11	0	1	15	1	0	31
批发和零售业	0	13	78	4	2	115	13	3	228
水利、环境和公共设施管理业	0	3	10	2	2	16	2	0	35
卫生和社会工作业	0	2	5	1	1	8	0	0	17
文化、体育和娱乐业	0	10	23	5	1	22	4	0	65
信息传输、软件和信息技术服务业	0	35	40	24	6	134	20	3	262
制造业	0	126	402	54	41	702	70	4	1 399
住宿和餐饮业	0	1	6	0	0	7	1	0	15
综合	0	2	8	0	1	10	0	0	21
租赁和商业服务业	0	6	11	2	1	38	3	1	62
合计	4	239	884	120	88	1 390	137	20	2 882

资料来源：根据相关资料整理。

注："A""B""C""D""E""F""G""H"分别代表"仅选用市场法""仅选用收益法""仅选用资产基础法""同时选用收益法和市场法""同时选用资产基础法和市场法""同时选用资产基础法和收益法""同时选用资产基础法、收益法和市场法""除基本方法外还选用其他方法"等8种情形。

(4) 评估增值率分析

评估增值率是指评估价值相比于账面价值的增值比率，其计算公式如下：

$$增值率 = (评估值 - 账面价值)/账面价值 \qquad (7.1)$$

增值率的高低，通常不能直接表明评估结果的科学性，但能在一定意义上体现资产账面价值与其真实价值的差异程度，以及资产评估在反映资产真实价值方面的有效程度。通过对样本评估报告采用不同评估方法得到的评估结果的统计比较可知：收益法评估结果的增值率最高，绝大多数达到100%以上，少数集中于0%～100%；其次是资产基础法评估结果，以0%～50%的评估增值率为最常见，50%～300%的评估增值率次之，少数情况评估增值率为负；市场法评估结果的增值率则总体为正。详见表7.14。可见，上市公司企业价值评估增值率绝大多数（具体占比为88.55%）为正数属于普遍现象，说明其账面价值背离真实价值的情况时常存在，也说明通过企业价值评估这一专业手段合理发现企业价值、有效管理企业资产十分必要也十分明智。

表7.14 2014—2017年上市公司企业价值评估报告的评估增值率

评估增值率	市场法	收益法	资产基础法	合计
1 000%以上	7	254	76	337
500%～1 000%	1	221	56	278
300%～500%	4	219	55	278
100%～300%	21	382	206	609
50%～100%	21	116	178	315
0%～50%	9	139	587	735
-50%～0%	0	5	195	200
-100%～-50%	2	2	18	22
-300%～-100%	0	6	32	38
-500%～-300%	0	4	10	14
-500%～-1 000%	1	5	12	18
-1 000%以下	0	14	24	38
合计	66	1 367	1 449	2 882

资料来源：根据相关资料整理。

7.3.2.2 特殊路径专业性分析

接下来重点针对非上市企业（含国企）增资扩股情形①，继续剖析企业价值评估服务于混合所有制改革的专业性。

---

① 对于前文讨论的非上市国企员工持股情形，由于非上市国企施行员工持股计划的过程、进展及结果不会以发布公告等形式公开，因此，基于数据的可获性，本部分企业价值评估服务于混合所有制改革的专业性分析暂不针对非上市国企员工持股情形予以展开。

(1) 样本选择与数据来源

本部分继续以 2016—2017 年为样本期间,并选择前文筛选得到的 182 份企业价值评估报告作为非上市企业(含国企)增资扩股的研究样本。

(2) 价值类型的选取分析

数据显示,182 份非上市企业(含国企)增资扩股评估报告的价值类型选取情况如表 7.15 所示。其中,179 份样本评估报告选择将市场价值作为价值类型,占比高达 98.4%;仅有 3 份评估报告选择将投资价值作为价值类型。

表 7.15 2016—2017 年非上市企业(含国企)增资扩股评估报告的价值类型选择

价值类型	市场价值	投资价值	合计
选择数量	179	3	182

资料来源:根据相关资料整理。

这一分析结果与企业价值评估服务于混合所有制改革宏观层面的专业性分析结果如出一辙。

(3) 评估方法的选择分析

根据表 7.16,在 182 份样本评估报告中,评估方法的选择情形包括 6 种,即"仅选用市场法""仅选用收益法""仅选用资产基础法""同时选用收益法和市场法""同时选用资产基础法和市场法""同时选用资产基础法和收益法"。其中,根据图 7.5,"仅选用资产基础法"和"同时选用资产基础法和收益法"的情形最多,分别占比 30.76% 和 54.95%;而根据表 7.16 和图 7.6,以市场法、收益法和资产基础法测算得到的评估结果作为最终评估结论的报告,分别有 8 份、77 份和 97 份,占比分别为 4.40%、42.31% 和 53.30%。这与企业价值评估服务于混合所有制改革宏观层面的专业性分析结果高度相似。

表 7.16 2016—2017 年非上市企业(含国企)增资扩股评估报告的评估方法选择

评估方法选择	合计	占比(%)	评估结果作为最终评估结论		
			市场法	收益法	资产基础法
市场法	1	0.55	1	0	0
收益法	2	1.10	0	2	0

续表

评估方法选择	合计	占比（%）	评估结果作为最终评估结论		
			市场法	收益法	资产基础法
资产基础法	56	30.76	0	0	56
收益法、市场法	12	6.59	1	11	0
资产基础法、市场法	11	6.04	6	0	5
资产基础法、收益法	100	54.95	0	64	36
合计	182	100.00	8	77	97

资料来源：根据相关资料整理。

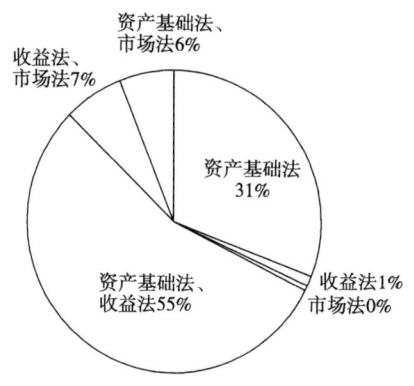

图 7.5 样本报告的评估方法选择分布

资料来源：根据相关资料整理。

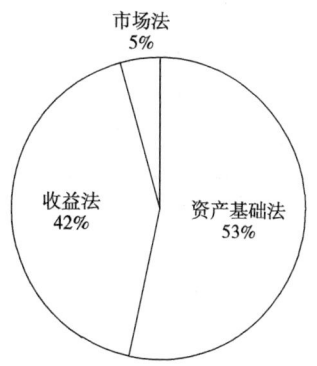

图 7.6 评估结果作为最终结论的评估方法分布

资料来源：根据相关资料整理。

可见，在非上市国企增资扩股评估实践中，无论是评估方法选择还是评估结论确定，资产基础法和收益法的应用都占据绝对优势，市场法的应用频度则最低。

（4）评估增值率分析

通过对样本评估报告采用不同评估方法得到评估结果的统计比较可知：收益法评估结果的增值率最高，绝大多数达到50%以上，少数集中于0%～50%；其次是资产基础法评估结果，以0%～10%的评估增值率为最常见，10%以上的评估增值率次之，个别情况评估增值率为负；市场法评估结果的增值率基本为正。详见表7.17和图7.7。

表 7.17 2016—2017 年非上市企业（含国企）增资扩股评估报告的评估增值率

评估增值率	市场法	收益法	资产基础法	合计
-100%~0%	0	1	3	4
0%~5%	0	8	29	37
5%~10%	1	1	13	15
10%~15%	1	2	7	10
15%~25%	1	8	6	15
25%~50%	1	4	12	17
50%~100%	0	10	6	16
100%~200%	2	14	8	24
200%~500%	1	13	5	19
500%以上	1	16	8	25
合计	8	77	97	182

资料来源：根据相关资料整理。

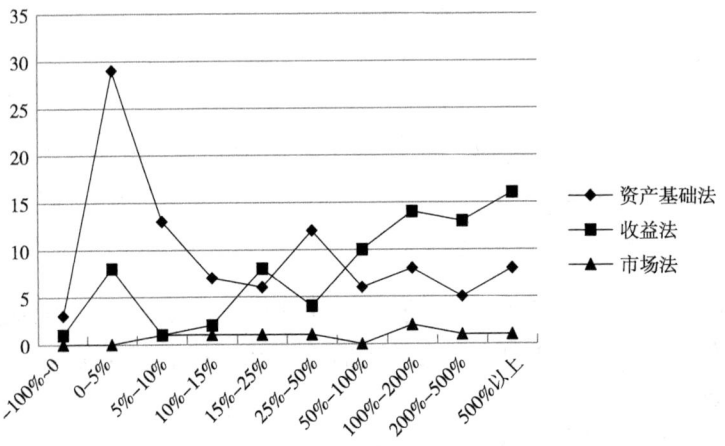

图 7.7 2016—2017 年非上市企业（含国企）增资扩股评估报告的评估增值率情况
资料来源：根据相关资料整理。

以上分析结果与企业价值评估服务于混合所有制改革宏观层面的专业性分析结果大体上趋于一致，但评估增值率的标准差小于宏观层面分析结

7 混合所有制改革中周期性公司估值的服务路径及其成效评价

果，极值偏少，且非上市企业（含国企）增资扩股评估报告的评估增值率几乎（97.8%）都为正数，负数现象远小于宏观层面分析结果，这进一步凸显了企业价值评估服务于混合所有制改革时，在体现企业整体价值、防范国有资产流失等方面发挥的巨大作用。

7.3.2.3 企业价值评估服务于混合所有制改革的专业性评价

实证分析表明，以周期性公司为主体的企业价值评估在服务于混合所有制改革的过程中，充分体现了其作为现代高端服务手段，在价值评估、判断、定价等方面的专业特长，从而保障了交易的公平合理和国有资本的保值增值。宏观层面专业性分析和特殊路径专业性分析均显示，评估机构能够熟练把握以市场价值为价值类型的企业价值评估业务，充分体现独立、客观、公正的评估原则；能够灵活选择和使用不同评估方法，特别是熟练运用资产基础法和收益法，以满足不同企业价值评估业务的需要；能够合理发现企业价值及其动态增值，为国有资本保值增值、防范国有资产流失保驾护航。但不可否认的是，企业价值评估服务于混合所有制改革的专业度仍有进一步提升的空间。

7.4 周期性公司估值服务于混合所有制改革实践的建议

7.4.1 研究结论

本章在梳理我国混合所有制改革历程以及新一轮混合所有制改革实施现状的基础上，通过筛选和整理2014—2017年上市公司资产评估总体情况数据，以及2014—2018年国有企业价值评估相关数据，系统剖析以周期性公司估值为主体的企业价值评估服务于混合所有制改革的路径和成效，并进一步提出实践建议。

本书设计并使用的具体路径和成效分析框架可归纳如图7.8所示。

7.4.1.1 关于周期性公司估值服务于混合所有制改革的路径特征

混合所有制改革过程中的资本融合方式及实现路径多样，以周期性公司估值为主体的企业价值评估服务于混合所有制改革的路径，包括但不限于股权转让、增资扩股、员工持股、改制上市、融资渠道创新、新设企业、PPP项目、并购投资等多种类别，进一步形成了周期性公司估值业务

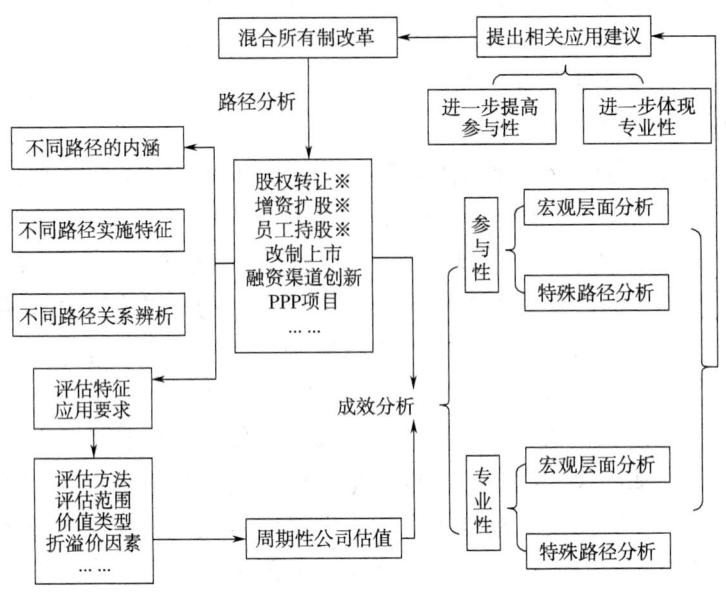

图 7.8 周期性公司估值服务于混合所有制改革的路径和成效分析框架

资料来源：根据相关资料整理。

类型的多样化。不同的混合所有制改革实现路径，会涉及不同的实施方案和实施流程，与之相对应的周期性公司估值的应用特征及实践要求亦存在差异。

以本轮混合所有制改革中最典型的股权转让、增资扩股、员工持股等三种具体路径为例：对于股权转让，如何合理选择和使用定价方法，以及如何科学评估被评估企业及其股权的价值，是股权转让评估的核心问题；对于增资扩股，为维护原有股东的合法权益，评估范围应注意涵盖账外资产、无形资产，以有效维护原股东的合法权益，并且，如果以股东全部权益价值评估结果为基础确定投资人的出资金额，其中可能存在的控制权溢价和少数股权折价等因素的影响如何，值得进一步思考与关注；对于员工持股，应适当考虑流动性折扣和少数股权折价等因素对员工所持股份价值评估的影响。

7.4.1.2 关于周期性公司估值服务于混合所有制改革的实践成效

在参与性方面，实践证明，以周期性公司估值为主体的企业价值评估已经广泛参与和服务于新一轮混合所有制改革，并在其中发挥不可或缺的

7 混合所有制改革中周期性公司估值的服务路径及其成效评价

助力作用：一方面，通过宏观层面参与性分析可知，伴随混合所有制改革的逐步推进，资本市场相关产权交易日益活跃，评估业务类型越发多样，企业价值评估服务于混合所有制改革的参与度不断提升；另一方面，通过特殊路径参与性分析可知，企业价值评估在非上市国企进行增资扩股和施行员工持股计划过程中的参与度很高，且其所服务行业的分布特征同混合所有制改革推进的行业分布特征趋于一致。

在专业性方面，实证分析表明，以周期性公司估值为主体的企业价值评估在服务于混合所有制改革的过程中，充分体现了其作为现代高端服务手段，在价值评估、判断、定价等方面的专业特长，从而保障了交易的公平合理和国有资本的保值增值。宏观层面专业性分析和特殊路径专业性分析均显示，评估机构能够熟练把握以市场价值为价值类型的企业价值评估业务，充分体现了独立、客观、公正的评估原则；能够灵活选择和使用不同评估方法，特别是熟练运用资产基础法和收益法，以满足不同企业价值评估业务的需要；能够合理发现企业价值及其动态增值，为国有资本保值增值、防范国有资产流失保驾护航。

7.4.2 实践建议

为更好服务于新形势下的混合所有制改革，本书提出有关周期性公司估值服务于混合所有制改革实践的两点建议如下。

7.4.2.1 进一步提高周期性公司估值服务于混合所有制改革的参与广度和深度

在周期性公司估值服务于混合所有制改革的参与广度方面，当前以股票交易均价为基础的上市公司员工持股定价方式，虽然简单、直观、易操作，但是当上市公司股价发生大幅波动时，往往无法合理体现股权的市场价值，鉴于此，建议进一步扩大周期性公司估值在上市公司特别是上市国企实施员工持股过程中的参与范围。

此外，当前周期性公司估值服务于非上市国企员工持股的形式，实质上是以增资扩股为目的的评估，出具的评估结论基本是股东全部权益价值评估值，而极少直接以员工持股为目的出具员工所持股份价值评估值。对此，有必要进一步借鉴国际经验，由评估机构直接出具以员工持股为目的的评估报告，并将专业服务延伸至相应的员工持股方案制定和定价环节，从而实现服务于混合所有制改革具体路径的全流程参与，以出具更有针

对性的评估专业意见；国资监管部门亦可在国有企业产权变动过程中，相应纳入对资产评估在全流程、各环节的监管和审查。因此，建议进一步加强周期性公司估值在员工持股等混合所有制改革具体路径中的参与深度。

7.4.2.2 进一步强化周期性公司估值服务于混合所有制改革的专业度

第一，企业价值评估业务通常是假设企业能够持续经营并主要以市场价值作为价值类型，投资价值等其他价值类型的占比远低于市场价值，这种做法很少考虑混合所有制改革完成后企业业务结构和发展前景的变化，未必能够完全满足混合所有制改革中资本融合方式及实现路径的多元化需求，也未必能够合理反映资产在特殊市场条件下和特殊评估目的下进行交易的价值内涵。因此，为满足不同的企业经济行为需要，建议监管部门适当放宽评估机构选择价值类型的自由度，允许其结合业务实际合理选用价值类型，有效反映不同市场条件下、不同评估目的下的企业价值；评估机构也应当加强对不同价值类型的理论研究和实践运用，提高应用不同价值类型的专业胜任能力。

第二，周期性公司估值实践中，无论是评估方法选择还是评估结论确定，资产基础法和收益法的应用都占据绝对优势，远大于市场法应用，但资产基础法在充分体现企业整体价值尤其是账外无形资产价值等方面的局限性，以及市场法在资本市场日益成熟条件下的可用性逐渐增强，都在一定程度上对提高市场法的采用比例提出要求；并且，伴随着《资产评估法》的出台，选择至少两种评估方法，特别是选择收益法和市场法作为企业价值评估主流方法，应该是大势所趋。建议评估机构在周期性公司估值方法选用过程中进一步加强关于以上两点的尝试与实践。

第三，根据增资扩股和员工持股等具体路径的评估特征，一方面，在企业增资扩股中，如果以股东全部权益价值评估结果为基础确定投资人的出资金额，可能需要基于不同增资目的，考虑其中控制权溢价和少数股权折价等因素的影响；另一方面，在员工持股中，对企业员工所持股份价值进行评估，应适当考虑流动性折扣因素和少数股权折价因素的影响。并且，根据《资产评估执业准则——企业价值》（中评协〔2017〕36号）的相关规定，资产评估师执行企业价值评估业务，应当在切实可行的情况下考虑控制权和流动性对评估对象的影响；如因客观条件限制无法考虑控制权和流动性对评估对象价值的影响，应当在资产评估报告中披露其原因以及可能造成的影响。而这些事项在当前周期性公司估值服务于混合所有制改革的实践中并未完全、有效得以体现，因此应成为未来周期性公司估值专业性提升的着力方向。

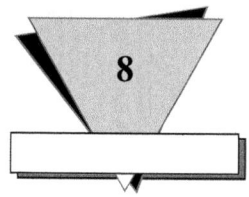

混合所有制改革中周期性公司估值不确定性问题的实践调整

8 混合所有制改革中周期性公司估值不确定性问题的实践调整

现代市场经济条件下，混合所有制改革的实现路径日趋多元化。专业评估机构既迎来新的发展机遇，也面临公司估值实践中的各种不确定性挑战。其中，周期性行业的波动率显著大于非周期性行业，加上诸多不确定性因素导致周期性公司估值参数的预测误差难以控制，有可能降低估值判断的有效性。本章引入敏感性分析和蒙特卡罗模拟，将其应用于周期性公司估值实例，并提出具体的实践调整建议，希冀为混合所有制改革中的周期性公司估值实践提供有关不确定性分析工具的选择和使用依据，为专业评估机构面临的不确定性估值难问题提供技术指导和操作借鉴，为政府部门制定相关操作指引、评估管理政策以及混合所有制改革企业进行投资决策等提供参考。

8.1 混合所有制改革、周期性公司估值与敏感性分析

敏感性分析作为一种不确定性分析技术，从定量角度研究一定数据模型中的输入变量变化对输出变量的影响程度，已逐渐被视为公司估值尤其是解决周期性公司估值难题的辅助工具。本节对单因素、双因素、多因素等不同敏感性分析方法，分别进行模拟应用并做比较分析。

8.1.1 敏感性分析及其在公司估值中的应用现状

8.1.1.1 敏感性分析的不同类型

敏感性分析一般包括选取敏感性分析指标，选取不确定因素，设定不确定因素的变动程度（一般设定百分率，如±5%、±10%等），计算不确定因素变动对分析指标的影响程度，制作敏感性分析对照表或绘制敏感性分析曲线图找出敏感性因素等几个基本步骤。单因素、双因素、多因素等不同敏感性分析方法的详细思路和步骤如下。

（1）单因素敏感性分析

假设其他因素不变，仅考察其中一个不确定因素变化对分析指标的影响，这种敏感性分析称为单因素敏感性分析。单因素敏感性分析首先仅选定一个不确定因素，采用变动幅度法，按照一定的比例幅度变动其数值，并重新计算分析指标值，把该值与基准值进行对比，得出变量因素变化率；然后，再仅选定另一个不确定因素，按同样的方法分析，直到把所选出的不确定因素以不同的变动水平分析完毕；最后，制作敏感性分析对照

表或绘制敏感性分析曲线图，比较、确定敏感性因素。

（2）双因素敏感性分析

单因素敏感性分析是假设一种因素变动、其他因素不变情况下的一种理想化分析结果。事实上，许多因素的变动具有关联性，一个因素的变动可能会引起其他因素的变动；或者不同因素组合后的影响可能同向叠加，亦可能正负相抵。对此，假设其他因素不变，每次同时考查两个不确定因素的变化对分析指标的影响，这种敏感性分析就是双因素敏感性分析。其步骤与单因素敏感性分析步骤基本一致，依然使用变动幅度法，只是每次需同时选定两个不确定因素按照设定的变动水平做相应的变动，重新计算分析指标值。

（3）多因素敏感性分析

较之前两种敏感性分析，多因素敏感性分析是模拟实际变化过程，使各种不确定因素以不同的水平共同变动，考察其对分析指标的影响。多因素敏感性分析涉及的不确定因素更全面、更多样，分析过程也更加复杂。多因素敏感性分析一般假设同时变动的几个敏感性因素相互独立，且在实际情况中发生变动的概率大体相同。其应用的具体方法和步骤因实际情形的不确定因素个数和复杂性程度的不同而存在差异。

8.1.1.2 敏感性分析在公司估值中的应用现状

敏感性分析在公司估值中的应用体现在评估准则和文献研究两个层面。

（1）评估准则

在评估准则层面，国际评估准则（International Valuation Standards，IVS）、英国评估准则（红皮书）、中国资产评估准则等国际主要评估准则均认可其应用，并提出引导性的应用意见。其中，国际评估准则理事会（International Valuation Standards Council，IVSC）于2012年11月发布的IVS技术信息文件（Technical Information Papers）《评估结论的不确定性（征求意见稿）》（*Valuation Uncertainty*）中指出，"敏感性分析是定量描述评估结论不确定性的一种手段，建议在采用关键输入值的最可能取值来获得评估结论的同时进行敏感性分析，以揭示关键输入值的可能取值范围对评估结论的影响"；英国皇家特许测量师学会（RICS）发布的红皮书（2014年第九版）《指南1：评估结论确定性》（*GN 1 Valuation Certainty*）中指出，"如果发现存在对评估结论的确定性具有实质性影响的因素，可

8 混合所有制改革中周期性公司估值不确定性问题的实践调整

能比较谨慎的做法是进行敏感性分析,以阐明这些变量的变动对评估结论产生的影响";中国资产评估协会发布的《资产评估操作专家提示——收益法中的敏感性分析(征求意见稿)》(中评协〔2013〕172号)也指出,"在收益法评估中,对不确定性因素进行分析和预测时会较多地依靠主观经验判断,然而这些预测或假设结果并不一定就是最佳估计,利用敏感性分析方法对评估关键参数的变动对于评估结论的影响进行相应的分析,可以帮助评估人员提高评估结果的合理性和稳定性"。可见,上述准则均建议将敏感性分析运用于估值实务;但也要看到,这些准则尚缺乏与之对应的系统、全面和明确的操作规程,因而对具体操作的指导性又显得不足。

(2) 文献研究

在文献研究层面,经济评价和资产评估等领域均有涉及敏感性分析的相关研究。经济评价领域中,敏感性分析已得到普遍认可和广泛应用。夏彩云和刘静(2012)、孔令伟和梅婷婷(2013)、陈梓炜和李圆(2014)等分别提出单因素、双因素和多因素敏感性分析可被应用于经济评价或项目评估,为投资决策提供科学依据。资产评估领域中,相关研究主要集中于单因素敏感性分析,较少涉及双因素敏感性分析,多因素敏感性分析更是鲜见。李晏兵(2008)利用滚动条模型对公司净利润和主营业务收入分别进行单因素敏感性分析并相关验证;霍新颖(2014)利用变动幅度法对公司净现金流和折现率分别进行单因素敏感性分析;曾薇(2014)则利用变动幅度法,在单因素敏感性分析的基础上,对企业评估值进行双因素敏感性分析。较之资产评估领域,敏感性分析在经济评价领域的文献研究起步更早、数量更多、范围更广,但多因素敏感性分析的系统操作与应用是二者共同的薄弱环节。

综上所述,国内外评估准则有关敏感性分析的具体操作指引相对欠缺,文献研究中立足多因素敏感性分析的理论应用较为薄弱,这些都在一定程度上导致当前评估实践中对敏感性分析的应用不尽规范,从而限制了其作用的有效发挥。对此,本部分基于周期性公司估值实例,对单因素、双因素①、多因素等不同敏感性分析方法的应用进行模拟演示,其中,对

---

① 双因素敏感性分析亦可被视为多因素敏感性分析的一种特殊类型。为便于比较分析,本章将敏感性分析分为单因素、双因素、多因素等不同类型,故这里所指多因素敏感性分析主要适用于需要分析的不确定因素不低于三个的情形。

多因素敏感性分析的应用进行重点探讨和挖掘；通过演示，比较不同方法的优缺点，并分别提出方法选择建议及其注意事项。

8.1.2 不同敏感性分析应用于周期性公司估值的实证比较

8.1.2.1 理论分析与研究设计

（1）样本选择

这里选择某周期性上市公司（以下简称"SH 公司"）价值评估案例作为研究样本。SH 公司主营电缆生产，包括 35dv、630 平方毫米及以下的高压电缆、低压电缆和阻水、阻燃等特种电缆。根据 SH 公司资产评估报告，经某评估机构评估，采用企业自由现金流折现模型评估 SH 公司整体价值的评估值为 42 382.62 万元，评估基准日为 2015 年 12 月 31 日。SH 公司未来各年度 FCFF 及评估值预测明细详见表 8.1。

表 8.1　SH 公司未来各年度 FCFF 及评估值预测　　单位：万元

项　目	2016 年	2017 年	2018 年	2019 年	2020 年	2021 年及以后
一、营业收入	88 344.36	97 226.20	106 821.00	118 374.00	130 819.00	130 819.00
二、营业成本	77 608.00	84 912.00	92 705.00	102 075.00	112 089.00	112 089.00
减：营业税金及附加	203.00	223.00	245.00	272.00	300.00	300.00
减：销售费用	1 912.00	2 179.00	2 408.00	2 680.00	2 971.00	2 971.00
减：管理费用	1 937.00	1 976.00	2 116.00	2 280.00	2 383.00	2 383.00
减：财务费用	1 574.04	1 577.00	1 577.00	1 577.00	1 577.00	1 577.00
减：资产减值损失	0.00	0.00	0.00	0.00	0.00	0.00
加：公允价值变动收益	0.00	0.00	0.00	0.00	0.00	0.00
加：投资收益	0.00	0.00	0.00	0.00	0.00	0.00
三、营业利润	5 110.32	6 359.20	7 770.00	9 490.00	11 499.00	11 499.00
四、利润总额	5 263.32	6 523.20	7 973.00	9 737.00	11 499.00	11 499.00
五、净利润	3 893.32	4 832.20	5 913.00	7 229.00	8 543.00	8 543.00
六、归属于母公司损益	3 893.32	4 832.20	5 913.00	7 229.00	8 543.00	8 543.00
加：折旧和摊销	436.00	1 608.00	1 674.00	1 754.00	1 841.00	1 841.00

续表

项 目	2016年	2017年	2018年	2019年	2020年	2021年及以后
减：资本性支出	543.19	2 347.00	2 471.00	2 715.00	2 876.00	1 841.00
减：营运资本增加	10 060.99	4 253.00	4 560.00	5 486.00	5 869.00	0.00
七、股权自由现金流	-7 137.29	-159.80	556.00	782.00	1 639.00	8 543.00
加：新增贷款	0.00	0.00	0.00	0.00	0.00	0.00
加：税后付息债务利息	399.50	1 182.80	1 182.80	1 182.80	1 182.80	1 182.80
减：贷款偿还	0.00	0.00	0.00	0.00	0.00	0.00
八、企业自由现金流	-6 737.79	1 023.00	1 738.80	1 964.80	2 821.80	9 725.80
折现率	12.80%	12.80%	12.80%	12.80%	12.80%	12.80%
折现系数	0.8865	0.7859	0.6967	0.6177	0.5476	4.2780
九、收益现值	-5 128.86	804.00	1 211.50	1 213.62	1 545.19	41 607.33
经营性资产价值						41 252.78
基准日非经营性资产净值评估值	1 129.84			溢余资产评估值		0.00
企业整体价值评估值（扣除少数股东权益）				42 382.62		

资料来源：SH公司资产评估报告。

(2) 研究方法与步骤

①现金流折现法

这里选择与样本案例相同的 FCFF 两阶段模型计算采用不同敏感性分析方法后 SH 公司整体价值的变化，具体是将各预测年度的 FCFF 分为详细预测期和永续期，并用公司加权平均资本成本（WACC）分别进行折现加和得到公司整体价值。其估值模型如下：

$$P = \sum_{t=1}^{n} \frac{FCFF_t}{(1+WACC)^t} + \frac{FCFF_{n+1}}{WACC} \times \frac{1}{(1+WACC)^n} \quad (8.1)$$

式中，P 为公司整体价值，$FCFF_t$ 为第 t 年的 FCFF，n 为年度，$FCFF_{n+1}$ 为第 $n+1$ 年后的永续 FCFF。

②敏感性分析

将单因素、双因素、多因素等不同敏感性分析方法分别模拟应用于样本周期性公司估值实例。分析过程中涉及的不确定因素包括折现率及影响未来收益额的重要财务指标。其中，多因素敏感性分析的具体方法与步骤参见"多因素敏感性分析-正交分析法"。

③多因素敏感性分析-正交分析法

对于多因素敏感性分析，在选择较多因素时，如果仍采用变动幅度法，分析过程将非常复杂且逻辑欠佳，难以达到分析目的。例如，对同时具有Y种变动水平的X个不确定因素进行全面试验，就会形成Y^x种组合，尤其在因素较多时将更为繁琐。而正交分析法有利于解决这一问题。

正交分析法是一种研究多个因素同时变动，通过分析部分试验结果来代替全面试验结果的高效率方法，最初被用于工程技术实验，现也被用于经济评价，具有均衡分散性和整齐可比性的特点。其优良之处在于用最少的测试用例来覆盖多个变量取值的两两组合（李建华、王永录，1995），可以最大限度地排除其他因素的干扰，便于综合比较某因素对评价指标的影响程度。正交表所选择的的试验点在全面试验点中均衡分布，保证所选点的代表性。正交表有两种类型，即等水平正交表和混合水平正交表。这里尝试综合采用正交分析法中的等水平正交表对公司整体价值进行敏感性分析。

多因素敏感性分析-正交分析法的详细步骤如下：

第一步，确定敏感性分析指标，选取不确定因素及其变动水平，列出因素水平表。

第二步，选择合适的正交表。其选用原则是：既要能安排试验的全部因素，又要使部分水平组合数（处理数）尽可能少。一般情况下，试验因素的水平数应恰好等于正交表记号中括号内的底数；因素的个数应不大于正交表记号中括号内的指数；各因素的自由度之和要小于所选正交表的总自由度，以便估计试验误差。

第三步，列出试验方案并计算各方案的结果。把正交表中安排因素的各列中每个数字依次换成该因素的实际水平，得到正交试验方案，再计算每种方案对应结果。

第四步，极差分析。从各个因素的极差来看因素对指标影响程度的大小，这里所指的极差是该因素不同水平对应的试验结果均值的最大值与最小值之差。极差值越大，则改变这一因素的水平时对指标造成的变化越大，所以该因素对指标影响越大，据此判断其是否为敏感性因素。

第五步,方差分析。通过方差分析,区分因素水平变化引起的差异和试验误差波动引起的差异,弥补直观分析的不足。

④比较研究法

即比较和归纳单因素、双因素、多因素等不同敏感性分析方法应用于周期性公司估值时的优缺点,提出选择建议与注意事项,以供研究借鉴。

8.1.2.2 单因素敏感性分析应用步骤与结果分析

(1) 单因素敏感性分析应用步骤

根据单因素敏感性分析步骤,选取敏感性分析指标为 SH 公司整体价值 P,选择对分析指标影响可能较大的不确定因素为营业收入 R、营业成本 C、资本性支出 E、营运资本增加 W、折现率 r(即 WACC)。假设各因素之间相互独立,设定各因素变化率为±5%、±10%,在表 8.1 的基础上分别计算得出 SH 公司整体价值变动情况(如表 8.2 所示)。

表 8.2 SH 公司整体价值 (P) 单因素敏感性分析对照表   单位:%

因素	-10	-5	0	5	10
R	-18.48	-9.24	0.00	9.24	18.48
C	17.41	8.71	0.00	-8.71	-17.41
E	3.58	1.79	0.00	-1.79	-3.58
W	5.20	2.60	0.00	-2.60	-5.20
r	17.67	8.32	0.00	-7.45	-14.15

资料来源:根据相关资料整理。

根据表 8.2 的结果,以各不确定因素的变化率为横坐标 x,以公司整体价值变化率为纵坐标 y,绘制敏感性分析曲线图如图 8.1 所示。

(2) 结果分析

根据表 8.2 和图 8.1,SH 公司整体价值变化与各不确定因素变化基本为线性关系;根据变动影响函数的斜率绝对值,因素敏感性大小排序为 $R>C>r>W>E$,营业收入、营业成本和折现率的变动对 SH 公司整体价值的变动影响明显更大,即营业收入、营业成本和折现率可视为敏感性因素。其中,SH 公司整体价值与营业收入呈正相关变动,与营业成本和折现率呈负相关变动。这一结果仅适用于各不确定因素之间相互独立的分析情形。

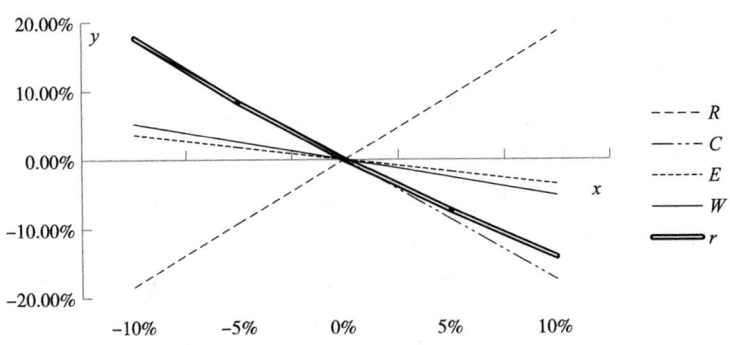

图 8.1　SH 公司整体价值（P）单因素敏感性分析曲线

资料来源：根据相关资料整理。

8.1.2.3　双因素敏感性分析应用步骤与结果分析

（1）双因素敏感性分析应用步骤

将上述不确定因素进行两两组合，假设其间相互独立且以同速率变动①，设定因素组合的同速率变化率为±5%、±10%，在表 8.1 的基础上计算 SH 公司整体价值变动情况（表 8.3）。

表 8.3　SH 公司整体价值（P）双因素敏感性分析对照表　　单位：%

因素组合	-10	-5	0	5	10
$R+C$	-1.07	-0.53	0.00	0.53	1.07
$R+E$	-14.90	-7.45	0.00	7.45	14.90
$R+W$	-13.28	-6.64	0.00	6.64	13.28
$R+r$	-1.03	-0.97	0.00	1.74	4.12
$C+E$	20.99	10.50	0.00	-10.50	-20.99
$C+W$	22.61	11.31	0.00	-11.31	-22.61
$C+r$	35.28	17.08	0.00	-16.11	-31.36

---

①　双因素敏感性分析亦可根据需要假设两种不确定因素相互关联，或者以不同速率分别变动。这里暂以其相互独立且以同速率变化情况进行模拟演示。

8 混合所有制改革中周期性公司估值不确定性问题的实践调整

续表

因素组合	-10	-5	0	5	10
$E+W$	8.78	4.39	0.00	-4.39	-8.78
$E+r$	21.64	10.21	0.00	-9.16	-17.41
$W+r$	23.02	10.96	0.00	-10.01	-19.21

资料来源：根据相关资料整理。

同样，根据表8.3的结果，以各因素组合的同速率变化率为横坐标 x，以企业价值变化率为纵坐标 y，绘制敏感性分析曲线图如图8.2所示。

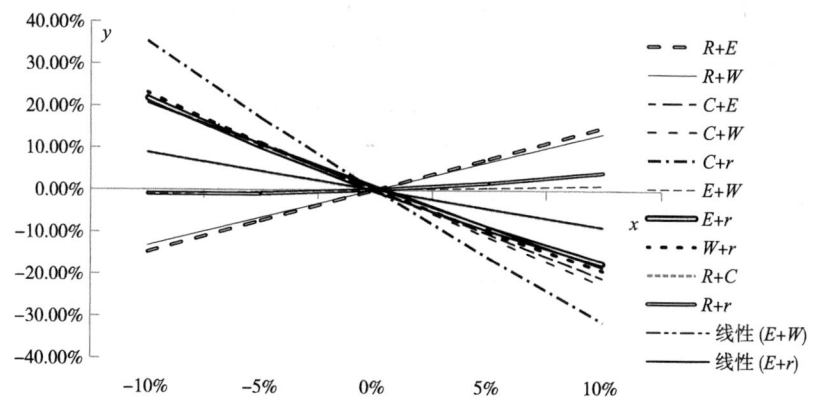

图8.2 SH公司整体价值（P）双因素敏感性分析曲线

资料来源：根据相关资料整理。

（2）结果分析

从表8.3和图8.2可见，SH公司整体价值变化与各因素组合变化基本呈线性关系；根据变动影响函数的斜率绝对值，因素组合敏感性大小排序为 $C+r>C+W>W+r>C+E>E+r>R+E>R+W>E+W>R+r>R+C$。其中，$C+r$ 组合对SH公司整体价值的变动影响最大，$C+W$、$W+r$、$C+E$、$E+r$ 四种组合的变动影响其次，$R+r$、$R+C$ 两种组合的变动影响最小，即在单因素敏感性分析中得出的三种敏感性因素经两两组合，分别形成了这里的最敏感因素组合和最不敏感因素组合。这主要是源于其对SH公司整体价值的影响方向不同所致。影响方向不同的因素组合后，可能产生同向叠加、敏感性进一步增加,亦可能正负相抵、敏感性抵消后降低。

以上只是在假设不确定因素之间相互独立,且以同速率变动情况下对双因素敏感性分析进行模拟应用。当因素之间相互关联,或者以不同速率分别变动时,双因素敏感性分析还须进一步考虑因素在相互影响后所呈现的变化率,或者以不同变化率进行更多组合后可能对分析指标产生的影响,其分析结果会更加全面和准确,但分析难度进一步加大,过程也更加复杂。

8.1.2.4 多因素敏感性分析-正交分析法应用步骤与结果分析

(1) 多因素敏感性分析-正交分析法应用步骤

①确定指标与因素,列出因素水平表

假设上述不确定因素之间相互独立,且发生变动的概率基本相同,设定各因素变化率为±5%、±10%,列出因素水平表。详见表8.4。

表8.4 因素水平表　　　　　　　　　单位:%

水平	不确定因素				
	R	C	E	W	r
1	10	10	10	10	10
2	5	5	5	5	5
3	0	0	0	0	0
4	-5	-5	-5	-5	-5
5	-10	-10	-10	-10	-10

资料来源:根据相关资料整理。

②选择正交表

根据所选的五个因素水平数选择五水平正交表;为估计试验误差,针对选定的五个因子(不确定因素)数,将正交表设为六列,即最终选择$L_{25}(5^6)$正交表。

③列出试验方案

按$L_{25}(5^6)$正交表安排试验,总计进行25次不同因素组合试验;在表8.1的基础上,分别计算不同试验条件下SH公司整体价值变动情况,详见表8.5。

8 混合所有制改革中周期性公司估值不确定性问题的实践调整

表 8.5 试验方案与结果

试验号	水平组合	因素水平（试验条件）						试验指标 P（万元）	P 变动比（%）
		R	C	E	W	r	空列		
1	$R_1C_1E_1W_1r_1$	10	10	10	10	10	10	33 310.38	−21.41
2	$R_1C_2E_2W_2r_2$	10	5	5	5	5	5	41 534.83	−2.00
3	$R_1C_3E_3W_3r_3$	10	0	0	0	0	0	50 214.57	18.48
4	$R_1C_4E_4W_4r_4$	10	−5	−5	−5	−5	−5	59 412.99	40.18
5	$R_1C_5E_5W_5r_5$	10	−10	−10	−10	−10	−10	69 207.30	63.29
6	$R_2C_1E_2W_3r_4$	5	10	5	0	−5	−10	41 628.68	−1.78
7	$R_2C_2E_3W_4r_5$	5	5	0	−5	−10	10	51 232.73	20.88
8	$R_2C_3E_4W_5r_1$	5	0	−5	−10	10	5	43 091.84	1.67
9	$R_2C_4E_5W_1r_2$	5	−5	−10	10	5	0	46 060.10	8.68
10	$R_2C_5E_1W_2r_3$	5	−10	10	5	0	−5	51 057.88	20.47
11	$R_3C_1E_3W_5r_2$	0	10	0	−10	5	−5	34 061.48	−19.63
12	$R_3C_2E_4W_1r_3$	0	5	−5	10	0	−10	37 247.80	−12.12
13	$R_3C_3E_5W_2r_4$	0	0	−10	5	−5	10	46 388.58	9.45
14	$R_3C_4E_1W_3r_5$	0	−5	10	0	−10	5	51 917.14	22.50
15	$R_3C_5E_2W_4r_1$	0	−10	5	−5	10	0	44 063.91	3.97
16	$R_4C_1E_4W_2r_5$	−5	10	−5	5	−10	0	38 153.39	−9.98
17	$R_4C_2E_5W_3r_1$	−5	5	−10	0	10	−5	30 246.33	−28.64
18	$R_4C_3E_1W_4r_2$	−5	0	10	−5	5	−10	34 972.40	−17.48
19	$R_4C_4E_2W_5r_3$	−5	−5	5	−10	0	10	43 601.46	2.88
20	$R_4C_5E_3W_1r_4$	−5	−10	0	10	−5	5	47 156.79	11.26
21	$R_5C_1E_5W_4r_3$	−10	10	−10	−5	0	5	29 791.39	−29.71
22	$R_5C_2E_1W_5r_4$	−10	5	10	−10	−5	0	34 961.48	−17.51
23	$R_5C_3E_2W_1r_5$	−10	0	5	10	−10	−5	38 837.81	−8.36

续表

试验号	水平组合	因素水平（试验条件）						试验指标 P（万元）	P变动比（%）
		R	C	E	W	r	空列		
24	$R_5C_4E_3W_2r_1$	−10	−5	0	5	10	−10	31 218.39	−26.34
25	$R_5C_5E_4W_3r_2$	−10	−10	−5	0	5	10	39 497.67	−6.81

资料来源：根据相关资料整理。

(2) 结果分析

①极差分析

根据表8.5分别计算各因素同一水平试验指标平均值及其极差，如表8.6所示。其中，因素极差结果代表该因素对试验指标的影响程度。

表8.6 试验指标平均值及其极差分析　　　　　单位：万元

水平	因素					
	R	C	E	W	r	空列
1	50 736.02	35 389.07	41 243.86	40 522.58	36 386.17	42 806.17
2	46 614.25	39 044.64	41 933.34	41 670.62	39 225.30	42 698.40
3	42 735.79	42 701.04	42 776.80	42 700.88	42 382.62	42 690.69
4	38 826.08	46 442.02	43 480.74	43 894.69	45 909.71	42 723.30
5	34 861.35	50 196.71	44 338.74	44 984.72	49 869.68	42 854.92
R'	15 874.67	14 807.65	3 094.88	4 462.14	13 483.50	156.52

资料来源：根据相关资料整理。

由表8.6可见，极差 $R'_R > R'_C > R'_r > R'_W > R'_E$，说明五个不确定因素对试验指标的影响程度大小排序为 $R>C>r>W>E$；这一结果与单因素敏感性分析结果一致。同时，表8.5的结果还进一步表明不同因素组合下SH公司整体价值变动情况：$R_1C_5E_5W_5r_5$ 是最敏感因素组合（即最适水平），其次为 $R_1C_4E_4W_4r_4$，$R_2C_3E_4W_5r_1$ 为最不敏感因素组合；这较之双因素敏感性分析涉及的因素更多，结果也更具体。

②方差分析

对表8.5所列结果进行方差分析，结果如表8.7所示。

8 混合所有制改革中周期性公司估值不确定性问题的实践调整

表 8.7 方差及显著性分析

方差来源	平方和 SS	自由度 df	均方和 MS	F 值
R	781 684 672.10	4	195 421 168.00	7 464.28*
C	684 999 374.60	4	171 249 843.70	6 541.04**
E	29 970 435.41	4	7 492 608.85	286.19**
W	62 165 169.27	4	15 541 292.32	593.61**
r	568 651 078.70	4	142 162 769.70	5 430.03**
误差 e	104 723.35	4	26 180.84	
总和	2 127 575 453.43	24		

资料来源：根据相关资料整理。

注：** 表示因素通过 0.01 的显著性水平检验。

根据表 8.7，在 $\alpha = 0.01$ 显著性水平下，营业收入、营业成本、折现率、营运资本增加、资本性支出对 SH 公司整体价值的上述影响均显著。

8.1.2.5 实证结果比较及结论

（1）实证结果比较分析

根据以上实证分析，比较和归纳三种敏感性分析方法应用于周期性公司估值时的优缺点，并提出选择建议与注意事项，如表 8.8 所示。

表 8.8 实证结果比较分析

方法	优点	缺点	选择建议	注意事项
单因素敏感性分析	操作简易，直观易懂，认可度高	过于依赖假设条件，分析结果准确度有限	当不确定因素数量较少，且其间关联度低时，更加适用	可以满足简单、高效情形需要；对评估人员统计分析水平要求不高
双因素敏感性分析	分析结果的准确度有所提高；既可考察相互独立的双因素影响，亦可考察具有关联关系的双因素影响	对不确定因素的数量设定存在较大限制，与实际情况存在差距	当不确定因素数量较少，且其间存在关联度时，或需要考察因素两两组合的敏感性时，更加适用	对关联因素变化幅度的设定还须进一步考虑其间影响；当关联因素个数超过 2 个时，可依此类推进行三因素、四因素等敏感性分析，但过程复杂性与操作难度同时加大。对评估人员统计分析水平有较高要求

续表

方法	优点	缺点	选择建议	注意事项
多因素敏感性分析-正交分析法	更贴近现实的复杂性；能更全面分析和揭示关键参数变动对公司估值结论的定性与定量影响	依然存在假设条件限制，对不确定因素间的相互独立性要求较高；操作相对复杂	当不确定因素数量较多，且其间关联度较低时，或需要考察相互独立的多种因素组合的敏感性时，更加适用	如果因素间的实际关联度较大，将直接影响这一方法应用结果的有效性；对评估人员统计分析水平有较高要求

资料来源：根据相关资料整理。

以上只是在假设不确定因素之间相互独立且以同速率变动的情况下，对双因素敏感性分析的模拟应用。当因素之间相互关联或者以不同速率分别变动时，双因素敏感性分析还须进一步考虑因素在相互影响后所呈现的变化率，或者以不同变化率进行更多组合后可能对分析指标产生的影响，其分析结果会更加全面和准确，但分析难度也进一步加大，过程亦更加复杂。

（2）实证分析结论及建议

本部分尝试应用敏感性分析这一不确定性分析技术，解决周期性公司估值难题，具体结合周期性公司估值实例，对单因素、双因素、多因素等不同敏感性分析方法分别进行模拟应用和比较分析。研究发现：三种敏感性分析各有利弊，假设条件和适用范围不一，应根据实际需要选择使用。其中，单因素敏感性分析操作简易，更适用于不确定因素数量较少且其间关联度低的情形；双因素敏感性分析更适用于不确定因素数量较少且其间存在关联度，或需要考察因素两两组合敏感性的情形；多因素敏感性分析则更适用于不确定因素数量较多且其间关联度较低，或需要考察相互独立的多因素组合敏感性的情形。恰当选择和合理应用不同类型的敏感性分析方法，能够更好体现关键参数变动对公司估值结论尤其是周期性公司估值结论的影响，有利于评估委托方与报告使用者更加有效地理解和使用评估结论，同时有利于解决周期性公司估值时面临的混合所有制改革中的宏观经济波动等不确定问题，为其提供理论参考与技术解决方法。

8.2 混合所有制改革、周期性公司估值与蒙特卡罗模拟

根据 8.1 节的研究结论,敏感性分析可被视为解决周期性公司估值不确定性问题的辅助工具。三种敏感性分析各有利弊,假设条件和适用范围不一。特别是在多因素敏感性分析中,一般假设同时变动的几个敏感性因素相互独立,且在实际情况中发生变动的概率大体相同,这在很大程度上限制了多因素敏感性分析在周期性公司估值的应用。而蒙特卡罗模拟能够对多种因素的不同概率分布进行多次模拟,恰好可以弥补敏感性分析的局限性,从而满足混合所有制改革中对周期性公司估值不确定性分析的高级需求。为此,本部分讨论蒙特卡罗模拟在周期性公司估值中的应用,结合周期性公司估值实例对蒙特卡罗模拟进行应用演示,提出具体建议。

8.2.1 蒙特卡罗模拟在公司估值中的应用思路与步骤

本部分重点探讨蒙特卡罗模拟应用于公司估值的基本思路与具体步骤。

8.2.1.1 蒙特卡罗模拟应用于公司估值的基本思路

蒙特卡罗模拟又称随机模拟,是以概率和统计理论为基础的一种计算方法。该方法将所求解的问题与某个概率模型联系在一起,在计算机上进行随机模拟,以获得问题的近似解及其分布情况。这是一种先进的数字仿真技术,其实质是利用服从某种分布的随机数来模拟现实系统中可能出现的随机现象。通常,我们对未来的情况都是不能确定的,但如果知道每一个输入变量的概率分布情况,就可以通过运用一个随机数发生器来产生具有相同概率分布的数值,重复多次给每个输入变量赋值,从而对应每次实际上都可能发生的情况。通过大量模拟,就可以得到一个结果的概率分布情况。

当蒙特卡罗模拟应用于公司估值领域时,其实质是通过多次模拟估值来表示结果,而不是采用单一的点估计值来表示公司价值。蒙特卡罗模拟的这种特性,恰好可以满足公司估值特别是周期性公司估值对不确定性预测的高级需求,因而具有广阔的应用空间。

8.2.1.2 蒙特卡罗模拟应用于公司估值的具体步骤

蒙特卡罗模拟应用于公司估值的具体操作步骤如下。

(1) 构造或描述公司估值中不确定因素预测的概率模型

在进行蒙特卡罗模拟前，首先应当先对公司估值中所涉及的未来不确定因素——进行波动情况分析和概率模型构造。对于本身就具有随机性质的不确定性因素预测，主要是正确描述和模拟这个概率过程；对于本来不是随机性质的有一定确定性的因素的预测，就必须事先构造一个人为的概率模型，即要将不具有随机性质的问题转化为随机性质的问题。

(2) 实现从不确定因素的已知概率分布抽样

构造概率模型以后，由于各种概率模型都可以看作由各种各样的概率分布构成，所以产生各不确定因素已知概率分布的随机变量（或随机向量），就成为实现蒙特卡罗模拟实验的基本手段，这也是蒙特卡罗模拟被称为随机抽样的原因。最简单、最基本、最重要的一个概率分布是 (0, 1) 上的均匀分布（或称矩形分布）。随机数就是具有这种均匀分布的随机变量；随机数序列就是具有这种分布的一个简单子样，也就是一个具有这种分布的相互独立的随机变数序列。产生随机数的问题，就是从这种分布中抽样的问题。由已知分布随机抽样有各种方法，与从 (0, 1) 上均匀分布抽样不同，这些方法都是借助于随机序列来实现，也就是说，都是以产生随机数为前提的。因此，随机数是实现蒙特卡罗模拟的基本工具，对于蒙特卡罗模拟在公司估值中的应用也是如此。

(3) 蒙特卡罗模拟运算与公司估值结果分析

在构造各不确定因素的概率模型并能从中抽样后，计算机将根据给定规则，快速实施充分、大量的随机抽样，并对随机抽样的数据进行必要的数学计算，求出公司估值结果的各种估计量；随后，对各估计量进行统计学处理，求出最小值、最大值以及数学期望值和单位标准偏差，并自动生成概率分布曲线和累积概率曲线，评估人员据此进行公司估值结果分析。

8.2.2 蒙特卡罗模拟应用于周期性公司估值的案例分析

本部分结合周期性公司估值实例，具体选择某周期性上市公司（以下简称"EC公司"）作为研究样本，对蒙特卡罗模拟进行应用演示。

8 混合所有制改革中周期性公司估值不确定性问题的实践调整

8.2.2.1 蒙特卡罗模拟在周期性公司估值中的案例应用

（1）周期性公司估值实例述评

①研究样本与基本信息

EC公司是我国主营煤炭生产与经营的典型周期性上市公司，由于公司整体规模较小，为提高公司资产质量、增强公司的持续盈利能力和长期发展潜力，其决定将截至基准日除货币资金外的全部资产及负债出售给某投资公司，同时通过发行股份购买某煤炭集团持有的优质煤炭资产，以扩大上市公司资产规模，提升上市公司盈利能力。预计重组完成后，公司盈利状况将得到改善，中小股东的利益也将得到充分体现和保障。经评估机构对拟出售资产实施清查核实、实地查勘、市场调查和询证、评定估算等评估程序，采用DCF方法对拟出售资产进行评估。评估基准日为2009年12月31日，经评估，拟出售资产账面值为6 922.71万元，评估后的价值为14 158.12万元，评估增值7 235.41万元，增值率为104.52%。

本次评估中，根据EC公司2005—2009年资产负债表、利润表和内部管理报表，综合考虑未来5年以及永续期各种相关因素的影响，预测EC公司拟出售净资产未来各年度FCFF及其现值测算明细如表8.9所示。

表8.9　EC公司未来各年度FCFF及其现值测算　　　单位：万元

项目	2010年	2011年	2012年	2013年	2014年	2015年及以后
一、营业收入	26 175.36	25 146.89	25 425.19	26 191.44	26 457.81	26 457.81
二、营业成本	13 474.76	13 338.58	13 803.88	14 439.87	14 602.47	14 602.47
减：营业税金及附加	967.27	929.26	939.55	967.86	977.71	977.71
减：销售费用	1 104.40	1 018.57	998.95	1 008.47	1 008.54	1 008.54
减：管理费用	6 525.42	6 387.31	6 307.53	6 385.74	6 386.91	6 386.91
减：财务费用	37.44	37.44	37.44	37.44	37.44	37.44
减：资产减值损失	0.00	0.00	0.00	0.00	0.00	0.00
加：公允价值变动损益	0.00	0.00	0.00	0.00	0.00	0.00
加：投资收益	0.00	0.00	0.00	0.00	0.00	0.00
三、营业利润	4 066.07	3 435.73	3 337.84	3 352.06	3 444.74	3 444.74
四、利润总额	4 066.07	3 435.73	3 337.84	3 352.06	3 444.74	3 444.74

续表

项　目	2010年	2011年	2012年	2013年	2014年	2015年及以后
减：所得税	548.92	481	767.7	804.49	826.74	826.74
五、净利润	3 517.15	2 954.73	2 570.14	2 547.57	2 618.00	2 618.00
加：折旧	556.87	556.87	556.87	556.87	556.87	556.87
加：摊销	38.18	38.18	38.18	38.18	38.18	38.18
加：扣税后利息	32.38	32.19	28.83	28.45	28.45	28.45
减：资本性支出	-2 044.35	54.28	606.21	823.21	661.29	556.87
六、企业自由现金流	6 188.93	3 527.69	2 587.81	2 347.86	2 580.21	2 684.63
折现率	14.70%	14.70%	14.63%	14.63%	14.63%	14.63%
折现系数	0.87	0.76	0.66	0.58	0.51	3.45
七、收益现值	5395.75	2681.41	1718.06	1359.81	1303.66	9271.47

资料来源：EC公司资产评估报告。

②样本公司估值实例述评

从EC公司评估报告的收益现值测算过程可以看出：第一，评估的详细预测期为5年，即2010—2014年；第二，假设该公司可保持长时间运行，故评估收益期按永续确定，且2015年及以后的永续收益与2014年相同，即永续增长率为0%。显然，本次评估对EC公司2014年以后未来预期收益的处理过于简单。尽管煤炭行业相对其他行业来说收益较为稳定，但随着时间的长期推移，无论是国家出台的一系列对能源资源开采的鼓励抑或限制性的宏观政策，还是公司内部进行资产结构调整以适应其更好发展的战略方针，都必然会使该公司经历或多或少的收益和成本的波动。不产生任何波动的未来收益预测，一定程度上看说服力不足。因此，对于EC公司在2014年以后永续期的净现金流量现值预测，有必要考虑其波动情况并加入不确定性分析，这可以通过蒙特卡罗模拟重新调整其预测值。其中，对于详细预测期2010—2014年所列的评估结果，仍采用原评估报告中的评估数据，不再另做分析。

(2) 基于蒙特卡罗模拟的不确定性因素预测

进行蒙特卡罗模拟的第一步，是对公司估值中所涉及的未来不确定因素——进行波动情况分析和概率模型构造。由于该样本案例是采用 DCF 模型进行评估,因此涉及的未来的不确定性因素主要有营业收入、营业成本、营业税金及附加、销售费用、管理费用、财务费用、折旧、摊销、扣税后利息、资本性支出等。

①对 EC 公司营业收入和营业成本的波动性分析

营业收入和营业成本通常是对企业净利润额影响最大的两种因素,所以有必要对其进行重点分析。但 EC 公司是煤炭行业的新进入企业,缺乏足够的历史数据支持,难以分析其在行业中的未来营业收入和营业成本的波动情况。对此,可以选取与其资产规模和盈利能力基本相似的可比公司来进行收入和成本的波动性分析,将分析结论作为分析 EC 公司时的参照。

根据 EC 公司的资产规模和盈利能力,这里选取与其在重大资产重组后行业类型相一致,且总资产和净利率相当的上市公司的历史利润表进行分析,以推测 EC 公司未来利润表各个项目数值的概率分布。通过对煤炭行业 35 家上市公司的基本面情况的比较(特别是总资产规模和净利率数值的比较),这里初步选定我国另一家煤炭业上市公司(以下简称"SC 公司")作为 EC 公司的可比公司。其主要原因有三:一是从所处行业看,两者均属于煤炭采选业,且业务结构相似。二是从资产规模看,两者总资产规模相近。EC 公司的总资产为 113.17 亿元,SC 公司的总资产为 108.62 亿元,在煤炭采选业中,分别排名为 18 和 19。三是从盈利能力看,两者销售净利率相近。EC 公司的销售净利率为 15.8%,SC 公司的销售净利率为 14.3%,在煤炭采选业中分别排名为 13 和 14。

通过 SPSS 软件对 SC 公司营业收入和营业成本的数据进行概率分布统计,分析其金额的大致分布特征,从而可推断出目标公司 EC 公司相应项目金额的未来概率分布。SC 公司 1998—2009 年的营业收入和营业成本情况如表 8.10 和表 8.11 所示。

表 8.10 1998—2009 年 SC 公司营业收入情况   单位:元

年份	1998	1999	2000	2001
营业收入	1 038 477 235.34	1 029 289 813.69	1 277 861 865.48	1 473 401 261.41
年份	2002	2003	2004	2005
营业收入	1 592 855 728.14	1 722 488 494.48	2 474 901 259.90	3 715 677 728.35

续表

年份	2006	2007	2008	2009
营业收入	4 317 229 032.22	5 204 340 022.98	6 895 108 458.17	7 330 302 932.24

资料来源：根据相关资料整理。

表 8.11　1998—2009 年 SC 公司营业成本情况　　单位：元

年份	1998	1999	2000	2001
营业成本	669 687 453.70	674 814 840.02	884 883 598.15	1 099 759 073.35
年份	2002	2003	2004	2005
营业成本	1 244 638 254.52	1 717 176 567.36	2 686 349 860.79	3 715 677 728.35
年份	2006	2007	2008	2009
营业成本	3 101 626 745.85	3 856 565 949.12	4 561 036 746.26	5 188 841 223.56

资料来源：根据相关资料整理。

运用 SPSS 对 SC 公司营业收入进行 K-S 单样本检验。通过该检验研究样本观察值的分布和指定的理论分布是否吻合，即利用样本数据推断其是否来自指定分布的总体。在 SPSS 软件中一共给出了 4 种指定分布，分别为正态分布、均匀分布、指数分布、泊松分布。在对上述营业收入进行检验时，选定的单侧显著性水平为 0.05，且原假设 H_0 和备择假设 H_1 为：

H_0：SC 公司 1998—2009 年的营业收入服从正态分布。

H_1：SC 公司 1998—2009 年的营业收入不服从正态分布。

SC 公司营业收入的 K-S 单样本检验结果如表 8.12 所示。从表 8.12 可以看出，该组数据的均值为 3 236 100 000，标准差为 2 388 650 000，双侧渐近显著性水平为 0.345；由于这里所选定的单侧显著性水平为 0.05，且 0.345>0.1，进而可以得出结论：检验不显著，无理由拒绝原假设，即认为 SC 公司 1998—2009 年的营业收入和正态分布没有显著差异。由此可知，SC 公司 1998—2009 年的营业收入来自正态总体 N（3 236 100 000，2 388 650 000^2）。

同理，继续对 SC 公司营业成本进行 K-S 检验，检验结果如表 8.13 所示。根据表 8.13，SC 公司 1998—2009 年的营业成本来自正态总体 N（2 224 600 000，1 608 620 000^2），同样服从正态分布。

8 混合所有制改革中周期性公司估值不确定性问题的实践调整

表 8.12 1998—2009 年 SC 公司营业收入的 K-S 单样本检验结果

One-Sample Kolmogorov-Smirnov Test			
			VAR00004
N			11
Normal Parameters[a,b]		Mean	3.236 1E9
		Std. Deviation	2.388 65E9
Most Extreme Differences		Absolute	0.282
		Positive	0.282
		Negative	-0.178
Kolmogorov-Smirnov Z			0.936
Asymp. Sig. (2-tailed)			0.345
a. Test distribution is Normal.			
b. Calculated from data.			

资料来源：根据相关资料整理。

表 8.13 1998—2009 年 SC 公司营业成本的 K-S 单样本检验结果

One-Sample Kolmogorov-Smirnov Test			
			VAR00006
N			12
Normal Parameters[a,b]		Mean	2.224 6E9
		Std. Deviation	1.608 62E9
Most Extreme Differences		Absolute	0.229
		Positive	0.229
		Negative	-0.167
Kolmogorov-Smirnov Z			0.793
Asymp. Sig. (2-tailed)			0.556
a. Test distribution is Normal.			
b. Calculated from data.			

资料来源：根据相关资料整理。

根据上述分析，由于 SC 公司与 EC 公司具有较好的可比性，假定 EC

公司未来可持续状态的营业收入和营业成本的金额也符合相应的正态分布，而并非是原评估报告中的分别保持在 2014 年的预测值 26 457.18 万元和 14 602.47 万元。为更好地表示出这种正态概率的波动性，这里假设 EC 公司在 2014 年之后每一年的营业收入和营业成本分别服从期望值 26 457.18 万元和 14 602.47 万元的正态分布。即在原评估值的基础上，赋予其一定程度的随机波动概率。

②对 EC 公司其他不确定性因素的波动性分析

相对于营业收入与营业成本对净利润影响程度的显著性，EC 公司作为煤炭企业，其销售费用、管理费用、营业税金及附加数额相对较小，且基本保持稳定。尽管也存在波动，但波动范围不大，总体来说概率分布均匀。因此，在原报告评估值的基础上，赋予其一定范围内的均匀分析概率，且具体范围以原评估报告值确定，即假设 EC 公司的销售费用、管理费用、营业税金及附加在 2014 年以后服从一定范围内的均匀分布，且该范围由原报告中预测值的最大值和最小值决定。于是，2014 年之后每一年的销售费用在 [998.95, 1 104.4] 范围内服从均匀分布，每一年的管理费用在 [6 307.53, 6 525.42] 范围内服从均匀分布，每一年的营业税金及附加在 [929.26, 977.71] 范围内服从均匀分布。而财务费用、折旧、摊销、扣税后利息、资本性支出的金额相对较少，对净利润的影响并不显著，因此，这里仍采用原报告中 2014 年数值，且未来保持不变。

此外，对于 EC 公司未来永续增长率和加权平均资本成本的概率分布，假设两者在 2014 年以后，均服从三角形概率分布特征。三角形分布是一种简单的分布形式，适合数据缺乏，但能得到变量的最大值、最小值和最可能值的情况，也是不确定性分析中常用的一种分布形式。尤其当变量的分布形式集中，分析者可以估计变量范围的极值，而极值的概率又很低时，三角形分布更能确切地反映变量的分布。这对公司估值中未来永续增长率和加权平均资本成本的估算尤为合适。从某种程度上看，三角形分布或许是最接近于估值人员思维决策过程的一种概率估计。当估值人员对未来收益进行预测时，如果缺乏足够充分的市场信息，估算出来的数值将会存在更大的不确定性，但估值人员又很难用标准差去描述这些不确定性，只能大概估计出因素的最大值、最小值和最可能值。这时，三角形分布似乎更适合这种情况下的数据分析。因此，可以假设 EC 公司的永续增长率为 [-1%, +1%]，且最可能值为原评估报告中的 0%；可以假设 EC 公司

8 混合所有制改革中周期性公司估值不确定性问题的实践调整

的加权平均资本成本在 2014 年以后的最大值为 16%,最小值为 13%,最可能值即原评估报告中的 14.36%。

关于 EC 公司估值中各不确定因素的概率分布情况预测可归纳如表 8.14 所示。

表 8.14　EC 公司估值中各不确定因素的概率分布情况预测

项　目	分布特征	数据值
营业收入（万元）	正态分布	期望值 26 457.18
营业成本（万元）	正态分布	期望值 14 602.47
营业税金及附加（万元）	均匀分布	变化范围 [929.26, 977.71]
销售费用（万元）	均匀分布	变化范围 [998.95, 1 104.4]
管理费用（万元）	均匀分布	变化范围 [6 307.53, 6 525.42]
财务费用（万元）	保持不变	37.44
折旧（万元）	保持不变	556.87
摊销（万元）	保持不变	38.18
扣税后利息（万元）	保持不变	28.45
资本性支出（万元）	保持不变	556.87
永续增长率（%）	三角形分布	最大值 1,最小值-1,最可能值 0
加权平均资本成本（%）	三角形分布	最大值 16,最小值 13,最可能值 14.36

资料来源：根据相关资料整理。

(3) 蒙特卡罗模拟运算与公司估值结果比较分析

①蒙特卡罗模拟运算

这里借助美国 Decisioneering 公司开发的 Crystal Ball 11.1.1（水晶球）分析软件作为蒙特卡罗模拟软件。分别将表 8.14 中的 12 个项目设定为 assumption,并分别设置好相应的概率分布情况；将 2014 年之后的收益现值设定为 forecast；将模拟次数设定为 1 000 次,置信水平设定为 95%,确定水平为 100%；之后运行模型程序,输出结果如图 8.3 所示。

图 8.3（Frequency View）是 Crystal Ball11.1.1 软件对定义数据模拟 1 000 次（1 000 Trials）后对 EC 公司 2014 年以后收益现值的预测图,共显示 997 个模拟结果（997 Displayed）,结果中有 3 个异常值未列入模拟,

即模拟结果代表了对 99.7%数据的统计分析。100%的确定性水平说明 997 个模拟结果 100%都落在灰色的区域范围之内。但图 8.3 显示的仅是结果数据的概率分布的一个大致特征，基本服从正态分布。为了使结果更清晰地展现出来，可进一步分析表 8.15 中的数据输出结果（Statistics View）。

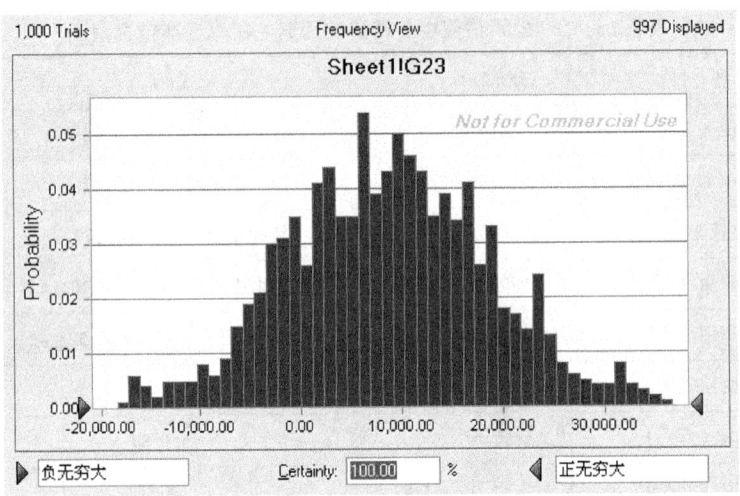

图 8.3　蒙特卡罗模拟结果概率分布图

资料来源：根据相关资料整理。

表 8.15　蒙特卡罗模拟数据输出结果

Statistics View	
Statistic（统计值）	Forecast Values（预测值）
Trials（模拟次数）	1 000
Mean（平均值）	8 615.75
Median（中位数）	8 674.38
Mode（模式）	—
Standard Deviation（标准差）	10 033.74
Variance（方差）	100 675 883.91
Skewness（偏态）	0.0504
Kurtosis（峰值）	3.03

8 混合所有制改革中周期性公司估值不确定性问题的实践调整

续表

Statistics View	
Coeff. of Variability（变异系数）	1.16
Minimum（最小值）	-21 555.19
Maximum（最大值）	47 168.50
Mean Std. Error（均值标准差）	317.29

资料来源：根据相关资料整理。

根据表 8.15 所列数据可见，模拟结果的平均值为 8 615.75 万元，中位数为 8 674.38 万元，标准差为 10 033.74 万元，评估结果的波动范围是（-21 555.19，47 168.50）。因此，可以得出结论：EC 公司 2014 年以后收益现值的最可能值为 8615.75 万元；并且，在 95% 置信水平下的价值区间 [-21 555.19，47 168.50]，充分反映了公司估值不确定性的存在。

②公司估值结果比较分析

进一步将 EC 公司基于模特卡罗模拟的预测结果与原评估报告的数据结果进行比较发现，原评估报告对 EC 公司 2014 年以后收益现值的预测值为 9 271.47 万元，而蒙特卡罗模拟分析在考虑相关因素的波动性概率后，模拟结果为 8 615.75 万元，二者相差约 655.72 万元。这种差异即源自公司估值相关因素的未来不确定性，具体归纳如表 8.16 所示。

表 8.16　EC 公司估值参数及结果比较（2014 年以后阶段）

项　目	原报告预测值	基于蒙特卡罗模拟的预测值
营业收入（万元）	26 457.81	服从期望值为 26 457.18 的正态分布
营业成本（万元）	14 602.47	服从期望值为 14 602.47 的正态分布
营业税金及附加（万元）	977.71	变化范围 [929.26，977.71] 的均匀分布
销售费用（万元）	1 008.54	变化范围 [998.95，1104.8] 的均匀分布
管理费用（万元）	6 386.91	变化范围 [6 307.53，6 525.42] 的均匀分布
财务费用（万元）	37.44	37.44
折旧（万元）	556.87	556.87
摊销（万元）	38.18	38.18
扣税后利息（万元）	28.45	28.45

续表

项　目	原报告预测值	基于蒙特卡罗模拟的预测值
资本性支出（万元）	556.87	556.87
永续增长率（%）	0	服从最大值1，最小值-1，最可能值0的三角形分布
加权平均资本成本（%）	14.63	服从最大值16，最小值13，最可能值14.36的三角形分布
收益现值（万元）	9 271.47	最可能为8 615.75，在95%置信水平下的价值波动区间为[-21 555.19, 47 168.50]，标准差为10 033.74

资料来源：根据相关资料整理。

8.2.2.2　案例分析结论及建议

通过对 EC 公司的估值过程与结果的比较可见，蒙特卡罗模拟的不确定分析在很大程度上与公司估值的不确定性预测行为相一致，并从理论上较好满足了混合所有制改革中对周期性公司估值不确定性分析的高级需求。其中，蒙特卡罗模拟具体通过预测多种不确定性因素的不同波动范围和概率分布并进行多次模拟，以此得出相应结果的波动范围和最可能值，使因素预测值及估值结果避免过于单一化和绝对化，有利于提高公司估值预测的合理性和估值结果的说服力。

但是，在蒙特卡罗模拟应用于周期性公司估值的过程中，对于未来不确定性因素的数值概率分布假设问题，仍然有赖于更全面、翔实的理论分析和数据支持，以求更加合理地将其应用于周期性公司估值实践，从而更好地解决混合所有制改革及相关决策过程中的各种不确定性难题。

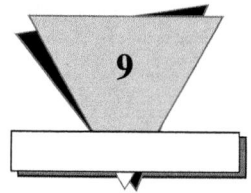

以员工持股为目的的周期性公司估值实施建议

9 以员工持股为目的的周期性公司估值实施建议

员工持股作为增资扩股中的一项特殊经济行为,是混合所有制改革的典型实现路径之一。关于员工持股计划的实施方案,我国的上市公司和非上市国企目前需要分别依照证监会和国资委公布的相关指导意见实施,但是二者在资金来源、股票来源、持股价格、持股比例和持股期限等方面均存在差异。特别是在持股价格方面,非上市国企员工持股的认购价格以备案的每股净资产的评估值为基础进行确认;而上市公司员工持股定价主要以股票交易的均价为基础,即以不低于定价前 20 个交易日公司股票交易均价的 90% 为基础或不高于决议公告前 30 个交易日收盘价算术平均值的 110% 为基础。上市公司这种以股票交易均价为基础的员工持股定价方式虽然简单、直观、易操作,但是当上市公司股价发生大幅波动时,往往无法合理体现股权的市场价值。因此,本章重点聚焦以员工持股为目的的周期性公司估值议题,通过对上市公司员工持股计划中的股权定价现状展开实证分析,挖掘和归纳其中存在的潜在问题,探讨以员工持股为目的的周期性公司估值的实务要点,并提出以员工持股为目的的周期性公司估值的操作建议。至于非上市国企实施员工持股计划过程中的股权价值评估问题,因在前面第 7 章的 7.3 节中已有讨论和相应建议,故本章的实证分析不再对其专门展开研究。

9.1 上市公司员工持股计划中股权定价现状的实证分析

9.1.1 样本选择与数据来源

自 2014 年证监会公布《上市公司实施员工持股计划办法》以来,从 2014 年 1 月 1 日至 2018 年 6 月 30 日,A 股共有 907 家上市公司计划实施员工持股计划,其中 193 家因故取消,所以实际有 714 家公告实施员工持股计划。经统计,714 家上市公司员工持股计划的实施进度分别是:21 家获董事会通过,65 家获股东大会通过,272 家处于股票锁定期,356 家股票已解禁,详见表 9.1。

表 9.1 2014 年 1 月 1 日至 2018 年 6 月 30 日上市公司员工持股计划进度统计

员工持股计划进度	董事会通过	股东大会通过	处于锁定期	解锁	取消	合计
上市公司数量(家)	21	65	272	356	193	907

资料来源:Choice 数据库、Wind 数据库。

样本选取的标准是，在2014年1月1日至2018年3月31日实施完成且在2018年6月30日之前解禁的员工持股计划，合计有313家上市公司的358期样本数据；剔除"成交平均价""锁定期""持股比例"数据均缺失的上市公司后，从中选择共计311家上市公司的356期员工持股计划，作为符合要求的研究对象，其具体信息明细可参见本书附录2。由于该样本期间与新一轮国有企业混合所有制改革的实施时间一致，故样本的选择具有代表性。

以上样本数据均来自Choice数据库和Wind数据库。

9.1.2 上市公司员工持股计划中关键指标统计分析

9.1.2.1 样本公司所属行业及周期性公司样本占比

这311家上市公司实施完成的356期员工持股计划中，制造业上市公司实施完成的员工持股计划数量最多，209家制造业上市公司合计实施完成240期；其次是信息传输、软件和信息技术服务业，34家公司完成37期；房地产业，14家公司完成18期，建筑装饰和其他建筑业，10家公司完成13期。制造业细分行业的上市公司实施员工持股计划期数的行业分布相对较为平均，如表9.2和表9.3所示。根据第2章第2.1节所提出的周期性行业的范围界定标准，经计算，其中周期性公司有127家，占总样本公司数量60.77%；周期性公司实施完成的员工持股计划有209期，占总样本期数的58.71%。这表明，实施员工持股计划的样本公司中，超过一半是周期性公司。

表9.2 样本公司及其实施员工持股计划期数的行业分布

行业类型	样本公司数量	实施完成的员工持股计划期数
保险业	1	1
采矿业	2	2
仓储业	2	2
电力、热力生产和供应业	9	10
电信、广播电视和卫星传输服务	1	1
房地产业	14	18
建筑装饰和其他建筑业	10	13

9 以员工持股为目的的周期性公司估值实施建议

续表

行业类型	样本公司数量	实施完成的员工持股计划期数
交通运输、仓储和邮政业	1	1
开采辅助活动	2	3
科学研究和技术服务业	1	1
农、林、牧、渔服务业	7	7
批发和零售业	4	5
软件和信息技术服务业	34	37
商务服务业	7	7
生态保护和环境治理业	2	3
卫生和社会工作	2	2
制造业	209	240
综合	3	3
总计	311	356

资料来源：根据相关资料整理。

表9.3 制造业样本公司及其实施员工持股计划期数的行业分布

制造业大类	样本公司数量	实施完成的员工持股计划期数
电气机械及器材制造业	16	18
纺织服装、服饰业	8	9
非金属矿物制品业	4	4
广播、电视、电影和影视录音制作业	3	4
化学原料及化学制品制造业	25	29
计算机、通信和其他电子设备制造业	41	50
家具制造业	2	2
金属制品业	2	2
皮革、毛皮、羽毛及其制品和制鞋业	1	1
其他制造业	21	24
汽车制造业	5	6

续表

制造业大类	样本公司数量	实施完成的员工持股计划期数
食品制造业	9	10
铁路、船舶、航空航天和其他运输设备制造业	2	3
通用设备制造业	18	21
文教、工美、体育和娱乐用品制造业	2	3
橡胶和塑料制品业	6	6
医药制造业	19	20
仪器仪表制造业	5	6
印刷和记录媒介复制业	3	3
有色金属冶炼及压延加工业	5	5
造纸及纸制品业	2	2
专用设备制造业	10	12
合计	209	240

资料来源：根据相关资料整理。

9.1.2.2 样本公司员工持股股票来源

对于上市公司而言，员工持股计划的股票来源既有采用非公开发行股票等增量式方式的，也有采用二级市场回购股票等存量式方式的。经统计，这356期员工持股计划中，竞价转让是样本上市公司员工持股计划股票的最主要来源；除此之外，采用竞价转让、定向受让或者非公开发行等混合方式进行的也较常见。详见如表9.4。

表9.4　样本公司员工持股的股票来源统计

股票来源	员工持股计划期数	员工持股计划期数占比（%）
定向受让	7	1.98
竞价转让	201	56.94
竞价转让，定向受让	131	37.11
竞价转让，定向受让，股东赠与	7	1.98
竞价转让，定向受让，认购非公开发行	1	0.28

9 以员工持股为目的的周期性公司估值实施建议

续表

股票来源	员工持股计划期数	员工持股计划期数占比（%）
竞价转让，上市公司回购	3	0.85
认购非公开发行	1	0.28
上市公司回购	2	0.57

资料来源：根据相关资料整理。

注：由于356期员工持股计划中，有3期员工持股股票来源数据缺失，故此表在统计时已予以剔除。

9.1.2.3 样本公司员工持股锁定期

前已述及，上市公司可以采用增量式或存量式施行员工持股计划，每期员工持股计划的持股期限不得低于12个月；以非公开发行方式实施员工持股计划的，持股期限则不得低于36个月。经统计，在356期员工持股计划中，59.83%的样本公司选择12~24（含）个月作为股票锁定期；其次是21.35%的样本公司选择24~36（含）个月，10.96%的样本公司选择36~48（含）个月；虽然也有样本公司选择12个月、48~60（含）个月或60个月以上，但数量极为有限。详见表9.5。

表9.5 样本公司员工持股的锁定期统计

锁定期	12个月	12~24个月	24~36个月	36~48个月	48~60个月	60个月以上
期数	2	213	76	39	15	11
占比（%）	0.56	59.83	21.35	10.96	4.21	3.09

资料来源：根据相关资料整理。

9.1.2.4 样本公司员工持股比例

根据《关于上市公司实施员工持股计划试点的指导意见》规定，上市公司单个员工持股比例不超过总股本的1%，员工持股总量不超过总股本的10%。经统计，在356期员工持股计划中，96.81%的期数员工持股比例低于4%，79.71%的期数员工持股比例低于2%，如表9.6所示。员工持股比例一定程度上能够反映员工在企业日常经营和管理活动中的参与程度。较之员工持股总量不超过总股本10%的上限规定，样本公司实施员工持股计划的股权比例普遍较低，表明这些公司未来在激发员工生产、经营的积极性方面可能有较大的提升空间。

表 9.6 样本公司员工持股比例统计

持股比例	0%~0.5%	0.5%~1%	1%~1.5%	1.5%~2%	2%~2.5%	2.5%~3%	3%~3.5%	3.5%~4%	>4%
期数	72	96	61	48	23	15	9	10	11
占比（%）	20.22	26.97	17.13	13.48	6.46	4.21	2.53	2.81	3.09

资料来源：根据相关资料整理。

注：由于 356 期员工持股计划中，存在 11 期员工持股比例数据缺失现象，故此表在统计时已予以剔除。

9.1.3 上市公司员工持股计划中股权定价的效果分析

9.1.3.1 样本公司员工持股股价变动率统计

在 311 家上市公司实施完成的 356 期员工持股计划中，行业分布、股票来源、锁定期、持股比例等方面差异的存在，可能导致其解禁后的股价波动情况也不尽相同。股价波动情况可以用股价变动率予以衡量，具体是指员工持股在解禁日的股票收盘价较之员工持股价格的波动率。可以用公式表示为：

$$股价变动率 = 解禁日股票收盘价/锁定期员工持股价格 \times 100\% \quad (9.1)$$

根据式（9.1）计算得到，样本公司股价变动率中较大频数的变动率集中在 -100%~50%，高达 184 期的员工持股解禁股价低于持股价格 0~50% 范围以内，占比 51.69%，仅有 12 期员工持股解禁后股价增值 100% 以上。从年份统计来看，2016 年和 2017 年共有 305 家样本公司完成员工持股计划并解禁，数量比 2015 年有大幅增长。详见表 9.7。

表 9.7 不同年份样本公司员工持股股价变动率频数

年份	-100%~50%	-50%~0%	0%~50%	50%~100%	100%~150%	150%~200%	合计
2015	0	2	2	3	3	0	10
2016	28	77	25	11	5	0	146
2017	25	84	44	2	3	1	159
2018	14	21	4	2	0	0	41

续表

年份	-100%~50%	-50%~0%	0%~50%	50%~100%	100%~150%	150%~200%	合计
合计	67	184	75	18	11	1	356

资料来源：根据相关资料整理。

显然，样本公司员工持股的浮亏数量高于浮盈数量。其中，累计有105期员工持股计划呈现盈余的情况，占比29.49%；其余251期员工持股计划出现亏损状况，占比70.51%。其中，浮盈幅度最大的3家公司（神州长城、万达信息、双塔食品）分别浮盈170.55%、147.64%和134.84%；浮亏幅度最大的3家公司（神州长城、万达信息、双塔食品）分别浮亏86.06%、81.39%和81.33%。

9.1.3.2 股价变动率与股票市场波动关联

为进一步分析样本公司员工持股股价变动率与股票市场波动情况之间的关系，我们在前文即本书9.1.3.1部分的基础上，将356期员工持股计划的股价变动率计算结果绘制成分布散点图，详见图9.1；并分别绘制同期即2014—2018年的沪深300指数走势图和沪深300指数波动率变化图，详见图9.2和图9.3。

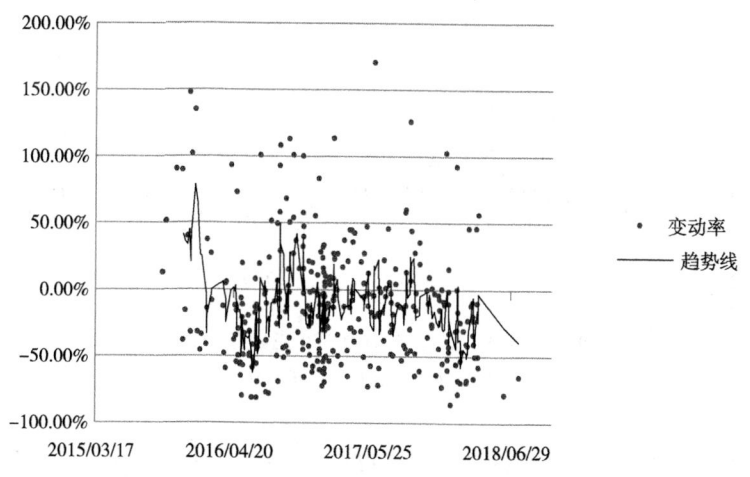

图9.1 样本公司员工持股股价变动率分布散点图
资料来源：根据相关资料整理。

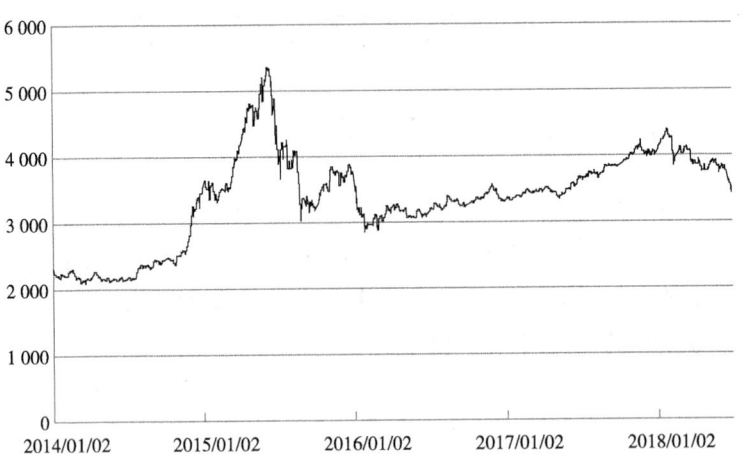

图 9.2　2014—2018 年沪深 300 指数趋势

资料来源：根据相关资料整理。

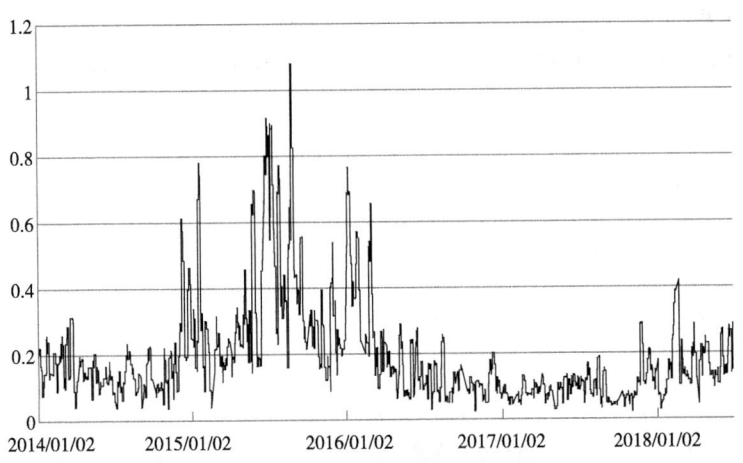

图 9.3　2014—2018 年沪深 300 指数波动率变化

资料来源：根据相关资料整理。

由图 9.1 可知，样本公司员工持股计划出现浮亏的情况大多集中在 2016 年 1 月至 6 月和 2017 年 3 月到 5 月；再通过分析图 9.2、图 9.3 可以发现，出现浮亏情况的时间段内 A 股市场出现股指大幅下跌现象，其波动率也非常不稳定。二者在较大程度上呈现出一致性。这可能与样本公司中

9 以员工持股为目的的周期性公司估值实施建议

的周期性公司占比较大有关,因为周期性公司运行状况与宏观经济密切相关,所以受市场震荡影响更为显著。这也同时表明员工持股计划的实施时点与解禁时点对周期性公司而言是较为敏感的影响因素。

9.1.3.3 股价变动率与样本公司行业类型关联

由表 9.8 可知,356 期样本公司的员工持股计划实施以后,电力、热力生产和供应业样本公司在解禁日股票收盘价的浮盈占比较高,制造业、软件和信息技术服务业样本公司在解禁日股票收盘价的盈亏分化现象显著但浮盈绝对数量较高,其他行业样本公司在解禁日股票收盘价以浮亏为主。

表 9.8 不同行业样本公司实施员工持股的股价变动率统计

不同行业	-100%~-50%	-50%~0%	0%~50%	50%~100%	100%~150%	150%~200%
保险业	1	0	0	0	0	0
采矿业	1	0	1	0	0	0
仓储业	2	0	0	0	0	0
电力、热力生产和供应业	2	2	4	0	2	0
电信、广播电视和卫星传输服务	0	1	0	0	0	0
房地产业	1	13	4	0	0	0
建筑装饰和其他建筑业	4	7	1	1	0	0
交通运输、仓储和邮政业	0	0	1	0	0	0
开采辅助活动	0	2	1	0	0	0
科学研究和技术服务业	0	1	0	0	0	0
农、林、牧、渔服务业	2	4	1	0	0	0
批发和零售业	1	2	1	0	0	0
软件和信息技术服务业	11	19	2	2	2	1
商务服务业	2	4	1	0	0	0
生态保护和环境治理业	0	3	0	0	0	0
卫生和社会工作	0	1	1	0	0	0

续表

不同行业	-100%~-50%	-50%~0%	0%~50%	50%~100%	100%~150%	150%~200%
制造业	40	122	57	14	7	0
综合	0	3	0	0	0	0
合计	67	184	75	18	11	1

资料来源：根据相关资料整理。

由表9.9进一步可知，240期制造业样本公司的员工持股计划实施以后，汽车制造业、食品制造业、通用设备制造业、橡胶和塑料制品业、印刷和记录媒介复制业、有色金属冶炼及压延加工业的样本公司在解禁日股票收盘价的浮盈占比较高，其他制造业样本公司在解禁日股票收盘价则也是以浮亏为主。

表9.9 制造业样本公司实施员工持股计划的股价变动率统计

制造业小类	-100%~-50%	-50%~0%	0%~50%	50%~100%	100%~150%	150%~200%
电气机械及器材制造业	3	11	4	0	0	0
纺织服装、服饰业	1	4	3	1	0	0
非金属矿物制品业	1	3	0	0	0	0
广播、电视、电影和影视录音制作业	0	3	1	0	0	0
化学原料及化学制品制造业	6	13	9	1	0	0
计算机、通信和其他电子设备制造业	10	29	8	0	3	0
家具制造业	0	1	0	0	0	0
金属制品业	1	0	0	0	1	0
皮革、毛皮、羽毛及其制品和制鞋业	0	0	0	0	1	0
其他制造业	3	11	7	2	1	0
汽车制造业	0	2	2	2	0	0
食品制造业	1	3	5	1	0	0

9　以员工持股为目的的周期性公司估值实施建议

续表

制造业小类	-100%~-50%	-50%~0%	0%~50%	50%~100%	100%~150%	150%~200%
铁路、船舶、航空航天和其他运输设备制造业	1	2	0	0	0	0
通用设备制造业	2	10	6	3	0	0
文教、工美、体育和娱乐用品制造业	0	2	0	1	0	0
橡胶和塑料制品业	1	1	3	1	0	0
医药制造业	3	13	4	0	0	0
仪器仪表制造业	2	4	0	0	0	0
印刷和记录媒介复制业	0	1	1	1	0	0
有色金属冶炼及压延加工业	1	1	3	0	0	0
造纸及纸制品业	1	0	1	0	0	0
专用设备制造业	2	9	1	0	0	0
合计	39	123	57	14	7	0

资料来源：根据相关资料整理。

9.1.3.4　股价变动率与样本公司的企业性质及股票锁定期关联

由表 9.10 可知，实施 356 期员工持股计划的样本公司从企业性质方面看，既有国有企业也有非国有企业，二者占比分别为 7.58% 和 92.42%。其中，选择 12 个月作为股票锁定期的 2 家样本公司都不是国有企业，选择 12~24（含）个月作为股票锁定期的国企样本公司和非国企样本公司分别有 16 家和 197 家，选择 24~36（含）个月作为股票锁定期的国企样本公司和非国企样本公司分别有 2 家和 74 家，选择 36~48（含）个月作为股票锁定期的国企样本公司和非国企样本公司分别有 3 家和 36 家，选择 48~60（含）个月作为股票锁定期的国企样本公司和非国企样本公司分别有 3 家和 12 家；选择 60 个月以上作为股票锁定期的国企样本公司和非国企样本公司分别有 3 家和 8 家。可见，国企样本公司的数量虽然少于非国企样本公司，但其普遍选择了更长股票锁定期。

表 9.10 不同企业性质及股票锁定期的样本公司员工持股股价变动率统计

锁定期	12个月		12~24个月		24~36个月		36~48个月		48~60个月		60个月以上	
企业性质	国企	其他	国企	其他	国企	其他	国企	其他	国企	其他	国企	其他
100%以上	0	0	0	1	0	3	0	6	0	0	2	0
50%~100%	0	0	1	8	1	7	0	2	1	0	0	0
30%~50%	0	0	1	12	0	3	1	5	1	2	0	0
20%~30%	0	0	0	5	0	5	0	3	0	1	0	0
10%~20%	0	0	0	9	1	10	0	1	0	1	0	1
5%~10%	0	1	0	15	0	4	1	1	0	1	0	1
0%~5%	0	0	1	12	0	2	1	1	0	1	0	2
-5%~0%	0	0	0	21	0	2	0	0	0	0	0	0
-10%~-5%	0	1	3	17	0	5	0	2	0	2	0	0
-20%~-10%	0	0	0	35	0	11	0	8	0	2	0	1
-30%~-20%	0	0	3	25	0	6	0	2	0	0	0	1
-50%~-30%	0	0	2	29	0	12	0	3	0	1	0	2
-50%~-100%	0	0	1	8	0	4	0	2	0	0	0	0
-100%以下	0	0	0	0	0	0	0	0	0	0	0	0
合计	0	2	16	197	2	74	3	36	3	12	3	8

资料来源：根据相关资料整理。

从 356 期样本公司实施员工持股计划以后的股价变动率看，选择 24~36（含）个月、36~48（含）个月、48~60（含）个月、60个月以上为股票锁定期的国企样本公司在解禁日股票收盘价的浮盈占比较高；其次是选择以上股票锁定期的非国企样本公司，在解禁日股票收盘价的浮盈绝对数量较高；而选择 12 个月和 12~24（含）个月为股票锁定期的样本公司，在解禁日股票收盘价的浮亏占比更高。

以上分析表明：第一，国有企业性质的上市公司在 2014—2018 年实施员工持股计划的数量占比暂时偏低，但选择的股票锁定期普遍较长。第二，不同企业类型的样本公司在实施员工持股计划后的股价变动率情况有

9 以员工持股为目的的周期性公司估值实施建议

所不同。其中,国企样本公司实施员工持股计划后,在解禁日股票收盘价的总体浮盈占比高于非国企样本公司,员工持股计划的长期激励作用更加显著、实施效果更佳。第三,不同股票锁定期下的样本公司在实施员工持股计划后的股价变动率情况亦有所不同。其中,选择股票锁定期较长的样本公司实施员工持股计划后,在解禁日股票收盘价的总体浮盈情况更好,员工持股计划的长期激励作用更加显著、实施效果更佳。

但在股票锁定期的问题上,一般认为,锁定期的长短与限售股的流动性折扣密切相关。因为锁定期越短,股票解锁后面临股价下跌的风险越小。不过,从员工持股计划的激励目的和实施效果来讲,较短的锁定期并不能形成企业与员工风险共担、利益共享的机制,反而更容易沦为员工短期套利的工具,导致员工持股计划的激励效果降低。因此,在评估员工持股股权价值时,应当综合考量锁定期限与流动性折扣的关系,以使估值结果更加科学、合理。

9.2 以员工持股为目的的周期性公司估值的实务要点及操作建议

本节首先分析员工持股计划中现有持股价格确定方法的局限性、股权价值评估的特殊性等重点问题,然后分析员工持股股权的流动性折扣、少数股权折价等难点问题,最后提出混合所有制改革实务中以员工持股为目的的周期性公司估值的操作建议,以此为周期性公司实施员工持股计划提供借鉴。

9.2.1 以员工持股为目的的周期性公司估值的实务要点

前文已述,实施员工持股计划的公司多以周期性公司为主,对其股权价值进行评估,评估对象一般为股东全部权益价值,并且部分现有的持股价格确定方法可能存在一定的局限性。同时,与普通股股权相比,员工持股计划中涉及的股权具有其自身的特点,相应的,股权价值评估在评估范围确定、价值类型选择、评估方法选择、评估结论使用等方面也具有一定的特殊性,这成为以员工持股为目的的周期性公司估值中的重点和难点。

9.2.1.1 员工持股计划中股权价值评估的重点

对以员工持股为目的的周期性公司的股东全部权益价值进行评估时,

需重点留意：

(1) 注意规避以二级市场交易价格确定员工持股价格的局限性

员工持股计划的实施方式因实施主体而异，非上市公司采用增资扩股或出资新设的方式实施员工持股计划，上市公司采用"实股"或"期权"的方式进行非公开发行或二级市场回购。对其评估通常采用两种方法：一是将该部分限售股按非流通股的属性来评估每股净资产价值；二是按流通股的属性，根据二级市场交易价格确定评估结果。

但这两种方法均在一定程度上忽视了限售股的特征。首先，该部分股票在锁定期满后方可自由流通，因限售期存在流动性折扣，在12~36个月不等的限售期内，股票价格具有波动性；其次，股票市场价格由市场供求关系决定，二级市场交易价格并不必然反映公司内在价值；最后，股份价格与标的资产价值的形成机制不同，股份价格依据二级市场的交易价格确定，而标的资产价值是由评估机构依据自身专业知识做出的客观公允估算。

(2) 注意把握员工持股计划中股权价值评估的特殊性

①评估范围的确定

混合所有制改革中的国有企业多为周期性公司，其包含的资产类别与属性多样，在评估过程中，要将相应的资产列为评估对象。一是土地使用权评估问题，应根据不同的权属情况，合理进行定价；二是要确认企业可能存在的债务情况；三要识别企业所拥有的无形资产，包括商誉、商标、专有技术等不同类别，以免低估企业价值而造成国有资产流失。

②价值类型的选择

股东全部权益价值的评估是否公允客观，影响到持股计划能否顺利实施，若企业价值被高估，虽保护了现有股东利益，但对员工的激励效果可能欠佳；若国有企业价值被低估，虽保证该计划对员工的吸引力，但存在国有资产流失的风险。此外，由于员工持股计划中员工所得为个人所得税税源之一，故还存在税源流失的风险。因此，实施员工持股计划时，需根据员工持股计划的具体实施方案，合理选择价值类型，使评估结果客观公正。

③评估方法的选择

由于员工持股计划涉及证券、税收、信托、财务等多部法律规定和多个政府行政部门的管理，加上其股权通常是以期权或金融衍生工具的形式存在，评估程序相对复杂。我国目前较多地采用资产基础法，虽与被评估企业资产特征及行业特性密切相关，但该方法略显单一，缺乏对市场法、收益法等的应用。并且，目前国内实行内部职工持股的公司尚少，大多采用B-S模型对其公允价值进行会计计量，较少采用其他模型计量。因此，有必要在借鉴国外公允价值计量的基础上，科学合理地运用其他方法对内部职工持股开展价值评估。例如，美国按FRS123R的规定，员工持股的股权公允价值选择由期权定价模型、二项式模型或蒙特卡罗模型进行计量确定。

④评估结论的使用

员工持股计划既可为"实股"，亦可为"期权"等形式。"实股"需要采用传统评估方法确定每股净资产值，"期权"需采用期权法评估或直接采用二级市场交易价格；但这并不等同于员工持股价格与上述价格保持一致，评估结果只是提供定价参考和依据。资产的交易价格是对评估价值的假设条件不断讨论、修正、博弈及谈判的结果，当评估结果与交易价格不一致时，并不一定意味着国有资产发生流失。

9.2.1.2 员工持股计划中股权价值评估的难点

前文已述，根据证监会和国资委发布的员工持股计划相关文件要求，对上市公司采用公开、非公开方式发行股份实施员工持股计划，对其锁定期和员工持股比例均有限制，这使员工所持股份呈现出低流动性、低控制权的特征。因此，按照评估流程完成公司全部股权价值评估后，评估员工所持股份应考虑其流动性折扣和少数股权折价。

一方面，在资本市场上，股权的流动性越高，其变现能力越强，相应交易现值越大。故流动性溢价是股权流动性带来的股权价值的增加量，流动性折扣则是资本市场上流通受到限制导致股权价值的减少量。具体评估实务中，上市公司公开发行的股份具有较强的流动性，可直接采用市场价格作为交易定价；非公开发行或者非上市公司的股份，可在流通股定价的基础上进行价值调整得到流动性折扣。

另一方面，控制权是拥有公司一定比例以上的股份，或通过协议方式能够对其实行实际控制的权力，即对公司的一切重大事项拥有实际上的决定权。控制权价值则是为收购控制权股份所支付的收购对价高于目标公司股票市场价格，这部分溢价为控制权价值。少数股权折价则是由于缺乏控制权而导致股权价值的减少。

在评估实务中,量化流动性折价和少数股权折价的难度较大,二者都属于企业价值评估实践领域的难点,对于员工持股计划中的股权价值评估而言更是如此。

9.2.2 以员工持股为目的的周期性公司估值的操作建议

通过上述分析,对以员工持股为目的的周期性公司估值实践提出两点操作建议。

(1) 多角度综合考虑员工持股股权的价值影响因素

影响员工持股股权价值的因素包括但不限于所属行业类型、企业性质、持股比例、股票锁定期等因素。例如,在行业类型方面,部分细分行业的员工持股计划实施效果较好,部分细分行业则欠佳,所以员工持股股权价值评估应适当考虑所属行业差异;在企业性质方面,国有企业的员工持股计划设定的股票锁定期较长,实施效果总体好于非国有企业,体现出国有企业性质的特殊优势,所以员工持股股权价值评估应适当考虑企业性质差异;在持股比例和锁定期方面,二者直接决定限售股控制权和流动性的高低,对股权价值影响更大,所以员工持股股权价值评估应合理考虑流动性折扣因素和少数股权折价因素的影响。

(2) 进一步完善员工持股计划中的股权估值与定价方法体系

鉴于上市公司目前采用二级市场交易价格确定员工持股价格的局限性,以及非上市国企目前仅出具股东全部权益价值评估值做法的不完整性,建议进一步借鉴国际经验,由专业评估机构直接出具以员工持股为目的的评估报告,提供具有针对性、指导性的员工所持股份价值评估值,并将专业服务延伸至相应的员工持股方案制定和定价环节,从而实现服务于混合所有制改革具体路径的全流程参与,以出具更具可操作性的评估专业意见。在此过程中,建议评估学界和业界强化对员工持股计划中股权价值评估方法与交易定价方案的针对性研究与实践,规范评估范围的确定、价值类型的选择、评估方法的选择、评估结论的使用,不断完善员工持股计划中的股权估值与定价方法体系。

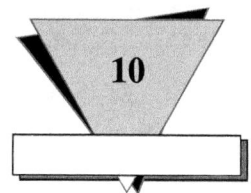

全民所有制周期性企业公司制改制评估的实施建议

10 全民所有制周期性企业公司制改制评估的实施建议

如前所述,企业改制上市是混合所有制改革的实现路径之一,而其中涉及的一类特殊经济行为即全民所有制企业公司制改制。事实上,全民所有制企业公司制改制是深入推进混合所有制改革的前奏,是保留国有性质条件下的法律形式变革,可为混合所有制改革提供企业组织形式的法律支持。应该看到,以周期性企业为主体的全民所有制企业公司制改制评估是依法进行的必要程序,意在防止国有资产流失、出资不实等现象发生,但同时又面临评估时间、成本等现实困境。对此,本章从探讨全民所有制企业公司制改制的实质与意义入手,剖析全民所有制企业公司制改制评估的法定属性、法规要求、根本目的和现行困境,并进一步提出全民所有制周期性企业公司制改制评估的实务要点及操作建议,力求兼顾全民所有制企业公司制改制评估的合法性、合规性、效率性、经济性与可行性,希冀能为混合所有制改革中的全民所有制周期性企业公司制改制评估提供实践参考。

10.1 全民所有制企业公司制改制的背景、实质与意义

本节依次对全民所有制企业公司制改制的背景、实质及实施意义进行理论梳理,厘清全民所有制企业公司制改制与现代企业法人治理结构的关系。

10.1.1 全民所有制企业公司制改制的背景

国企改革作为国有资本保值增值、提高国有经济竞争力、放大国有资本功能的重大战略举措,一直备受社会各界广泛关注。纵观国企改革的演进历程,"增强大中型国营企业活力"的口号在 1984 年十二届三中全会上被首次提出;随后,1987 年十三大提出"分离经营权和所有权,盘活全民所有制企业";1992 年十四大提出"转换大中型国有企业的经营机制,利用市场,增强企业活力,提高企业素质";1993 年十四届三中全会提出要"建立现代企业制度";1999 年十五届四中全会提出要调整国有经济布局,以股份制改造为主的改制成为国企改革的主题;2002 年十六大提出要"改革国有资产管理体制";2007 年十七大提出要"依托现代产权理论,推动混合所有制经济";2013 年十八届三中全会更是明确要求"将资本管理作为国有资产监管的重点","大力推动国有、集体、非公有三大资本的交叉

持股,促进混合所有制经济的发展"。毋庸置疑,国企改革已成为整个经济体制改革的中心环节,对于社会主义市场经济体制的建立和完善具有重大意义。特别是多年来的国企改制已取得很大进展,国企数量持续下降,而资产收益不断增加,资产结构日益改善。

为进一步深化国企改革,国资委已于2016年9月初划定公司制改制时间表,以深入推进中央企业公司制股份制和混合所有制改制,积极探索集团层面股权多元化改革。其中,中央企业在2017年底全面完成公司制改制,各地方国企也积极推进全民所有制的改制工作。众所周知,全民所有制企业的企业财产属于全民所有,是依法自主经营、自负盈亏、独立核算的商品生产和经营单位。数据显示,截至2017年4月,102家中央企业中有71家为全民所有制企业,且多为拥有众多生产、经营机构的大型集团企业,如表10.1所示。根据第2章2.1节所提出的周期性行业的范围界定标准,在71家全民所有制企业中,属于制造业、采矿业、交通运输、仓储和邮政业以及电力、热力、燃气及水生产和供应业等周期性行业的企业共57家,占比80.28%;少数军工、医药、文教、工美等非周期性行业14家,占比19.72%。这说明,在此次全民所有制企业公司制改制中,周期性企业无疑是改制重点。

表 10.1 我国中央企业中 71 家全民所有制企业名录

序号	企业(集团)名称	序号	企业(集团)名称	序号	企业(集团)名称
1	中国核工业集团公司	13	中国海洋石油总公司	25	中国第一重型机械集团公司
2	中国核工业建设集团公司	14	国家电网公司	26	哈尔滨电气集团公司
3	中国航天科技集团公司	15	中国华能集团公司	27	鞍钢集团公司
4	中国航天科工集团公司	16	中国大唐集团公司	28	中国铝业公司
5	中国航空工业集团公司	17	中国华电集团公司	29	中国航空集团公司
6	中国船舶工业集团公司	18	中国国电集团公司	30	中国东方航空集团公司
7	中国船舶重工集团公司	19	国家电力投资集团公司	31	中国南方航空集团公司
8	中国兵器工业集团公司	20	中国长江三峡集团公司	32	中国中化集团公司
9	中国兵器装备集团公司	21	中国电信集团公司	33	中国五矿集团公司
10	中国电子科技集团公司	22	中国移动通信集团公司	34	中国建筑工程总公司
11	中国石油天然气集团公司	23	中国第一汽车集团公司	35	中国储备粮管理总公司
12	中国石油化工集团公司	24	东风汽车公司	36	国家开发投资公司

10　全民所有制周期性企业公司制改制评估的实施建议

续表

序号	企业（集团）名称	序号	企业（集团）名称	序号	企业（集团）名称
37	中国旅游集团公司	49	中国国际技术智力合作公司	61	中国建筑设计研究院
38	中国节能环保集团公司	50	中国建筑科学研究院	62	中国冶金地质总局
39	中国国际工程咨询公司	51	中国中车集团公司	63	中国煤炭地质总局
40	机械科学研究总院	52	中国铁路通信信号集团公司	64	中国民航信息集团公司
41	中国中钢集团公司	53	中国铁路工程总公司	65	中国航空油料集团公司
42	中国化工集团公司	54	中国铁道建筑总公司	66	中国航空器材集团公司
43	中国化学工程集团公司	55	中国普天信息产业集团公司	67	中国黄金集团公司
44	中国轻工集团公司	56	电信科学技术研究院	68	武汉邮电科学研究院
45	中国工艺（集团）公司	57	中国中丝集团公司	69	华侨城集团公司
46	中国盐业总公司	58	中国林业集团公司	70	中国西电集团公司
47	北京有色金属研究总院	59	中国医药集团总公司	71	中国铁路物资（集团）总公司
48	北京矿冶研究总院	60	中国保利集团公司	—	

资料来源：根据相关资料整理。

10.1.2　全民所有制企业公司制改制的实质与意义

10.1.2.1　全民所有制企业公司制改制的实质

首先，根据《企业国有资产法》第三十九条，企业改制是指"国有独资企业改为国有独资公司"，或者"国有独资企业、国有独资公司改为国有资本控股公司或者非国有资本控股公司"，或者"国有资本控股公司改为非国有资本控股公司"。根据《企业公司制改建有关国有资本管理与财务处理的暂行规定》（财企〔2002〕313号）第二条，"公司制改建，是指国有企业经批准改建为有限责任公司（含国有独资公司）或者股份有限公司"。

其次，一直以来，国企改制的根本是改革企业的产权制度，将其塑造成为产权多元化的适应市场经济的充满活力的微观经济组织。国企改制主要包括两种情形，改变企业组织形式和改变企业股权结构。改变企业组织形式即企业法律性质的变化，需要按照相关法律法规改变国有企业资本组织关系、治理结构。例如，将由《全民所有制工业企业法》规范的国有企

业改为按《公司法》规范的国有独资公司,将有限责任公司改为股份有限公司等。改变企业股权结构即引入新股东或改变企业股权比例,包括出售部分或全部国有股权。论及二者关系,企业股权结构变化有时以企业法律性质变化为前提。

可见,全民所有制企业公司制改制的实质是国有企业由以前的全民所有制企业改为国有独资公司,其国有企业性质保持不变。国有独资公司是国家单独出资、由国务院或地方人民政府授权本级人民政府国有资产监督管理机构履行出资人职责的有限责任公司,具体属于一人有限责任公司。这是全民所有制的法律实现形式问题,并不改变其所有制性质。可以推知,表10.1中所列71家中央企业以及部分地方国企需要在规定时间内完成由全民所有制企业到一人有限责任公司的转变。

10.1.2.2 全民所有制企业公司制改制的意义

国企改制是激发国有企业发展活力的需要,是增强国有企业国际竞争力的需要,是建立市场化体制机制的需要,也是理顺国有企业管理关系和健全国有资产监督管理体系的需要。除此之外,对于全民所有制企业,其公司制改制还具有特殊的意义。

一方面,全民所有制企业公司制改制有利于建立规范的公司法人治理结构。通过建立归属清晰、权责明确、保护严格、流转顺畅的现代产权制度,以及政企分开、管理科学的现代企业制度,建立健全以股东会、董事会、监事会为代表的现代公司法人治理结构,能够形成与管理层相互制衡、高效运作的运行机制,实现企业管理、运行制度的科学化和规范化,从而提高其经营管理水平与市场化水平,带动企业整体发展。

另一方面,全民所有制企业公司制改制是推进股权多元化改革的前提。党的十八届三中全会提出,积极发展混合所有制经济。作为国有经济的重要组成部分,以中央企业为首的国有企业积极探索混合所有制改革实践,实现企业产权多元化,是大势所趋。具体可以通过产权转让、增资扩股、员工持股激励、改制上市等方式,推动国有企业制度创新和机制转变,助力国有企业的跨越式发展,加快经济结构和布局的战略性调整。而上述可能涉及的混合所有制改制方案的实施,都需要以国有企业公司制的组织形式作为基础前提。

因此,通过全民所有制企业公司制改制,企业将进一步形成符合现代企业制度要求的公司法人治理结构,提高企业整体竞争实力,同时为后续可能涉及的股权多元化改革尤其是中央企业集团层面的股权多元化改革奠定基础。

10.2 全民所有制企业公司制改制评估的法规要求与现实困境

法制化背景下的全民所有制企业公司制改制，必须依法开展资产评估。但是，全民所有制企业在公司制改制评估过程中，会不可避免地面临改制评估时间、改制评估成本以及土地所有权权属等现实困境。对此，本节依次对全民所有制企业公司制改制评估的法定属性、法规要求、根本目的和现行困境予以剖析。

10.2.1 全民所有制企业公司制改制评估的法定属性和法规要求

10.2.1.1 全民所有制企业公司制改制评估的法定属性

在法律层面，根据《资产评估法》第三条，"涉及国有资产或者公共利益等事项，法律、行政法规规定需要评估的（以下称法定评估），应当依法委托评估机构评估"。而《企业国有资产法》第四十二条明确规定，"企业改制应当按照规定进行清产核资、财务审计、资产评估，准确界定和核实资产，客观、公正地确定资产的价值"；并且，《企业国有资产评估管理暂行办法》（国务院国资委令第12号）第六条、《金融企业国有资产评估监督管理暂行办法》（财政部第47号令）第六条、《中央文化企业国有资产评估管理暂行办法》（财文资〔2012〕15号）第五条、《企业公司制改建有关国有资本管理与财务处理的暂行规定》（财企〔2002〕313号）第七条、《关于规范国有企业改制工作意见的通知》（国办发〔2003〕96号）等均规定，国企改制应当对相关资产进行评估。据此，全民所有制企业公司制改制属于《资产评估法》规定的法定评估情形，应当依法进行资产评估。

10.2.1.2 全民所有制企业公司制改制评估的法规要求

根据《资产评估法》，在评估依据和原则方面，"评估机构及其评估专业人员开展业务应当遵守法律、行政法规和评估准则，遵循独立、客观、公正的原则"；在评估程序方面，"评估专业人员应当根据评估业务具体情

况，对评估对象进行现场调查，收集权属证明、财务会计信息和其他资料并进行核查验证、分析整理，作为评估的依据"；在评估方法方面，"评估专业人员应当恰当选择评估方法，除依据评估执业准则只能选择一种评估方法的外，应当选择两种以上评估方法，经综合分析，形成评估结论，编制评估报告。评估机构应当对评估报告进行内部审核"；在法律责任方面，"评估机构及其评估专业人员对其出具的评估报告依法承担责任"。需要强调的是，有别于一般评估，全民所有制企业公司制改制作为法定评估情形，《资产评估法》还特别要求，评估机构"应当指定至少两名相应专业类别的评估师承办，评估报告应当由至少两名承办该项业务的评估师签名并加盖评估机构印章"；评估档案的"保存期限不少于三十年"。

此外，对于国企改制评估，《企业国有资产法》第五十条也明确规定，"资产评估机构及其工作人员受托评估有关资产，应当遵守法律、行政法规以及评估执业准则，独立、客观、公正地对受托评估的资产进行评估。资产评估机构应当对其出具的评估报告负责"。《关于规范国有企业改制工作意见的通知》（国办发〔2003〕96号）特别强调，"企业的专利权、非专利技术、商标权、商誉等无形资产必须纳入评估范围"。

可见，对于全民所有制企业公司制改制这一经济行为，不仅要依法开展资产评估，而且必须符合相关法规所提出的具体评估要求。

10.2.2 全民所有制企业公司制改制评估的根本目的与现实困境

10.2.2.1 全民所有制企业公司制改制评估的根本目的

不难看出，全民所有制企业改制为国有独资公司，只是企业组织形式变更，并不存在产权交易，也基本不存在国有资产流失隐患。那么，全民所有制企业公司制改制评估的根本目的是什么？这一疑问可以从相关法规中探寻答案。

根据《公司法》，设立有限责任公司，"应当依法向公司登记机关申请设立登记"，"由公司登记机关发给公司营业执照"，"公司营业执照应当载明公司的名称、住所、注册资本、经营范围、法定代表人姓名等事项"，且"必须在公司名称中标明有限责任公司或者有限公司字样"；"有限责任公司的注册资本为在公司登记机关登记的全体股东认缴的出资额"，"股东

10 全民所有制周期性企业公司制改制评估的实施建议

可以用货币出资，也可以用实物、知识产权、土地使用权等可以用货币估价并可以依法转让的非货币财产作价出资"，"公司增加或者减少注册资本，应当依法向公司登记机关办理变更登记"。

与此同时，《企业国有资产法》第四十二条明确规定，"企业改制涉及以企业的实物、知识产权、土地使用权等非货币财产折算为国有资本出资或者股份的，应当按照规定对折价财产进行评估，以评估确认价格作为确定国有资本出资额或者股份数额的依据"；《企业公司制改建有关国有资本管理与财务处理的暂行规定》（财企〔2002〕313号）第八条规定，"资产评估结果是国有资本持有单位出资折股的依据，自评估基准日起一年内有效"；原《公司注册资本登记管理规定》（工商总局令第22号）第十七条规定，"非公司企业按《公司法》改制为公司、有限责任公司变更为股份有限公司时，折合的实收股本总额不得高于公司净资产额"；"原非公司企业、有限责任公司的净资产应当由具有评估资格的资产评估机构评估作价，并由验资机构进行验资"。

可见，全民所有制企业公司制改制，应依法申请设立登记有限责任公司，其中不仅涉及对原企业名称进行变更，而且需进行注册资本登记。因此，全民所有制企业公司制改制评估，本质上是以出资为目的的评估，是为防止出资不实现象的发生。全民所有制企业公司制改制评估报告主要服务于工商登记和注册，其评估结果是国有资本出资额的出资产权依据和验资证明依据。评估机构应当对改制企业的净资产进行评估作价，折合的实收股本总额不得高于公司净资产额。

10.2.2.2 全民所有制企业公司制改制评估的现实困境

然而，基于现阶段的公司制改制，全民所有制企业公司制改制评估又不可避免地面临一系列现实困境。

其一，改制评估时间困境。根据国务院关于深化国有企业改革的指导意见提出，到2020年在国有企业改革重要领域和关键环节要取得决定性成果；中央经济工作会议和《政府工作报告》要求，2017年底前基本完成国有企业公司制改制工作，并且，后续还会有部分地方国企及其各级子企业将尽快完成公司制改制。中央企业是拥有众多生产、经营机构的大型集团企业，下属企业遍布各省份。而国企改制涉及改制方案报批、清产核资、财务审计、资产评估、交易管理、转让价款管理等系列程序，资产评估只是国企改制的环节之一。企业组织和开展资产评估工作还须经历选聘

评估机构、当事双方准备、资产评估现场工作、评估估算和评估汇总、出具资产评估报告、资产评估报告核准或备案等多个阶段。因此，对于如此高数量、大体量的集团企业，要全面完成包括资产评估环节在内的公司制改制工作，时间极为紧迫。

其二，改制评估成本困境。国企改制成本通常包括用于改制的政府、企业和社会的多方面劳动和资本投入。按照改制过程，国企改制成本又可细分为改制前准备成本、改制中操作成本、改制后过渡或整合成本。资产评估相关费用属于改制中操作成本。根据《资产评估收费管理办法》（发改价格〔2009〕2914号），"资产评估收费遵循公开、公平、公正、自愿有偿、诚实信用和委托人付费的原则"；资产评估机构提供法定资产评估服务，"实行政府指导价"，并"可实行计件收费、计时收费或计件与计时收费相结合的方式"；实行计件收费"可以被评估资产账面原值为计费依据，采取差额定率累进计算办法收取评估费用"，实行计时收费"可按照完成资产评估业务所需工作人日数和每个工作人日收费标准收取评估费用"。显而易见，无论是立足于被评估资产账面原值还是评估所需工作人日数，本轮次公司制改制评估项目特别是中央企业层面项目，基本都属于金额高、体量大、耗时长、任务重的项目范畴，所需支付的改制评估费用不容小觑。

其三，土地使用权权属困境。一般而言，国有企业着手开展资产评估工作需要具备两个条件：一是涉及资产评估的经济行为应当取得合法依据，如有效批准文件、相关协议或董事会协议等；二是纳入评估范围的资产的产权应当明晰，即纳入评估范围的资产应具备有效的产权证明文件，如国有资产产权登记证、房产证、土地使用权证等。对于土地使用权资产，《关于进一步规范国有企业改制工作的实施意见》（国办发〔2005〕60号）规定，"企业改制涉及土地使用权的，必须经土地确权登记并明确土地使用权的处置方式。进入企业改制资产范围的土地使用权必须经具备土地估价资格的中介机构进行评估，并按国家有关规定备案。涉及国有划拨土地使用权的，必须按照国家土地管理有关规定办理土地使用权处置审批手续"。但是，国企改制过程中涉及一个非常重要的问题恰恰就是土地资产的确权登记与处置问题。一些企业的土地资产不具备土地使用权证，或者土地性质仍然为划拨用地，尚未得到有效处置；一些企业由事业单位改制而来，部分资产权属不清晰，证照不齐全，属于上一轮国企改革的历史遗留问题。这无疑增大了评估机构确定评估范围以及对企业所属土地使用权进行评估的操作难度。

10.3 全民所有制周期性企业公司制改制评估的实务要点及操作建议

鉴于以上关于全民所有制企业公司制改制评估的法定属性、法规要求、根本目的和现行困境的剖析，有必要在依法合规的前提下，进一步探讨以周期性企业为主体的全民所有制企业公司制改制评估的实务要点及操作建议，力求兼顾全民所有制企业公司制改制评估的合法性、合规性、效率性、经济性与可行性，以此为混合所有制改革中的全民所有制周期性企业公司制改制评估提供实践参考。

10.3.1 全民所有制周期性企业公司制改制评估的基本程序

依照《企业国有资产评估管理暂行办法》（国务院国资委令第12号），国有企事业单位整体改建为有限责任公司或股份有限公司时，需要对其整体资产进行评估。对于全民所有制周期性企业公司制改制评估而言，具体需要对改制企业的净资产即股东权益进行评估。与一般意义的企业价值评估操作相同，评估专业人员对全民所有制周期性企业公司制改制进行评估时，必须依法履行必要的评估程序。除前文所列《资产评估法》相关要求外，全民所有制周期性企业公司制改制评估中还应履行《资产评估准则——评估程序》所要求的系统性工作步骤，具体包括明确评估业务基本事项、签订业务约定书、编制评估计划、现场调查、收集评估资料、评定估算、编制和提交评估报告、工作底稿归档等，且不得随意删减基本评估程序。

10.3.2 全民所有制周期性企业公司制改制评估的方法选择建议

评估专业人员进行全民所有制周期性企业公司制改制评估时，应当恰当选择评估方法，并选择两种以上评估方法，具体可采用资产基础法、市场法和收益法。资产基础法是按重置原则评估出企业各项资产的价值并累加求和，再扣减负债评估值，得到评估对象价值。其中，对各项资产的评估要根据评估对象的具体情况，进一步选用适宜的评估方法。市场法是将

评估对象与可比上市公司或者可比交易案例进行比较,确定评估对象价值。收益法是将企业未来收益折算为现值而得出评估对象价值。资产基础法的工作量最大,耗时最长,所以,考虑到全民所有制企业公司制改制评估的时限要求,在三种方法适用前提均满足的情况下,对其中涉及的各级企业价值评估,应优先选择收益法和市场法,其次是选择资产基础法。

10.3.3 全民所有制周期性企业公司制改制评估的特殊处理建议

较之一般意义的企业价值评估,评估专业人员进行全民所有制周期性企业公司制改制评估时,应该更为合理、有效地利用审计报告,同时建议对采用资产基础法所涉及的企业各项资产进行分类考虑,并对部分类型的资产评估采用特殊处理方式,以求最大限度提高经济行为完成效率,化解全民所有制周期性企业公司制改制评估的现实困境。

(1) 对审计报告的合理、有效利用

首先,财务审计和资产评估都是国企改制的重要环节。财务审计在企业改制中执行传统的鉴证职能,对改制企业的财务报表发表意见,以提高财务信息的可信度;资产评估需要通过资产清查对改制企业在评估基准日的资产、负债进行价值重估,使改制企业净资产的确定更为合理。二者在企业改制中既相互关联,又须在资料互供、成果共享方面实现有效对接。其次,财务审计是资产评估的基础,评估范围原则上基于审计报告确定,资产基础法的应用也需要参考会计数据资料。根据《资产评估准则——利用专家工作》,"资产评估师执行资产评估业务,涉及特殊专业知识和经验时,可以利用专业机构出具的专业报告,作为评估依据";其中,审计报告属于资产评估师可以利用的专业报告类型。据此,出于效率性和经济性考虑,对全民所有制周期性企业公司制改制评估的资产清产环节,建议优先选择6月30日或12月31日等审计报告时点作为评估基准日,评估机构则以利用专家工作的方式,合理、有效地利用审计报告已列明的资产清查结果;并且,对于流动资产,可以基本以审计后的资产负债表所列账面价值确定评估值。

(2) 上市公司价值评估的特殊处理

《国有股东转让所持上市公司股份管理暂行办法》(国资委令第19号)第二十四条规定,"国有股东协议转让上市公司股份的价格应当以上市公司股份转让信息公告日（经批准不须公开股份转让信息的，以股份转让协议签署日为准）前30个交易日的每日加权平均价格算术平均值为基础确定；确需折价的，其最低价格不得低于该算术平均值的90%"。国有股东是指持有上市公司股份的国有及国有控股企业、有关机构、部门、事业单位等。这种国有股东协议转让上市公司股份的交易价格确定方式既简便易行，又易被相关当事方所接受。对全民所有制周期性企业公司制改制评估中涉及的上市公司价值评估，建议参照这一做法，具体将评估基准日前30个交易日的每日加权平均价格算术平均值乘以持股数量，实现对上市公司价值的快速估计，而不必对此类上市公司及其下属企业的全部资产再分别打开评估。

（3）固定资产评估的特殊处理

诚然，表10.1中所列71家中央企业大多是组织结构复杂的大型集团企业，但其下属企业往往是业务相似度高、资产同质性强的区域性分公司或子公司。例如，中国石油化工集团公司下属企业就包括胜利油田分公司等16家油田企业、燕山分公司等39家炼化企业、北京石油分公司等30家成品油销售企业，以及多家设计施工单位、科研单位等。不难看出，这16家油田企业之间、39家炼化企业之间、30家成品油销售企业之间都存在固定资产同质化、主营业务相类似等共性特征。这使得全民所有制企业公司制改制评估中对大量同质化资产采用抽样方法、进行批量评估、实现以点带面成为可能，也将极大程度降低资产基础法的操作复杂性及相关评估成本。

（4）无形资产评估的特殊处理

企业无形资产种类多样，具体包括专利权、商标权、著作权、专有技术、销售网络、客户关系、特许经营权、合同权益等可辨认无形资产和商誉这一不可辨认无形资产。无形资产也属于全民所有制企业公司制改制的评估范围，但如果逐一确认和评估每一项无形资产的价值，工作量会相当大，且操作难度极高，当前不具备时间、费用等对其进行逐项评估的客观条件。对此，立足于净资产这一全民所有制企业公司制改制的评估对象，建议对无形资产采取打包方式，重点评估改制企业组合无形资产的价值。亦可根据需要，将无形资产进一步分为可辨认组合类无形资产和其他组合类无形资产，分别评估其价值。此时，超额收益法是较为适用的无形资产评估方法。

(5) 土地使用权评估的特殊处理

全民所有制企业公司制改制评估面临的土地使用权权属困境，并非个例或个别现象。对此，国务院《关于全民所有自然资源资产有偿使用制度改革的指导意见》（国发〔2016〕82号）强调，"到2020年，基本建立产权明晰、权能丰富、规则完善、监管有效、权益落实的全民所有自然资源资产有偿使用制度"；对于全民所有自然资源，"除国家法律和政策规定可划拨或无偿使用的情形外，全面实行有偿使用"，其中，"完善国有土地资源有偿使用制度"是重点任务之一。所以，长远来看，土地使用权权属困境将势必得以解决。当前情况下，进行全民所有制周期性企业公司制改制评估时，对于权属问题无法确认的部分土地使用权，建议暂以经审计的资产负债表账面价值列示，或者由相关部门商榷暂时豁免土地使用权处置程序，按资产现状进行评估。

10.3.4 全民所有制企业公司制改制中建议不进行评估的情形

对于两类特殊的全民所有制企业公司制改制，建议可不进行资产评估，直接以经审计的净资产账面价值实施改制。第一类是军工企业等涉及国家秘密安全的全民所有制企业。例如，部分涉及国家战略武器装备研制、生产的军工企业，由于业务单一性与高度保密性，完全不具有民用市场需求，将长期以国家投入、支持为主，基本不具备推进产权多元化的可能。第二类是拟进行国有资产无偿划转、合并等经济行为的全民所有制企业。根据《企业国有资产评估管理暂行办法》（国务院国资委令第12号）第七条，"经各级人民政府或其国有资产监督管理机构批准，对企业整体或者部分资产实施无偿划转"；或者"国有独资企业与其下属独资企业（事业单位）之间或其下属独资企业（事业单位）之间的合并、资产（产权）置换和无偿划转"，"可以不对相关国有资产进行评估"。这些多是由政府或国资监管机构根据国有经济布局、结构调整和重组需要决定的无偿划转或合并事项，对这类企业进行改制时，可以依照《企业国有产权无偿划转管理暂行办法》（国资发产权〔2005〕239号）第九条和第十九条，"划转双方应当组织被划转企业按照有关规定开展审计或清产核资，以中介机构出具的审计报告或经划出方国资监管机构批准的清产核资结果作为企业国有产权无偿划转的依据"，"直接进行账务调整，并按规定办理产权登记等手续"。

10.3.5 研究结论及建议

本章从探讨全民所有制企业公司制改制的实质与意义入手,剖析以周期性企业为主体的全民所有制企业公司制改制评估的法定属性、法规要求、根本目的和现行困境,并进一步提出全民所有制周期性企业公司制改制评估的实务要点及操作建议:

首先,全民所有制企业公司制改制的实质是国有企业由以前的全民所有制企业改为国有独资公司,并不存在产权交易,因而不存在国有资产流失隐患。

其次,全民所有制企业公司制改制的意义在于,形成符合现代企业制度要求的公司法人治理结构,同时为后续可能涉及的股权多元化改革尤其是中央企业集团层面的股权多元化改革奠定基础。

再次,全民所有制企业公司制改制属于法定评估情形,应当依法进行资产评估,且须符合相关法规所提出的具体评估要求。并且,全民所有制企业公司制改制评估,本质上是以出资为目的的评估,其评估报告主要服务于工商登记和注册,评估结果是国有资本出资额的出资产权依据和验资证明依据。

最后,着眼于当前面临的改制评估时间困境、改制评估成本困境和土地使用权权属困境,一方面,全民所有制周期性企业公司制改制评估中必须依法履行必要的评估程序,恰当选择和使用两种以上评估方法,并且应在评估方法适用前提均满足的情况下,优先选择收益法和市场法;另一方面,进行全民所有制周期性企业公司制改制评估时,应更为合理、有效地利用审计报告,同时建议对采用资产基础法所涉及的企业各项资产进行分类考虑并适当采用特殊处理方式,力求兼顾全民所有制企业公司制改制评估的合法性、合规性、效率性、经济性与可行性。

新形势下周期性公司估值中的资产评估职业法律风险及防范建议

11 新形势下周期性公司估值中的资产评估职业法律风险及防范建议

深化改革，法律先行。随着现代企业制度的日益复杂化，良好的法律法规环境是全面推进混合所有制改革的保障，贯穿于周期性公司估值的全过程。本章从《资产评估法》出台对评估行业的新挑战以及新形势下资产评估职业法律风险及其防范两个方面开展研究，探索在混合所有制改革中，如何构建涵盖周期性公司估值全过程的职业法律风险防范机制，并从评估机构、评估专业人员、评估行业协会、评估报告使用者、政府监管部门等多个层面提出相关建议，进而使周期性公司估值过程更加规范合理、更加合规合法，有效助力混合所有制改革的有序推进。

11.1 《资产评估法》新分界对资产评估行业带来新挑战

《资产评估法》历经全国人大常委会十年四次审议，于2016年7月2日经全国人民代表大会常务委员会发布，完成了从草案到法律的蜕变，自2016年12月1日起实施。在涉及评估专业人员、评估机构、行业协会、监督管理的多方面规定中，《资产评估法》特别明确了评估专业人员和评估市场业务的新分界，将评估专业人员划分为评估师与评估从业人员，将评估业务划分为法定评估业务与一般评估业务。众所周知，人才资源和市场资源是评估行业赖以生存和发展的核心资源，上述新分界必将在为资产评估行业注入新活力的同时，也带来新的挑战。鉴于此，本节立足于《资产评估法》新分界视角，剖析评估专业人员新分界与评估业务新分界的具体内容，比较评估师与评估从业人员、法定评估业务与一般评估业务的共性和差异，提出资产评估行业在新形势下应对挑战、与时俱进的可行性建议。

11.1.1 《资产评估法》中的评估专业人员新分界

11.1.1.1 评估师与评估从业人员的新分界

事实上，在《资产评估法》颁布以前，评估专业人员的界定经历过两次重大变化。最初的《中华人民共和国资产评估法（草案）》（以下简称"草案"）一审稿和二审稿，将评估专业人员仅限定为注册评估师。2014年，伴随国务院行政审批制度改革，评估师职业资格基本由准入制改为实行水平评价类职业资格管理，2015年的草案三审稿于是将"注册评估师"

修改为"评估师",同时删去评估师执业注册规定,并明确"具有高等院校专科以上学历的公民,可以自愿申请参加评估师职业资格全国统一考试",至此,资产评估师报考条件得以适当放宽,但是对于评估从业人员是否能够执业尚未明确规定;直到2016年,草案四审稿及《资产评估法》将评估专业人员放宽至评估师和评估从业人员,如图11.1所示。

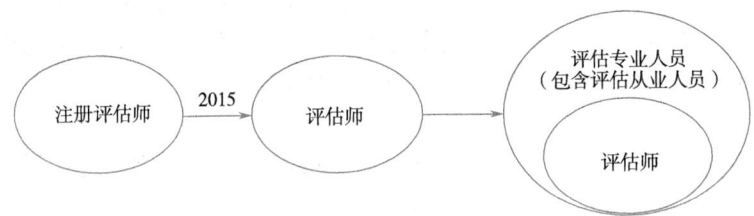

图11.1 评估专业人员分界演进

资料来源:根据相关资料整理。

2016年正式出台的《资产评估法》第八条规定,"评估专业人员包括评估师和其他具有评估专业知识及实践经验的评估从业人员。评估师是指通过评估资格考试的评估专业人员。国家根据经济社会发展需要确定评估师专业类别"。在此基础上,《资产评估法》还从评估专业人员的机构执业、享有权利、履行义务、禁止行为、执业要求、会员管理、法律责任等方面分别进行规定,如表11.1所示。

表11.1 《资产评估法》涉及评估专业人员的相关规定

类型	具体条目	基本内容
主体定义	第8条	评估专业人员包括评估师和评估从业人员
机构执业	第5条	评估专业人员须加入且只能加入一个评估机构执业
享有权利	第4、12、35条	依法开展业务,受法律保护;5项权利;章程权利
履行义务	第4、13、35条	开展业务应当遵守法律;8项义务
禁止行为	第14条	私自接受委托从事业务和收取费用等8项禁止行为
执业要求	第25、26、27、28条	程序性要求;承办业务和签署报告要求
会员管理	第35条	评估专业人员加入有关评估行业协会
法律责任	第44、45、49、50条	评估专业人员可能涉及的行政处罚和刑事责任

资料来源:根据相关资料整理。

在表 11.1 所列有关评估专业人员的具体规定中，部分是对评估师和评估从业人员的统一要求，如二者均享有《资产评估法》赋予的权利；部分则对二者存在差异性要求，特别是在身份门槛、承办业务和报告签署类型等方面存在专业性差异。基于此，以下对评估师和评估从业人员进一步展开共性分析和差异分析，二者关系可归纳如图 11.2 所示。

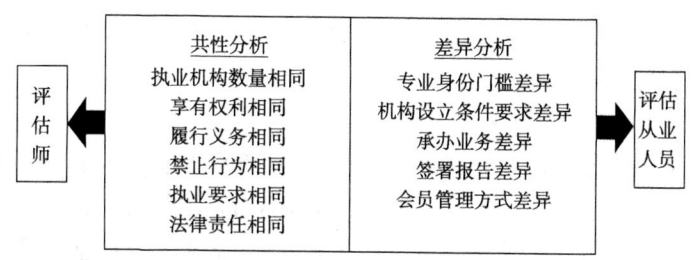

图 11.2　评估师与评估从业人员对比关系

资料来源：根据相关资料整理。

11.1.1.2　评估师与评估从业人员的共性

经比较，评估师和评估从业人员在执业机构数量、享有权利、履行义务、禁止行为、执业要求和法律责任等方面存在共性。

（1）执业机构数量相同

《资产评估法》对评估专业人员提出在机构执业的两点要求，即无论是评估师还是评估从业人员，都只能通过加入评估机构和接受评估机构指派来开展评估业务，都只能在一个评估机构从事业务。即使一名评估师拥有多种评估执业资格，也只能选择在一个具有单一评估资质的评估机构执业，或者在一个同时具备多种评估资质的综合性评估机构执业。

（2）享有权利相同

无论是评估师还是评估从业人员，其在依法开展业务过程中，均受法律保护，均享有《资产评估法》赋予的权利，例如，有权要求委托人提供相关资料和提供必要协助，有权向有关国家机关或其他组织查阅从事业务所需的文件、证明和资料，有权拒绝委托人等相关当事人的非法干预，有权签署评估报告，有权平等享有行业协会章程所规定权利等。

（3）履行义务相同

评估师和评估从业人员都应履行《资产评估法》规定的义务。在职业

道德方面,二者均须诚实守信,依法独立、客观、公正从事业务,均须对评估活动中熟知的国家秘密、商业秘密和个人隐私予以保密;当与委托人或者其他相关当事人及评估对象有利害关系时,均应回避。在执业规范方面,二者均须遵守评估准则,履行调查职责,独立分析估算,勤勉谨慎从事业务;均须对评估活动中使用的有关文件、证明和资料的真实性、准确性、完整性进行核查和验证。除此之外,二者都需要完成规定的继续教育,保持和提高专业能力,都需要接受行业协会的自律管理,履行行业协会章程规定的义务。

(4) 禁止行为相同

评估师和评估从业人员都不得发生《资产评估法》所禁止的行为,具体包括:私自接受委托从事业务、收取费用;同时在两个以上评估机构从事业务;采用欺骗、利诱、胁迫,或者贬损、诋毁其他评估专业人员等不正当手段招揽业务;允许他人以本人名义从事业务,或者冒用他人名义从事业务;签署本人未承办业务的评估报告;索要、收受或者变相索要、收受合同约定以外的酬金、财务,或者谋取其他不正当利益;签署虚假评估报告或者有重大遗漏的评估报告等。

(5) 执业要求相同

评估师和评估从业人员在接受评估机构指派承办评估业务时,都需要按照《资产评估法》执业要求,履行评估程序。例如,根据评估业务具体情况,应当对评估对象进行现场调查,收集权属证明、财会信息和其他资料并进行核查验证、分析整理,作为评估的依据;恰当的选择评估方法,除特殊规定外,应当选择两种以上方法,经综合分析,形成评估结论,编制评估报告;评估报告应当由至少两名承办该项业务的评估专业人员签名并加盖评估机构印章。

(6) 法律责任相同

评估师和评估从业人员都需要对其从事的评估业务承担责任。无论是评估师还是评估从业人员,如违反规定,发生《资产评估法》所禁止的行为,都将由有关评估行政管理部门予以警告,并视情况责令停止从业六个月以上一年以下;有违法所得的,将没收违法所得;情节严重的,将责令停止从业一年以上五年以下;构成犯罪的,还会被依法追究刑事责任。其中,如果涉及签署虚假报告,评估师和评估从业人员可能面临的行政处罚和刑事责任将更为严重,即由有关评估行政管理部门责令停止从业两年以

11 新形势下周期性公司估值中的资产评估职业法律风险及防范建议

上五年以下；有违法所得的，没收违法所得；情节严重的，责令停止从业五年以上十年以下；构成犯罪的，依法追究刑事责任，终身不得从事评估业务。此外，评估师和评估从业人员违反规定，给委托人或者其他相关当事人造成损失的，由其所在的评估机构依法承担赔偿责任。评估机构履行赔偿责任后，可以向有故意或者重大过失行为的评估专业人员追偿。

11.1.1.3 评估师和评估从业人员的差异

评估师和评估从业人员在专业身份门槛、机构设立条件、承办业务和签署报告、专业能力和执业经验、会员管理方式等方面存在差异。详见表11.2。

表11.2 评估师与评估从业人员的差异

类别	评估师	评估从业人员
专业身份门槛	通过评估师资格考试	具有评估专业知识及实践经验
机构设立条件要求	合伙形式2名以上，合伙人2/3以上；公司形式8名以上，股东2/3以上	无明确要求
承办业务	法定/一般评估业务	一般评估业务，以及与至少两名评估师一并承办法定评估业务
签署报告	法定/一般评估业务的评估报告	一般评估业务的评估报告
会员管理方式	应当成为执业会员	可以申请成为见习会员

资料来源：根据相关资料整理。

（1）专业身份门槛差异

作为评估专业人员的主要分界依据，专业身份门槛设定是评估师与评估专业人员之间的关键性差异。其一，评估师是通过评估资格考试的评估专业人员。评估资格考试具体指由有关全国性评估行业协会按照国家规定组织实施的评估师资格全国统一考试。以资产评估师为例，相比2015年5月起实施的《资产评估师职业资格制度暂行规定》，《资产评估法》放宽了评估师的报考条件，取消了对报考人员专业类别和工作年限的要求，具有高等院校专科以上学历的公民即可报名参加评估资格考试。可见，评估师的专业身份门槛依然存在但已相对降低。其二，评估从业人员具体是指具有评估专业知识及实践经验的评估从业人员，亦可以理解为具有评估专业知识及实践经验，且在评估机构从事评估业务的非评估师。可见，"具有评估专业知识及实践经验"是其关键的认定依据,但此依据侧重于原则性和主观性限定,如果作为评估从业人员的普适性门槛尚缺乏统一标准、存在操作难度,就暂时更适合于由不同评估机构结合具体情况灵活把握和自主判断。

(2) 机构设立条件要求差异

《资产评估法》对评估机构设立时应具有的评估师数量以及合伙人或股东资格做出了要求。首先,合伙形式的评估机构应当有两名以上评估师,公司形式的评估机构应当有八名以上评估师,但不要求评估师必须属于同一专业类别。其次,评估机构设立无论采用合伙形式还是采用公司形式,均要求其合伙人或股东的三分之二以上是具有三年以上从业经历且最近三年内未受停止从业处罚的评估师;当合伙人或者股东只有两名时,两名合伙人或者股东都应当是达到上述要求的评估师。而评估机构设立条件中并没有对评估从业人员的相关要求,一般是评估机构设立成功后才开始聘用评估从业人员开展评估业务。

(3) 承办业务和签署报告差异

签署评估报告是评估活动中的关键环节之一。评估报告是呈现评估结果的载体,也是评估过程的记录。对此,《资产评估法》第二十七规定:"评估报告应当由至少两名承办该项业务的评估专业人员签名并加盖评估机构印章。"不过,在具体承办业务和签署报告类型方面,评估师和评估从业人员享有不同的具体权利。根据《资产评估法》第二十八条,"评估机构开展法定评估业务,应当指定至少两名相应专业类别的评估师承办,评估报告应当由至少两名承办该项业务的评估师签名并加盖评估机构印章"。因此,评估从业人员可以从事评估业务,但只能签署一般评估业务的评估报告,并且在从事法定评估业务时,也必须与两名以上评估师一并承办业务;评估师则无此限制。应该看到,相比《资产评估法》颁布以前的评估报告只能由评估师签字的相关规定,上述条款已经在极大程度上赋予了评估从业人员前所未有的报告签署权利。

(4) 会员管理方式差异

《资产评估法》强调:评估专业人员加入有关评估行业协会,平等享有章程规定的权利,履行章程规定的义务;有关评估行业协会公布加入本协会的评估专业人员名单。以资产评估师为例,中国资产评估师协会依据《中国资产评估协会会员管理办法》,将个人会员划分成执业会员、非执业会员、见习会员、联系个人会员、资深会员和名誉会员等。其中，在资产评估机构执业的评估师应当加入中国资产评估协会，成为执业会员；不在资产评估机构执业的评估师，如承认中国资产评估协会章程且有加入意愿，可以申请成为非执业会员；在资产评估机构从事资产评估业务的非评估师，以及在高等院校接受资产评估专业本科以上学历教育的学生，如承认中国资产评估协会章程且有加入意愿，可以申请参加并通过其入会考试，成为见习会员。据此，《资产评估法》所指评估师由于须加入评估机构从事评估业务，故属于第一种会员类别，即应当成为执业会员；其评估从业人员则符合第三种会员类别要求，即可以申请成为见习会员。非执业会员和见习会员的会籍管理均由所在地区的中国资产评估协会地方协会负责，并都须接受中国资产评估协会及其地方协会组织的定期检查。但是，评估师作为执业会员，还须另行接受中国资产评估协会依照《资产评估师职业资格证书登记办法（试行）》和《中国资产评估协会执业会员管理办法（试行）》对其进行管理。前者共有7章26条，分别对资产评估师职业资格证书登记的权责划分、登记程序、日常管理、诚信档案管理、定期检查和惩戒等方面做出了明确规定；后者共有7章35条，分别对执业资产评估师的会籍管理、转所、年检、罚则和证书印鉴做出了相关规定。

11.1.2 《资产评估法》中评估业务的新分界

11.1.2.1 法定评估业务与一般评估业务的新分界

根据评估业务是否自愿进行，可以将其划分为自愿进行的一般评估业务和必须进行的法定评估业务。一般评估业务是由委托人自愿委托评估机构确定动产、不动产、企业价值、无形资产的价值或者财产损失等，法定评估业务则具有强制性。回顾历史，法定评估业务一直是评估机构的主要业务来源，但随着我国市场经济体制改革的不断深入，非国有资产规模不断增加，已有越来越多的交易双方出于自愿原则，聘请评估机构对交易资产进行价值评估。对此，《资产评估法》第三条规定："自然人、法人或者其他组织需要确定评估对象价值的，可以自愿委托评估机构评估。涉及国有资产或者公共利益等事项，法律、行政法规规定需要评估的，应当依法委托评估机构评估。"

值得注意的是，法定评估业务和一般评估业务虽然同属于评估业务范畴，并具有许多相同之处，但在具体效力与要求方面存在差异。把握二者的共性，同时厘清二者的界限，有利于更好地发挥评估服务的专业性。以下对法定评估业务和一般评估业务进一步展开共性分析和差异分析，其中部分内容以资产评估为例，二者关系可归纳如图11.3所示。

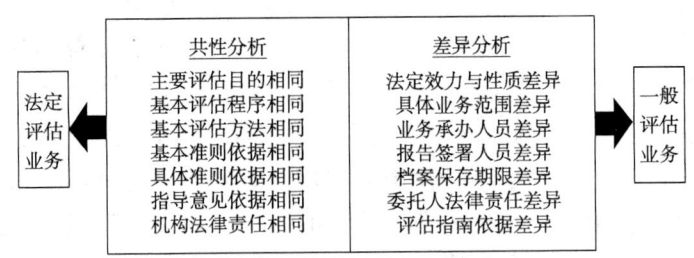

图11.3 法定评估业务与一般评估业务对比关系

资料来源：根据相关资料整理。

11.1.2.2 法定评估业务与一般评估业务的共性

（1）主要评估目的相同

在一般评估目的方面，法定评估业务和一般评估业务具有相同的一般目的，即为资产交易当事人双方提供拟交易资产的价值参考。在特定评估目的方面，法定评估业务和一般评估业务都可能涉及单项资产的转让、出资、租赁、抵质押、清算等，以及整体资产的出售、兼并、重组、联营、清算等各类合法的经济行为。所以二者特定评估目的的主要类型亦具有相似性。

（2）基本评估程序相同

《资产评估法》对法定评估业务和一般评估业务所要求进行的基本评估程序具有一致性。例如，委托人有权自主选择符合规定的评估机构；评估事项涉及两个以上当事人的，由全体当事人协商委托评估机构；委托人应当与评估机构订立委托合同；评估机构应当对评估报告进行内部审核；评估机构及其评估专业人员对其出具的评估报告依法承担责任；委托人对评估报告有异议的，可以要求评估机构解释；委托人认为评估机构或者评估专业人员违法开展业务的，可以向有关评估行政管理部门或者行业协会投诉、举报，有关评估行政管理部门或者行业协会应当及时调查处理，并答复委托人。

（3）基本评估方法相同

根据《资产评估法》第二十六条，"评估专业人员应当恰当选择评估方法，除依据评估执业准则只能选择一种评估方法的外，应当选择两种以上评估方法"，但其并未对法定评估业务和一般评估业务在评估方法的数量与类型选择等做出差异性规定。这一点与评估准则的相关处理方式具有一致性。在评估业务中，市场法、收益法和成本法是三大基本的评估方法。评估方法的选择和使用主要受评估目的、价值类型和资料收集情况等因素的影响，并不因为评估业务是法定还是非法定而有所区分。

（4）评估基本准则、具体准则和指导意见等依据相同

《资产评估法》明确规定，评估机构及其评估专业人员开展业务应当遵守法律、行政法规和评估准则。其中，评估基本准则由国务院有关评估行政管理部门制定，评估执业准则和职业道德准则由评估行业协会依据评估基本准则制定。

资产评估准则体系分为基本准则、具体准则、评估指南和指导意见等四个层次，具体由2项基本准则、1项职业道德具体准则、5项程序性具体准则、6项实体性具体准则、5项评估指南和9项评估指导意见等组成。因此，评估机构和评估专业人员无论是开展法定评估业务还是一般评估业务，均须遵守评估准则。其中，2项基本准则、1项职业道德具体准则和5项程序性具体准则，以及《评估机构业务质量控制指南》《资产评估价值类型指导意见》《注册资产评估师关注评估对象法律权属指导意见》等是其开展任何评估业务均须遵守的执业规范；6项实体性具体准则，其他7项评估指导意见，以及《以财务报告为目的的评估指南（试行）》《知识产权资产评估指南》等须根据实际评估业务所涉及的资产类型等因素有所选择地使用。但这些均不因为评估业务是法定还是非法定而有所区分，唯有《企业国有资产评估报告指南》和《金融企业国有资产评估报告指南》因涉及国有资产评估，特别适合作为评估机构和评估专业人员开展与国有资产事项相关的法定评估业务的准则依据。可见，对于同一资产类型或同一特定目的下的法定评估业务和一般评估业务，其评估基本准则、具体准则、指导意见以及部分评估指南等准则依据具有共同性。

（5）机构法律责任相同

评估机构接受委托人委托指定评估专业人员对评估对象进行评估，是评估行为的主要参与主体。无论开展法定评估业务还是一般评估业务，评估机构如违反规定，发生《资产评估法》所禁止的行为，将由有关评估行政管理部门予以警告，并视情况责令停业一个月以上六个月以下；有违法

所得的,将没收违法所得,并处违法所得一倍以上五倍以下罚款;情节严重的,将由工商行政管理部门吊销营业执照;构成犯罪的,还将依法追究刑事责任。其中,如果涉及出具虚假报告,除以上可能承担的行政责任和刑事责任外,评估机构将由有关评估行政管理部门责令停业六个月以上一年以下。

11.1.2.3 法定评估业务与一般评估业务的差异

法定评估业务和一般评估业务在法定效力与性质、具体业务范围、业务承办和报告签署人员、档案保存期限、委托人法律责任、评估指南依据等方面存在差异。详见表11.3。

表11.3 法定评估业务与一般评估业务的差异

类 别	法定评估业务	一般评估业务
法定效力与性质	以鉴证性为主	咨询性
具体业务范围	7部法律和16部行政法规构成业务范围	自愿委托评估业务(包含咨询类、新兴业务)
业务承办人员	评估师(至少2名)和评估从业人员	评估师和评估从业人员均可
报告签署人员	评估师	评估师和评估从业人员均可
档案保存期限	30年	15年
委托人法律责任	行政责任、民事责任、刑事责任	民事责任
评估指南依据	5项评估指南	3项评估指南

资料来源:根据相关资料整理。

(1) 法定效力与性质差异

法定评估和一般评估的分界,主要通过两点来判断:第一,是否涉及国有资产或者公共利益等事项;第二,是否由法律、行政法规规定其需要评估。只有两点都具备,才属于法定评估。在法定效力方面,法定评估业务的评估结果通常直接作为资产交易的最终价格,或者作为确定最低交易价格的依据。例如,《拍卖法》规定,"拍卖国有资产,依照法律或者按照国务院规定需要评估的,应当经依法设立的评估机构评估,并根据评估结果确定拍卖标的的保留价";国资委《关于中央企业资产转让进场交易有关事项的通知》规定,"资产转让按照有关规定需进行资产评估的,应当进行评估并履行相应的核准、备案手续,首次挂牌价格不得低于经核准或备案的资产评估结果","经公开征集没有产生意向受让方的,转让方可以根据标的情况确定新的挂牌价格并重新公告,如拟确定新的挂牌价格低于资产评估结果的90%,应当获得相关资产转让行为批准机构书面同意"。而一般评估业务出于委托人自愿评估的原则进行,其评估结果对交易双方只具有参考性;交易是否达成或者交易价格具体如何,由双方自主判断并共同决定。由此可见,在业务性质上,法定评估业务被赋予了法定的参考证明效力,无疑具有较强的鉴证性;一般评估业务则更多体现为咨询性。

(2) 具体业务范围差异

法定评估业务涉及国有资产和公共利益等事项,前者具体涉及国有企业合并、分立、改制、转让重大财产,以非货币性财产对外投资,清算等情形,后者具体涉及股票和债券发行、政府采购、金融机构撤销等情形。最早对法定评估做出规定的法律,可以追溯到1993年颁布的《公司法》;最早对法定评估做出规定的行政法规,可以追溯到1991年发布的《国有资产评估管理办法》。至今,累计已有7部法律和16部行政法规的相关规定构成法定评估的业务范围。一般评估业务则体现为市场中的政府或企业出于自愿的原则,对涉及自身利益的经济行为进行评估,虽不涉及国有资产或公共利益,也不是法律或行政法规的规定情形,但其具体业务类型较之法定评估业务更加广泛,除了常见的单项资产评估和企业价值评估以外,还涉及管理咨询、绩效评价等多种类型,并且,一般评估的具体业务类型还会随着市场经济的发展和新兴业务的涌现等而越发丰富。

(3) 业务承办和报告签署人员差异

前已述及,法定评估业务因涉及国有资产或公共利益等事项,评估机构必须指定至少两名相应专业类别的评估师承办,评估报告应当由至少两名承办该项业务的评估师签名并加盖评估机构印章。一般评估业务对评估专业人员无此特殊要求,评估师和评估从业人员均可承办及签署评估报告。

(4) 档案保存期限差异

评估档案是记录评估专业人员实施评估程序、形成评估结论以及各主体之间权利与义务关系的重要证明文件,可以为司法部门、有关监管部门和评估行业协会的查询或检查提供事实依据。此前,根据《资产评估准则——工作底稿》,评估业务档案自报告日起至少保存10年。如今,根据《资产评估法》第二十九规定,"评估档案的保存期限不少于十五年,属于

法定评估业务的,保存期限不少于三十年"。可见,评估档案保存期限有所延长,且法定评估业务的评估档案保存期限是一般评估业务的两倍,这一期限差异主要是为了加强法定评估管理,以更好地保护国有资产和公共利益。

(5) 委托人法律责任差异

为防止国有资产流失、保护公共利益,《资产评估法》专门对法定评估业务做出规定,委托人的相关违法行为可能涉及行政责任、民事责任和刑事责任。法定评估业务的委托人如果发生未依法选择评估机构、索要或收受回扣、串通或唆使出具虚假评估报告、未如实提供相关资料、未正确使用评估报告等违法行为的,将由有关部门责令改正;拒不改正的,将处十万元以上五十万元以下罚款;有违法所得的,将没收违法所得;情节严重的,将对直接负责的主管人员和其他直接责任人员依法给予处分;造成损失的,将依法承担赔偿责任;构成犯罪的,将依法追究刑事责任。而对于一般评估业务的委托人,因其是自愿选择评估机构进行评估,按照合同约定享有权利和承担义务,所以,当其给他人造成损失时,仅须依法承担民事赔偿责任。

(6) 评估指南依据差异

如前所述,虽然法定评估业务和一般评估业务的评估基本准则、具体准则和指导意见等依据相同,但是在5项评估指南中,《企业国有资产评估报告指南》和《金融企业国有资产评估报告指南》是分别根据国有资产评估管理有关规定、金融企业国有资产评估管理等有关规定制定,目的是为了维护社会公共利益和资产评估各方当事人的合法权益。这2项评估指南专门立足于规范涉及此类资产的法定评估业务,因而对其具有强制性。而对于一般评估业务,这2项评估指南虽可作为其类似业务参照,但不具有强制约束力。

11.1.3 《资产评估法》新分界带来的新挑战

通过剖析和比较《资产评估法》新分界的具体内容,厘清了评估师与评估从业人员、法定评估业务与一般评估业务的共性和差异。不难看出,《资产评估法》新分界与时俱进,但同时给评估行业带来了新的挑战。

11.1.3.1 评估专业人员新分界对专业人员执业和监管提出高要求

《资产评估法》对评估专业人员的新分界,一方面有利于降低从业门槛，赋予评估权利，明确评估责任，激发人才活力；另一方面也对评估专业人员的职业与监管提出了更高的要求，具体表现为：其一，放宽评估师报考条件，使得评估专业人员数量增多，但人员的专业素质水平和专业胜任能力参差不齐；其二，评估从业人员签署报告的赋权，能够培养人才执业主人翁意识，但倘若评估从业人员在业务中从事违法违规行为，将会受到警告、没收违法所得、停止从业、追究刑事责任等处罚；其三，评估师签署法定评估报告的赋权，能够强化评估师法律地位，加快人才梯队建设节奏，但在评估过程中能否达到法律法规要求的"勤勉尽责"有待确证；其四，评估专业人员的义务与责任明晰，对评估专业人员职业道德提出了更高的要求，评估人员是否拥有职业要求的整体素质尚待检验。可见，在资产评估法实施之后，评估专业人员在整个执业过程中将面临更大的专业性考验。

11.1.3.2 评估业务新分界使自律合规要求升级为知法守法要求

《资产评估法》对评估业务的新分界，一方面体现了评估市场多层次的需求和评估行业未来发展的趋势，回归了资产评估价值发现和价值尺度等功能特性，满足了维护社会主义市场经济秩序的迫切需要；另一方面也将资产评估主体的自律合规要求升级为知法守法要求，具体表现为：其一，确立法定评估业务的特殊地位，突出体现评估的价值鉴证功能，能够保证法定评估业务的客观性和公正性，但同时也将评估行业整体公信力意识，捍卫国有资产安全和维护社会公共利益这一义务上升至法律高度；其二，明晰法定评估业务与一般评估业务的差异，兼顾评估行业多年发展的有益经验与创新需要，但也意味着需要明确区分评估机构市场业务范围，理顺评估业务层次、业务体系，并确保评估行业处于公平竞争的市场环境；其三，将一般评估业务与法定评估业务并举，突出体现评估的价值咨询特性，但同时表明咨询业务需在法律框架约束下，才可拓展评估机构业务创新空间、加强评估机构人员灵活配置、推进评估咨询类业务百花齐放、激活评估行业发展的无穷潜力等。可见，在资产评估法实施之后，资产评估业务在整个行业未来发展过程中将面临更大的法律风险挑战。

11.1.3.3 评估专业人员与业务新分界对评估行业协会自律管理提出新要求

评估人才和评估业务可被视为评估市场中的供需双方，《资产评估法》对二者分别设定的新分界，能够更好实现评估人才与评估业务的有效对接，同时有效激发二者的发展活力。但也应看到，《资产评估法》新分界在发挥积极影响的同时，无形之中增加了评估行业的自律管理压力。对此，一方面，建议评估行业协会进一步完善评估专业人员的自律管理机制。特别是要加快建立评估从业人员专业知识和实践经验的考评标准，加强对评估从业人员的教育培训和报告抽查力度，及时更新和定期公布评估专业人员名单，优化评估专业人员的诚信档案管理体系，打造适合推动评估专业人才自我提升的激励机制，构建多层次的评估专业人员自律管理体系。另一方面，建议评估行业协会进一步完善评估业务的自律管理体系，特别是要加快构建针对一般评估业务的示范性培训机制和指导意见体系，分别建立法定评估业务和一般评估业务的质量控制制度，配套制定与推进评估业务质量提升和模式创新相关的激励措施，构建多层次的评估业务自律管理体系。

11.2 新形势下资产评估职业法律风险及防范建议

《资产评估法》实施后，为加强资产评估行业财政监督管理，根据《资产评估法》等法律、行政法规和国务院的有关规定，财政部进一步制定《资产评估行业财政监督管理办法》（财政部令第86号，以下简称"86号令"），并于2017年6月1日正式实施。《资产评估法》和86号令的施行，无疑有利于规范资产评估行为，促进评估行业健康发展，维护市场经济秩序，助力中国经济结构改革；但与此同时，也使资产评估行业面临许多新的变化，尤其是对资产评估职业风险防范带来新的挑战。在这种新形势下，评估机构和评估专业人员的部分不当行为可能由违规升级为违法，其陷入诉讼危机的可能性以及承担的法律责任均相应增大，进而可能导致利益损失、声誉下降、客户流失等不利事项发生，乃至危及整个评估行业公信力。不仅如此，作为社会性经济活动的资产评估，其工作性质和质量还关系到相关各方的切身利益，可谓涉及面宽、影响面广。

鉴于此，立足新形势下的资产评估职业法律风险问题开展研究，具有必要性与紧迫性。本节立足新形势下的资产评估职业法律风险及防范问题开展研究，力求厘清资产评估职业法律风险的内涵、分类与现状，剖析资产评估职业法律风险的成因，并针对性地提出资产评估职业法律风险防范建议，以尽可能降低新形势下资产评估职业法律风险隐患，也为混合所有制改革中的周期性公司估值提供法律环境保障，使各方参与主体的评估行为更规范、更合法，进而使周期性公司估值结果更客观、更合理。

11.2.1 资产评估职业法律风险的内涵、分类与现状

11.2.1.1 资产评估职业法律风险的内涵

国际律师协会（IBA）对"企业法律风险"的定义是"企业因经营活动不符合法律规定或者外部法律事件导致风险损失的可能性"。国内关于"企业法律风险"的定义为"因法律法规因素所引致的由企业承担的潜在经济损失或其他损害的风险"，具体指"企业在经营过程中由于故意或过失违反法律义务或约定义务可能承担的责任与损失"。

论及资产评估职业法律风险，我们认为，可以将其理解为评估机构与评估专业人员因资产评估执业行为产生的承担法律责任、承受不利法律后果的可能性。法律风险势必以承担法律责任为特征。资产评估职业法律风险一旦发生，评估机构自身一般难以控制，且往往导致严重后果，有时甚至是灾难性后果，具体表现为经营性损失、民事赔偿、法律诉讼费用、行政或刑事处罚、声誉损失等。

11.2.1.2 资产评估职业法律风险的分类

对资产评估职业法律风险的分类，可以有以下两种方法。

（1）根据风险性质

根据风险性质不同，可将资产评估职业法律风险划分为违法风险、法律不确定性风险以及事实行为不确定性风险三类。

作为资产评估职业法律风险的主要表现形式，违法风险具体是指评估机构和评估从业人员违反资产评估相关法律法规的规定所产生的风险。

法律不确定性风险具体表现为两种情形：一是资产评估相关法律法规自身的不确定性，例如法律条文本身比较原则，可以进行多种解释，或者法律政策不尽完善而有待调整；二是法律运行过程中参与人因素导致的不确定性，例如法官、仲裁员等执法者对法律的不同理解所产生的不确定性。

事实行为不确定性风险主要表现为评估机构或评估专业人员证据意识的缺乏，导致在争议解决过程中无相应证据支持其主张导致败诉。

（2）根据风险责任

根据风险责任不同，可以将资产评估职业法律风险划分为行政责任风

险、民事责任风险和刑事责任风险。资产评估职业法律责任的规范依据主要有《资产评估法》《企业国有资产法》《刑法》《公司法》《证券法》《民法总则》《民事诉讼法》等相关法律，以及资产评估相关行政法规和部门规章。

行政处罚是资产评估职业行政责任的制裁形式。产生行政责任风险的具体情形分别体现于《资产评估法》《企业国有资产法》《公司法》《证券法》及86号令的具体条款或规定中。

民事责任具体涉及资产评估执业行为的民事赔偿后果。产生民事责任风险的具体情形分别体现于《资产评估法》《企业国有资产法》《公司法》《证券法》及《最高人民法院关于审理证券市场因虚假陈述引发的民事赔偿案件的若干规定》的具体条款或规定中。

需要接受刑法处罚是刑事责任与其他两种法律责任的根本区别。刑事责任风险的产生情形主要体现在《刑法》有关规定中，具体涉及提供虚假证明文件罪、出具证明文件重大失实罪以及单位扰乱市场秩序罪。刑事责任风险是危害性最大的资产评估职业法律风险。

11.2.1.3 资产评估职业法律风险的现状

这里从评估理论与评估实务两个层面分析资产评估职业法律风险的现状。

（1）评估理论层面针对性研究偏弱

通过对资产评估职业法律风险防范的相关研究进行梳理，发现已有研究多是围绕资产评估职业风险防范问题进行总体把握（汪海粟，2002；王秀东等，2002；潘学模，2003；高波、高桂兰，2006；韩晓东，2007；陈蕾、韩迎春，2008；李明媛，2009；杨健，2012；张翔，2013；胡克建，2014；谭舒蔓、高兵，2015；杨莹、王海东，2016；陈晓宁，2016；等）。部分学者提出资产评估风险具有客观性、潜在性、阶段性、复杂性等特征，包括法律风险、管理风险、执业风险、结果使用风险等不同类型；也有学者从立法、宣传、管理、培训、规范等方面提出资产评估风险防范建议。但是，上述研究基本在《资产评估法》和86号令出台以前开展，并且其中鲜见资产评估职业法律风险防范的针对性研究。"资产评估行业立法缺失""资产评估行业法律法规不健全""资产评估行业应尽快统一立法"等都是之前论及资产评估职业风险成因与防范问题时的核心观点。可见，在评估理论层面，针对新形势下资产评估职业法律风险防范问题的研

究偏弱，亟待与时俱进、充实完善。

（2）评估实务层面制裁处罚案件渐增

统计显示，当前涉及资产评估的制裁处罚案件数量有上涨趋势，这也成为社会公众和评估行业高度关注的热点。在实务案件中，对于评估机构等中介机构的责任认定十分复杂。中介机构是否存在责任，关键的事实是中介机构是否勤勉尽责，这需要监管部门开展调查并出具相关结论。

以中国证监会近一年来出具并公布的资产评估类行政处罚决定书为例。其中明确"评估执业行为是否违规的判断标准是评估机构有无勤勉尽责"；对于"未勤勉尽责"这一违法事实，常见的具体表述包括"评估依据不充分""评估假设不合理""评估程序不到位""评估方法不当""计算公式错误""参数计算不科学""评估结果错误""未获取委托单位出具的承诺函""未按规定取得银行询证函""违反资产评估业务基本流程""未实施有效的评估程序""评估工作底稿不符合规定""工作底稿填制错漏较多""量控制方面三级复核流于形式""以预先设定的价值作为评估结论""评估结论存在具有重要影响的实质性遗漏""未披露评估基准日至评估报告日期间发生的影响评估结论的重大事项""评估报告的出具日期早于内部审核日期"等。可见，在评估实务层面，新形势下的资产评估职业法律风险已然加剧，这对整个评估行业的法律风险防范敲响警钟。

上述现状，进一步凸显新形势下开展资产评估职业法律风险问题研究的必要性与紧迫性。

11.2.2　新形势下资产评估职业法律风险的成因

研究新形势下的资产评估职业法律风险问题，明确其风险成因才能做到有的放矢。一般而言，法律风险成因主要来自两方面：一是行为人自身因素，包括行为人对法律环境认知不够、依法行为决策能力不足、法律意识淡薄甚至故意违法等；二是法律环境因素，包括立法不完备，执法不公正，合同相对人失信、违约、欺诈等。相比之下，行为人自身原因引起的法律风险比例较高。对于新形势下的资产评估职业法律风险，以上两方面成因可进一步概括为内部成因和外部成因两大类别。

11.2.2.1　新形势下资产评估职业法律风险的内部成因

新形势下资产评估职业法律风险的内部成因具体表现为评估机构或评估专业人员法律风险预警意识不足、内部控制水平不佳、专业胜任能力有

限、坚持独立性原则不力等因素。内部成因一般会引发资产评估职业法律风险类型中的违法风险。

（1）法律风险预警意识不足

部分评估机构的职业风险防范基础工作比较薄弱，没有充分意识到加强风险预警工作对职业风险防范的重要性，以致对《资产评估法》和86号令出台后的法律环境变化不敏感，评估专业人员对相关法律条款和规定的学习不够深入，缺乏对未来核心风险点及其变化的预判，更难谈及及时制定完整、有效的法律风险防范措施，导致资产评估职业法律风险骤增。

（2）内部控制水平不佳

有研究表明，企业内部控制水平与其面临的法律风险呈负相关关系，即内部控制越有效，法律风险越低。但目前，评估机构在一定范围内仍然存在内部管理机构不健全、质量控制机制不完善、内部控制制度执行不到位等情况。例如，经理层、决策层和监督层的职责不清，董事会人员结构不合理，监事会形同虚设，难以形成有效、规范、合理的法人治理结构；部分评估专业人员对于机构内部控制制度缺乏深刻了解，对法律规章和相关的政策指引关注不够。评估机构自身的内部控制水平不佳，极易出现评估流程混乱、项目组织不当、评估效率低下、项目质量失控等状况，进而加大法律风险。

（3）专业胜任能力有限

评估机构与评估专业人员需要大量的实践经验才能形成正确的判断，而当前部分人员因专业胜任能力不足，无法承接评估业务，或者从事业务未勤勉谨慎，履行评估程序失当，技术水平不足，从而触发评估业务纠纷甚至诉讼。与此同时，在愈演愈烈的人才市场竞争中，职业风险与报酬欠匹配等原因导致评估机构部分人才流失，特别是专家型高端人才数量不足，使评估机构出现人才断档隐患，面临"用人荒"。服务于高端评估业务的执业人员胜任能力相对不足，难以带动整个行业执业水准的同步和有效提高，评估报告整体质量缺乏保障，资产评估职业法律风险同步增加。

（4）坚持独立性原则不力

独立性原则是评估机构和评估专业人员在执业过程中应遵循的基本原则，即评估机构应始终坚持第三者立场，不为资产业务当事人的利益所影响，更不能隶属于任何一方。《资产评估法》和86号令的出台，意味着法人能够对评估机构进行出资持股，但法人股东一般更关注公司利益的实现而可能忽视独立性问题。如果其在承接业务时存在钻法律空子的侥幸心理，有意打"擦边球"，甚至为了利益不顾法律约束，故意违背独立性原则，则评估机构面临的法律风险将大幅增加。此外，在目前的行业竞争格局中，少数恶性经营机构违背独立性原则等职业道德缺失的行为，还可能造成"劣币驱逐良币"，致使评估行业面临的法律风险形势越发严峻。

11.2.2.2 新形势下资产评估职业法律风险的外部成因

新形势下资产评估职业法律风险的外部成因具体表现为法律规制更加具体化、监管部门监管更加严格、法规实施细则与准则规范指导有限，以及委托人和相关当事人配合不力或专业局限等因素。

（1）法律规制更加具体化

《资产评估法》及86号令出台后，资产评估职业法律责任的界定与处罚更加具体化，势必加大包括违法风险在内的资产评估职业法律风险。但资产评估面对的是变化不定的社会经济环境，评估专业人员需要基于一系列评估假设对其进行描述、做出判断，并以此作为评定估算的数据依据。这种环境判断的复杂性、评估对象的多元化以及资本市场的易变性使得资产评估具有很强的不确定性和专业性，评估专业人员可能采取的变通处理或者创新技术均容易与正在施行的法律法规相悖，于是形成与法律法规的稳定性和滞后性之间的潜在矛盾。

因此，不排除资产评估法律法规的个别条款因过于具体化，在实践中操作难度较大、具有争议或欠缺合理性，尚需进一步论证甚至修订。例如，《资产评估法》对现场调查中核查验证资料真实性的规定以及对评估准则未明确要求的部分资产必须采用两种评估方法的规定，都属于此类情形。以核查验证资料真实性这一点为例，其强调评估专业人员需要对权属证明等企业提供的资料进行核查验证，高于资产评估准则提出的对法律权属予以关注的要求。但在实际操作中，这些环节的完成难度较大：评估专业人员前往政府部门调查权属证明的真伪，不一定能得到政府部门的支持；前往有关单位调查核实合同等其他资料，不一定能得到有关单位的配合；如果被评估单位及其关联单位共同作假，会加大鉴别资料真伪的难度。加上资产评估核查验证涉及面广泛，对于各种类型资产都按照同一标准要求核查验证，在一定程度上缺乏合理性。如果评估机构在卷入诉讼案件时基于各种客观限制出具的免责条款不能获得法院认可，则在诉讼中会处于劣势地位。这也从另一侧面增加资产评估职业法律风险类型中的法律不确定性风险。

(2) 监管部门监管更加严格

监督主要包括政府部门的行政监管和行业协会的自律管理，是任何行业长远发展的必要保障。新形势下，评估行业所面临的监管更加严格，处罚范围更广，力度更大，因监管产生的包括违法风险在内的资产评估职业法律风险也随之提升。但也不排除在现实中，部分监管部门将咨询性评估业务视为鉴证性评估业务予以管理，存在一定程度的监管过度；部分监管机构对评估专业的理解不够清晰，对法律法规条款的理解存在差异，不利于监管部门、司法部门与评估机构之间的沟通；部分不同类别监管部门的标准不够统一，各种不同类型的业务不能采取相同的规制，导致评估机构执业难度加大。上述这些情形都有可能引发评估争议甚至产生制裁处罚案件，也会导致资产评估职业法律风险类型中法律不确定性风险的产生。

(3) 法规实施细则与评估准则规范指导有限

新形势下的新法规与新变化，对评估法规实施细则的出台、评估准则体系的更新与完善，以及配套新准则的发布都提出了更高的要求。例如，在实务案例中，既有评估准则对评估机构和评估专业人员是否勤勉尽责的统一认定标准有待明确，对资产评估法律法规个别原则性条款或具体性条款的配套解读有待发布，对资产评估职业法律风险预警与防范的指引有待细化。评估准则的行业规范指导功能和维护评估机构合法权益的作用有限，也会使评估机构在法律诉讼中暂时处于劣势地位，不利于提升评估行业的话语权和主动权，造成资产评估职业法律风险规避无力。资产评估职业法律风险类型中的法律不确定性风险和事实行为不确定性风险均可能引发。

(4) 委托人和相关当事人配合不力或专业局限

委托人和相关当事人配合不力或专业局限，同样可能导致资产评估职业法律风险类型中的法律不确定性风险和事实行为不确定性风险的发生。

首先，评估机构与委托人、相关当事人之间的信息不对称情况时有发生。例如，在业务承接阶段，如果评估机构对客户信息了解不全面，比如客户出于保密原则考虑不将全部信息告知评估机构，可能导致评估机构无法做出正确判断。另外，部分客户舞弊现象的存在也会导致信息不对称，比如客户因个人利益或特殊目的而提供虚假、遗漏信息，评估师有时很难准确鉴别这些信息的真伪及质量，也可能导致评估结果不合理、评估报告出现偏差。

其次，委托人、相关当事人不配合而使评估程序受限引发的法律风险也不容小觑。在业务实施过程中，可能出现委托人、相关当事人基于主客观原因不予配合，或者即使经过委托人协助、相关当事人仍不予配合的情形，造成评估专业人员履行评估程序受限。评估专业人员无法恰当履行现场调查、收集资料、核查验证、评定估算等程序，导致评估合同无法履行、评估报告虚假遗漏、损害相关当事人合法权益与公共利益等后果。

再次，委托人、相关当事人对评估报告及其结果使用不当也会造成损失、带来风险。实务中，可能存在委托人、相关当事人超范围使用报告或不当使用报告的情形，包括使用过期失效的评估报告及其结果，未按评估报告注明的评估目的使用，抑或在使用时未充分考虑评估期后事项带来的资产价值变化，从而导致评估结果合理性受到质疑或者相关当事人权益受损。

最后，倘若评估专业人员在报告编制过程中，按要求披露有关事项的同时又需要保护相关当事人的隐私，则二者界限很难划分清楚。

上述情形都可能形成资产评估职业法律风险隐患。

11.2.3　新形势下资产评估职业法律风险防范的相关建议

通过对新形势下资产评估职业法律风险成因的剖析，可以说未来资产评估职业法律风险无时不有，无处不在，其防范需要评估机构、评估从业人员、评估协会以及政府部门等各方的共同努力。这里，立足不同风险成因、不同行业主体、不同管理层面，归纳提出以下相关建议。

第一，提升评估机构内部控制水平，保障评估程序合法履行。

建议评估机构进一步推进内部控制体系建设，建立健全内部管理制度和质量控制制度，强化内部控制制度落实执行力度。首先，评估机构应完善包括评估业务受理、评估前期准备、具体评定估算、评估内部审核、出具评估报告以及底稿归档管理在内的全流程质量控制，制定完备的评估技术标准，强调风险防范的注意问题。其次，评估机构应加强对机构内部控制制度落实执行的监督，保障评估程序的合法履行，降低评估过程的出错概率。最后，在分支机构设立与管理方面，建立评估机构采取谨慎扩张的态度，并加强对分支机构的质量管控，特别对分支机构报告书的形成和使用给予关注。另外，根据经验，评估机构亦可结合自身实际，专门成立风

险控制委员会,委员们对有争议的项目进行统一表决,按照多数意见,谨慎做出是否承接评估项目的决定。

第二,完善培训和奖惩机制,提高人员法律风险危机意识与专业胜任能力。

一方面,建议评估机构完善培训机制。例如,成立培训委员会,通过职业道德培训、法规政策培训和技术培训,引导评估专业人员理解和掌握资产评估相关法律法规与准则,使其随环境的变化,不断更新专业技能,有效提高评估专业人员业务素质与胜任能力,强化人才储备与人才梯队建设。另一方面,建议评估机构完善奖惩机制。例如,成立奖惩委员会,满足不同层次员工的合理需求,发挥员工积极性、能动性和创造性,并引导评估专业人员增强自身法律风险危机意识,保持高度的执业谨慎,保障评估报告的质量。此外,建议评估协会加强独立性相关法律风险防范培训与管理,特别是强化对法人持股机构股东的培训与管理,提高评估机构、评估专业人员以及法人股东的法律风险危机意识,引导他们协调好收益与风险的关系,并将其维持在一定的平衡、合理水平。

第三,出台配套监管细则与评估准则,加强评估规范指引作用。

建议评估协会针对法律法规中个别争议性条款,研究出台配套评估准则或操作细则,规范指导评估执业行为,也为监管判断提供标准依据。例如,建议评估协会出台系列评估指引,对评估机构和评估专业人员"勤勉尽责"的认定标准予以明确,对核查验证资料真实性的要求予以规约,对不同评估对象的评估方法数量选择予以说明,厘清评估专业人员法律责任界定,保障评估专业人员合法权益。其中,对于客观上无法查验资料的情形,应当制定相应的规避措施,并可考虑对不同类型资产的查验程度予以区分规定。同时,建议评估协会配套制定资产评估职业法律风险预警与防范细则,指导评估机构和评估专业人员有效做好风险识别、风险估测、风险评价、风险控制、风险管理等各项工作,并加强各评估机构之间的沟通与交流,促进其共同应对法律风险。

第四,完善法律援助机制,综合发挥保险基金作用。

一方面,建议有条件的评估机构聘请专业的法律顾问,为其法律风险防范与诉讼危机应对等事宜提供专业指导。对于不具有类似条件的评估机构,建议评估协会充分发挥评估维权委员会的作用,构建相应的法律援助体系,完善法律援助机制,为评估机构和评估专业人员提供必要的技术支持。另一方面,综合利用职业保险基金,也是评估机构和评估从业人员应对法律风险的可选路径。计提职业风险基金和购买职业责任保险是抵御法律风险的常见财务管理安排。评估协会也可运用部分会费成立风险保障金制度,在评估机构遇到诉讼案件时为其适当减轻经济负担,削弱法律风险对评估机构带来的冲击。这些措施不但能够为资产评估职业提供保障,而且有利于为资产评估职业分担风险。

第五,建立健全沟通协调机制,实现各方共促行业发展的良性循环。

总体看,评估机构、评估行业协会、评估报告使用者、立法司法部门彼此之间有必要进一步加强了解与沟通。其中,评估协会应发挥沟通主导和承上启下的作用,特别是要建立健全沟通协调机制,既传达政府部门有关指令,又对评估机构进行风险预警,同时及时向政府部门与评估报告使用者反馈评估机构诉求,以求缩小各方之间的理解差异,促进评估行业实现健康发展的良性循环。一方面要特别加强与评估报告使用者之间的沟通,使其充分理解资产评估的工作特点与功能,对评估报告设置合理期望值,同时提高委托人、相关当事人对评估工作的配合度。另一方面要特别加强与立法司法部门之间的沟通,使其进一步熟悉资产评估职业,增进对评估报告及其结果的认知,同时对法律法规中个别条款增加释义或适时调整,这对于资产评估职业法律风险的防范同样具有重要意义。

希冀以上建议能够为评估行业协会出台或完善职业法律风险防范指引提供参考,为评估机构建立健全法律风险防范体系提供借鉴,为评估专业人员提升职业道德和法律意识提供预防警示,进而为混合所有制改革中的周期性公司估值提供更合理、更规范、更安全的法律环境。

第四篇 结 语

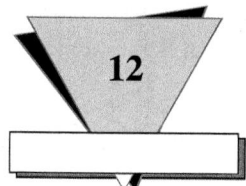

结论与展望

12 结论与展望

12.1 主要研究结论

针对新一轮混合所有制改革中的周期性公司估值难题，本书展开了一系列理论与实证研究，形成了以下主要研究结论。

12.1.1 对混合所有制改革中周期性公司估值模型的理论修正

在理论修正研究部分，本书通过初步构建宏观经济因素视角下的周期性公司估值框架，尝试设计并检验宏观经济因素视角下周期性公司收益法估值模型的理论修正方案，并进一步提出和论证对收益法估值模型中关键参数估算与确定的具体改进思路。

12.1.1.1 周期性行业的范围界定与演进轨迹

一方面，围绕目前在我国应用较为普遍的两种行业分类方法——深证指数分类法和《国民经济行业分类》（GB/T4754—2011），提出周期性行业的范围界定标准，即基于深证指数分类法和 CSMAR 数据库行业指标的 6 类行业下 63 个细分行业，以及基于《国民经济行业分类》的 12 个门类下 53 个大类行业，可被纳入周期性行业范畴。另一方面，通过梳理我国周期性行业的演进轨迹发现：我国周期性行业总体规模稳步增长，占比地位举足轻重；各细分行业演进轨迹特征分明；在不同规则下，工业、制造业占比排名分别领先，个别行业在占比排名方面开始出现分化；周期性行业产业转型升级提速，并购市场量价齐升，在我国整个并购市场中占据主导地位。

12.1.1.2 周期性公司估值的关键参数及其影响

在总结相关文献研究的基础上，本书认为：收益途径在周期性公司估值中的适用性最强，未来收益额、折现率和收益期是其估值模型的三大核心参数。采用收益途径对公司估值时，参数选取对估值结果的影响十分显著，细微的参数取值不当即可能导致公司估值结果的重大误差。这一结论对于参数波动性更加显著的周期性公司估值而言更为适用，也更加说明参数的适当选取与测算对周期性公司合理估值的关键作用。因此，对于周期性公司，更应关注经济波动情形下收益额、折现率等估值参数的选取和测算对价值评估可能产生的影响。

12.1.1.3 宏观经济因素考量视角下的周期性公司估值框架构建

周期性公司估值框架构建的第一步，是识别和聚焦显著影响周期性公司价值的宏观经济因素，为周期性公司估值中的宏观经济因素考量提供依据。对此，笔者通过对宏观经济指标与样本行业价值指标的相关关系的实证分析发现：在周期性公司估值中，宏观经济因素的确是不可忽视的重要变量，对于显著影响公司价值的共性指标，在具体估值过程中应当予以重点关注和合理考量；在此基础上，可以选择及应用两种宏观经济因素考量视角下的收益途径应用思路和两种宏观经济因素考量视角下的市场途径应用思路，进一步对不同周期性行业开展细分研究，从而在一般性框架的基础上，探求适用于周期性行业及其细分市场的估值模型。

12.1.1.4 宏观经济因素考量视角下的周期性公司收益法估值模型的理论修正

鉴于现有文献中鲜见将宏观经济因素纳入周期性公司估值框架的量化探究，笔者基于宏观经济波动视角，尝试引入宏观经济波动修正系数，对周期性公司收益法估值模型进行理论修正和实证检验。本书研究认为：宏观经济因素作为影响周期性公司价值的重要变量，对周期性公司收益额增长率及折现率均具有一定影响，且宏观经济变量对不同估值参数的影响不尽相同；量化宏观经济波动对周期性公司估值的影响，需要分别测算宏观经济变量对周期性公司收益额增长率及折现率的影响弹性，以及测算相应的宏观经济变量异动值，具体可采用将多元回归分析和H-P滤波法相结合的方式；将宏观经济波动的影响合理纳入周期性公司估值框架，探索混合所有制改革中的周期性公司高质量估值路径，有利于助力混合所有制改革的有序推进和高效实践。

12.1.1.5 退出倍数法在周期性公司估值收益额测算中的应用

退出倍数法综合采用收益法和市场法的估值思路，为公司估值尤其是周期性公司估值提供了新的路径，但其现有的理论体系与文献研究却较为薄弱，尚不足以支撑对退出倍数法进行合理使用的操作指导性需求。对此，本书研究提出：恰当运用退出倍数法进行公司估值，一方面避免了应用收益法时因公司长期收益难以预测所形成的估值困扰，另一方面也有效利用了较为可靠的短期收益预期对整体估值合理度的提升作用，降低了直接采用市场法时因可比对象选择不当而可能产生估值偏差的概率，因而有利于提高公司估值的合理性和可靠性；在适应范围上，只要是第一阶段预

12 结论与展望

期收益额较为明朗,而第二阶段预期收益额剧烈波动或者缺乏显著特征的公司估值,均可采用退出倍数法。并且,退出倍数法特别适用于周期性公司估值和部分增长性行业公司估值;在具体操作时,目标公司假定退出时点的确定、退出倍数的选择与测算、可比对象的选择等是退出倍数法的应用重点与难点,退出倍数的口径、可比对象价值比率的计算时点,以及对价值类型和评估假设等评估要素的把握等是其中值得注意的事项。

12.1.1.6 情景分析法在周期性公司估值收益额测算中的应用

在与周期性公司估值相关的研究领域,情景分析法被提出可引入收益途径的使用过程,但它还只是作为一种改进传统估值方法的创新思路或者案例分析的辅助工具被得以初步考虑,也鲜见涉及情景分析法应用的详细步骤、具体模型和应用难点等方面的研究。本书研究认为:第一,情景分析法应用于周期性公司估值的具体步骤可以具体分为7个步骤。第二,关于情景分析法在周期性公司估值中的模型构建及其选择问题,基于直接对不同情景下公司价值进行加权平均所构建的估值模型具有更广泛的适用性,应被视为优先选择的模型。第三,未来情景构建和情景概率测算是情景分析法应用于周期性公司估值的两大难点环节。其中,构建未来情景,可从识别关键外在驱动因素、关键外在驱动因素排序、设置未来情景数量、划分不同情景内容和构建情景轴等五个方面进行;建议采用历史财务信息分析法、概率树分析法、交叉影响分析法等估算方法测算情景概率。交叉影响分析法又可进一步细分为基于蒙特卡罗模拟的交叉影响分析、基于马尔科夫链的交叉影响分析、基于贝叶斯规则的交叉影响分析等三种思路,这在一定程度上有助于对公司估值的未来情景概率进行判断。

12.1.1.7 正常化估值在周期性公司估值收益额测算中的应用

在宏观经济波动背景下,正常化估值为周期性公司第二阶段收益额的预测提供了又一新的有效途径,但相关研究的系统性理论和操作指引尚显薄弱。本书研究认为:在适用范围上,周期性公司正常化价值的测算需依赖周期内和跨周期的历史收益数据,故正常化估值思路对于成立时间较早、具有长期经营纪录的周期性公司的适用性更强,对于经营期有限或经营纪录曾发生变化的周期性公司,适用性相对较弱;在应用环节,对收益周期的判断和正常化价值的测算是周期性公司正常化估值的重点,此过程中对收益额、折现率、稳定增长率等因子的正常化进一步成为周期性公司正常化价值测算的难点;在具体估值实务中,估值人员可结合目标公司实际情形，考虑各测算模型的优缺点，并合理选择测算模型来估计周期性公司的正常化价值。此外，正常化估值思路不只应用于周期性公司收益法估值，在周期性公司估值的其他方法或环节中同样可能具有一定适用性。

12.1.1.8 资本资产定价模型在周期性公司估值折现率测算中的应用

CAPM 采用 Beta 系数对资产系统性风险进行测度，在公司估值实务中受到广泛应用，而 Beta 系数可能具有的跨期时变特征导致 CAPM 受到质疑。本书研究认为：一方面，"Beta 系数是否稳定"不可一概而论，具体结论可能因样本而异、因期限而异、因方法而异；另一方面，Beta 系数跨期时变、时间要素设定差异关系到系统性风险度量及周期性公司估值结果的精确度。因此，在周期性公司估值中，若应用 CAPM 测算折现率，应当审慎设定时间要素，以提高 Beta 系数稳定性，同时降低系统性风险度量及周期性公司估值误差，进而提高 Beta 的解释能力及 CAPM 的有效性。其中，"5~10 年"是更为可取的 Beta 系数估计时段，并应优先选择以"周"为单位的收益率度量时限，其次是以"月"为单位。

12.1.1.9 套利定价模型在周期性公司估值折现率测算中的应用

APT 虽然在理论上具有优越性，但在公司估值实务中存在应用难度与争议。本书研究发现：APT 对我国沪深 A 股市场中周期性行业的应用效果因不同样本行业而异，因样本的不同回归期限和收益率度量时限而异。所以，"APT 对我国沪深 A 股市场中周期性行业是否有效"不可一概而论，其适用性很大程度上受到具体行业及回归样本的时间要素设定标准的影响。在具体估值实践中，为合理考量宏观经济因素对周期性公司估值折现率的影响，评估人员可以尝试多种周期性行业或公司样本选择、宏观经济因素选择、多元回归模型构建的方式，力求构建适用性最佳的 APT 折现率测算模型。

12.1.1.10 CAPM 扩展模型在周期性公司估值折现率测算中的应用

本书从理论分析和案例应用角度，对三种 CAPM 拓展模型进行比较研究，以期为周期性公司估值中折现率的合理测算提供多样化的选择路径。研究发现：第一，尽管各种拓展模型都存在一定的局限性，但由于这些模型是建立在 CAPM 基础之上被研究提出，因而具有特定的先天优势，能够为周期性公司折现率的测算提供新的路径。第二，在内涵方面，I-CAPM 和 C-CAPM 侧重从企业自身出发，分析企业自身的状态或投资决策的状况；M-CAPM 则侧重从外部因素出发，探讨货币因素对包括政府决策及持

12 结论与展望

有企业股票的投资者在内的整个投资市场的影响。第三,在适用性方面,I-CAPM 应用于周期性公司估值的普适性最高,C-CAPM 和 M-CAPM 虽然具有较高的理论性,但实证参数的测量难度较大,导致其适用性水平受到影响。对于周期性公司估值中的折现率测算难题,建议尝试从多种 CAPM 扩展模型的可行性分析和合理选择入手,进行具体探讨和适当选用。

12.1.2 对混合所有制改革中周期性公司估值体系的实践调整

在实践调整研究部分,本书从梳理周期性公司估值服务于混合所有制改革的服务路径及评估特征入手,评价混合所有制改革中的周期性公司估值成效,然后分别从估值不确定性实践调整、员工持股估值实施建议、公司制改制评估实施建议、职业法律风险及其防范建议等多个方面提出混合所有制改革中周期性公司估值体系的实践调整思路及相关建议。

12.1.2.1 混合所有制改革中周期性公司估值的服务路径及其成效评价

在梳理混合所有制改革进程、实施现状和实现路径的基础上,本书通过数据统计和实证研究发现:一方面,周期性公司估值服务于混合所有制改革的路径包括股权转让、增资扩股、员工持股、改制上市、融资渠道创新、PPP 项目等多种类别;不同的混合所有制改革实现路径,会涉及不同的实施方案和实施流程,与之相对应的周期性公司估值的应用特征及实践要求亦存在差异。另一方面,周期性公司估值已广泛参与和服务于新一轮混合所有制改革,在其中发挥不可或缺的专业助力作用;但周期性公司估值服务于混合所有制改革的参与广度和深度仍有进一步提高的必要,其专业度也还有进一步提升的空间。例如,建议扩大周期性公司估值在上市公司特别是上市国企实施员工持股过程中的参与范围,考虑由评估机构直接出具以员工持股为目的的评估报告,并将专业服务延伸至员工持股的方案制定和定价环节,实现服务于混合所有制改革具体路径的全流程参与;在价值类型的选择方面,建议监管部门适当放宽评估机构选择价值类型的自由度,允许其结合业务实际,合理选用价值类型,有效反映不同市场条件下、不同评估目的下的企业价值。

12.1.2.2 敏感性分析在混合所有制改革中周期性公司估值实践环节的应用

敏感性分析虽被视为解决公司估值不确定性难题的辅助工具,但与之

相关的具体估值操作指引相对欠缺，立足不同类型敏感性分析方法的比较研究也较为薄弱。对此，本书研究发现：单因素、双因素、多因素这三种敏感性分析各有利弊，假设条件和适用范围不一，应根据实际需要选择使用。其中，单因素敏感性分析操作简易，更适用于不确定因素数量较少且其间关联度低的情形；双因素敏感性分析更适用于不确定因素数量较少且其间存在关联度，或需要考查因素两两组合敏感性的情形；多因素敏感性分析则更适用于不确定因素数量较多且其间关联度较低，或需要考查相互独立的多因素组合敏感性的情形。恰当选择和合理应用不同类型的敏感性分析方法，能够更好体现关键参数变动对公司估值结论尤其是周期性公司估值结论的影响，有利于减少未来收益额、折现率等估值参数的测算误差对估值判断和公司决策可能造成的不利影响。

12.1.2.3 蒙特卡罗模拟在混合所有制改革中周期性公司估值实践环节的应用

作为敏感性分析这一不确定性分析工具的补充，蒙特卡罗模拟能够满足周期性公司估值不确定性分析的高级需求。对此，本书研究发现：当蒙特卡罗模拟应用于公司估值领域时，其实质是通过多次模拟估值来表示结果，而不是采用单一的点估计值来表示公司价值；其具体操作主要包括构造或描述公司估值中不确定因素预测的概率模型、实现从不确定因素的已知概率分布抽样，以及蒙特卡罗模拟运算与公司估值结果分析等几个步骤；在应用效果上，蒙特卡罗模拟具体通过预测多种不确定性因素的不同波动范围和概率分布并进行多次模拟，以此得出相应结果的波动范围和最可能值，使因素预测值及公司估值结果避免过于单一化和绝对化，有利于提高公司估值预测的合理性和估值结果的说服力。但是，在蒙特卡罗模拟应用于周期性公司估值的过程中，对于未来不确定性因素的数值概率分布假设问题，仍然有赖于更全面、翔实的理论分析和数据支持，以求更加合理地将其应用于周期性公司估值实践。

12.1.2.4 以员工持股为目的的周期性公司估值实施建议

上市公司目前以股票交易均价为基础的员工持股定价方式，虽然简单、直观、易操作，但是当上市公司股价发生大幅波动时，往往无法合理体现员工持股股权的市场价值。本书认为，在混合所有制改革中，进行以员工持股为目的的周期性公司估值时，需注意以下几点：第一，应注意规避以二级市场交易价格确定员工持股价格的局限性，注意把握员工持股计划中股权价值评估的特殊性,合理确定评估范围、选择价值类型和评估方法,以及使用评估结论;第二,建议多角度综合考虑员工持股股权的价值影响因素,包括但不限于所属行业类型、企业性质、持股比例、股票锁定期等因素,特别是要合理考虑流动性折扣因素和少数股权折价因素的影响;第三,建议进一步完善员工持股计划中的股权估值与定价方法体系,由专业评估机构直接出具以员工持股为目的的评估报告,提供具有针对性和指导性的员工所持股份价值评估值,并将专业服务延伸至相应的员工持股方案制定和定价环节,同时强化对员工持股计划中股权价值评估方法与交易定价方案的针对性研究与实践,以此为周期性公司实施员工持股计划提供借鉴。

12.1.2.5 全民所有制周期性企业公司制改制评估的实施建议

以周期性企业为主体的全民所有制企业公司制改制,评估是依法进行的必要程序,意在防止国有资产流失、出资不实等现象发生,但同时又面临评估时间、成本等现实困境。本书研究认为:全民所有制企业公司制改制评估,本质上是以出资为目的的评估,其评估报告主要服务于工商登记和注册,评估结果是国有资本出资额的出资产权依据和验资证明依据。着眼于当前面临的改制评估时间困境、改制评估成本困境和土地使用权权属困境,一方面,全民所有制周期性企业公司制改制评估必须依法履行必要的评估程序,恰当选择和使用两种以上评估方法,并且在评估方法适用前提均满足的情况下,应优先选择收益法和市场法;另一方面,进行全民所有制周期性企业公司制改制评估时,应该更为合理、有效地利用审计报告,同时建议对采用资产基础法所涉及的企业各项资产进行分类考虑并适当采用特殊处理方式,力求兼顾全民所有制企业公司制改制评估的合法性、合规性、效率性、经济性与可行性,以更好地服务于混合所有制改革中的全民所有制周期性企业公司制改制评估实践。

12.1.2.6 新形势下周期性公司估值中的资产评估职业法律风险及防范建议

随着现代企业制度的日益复杂化,良好的法律法规环境是全面推进混合所有制改革的保障,贯穿于周期性公司估值的全过程。在涉及评估专业人员、评估机构、行业协会、监督管理的多方面规定中,《资产评估法》特别明确了评估专业人员和评估市场业务的新分界。其中,评估专业人员新分界对专业人员执业和监管提出高要求,评估业务新分界使自律合规要

求升级为知法守法要求,对此,本书建议评估行业协会进一步完善评估专业人员的自律管理机制和评估业务的自律管理体系。在新形势下,评估机构和评估专业人员陷入诉讼危机的可能性以及承担的法律责任均相应增大,对此,本书建议进一步提升评估机构内部控制水平,保障评估程序合法履行;完善培训和奖惩机制,提高人员法律风险危机意识与专业胜任能力;出台配套监管细则与评估准则,加强评估规范指引作用;完善法律援助机制,综合发挥保险基金作用;建立健全沟通协调机制,实现各方共促行业发展的良性循环,进而为混合所有制改革中的周期性公司估值提供更合理、更规范、更安全的法律环境。

12.2 对下一步研究的展望

本书以提高混合所有制改革中周期性公司估值的科学性和合理性为出发点和落脚点,深化了现有周期性公司估值理论与实证研究,并结合混合所有制改革实际,对周期性公司估值体系进行实践调整。本书的主要研究结论对相关学术研究、专业机构估值和投资者定价决策等具有一定的借鉴与指导意义。

但也要看到,本书目前重点关注收益途径及其关键估值参数在周期性公司估值中的理论修正与实践调整方案,围绕市场途径的相关研究仅初步提出了宏观经济因素考量视角下的应用思路,尚未进一步展开。市场途径多依赖可比市场的可比公司或可比交易数据,其前提是市场有效、可比对象具有参考价值,因而在特殊状况下的可用性有所降低。对于市场途径在周期性公司估值中的应用,本书在第3章宏观经济因素视角下的周期性公司估值框架构建部分,初步提出两种宏观经济因素考量视角下的市场途径应用思路,强调应特别关注宏观经济波动对价值比率可能产生的影响。其中,当采用可比公司数据计算价值比率时,建议优先采用回归分析法,将影响显著的宏观经济变量引入多元回归模型;当采用可比交易数据计算价值比率时,建议专门编制宏观经济指标的修正系数表,进而对价值比率进行差异项调整。因此,在后续研究中,有必要进一步从宏观经济因素与市场途径关联视角出发,继续深化市场途径在周期性公司估值中的应用研究,从而实现以收益途径作为评估基础、辅以市场途径作为交叉验证的稳妥设想。

附录1 基于两种分类规则下的周期性行业范围界定

附录1 基于两种分类规则下的周期性行业范围界定

表1 基于深证指数分类法和 CSMAR 数据库行业指标的周期性行业范围界定

类别代码 （行业代码 A） 及名称 （行业名称 A）	细分行业代码（行业代码 B）及名称（行业名称 B）
0001 金融业	I01 银行业，I11 保险业，I21 证券、期货业［I2121 综合类证券公司］，I31 金融信托业
0002 公用事业	A03 林业，B01 煤炭采选业，B50 采掘服务业［B5003 石油和天然气开采服务业］，D03 煤气生产和供应业，F01 铁路运输业，F03 公路运输业，F07 水上运输业［F0705 沿海运输业］，F09 航空运输业，F11 交通运输辅助业［F1101 公路管理及养护业，F1105 港口业］，K01 公共设施服务业，K39 租赁服务业
0003 房地产业	J01 房地产开发与经营业，J05 房地产管理业，J09 房地产中介服务业
0004 综合业	E01 土木工程建筑业［E0110 铁路、公路、隧道、桥梁建筑业，E0199 其他土木工程建筑业］，E05 装修装饰业，F05 管道运输业，F21 仓储业
0005 工业	B03 石油和天然气开采业，B05 黑色金属矿采选业［B0501 铁矿采选业］，B07 有色金属矿采选业［B0701 重有色金属矿采选业］，C05 饮料制造业［C0501 酒精及饮料酒制造业］，C1399 其他纤维制品制造业，C14 皮革、毛皮、羽绒及制品制造业［C1410 毛皮鞣制及制品业］，C21 木材加工及竹、藤、棕、草制品业［C2105 人造板制造业］，C25 家具制造业，C31 造纸及纸制品业［C3105 造纸业］，C35 印刷业，C38 电器机械及器材制造业，C41 石油加工及炼焦业［C4115 炼焦业］，C43 化学原料及化学制品制造业［C4301 基本化学原料制造业，C4310 化学肥料制造业，C4320 化学农药制造业，C4330 有机化学产品制造业，C4360 专用化学产品制造业］，C47 化学纤维制造业［C4705 合成纤维制造业］，C48 橡胶制造业［C4815 橡胶零件制造业］，C49 塑料制造业［C4901 塑料薄膜制造业，C4905 塑料板、管、棒材制造业，C4915 泡沫塑料及人造革、合成革制造业，C4935 塑料零件制造业］，C61 非金属矿物制品业［C6105 水泥制品和石棉水泥制品业，C6120 玻璃及玻璃制品业，C6130 耐火材料制品业，C6199 其他非金属矿物制品业］，C65 黑色金属冶炼及压延加工业［C6510 钢压延加工业］，C67 有色金属冶炼及压延加工业，C69 金属制品业［C6901 金属结构制造业，C6935 金属表面处理及热处理业］，C71 普通机械制造业［C7101 锅炉及原动机制造业，C7105 金属加工机械制造业，C7115 轴承、阀门制造业］，C73 专用设

续表

类别代码 （行业代码 A） 及名称 （行业名称 A）	细分行业代码（行业代码 B）及名称（行业名称 B）
0005 工业	备制造业 [C7301 冶金、矿山、机电工业专用设备制造业，C7310 石化及其他工业专用设备制造业，C7350 其他专用设备制造业]，C75 交通运输设备制造业 [C7505 汽车制造业，C7525 船舶制造业]，C7601 电机制造业，C7610 输配电及控制设备制造业，C7615 电工器械制造业，C78 仪器仪表及文化、办公用机械制造业 [C7805 专用仪器仪表制造业，C7815 计量器具制造业]，C8101 化学药品原药制造业，C8105 化学药品制剂制造业，C99 其他制造业，D01 电力、蒸汽、热水的生产和供应业 [D0101 电力生产业]，H03 能源、材料和机械电子设备批发业 [H0325 金属材料批发业，H0335 汽车、摩托车及零配件批发业]
0006 商业	F19 其他交通运输业，H01 食品、饮料、烟草和家庭用品批发业 [H0101 食品、饮料、烟草批发业]，H09 其他批发业，H1199 其他零售业，H12 商业经纪与代理业，K2015 建筑、工程咨询服务业，K32 旅馆业，K34 旅游业，K99 其他社会服务业

资料来源：陈蕾，郑悦．周期性行业的范围界定与阶段性特征：1990—2014 年 [J]．改革，2015 (9)：53-62.

注：1. 对于部分细分行业，例如 C05 饮料制造业，C99 其他制造业，D01 电力、蒸汽、热水的生产和供应业，H01 食品、饮料、烟草和家庭用品批发业，K01 公共设施服务业，K39 租赁服务业，K99 其他社会服务业等，因其业务性质比较特殊，且周期性强弱程度不一，所以对上述行业的公司进行判断时，需要根据具体主营业务情况进一步认定其是否属于周期性公司。

2. 尽管部分综合类上市公司主营业务的周期性特征较强，例如，在 2012 年 12 月 31 日共有 31 家综合类上市公司的主营业务具有较强的周期性，但由于综合类上市公司的历史沿革比较复杂且其主营业务具有易变性，本书在对周期性行业进行界定时，对综合业中的综合类这一细分行业进行了剔除。

表 2　基于《国民经济行业分类》的周期性行业范围界定

门类代码及名称	大类代码及名称
A 农、林、牧、渔业	A02 林业
B 采矿业	B06 煤炭开采和洗选业，B07 石油和天然气开采业，B08 黑色金属矿采选业，B09 有色金属矿采选业，B11 开采辅助活动，B12 其他采矿业
C 制造业	C15 酒、饮料和精制茶制造业，C16 烟草制品业，C19 皮革、毛皮、羽毛及其制品和制鞋业，C20 木材加工和木、竹、藤、棕、草制品业，C21 家具制造业，C22 造纸和纸制品业，C23 印刷和记录媒介复制业，C25 石

续表

门类代码及名称	大类代码及名称
C 制造业	油加工、炼焦和核燃料加工业，C26 化学原料和化学制品制造业，C29 橡胶和塑料制品业，C30 非金属矿物制品业，C31 黑色金属冶炼和压延加工业，C32 有色金属冶炼和压延加工业，C33 金属制品业，C34 通用设备制造业，C35 专用设备制造业，C36 汽车制造业，C37 铁路、船舶、航空航天和其他运输设备制造业，C38 电气机械和器材制造业，C40 仪器仪表制造业，C41 其他制造业
D 电力、热力、燃气及水生产和供应业	D44 电力、热力生产和供应业，D45 燃气生产和供应业
E 建筑业	E47 房屋建筑业，E48 土木工程建筑业，E49 建筑安装业，E50 建筑装饰和其他建筑业
F 批发和零售业	F51 批发业，F52 零售业
G 交通运输、仓储和邮政业	G53 铁路运输业，G54 道路运输业，G55 水上运输业，G56 航空运输业，G57 管道运输业，G58 装卸搬运和运输代理业，G59 仓储业，G60 邮政业
H 住宿和餐饮业	H61 住宿业
J 金融业	J66 货币金融服务，J67 资本市场服务，J68 保险业，J69 其他金融业
K 房地产业	K70 房地产业
L 租赁和商务服务业	L71 租赁业，L72 商务服务业
O 居民服务、修理和其他服务业	O81 其他服务业

资料来源：陈蕾，郑悦．周期性行业的范围界定与阶段性特征：1990—2014年［J］．改革，2015（9）：53-62．

注：对于部分大类，例如A02林业，C15酒、饮料和精制茶制造业，C16烟草制品业，C19皮革、毛皮、羽毛及其制品和制鞋业，C41其他制造业，D44电力、热力生产和供应业，D45燃气生产和供应业，O81其他服务业等，因其业务性质比较特殊，且对应中类或小类的周期性特征并不一定都十分显著，所以对上述行业的公司进行判断时，需要根据具体主营业务情况认定其是否属于周期性公司。例如，C15酒、饮料和精制茶制造业，C16烟草制品业，C19皮革、毛皮、羽毛及其制品和制鞋业等消费品制造业中，相对而言生产高档白酒、高档香烟、高档服装、奢侈品等产品的公司才具有更加鲜明的周期性特征，因为一旦人们的收入增长放缓或预期收入的不确定性增强，都会直接减少对这类非必需商品的消费需求。

附录2 2015—2018年员工持股计划实施完成的样本上市公司及相关信息

单位：元

序号	证券简称	持股价	解禁日期	解禁日股价	序号	证券简称	持股价	解禁日期	解禁日股价
1	海普瑞	21.37	2015/09/23	24.06	25	纽威股份	20.01	2016/03/21	17.47
2	苏宁易购	8.63	2015/10/09	13.05	26	亚厦股份	24.12	2016/03/24	12.54
3	朗姿股份	21.31	2015/11/06	40.58	27	海大集团	14.98	2016/03/29	15.65
4	中金环境	24.41	2015/11/21	46.30	28	中国平安	77.02	2016/03/29	31.25
5	伊利股份	25.02	2015/11/26	15.48	29	麦达数字	7.78	2016/04/13	15.03
6	翰宇药业	32.69	2015/12/02	27.50	30	雪迪龙	27.43	2016/04/21	17.06
7	宗申动力	9.99	2015/12/09	13.98	31	精伦电子	10.24	2016/04/23	9.01
8	奥康国际	15.24	2015/12/13	37.73	32	诺普信	16.05	2016/04/27	10.53
9	阳光城	14.11	2015/12/18	9.58	33	芭田股份	18.33	2016/04/29	8.30
10	美克家居	7.87	2015/12/19	15.88	34	安妮股份	23.68	2016/04/29	19.89
11	众合科技	18.73	2015/12/30	16.63	35	齐心集团	10.89	2016/04/29	18.84
12	海兰信	17.76	2015/12/30	41.70	36	獐子岛	12.58	2016/05/03	8.87
13	高新兴	24.27	2016/01/07	16.52	37	康芝药业	22.58	2016/05/04	11.33
14	杰瑞股份	30.68	2016/01/15	16.64	38	大华股份	31.05	2016/05/08	13.55
15	美亚光电	39.96	2016/01/16	26.48	39	海南海药	46.34	2016/05/12	20.66
16	新海宜	13.94	2016/01/17	17.27	40	瑞康医药	84.14	2016/05/12	29.47
17	利欧股份	25.57	2016/01/31	15.00	41	伊利股份	18.58	2016/07/21	17.89
18	联化科技	17.42	2016/02/03	14.93	42	合兴包装	25.00	2016/07/23	5.66
19	东方电热	10.03	2016/02/04	13.75	43	海能达	13.66	2016/07/23	12.24
20	三安光电	15.01	2016/02/11	19.03	44	嘉寓股份	10.38	2016/07/23	6.42
21	御银股份	8.63	2016/02/17	7.91	45	怡球资源	19.55	2016/08/02	4.26
22	梅泰诺	22.66	2016/02/25	45.52	46	元力股份	19.52	2016/08/07	29.54
23	清新环境	28.39	2016/03/02	16.92	47	云内动力	9.31	2016/08/18	8.48
24	新文化	35.82	2016/03/16	37.80	48	欣龙控股	6.01	2016/08/25	8.97

续表

序号	证券简称	持股价	解禁日期	解禁日股价	序号	证券简称	持股价	解禁日期	解禁日股价
49	广汇汽车	19.04	2016/08/25	9.51	77	旋极信息	34.86	2016/10/23	23.62
50	海澜之家	15.20	2016/08/25	11.27	78	洲际油气	7.53	2016/10/27	8.70
51	*ST因美	11.54	2016/08/26	12.27	79	威创股份	19.38	2016/11/05	16.15
52	ST辉丰	17.62	2016/08/27	5.41	80	欧菲科技	19.07	2016/11/05	38.16
53	天龙集团	29.32	2016/09/01	27.18	81	盛通股份	24.78	2016/11/05	39.03
54	吴通控股	24.77	2016/09/01	47.75	82	大名城	14.98	2016/11/08	8.98
55	华业资本	11.68	2016/09/01	11.44	83	ST中安	37.09	2016/11/08	20.33
56	星宇股份	26.39	2016/09/01	41.67	84	新和成	14.59	2016/11/09	21.46
57	海兰信	17.34	2016/09/02	36.08	85	加加食品	7.57	2017/01/06	7.18
58	开山股份	20.14	2016/09/02	15.94	86	海默科技	8.80	2017/01/06	11.72
59	人福医药	16.26	2016/09/02	20.94	87	安科瑞	29.04	2017/01/06	28.10
60	弘高创意	16.55	2016/09/10	9.30	88	泰豪科技	14.78	2017/01/06	16.65
61	佳都科技	19.68	2016/09/14	9.57	89	大华股份	36.18	2017/01/07	13.27
62	海伦哲	11.02	2016/09/15	18.55	90	康盛股份	35.43	2017/01/07	10.72
63	新湖中宝	5.29	2016/09/15	4.41	91	欧比特	34.81	2017/01/07	14.09
64	史丹利	21.79	2016/09/20	12.49	92	宝莱特	35.73	2017/01/07	33.88
65	奥维通信	12.36	2016/09/24	12.69	93	永创智能	30.37	2017/01/07	14.70
66	贵人鸟	22.48	2016/09/24	25.84	94	普利特	27.91	2017/01/08	29.42
67	九洲药业	44.99	2016/09/25	23.77	95	益生股份	31.27	2017/01/08	32.11
68	索菲亚	28.60	2016/09/28	60.90	96	洽洽食品	14.69	2017/01/11	16.16
69	九牧王	15.61	2016/09/29	15.28	97	中电环保	12.39	2017/01/11	10.60
70	福斯特	31.08	2016/09/29	46.70	98	奥瑞德	40.42	2017/01/11	28.06
71	常山药业	12.96	2016/09/30	8.25	99	水晶光电	27.82	2017/01/12	19.86
72	杭电股份	19.15	2016/09/30	13.95	100	汉王科技	21.58	2017/01/12	22.60
73	三花智控	7.02	2016/10/07	10.79	101	东方园林	27.31	2017/01/13	13.53
74	福星股份	9.46	2016/10/08	11.99	102	金洲慈航	18.49	2017/01/15	14.28
75	华东重机	7.67	2016/10/16	10.47	103	泰禾集团	23.79	2017/01/15	17.30
76	中海达	17.26	2016/10/20	15.37	104	闽发铝业	7.89	2017/01/15	8.85

续表

序号	证券简称	持股价	解禁日期	解禁日股价	序号	证券简称	持股价	解禁日期	解禁日股价
105	宝鹰股份	9.68	2017/01/19	8.65	133	美都能源	5.14	2017/07/20	4.66
106	冠城大通	7.77	2017/01/19	6.77	134	合力泰	13.13	2017/07/21	9.13
107	云图控股	16.01	2017/01/20	11.44	135	瑞丰光电	16.92	2017/07/21	12.50
108	鸿博股份	19.53	2017/01/21	21.05	136	中科金财	51.71	2017/07/22	26.10
109	欧浦智网	32.80	2017/01/21	15.10	137	雪迪龙	16.80	2017/07/22	13.73
110	大立科技	11.09	2017/01/24	11.51	138	硕贝德	17.20	2017/07/23	15.32
111	天宝食品	10.74	2017/01/25	11.74	139	友阿股份	12.65	2017/07/25	6.41
112	金轮股份	19.22	2017/01/27	41.02	140	万盛股份	23.07	2017/07/29	26.69
113	利民股份	28.22	2017/01/27	30.53	141	厦门象屿	10.40	2017/08/01	10.85
114	紫鑫药业	13.19	2017/01/28	7.13	142	开尔新材	19.94	2017/08/06	11.17
115	亚夏汽车	11.37	2017/01/31	10.50	143	齐心集团	21.15	2017/08/12	18.48
116	依米康	23.39	2017/01/31	12.54	144	天瑞仪器	16.82	2017/08/18	7.87
117	亚厦股份	11.95	2017/02/02	10.38	145	海利生物	16.53	2017/08/23	14.29
118	宏图高科	9.95	2017/02/03	12.61	146	金证股份	30.78	2017/08/25	17.96
119	联创光电	17.41	2017/02/03	15.98	147	恩华药业	24.87	2017/08/28	13.99
120	万顺股份	12.00	2017/02/04	14.74	148	华业资本	10.86	2017/08/30	9.58
121	御银股份	7.62	2017/02/05	7.26	149	杭萧钢构	8.27	2017/08/30	13.24
122	八菱科技	29.56	2017/02/14	29.45	150	水晶光电	24.19	2017/08/31	27.33
123	上海新阳	26.91	2017/02/15	34.10	151	汉得信息	22.94	2017/09/03	12.00
124	东宝生物	12.50	2017/02/16	8.26	152	三江购物	10.88	2017/09/09	24.59
125	永鼎股份	18.90	2017/02/17	9.45	153	金贵银业	17.80	2017/09/14	19.00
126	云内动力	6.82	2017/02/19	9.25	154	海洋王	23.56	2017/09/14	12.82
127	中核钛白	15.16	2017/02/26	6.58	155	三一重工	5.34	2017/09/15	7.69
128	明星电缆	7.85	2017/03/02	9.16	156	乐视网	46.61	2017/09/20	10.06
129	亚厦股份	11.96	2017/07/18	8.19	157	歌尔股份	23.04	2017/09/22	20.24
130	清新环境	17.44	2017/07/19	16.94	158	美年健康	13.25	2017/09/24	16.90
131	科达洁能	16.41	2017/07/19	8.48	159	环能科技	31.91	2017/09/24	11.24
132	汉缆股份	3.98	2017/07/20	3.60	160	拓日新能	9.62	2017/09/26	5.03

附录2 2015—2018年员工持股计划实施完成的样本上市公司及相关信息

续表

序号	证券简称	持股价	解禁日期	解禁日股价	序号	证券简称	持股价	解禁日期	解禁日股价
161	宜华健康	32.08	2017/09/28	27.14	189	通鼎互联	20.20	2016/05/28	17.85
162	格力地产	6.31	2017/09/29	6.16	190	科力远	21.27	2016/06/01	12.45
163	恒逸石化	11.84	2017/09/30	16.03	191	泰尔股份	19.23	2016/06/02	19.02
164	*ST信通	15.11	2017/09/30	4.8	192	慈星股份	19.80	2016/06/03	15.92
165	中珠医疗	17.98	2017/09/30	6.99	193	鼎龙股份	31.92	2016/06/04	21.79
166	阳光城	6.06	2017/10/10	7.23	194	隆鑫通用	35.01	2016/06/04	18.11
167	孚日股份	7.01	2017/10/31	6.99	195	宝新能源	13.65	2016/06/05	6.82
168	亿纬锂能	34.58	2017/11/01	22.32	196	双塔食品	37.40	2016/06/09	6.98
169	天奇股份	16.88	2017/11/03	15.19	197	万达信息	137.26	2016/06/10	25.55
170	嘉寓股份	6.86	2017/11/07	7.51	198	汉威科技	98.10	2016/06/14	18.43
171	皖通科技	15.87	2017/11/11	11.63	199	*ST凡谷	26.70	2016/06/15	10.98
172	瑞贝卡	7.59	2017/11/11	5.63	200	长信科技	31.33	2016/06/16	15.23
173	英飞拓	6.22	2018/03/13	4.99	201	香雪制药	30.84	2016/06/18	13.93
174	怡亚通	11.00	2018/03/14	7.28	202	歌尔股份	33.30	2016/06/23	28.89
175	富春股份	25.73	2018/03/15	8.55	203	雏鹰农牧	22.82	2016/06/23	18.81
176	慈星股份	10.17	2018/03/15	7.82	204	比亚迪	55.71	2016/06/23	60.03
177	万润科技	11.85	2018/03/16	7.04	205	中来股份	81.89	2016/06/25	36.15
178	金诚信	19.65	2018/03/18	9.74	206	易事特	44.14	2016/06/28	27.71
179	中南建设	17.65	2016/05/13	16.48	207	华孚时尚	11.47	2016/06/29	10.08
180	恒顺众昇	68.70	2016/05/14	13.82	208	华策影视	27.91	2016/06/29	15.36
181	欧菲科技	22.59	2016/05/14	27.00	209	洲明科技	28.68	2016/06/29	15.78
182	科远股份	40.43	2016/05/15	31.93	210	益佰制药	52.09	2016/06/29	15.89
183	国联水产	30.17	2016/05/18	12.99	211	广联达	25.21	2016/07/01	14.17
184	长鹰信质	49.82	2016/05/19	25.36	212	中际旭创	20.62	2016/07/01	27.24
185	宜华生活	16.72	2016/05/22	11.23	213	飞马国际	25.45	2016/07/02	19.36
186	欧菲科技	36.50	2016/05/25	27.35	214	卫星石化	15.19	2016/07/03	9.17
187	金运激光	53.83	2016/05/25	36.99	215	安利股份	12.90	2016/07/03	15.38
188	ST中安	26.67	2016/05/25	23.31	216	红宇新材	40.65	2016/07/03	11.47

续表

序号	证券简称	持股价	解禁日期	解禁日股价	序号	证券简称	持股价	解禁日期	解禁日股价
217	永贵电器	38.39	2016/07/03	32.70	245	亿纬锂能	29.76	2016/12/22	28.65
218	利亚德	15.13	2016/07/07	30.38	246	云意电气	25.26	2016/12/22	46.30
219	奥克股份	5.82	2016/11/09	8.11	247	亚星锚链	11.64	2016/12/22	9.33
220	冠昊生物	43.91	2016/11/09	42.65	248	和而泰	26.06	2016/12/24	10.32
221	东阳光科	6.21	2016/11/09	7.17	249	神州泰岳	11.08	2016/12/24	9.82
222	信雅达	68.24	2016/11/11	23.26	250	金螳螂	18.04	2016/12/25	9.95
223	方直科技	31.98	2016/11/12	26.15	251	亿通科技	23.80	2016/12/25	12.33
224	首航节能	21.89	2016/11/16	9.49	252	恒大高新	13.09	2016/12/28	16.76
225	道明光学	14.18	2016/11/19	12.40	253	恒基达鑫	16.23	2016/12/30	8.00
226	德美化工	9.70	2016/11/24	11.74	254	莱美药业	30.85	2016/12/31	8.49
227	康得新	25.09	2016/11/25	18.27	255	国新健康	34.06	2017/01/03	42.10
228	中金环境	44.46	2016/11/25	25.60	256	摩恩电气	11.84	2017/01/04	15.60
229	亿帆医药	31.14	2016/11/26	15.74	257	中国高科	18.11	2017/01/04	12.66
230	光一科技	42.22	2016/11/26	41.42	258	旗滨集团	5.28	2017/01/04	3.99
231	德尔未来	26.39	2016/11/27	20.90	259	平潭发展	18.70	2017/01/05	7.03
232	北大荒	14.27	2016/11/29	12.13	260	*ST东凌	15.31	2017/01/05	11.91
233	华映科技	12.94	2016/12/01	14.65	261	猛狮科技	28.47	2017/01/05	32.99
234	金龙机电	23.05	2016/12/01	17.30	262	北信源	43.09	2017/01/05	19.76
235	世纪瑞尔	15.36	2016/12/02	9.37	263	铁汉生态	13.57	2017/03/04	11.84
236	久其软件	47.89	2016/12/03	18.13	264	华孚时尚	8.87	2017/03/05	12.14
237	富春环保	11.78	2016/12/03	14.52	265	阳光电源	19.46	2017/03/16	10.53
238	合康新能	21.69	2016/12/07	9.13	266	积成电子	15.43	2017/03/17	18.68
239	沃森生物	11.29	2016/12/07	11.19	267	龙净环保	37.08	2017/03/17	12.84
240	西王食品	15.21	2016/12/11	23.60	268	乾照光电	5.94	2017/03/22	8.59
241	雅化集团	6.53	2016/12/18	7.24	269	探路者	16.56	2017/03/23	14.33
242	聚龙股份	24.04	2016/12/18	23.09	270	万达信息	24.61	2017/03/23	17.45
243	皇庭国际	26.71	2016/12/20	12.29	271	莱茵体育	15.33	2017/03/24	11.95
244	新时达	22.18	2016/12/22	13.64	272	宜通世纪	38.00	2017/03/25	27.02

附录2 2015—2018年员工持股计划实施完成的样本上市公司及相关信息

续表

序号	证券简称	持股价	解禁日期	解禁日股价	序号	证券简称	持股价	解禁日期	解禁日股价
273	银邦股份	6.64	2017/03/28	9.59	301	博雅生物	33.50	2017/06/29	40.93
274	刚泰控股	15.21	2017/03/29	13.98	302	中源协和	34.25	2017/06/29	21.22
275	莱茵生物	12.54	2017/03/30	12.20	303	远方信息	18.51	2017/07/02	17.61
276	秀强股份	18.00	2017/04/01	12.28	304	龙净环保	15.19	2017/07/03	15.36
277	星宇股份	27.19	2017/04/01	38.71	305	南京新百	25.41	2017/07/08	37.00
278	华鼎股份	10.68	2017/04/14	8.87	306	中洲控股	15.75	2017/07/14	16.61
279	建投能源	9.48	2017/04/23	11.45	307	金明精机	19.21	2017/11/14	14.20
280	宝通科技	25.71	2017/04/23	17.65	308	利亚德	31.46	2017/11/14	22.67
281	南方轴承	11.72	2017/04/29	12.27	309	东方金钰	10.67	2017/11/15	10.78
282	*ST天马	6.49	2017/04/30	10.25	310	上海新阳	41.82	2017/11/22	40.61
283	圆通速递	15.79	2017/05/03	20.06	311	凯撒文化	23.05	2017/11/25	8.28
284	罗普斯金	19.17	2017/05/04	18.18	312	龙韵股份	75.58	2017/12/03	72.42
285	广誉远	25.78	2017/05/10	37.95	313	百川能源	14.85	2017/12/06	13.80
286	辉煌科技	14.67	2017/05/13	12.88	314	冠城大通	7.34	2017/12/07	6.23
287	天舟文化	17.69	2017/05/13	12.46	315	国恩股份	26.86	2017/12/13	26.98
288	强力新材	100.09	2017/05/14	27.10	316	全筑股份	30.22	2017/12/13	8.13
289	长盈精密	30.00	2017/05/16	29.14	317	元力股份	61.85	2017/12/15	27.60
290	邦讯技术	26.22	2017/05/20	11.13	318	东土科技	15.46	2017/12/16	14.10
291	银亿股份	9.67	2017/05/26	9.81	319	捷成股份	9.95	2017/12/21	8.85
292	风华高科	8.54	2017/05/31	8.16	320	三安光电	13.08	2017/12/23	26.52
293	利欧股份	4.55	2017/05/31	12.31	321	友邦吊顶	73.54	2017/12/28	45.22
294	宝新能源	7.09	2017/06/02	5.67	322	索菱股份	35.70	2017/12/29	14.15
295	青岛金王	25.00	2017/06/13	20.59	323	天晟新材	12.73	2017/12/29	6.05
296	飞凯材料	59.73	2017/06/13	16.77	324	吉林敖东	25.24	2017/12/30	22.60
297	银江股份	17.23	2017/06/14	13.89	325	康得新	19.22	2017/12/30	22.19
298	隆鑫通用	17.35	2017/06/15	7.09	326	格力地产	5.85	2017/12/30	5.77
299	雪人股份	8.94	2017/06/18	8.78	327	合力泰	17.39	2017/12/31	9.96
300	英唐智控	10.07	2017/06/20	8.37	328	猛狮科技	32.95	2017/12/31	17.62

续表

序号	证券简称	持股价	解禁日期	解禁日股价	序号	证券简称	持股价	解禁日期	解禁日股价
329	茂硕电源	15.40	2018/01/03	10.35	343	润和软件	30.90	2018/02/16	9.37
330	神州长城	44.76	2018/01/07	6.24	344	荣之联	18.00	2018/02/17	10.67
331	印纪传媒	31.92	2018/01/23	14.01	345	柯利达	24.50	2018/02/23	7.81
332	诺普信	10.05	2018/01/23	6.95	346	天通股份	11.18	2018/02/24	8.61
333	伊利股份	18.21	2018/01/24	35.05	347	杭电股份	12.04	2018/02/25	7.01
334	新文化	17.54	2018/01/26	12.23	348	信维通信	27.65	2018/03/01	40.33
335	康恩贝	7.17	2018/01/26	7.17	349	众信旅游	14.31	2018/03/08	12.63
336	京山轻机	14.11	2018/01/28	11.77	350	海普瑞	19.22	2018/03/11	17.41
337	梅花生物	6.90	2018/02/04	5.22	351	海大集团	16.15	2018/03/22	23.57
338	电魂网络	54.00	2018/02/04	25.16	352	鸿利智汇	12.90	2018/03/24	11.6
339	火炬电子	74.68	2018/02/04	22.66	353	智慧松德	16.41	2018/03/25	5.63
340	东港股份	26.42	2018/02/09	14.13	354	九鼎新材	19.19	2018/03/28	9.52
341	金龙机电	26.90	2018/02/10	5.64	355	联建光电	31.00	2018/03/29	12.95
342	杰瑞股份	18.57	2018/02/14	12.89	356	青岛海尔	11.43	2018/03/29	17.88

注：数据取样周期为2014年1月1日—2018年6月30日；具体包括在2014年1月1日至2018年3月31日实施完成且在2018年6月30日之前解禁的311家上市公司的356期员工持股计划数据。

参考文献

[1] DAMODARAN A. 估值：难点、解决方案及相关案例[M]. 李必龙，李羿，郭海，等译. 北京：机械工业出版社，2013.

[2] DAMODARAN A. 投资估价：评估任何资产价值的工具和技术：下册[M]. 3版. 林谦，安卫，译. 北京：清华大学出版社，2014.

[3] DAMODARAN A. 投资估价：评估任何资产价值的工具和技术[M]. 朱武祥，邓海峰，译. 北京：清华大学出版社，1999.

[4] 安德森. 商务与经济统计[M]. 北京：机械工业出版社，2005.

[5] 曹红英，阳玉香. 套利定价模型在我国证券市场的适用性[J]. 统计与决策，2005（5X）：117-119.

[6] 曹晓溪，李婕. 国有企业混合所有制改革中评估问题探讨[J]. 经济师，2017（6）：39-40.

[7] 曾薇. 收益法评估火力发电企业价值的敏感性分析[D]. 沈阳：辽宁大学，2014.

[8] 查夕忠. 发展混合所有制经济评估问题的若干思考：混合所有制与评估方法[J]. 财经界（学术版），2015（22）：70-75.

[9] 昌杰. 对交叉影响法的改进[J]. 重庆工商大学学报（社会科学版），1990（2）：16-22.

[10] 陈继勇，袁威，肖卫国. 流动性、资产价格波动的隐含信息和货币政策选择：基于中国股票市场与房地产市场的实证分析[J]. 经济研究，2013（11）：43-55.

[11] 陈俊龙，汤吉军. 资产专用性与所有制结构分析：兼论我国混合所有制经济的发展[J]. 经济问题，2014（6）：36-40.

[12] 陈浪南，屈文洲. 资本资产定价模型的实证研究[J]. 经济研究，2000（4）：26-34.

[13] 陈蕾，古梦迪. 蒙特卡罗模拟在周期性公司收益法估值预测中的应用[J]. 财会通讯，2013（6）：112-114.

[14] 陈蕾,韩迎春.资产评估执业风险问题探讨[J].行政事业资产与财务,2008（1）：50-54.

[15] 陈蕾,李和荟,王弘祎.周期性公司估值框架构建[J].经济与管理研究,2016（10）：118-125.

[16] 陈蕾,李和荟.宏观经济波动对金融业公司估值的影响研究[J].中国资产评估,2018（10）：26-33.

[17] 陈蕾,刘旭.FCFF模型参数选取对企业价值影响的统计分析[J].财会月刊,2012（9）：40-45.

[18] 陈蕾,马轶芳.基于APT的周期性公司估值折现率测算[J].财会月刊,2017（4）：60-64.

[19] 陈蕾,毛业梁.《资产评估法》新分界激发评估行业发展新活力[J].中国资产评估,2017（4）：12-19.

[20] 陈蕾,王敬琦.Beta系数跨期时变与公司估值[J].统计研究,2016（8）：37-46.

[21] 陈蕾,王敬琦.非周期性行业Beta系数跨期时变特征及估值研究[J].中国资产评估,2017（6）：24-36.

[22] 陈蕾,徐琪.混合所有制改革中周期性公司高质量估值路径：基于宏观经济波动视角[J].宏观质量研究,2020（3）：71-85.

[23] 陈蕾,银力辉.剖析敏感性分析在周期性公司估值中的应用[J].财会月刊,2016（12）：14-19.

[24] 陈蕾,于田.谈退出倍数法的理论框架及其在周期性公司估值中的应用[J].财会月刊,2017（7）：53-58.

[25] 陈蕾,于田.新形势下资产评估职业法律风险及其防范探究[J].中国资产评估,2018（4）：4-9.

[26] 陈蕾,于田.周期性公司正常化估值的理论框架与模型构建[J].财会月刊,2018（9）：51-56.

[27] 陈蕾,张静文,莫荣团.情景分析与公司估值：模型选择、情景构建和概率测算[J].财会月刊,2019（11）：12-21.

[28] 陈蕾,郑悦.周期性行业的范围界定与阶段性特征：1990—2014年[J].改革,2015（9）：53-62.

[29] 陈蕾.基于投资价值类型的评估理论研究述评[J].经济问题探索,2013（5）：167-172.

[30] 陈蕾. 周期性公司估值：理论与实证 [M]. 北京：首都经济贸易大学出版社，2017.

[31] 陈蕾. 周期性公司估值问题研究述评 [J]. 首都经济贸易大学学报，2015（1）：122-128.

[32] 陈小洪. 国有企业改制：问题与建议 [J]. 中国金融，2005（18）：10-11.

[33] 陈小伟. 基于中国远洋的周期性行业企业价值评估研究 [D]. 杭州：浙江财经大学，2014.

[34] 陈一博，宛晶. 经济周期、货币供给周期动态影响下上市公司盈利波动和估值变动：A股市场周期波动的一个解释框架 [J]. 广东金融学院学报，2012（9）：5.

[35] 陈梓炜，李圆. 多因素敏感性分析在项目经济评价中的运用 [J]. 价值工程，2014（33）：130-131.

[36] 程志刚，王传毅. 影响我国保险业发展的宏观经济因素分析 [J]. 商业时代，2008（13）：76-76.

[37] 崔劲. 混合所有制经济与资产评估的问题分析 [J]. 中国资产评估，2018（4）：49-51.

[38] 刁淑婷. 新时期我国会计师事务所执业的法律风险与诉讼危机 [J]. 企业改革与管理，2016（11）：112.

[39] 丁春燕. 会计职业法律风险及其防范 [J]. 法制与社会，2008（24）：147-148.

[40] 丁志国，苏治，杜晓宇. 溢出效应与门限特征：金融开放条件下国际证券市场风险对中国市场冲击机理 [J]. 管理世界，2007（1）：7.

[41] 丁志国，苏治，赵晶. 资产系统性风险跨期时变的内生性：由理论证明到实证检验 [J]. 中国社会科学，2012（4）：83-102.

[42] 封红梅. 基于实物期权理论的国有企业资产价值评估 [J]. 财会通讯，2016（35）：16-19.

[43] 冯朝军. 新时期我国国有企业混合所有制改革路径探索 [J]. 技术经济与管理研究，2017（12）：44-48.

[44] 高善文. 主动信贷创造和资产价格重估 [J]. 首席财务官，2007（8）：44-49.

[45] 郜志宇. 经济剧烈波动条件下矿业企业价值评估研究：以铁矿

企业为例［D］．北京：中国地质大学，2011．

［46］龚涛．国有企业通过产权交易机构进行增资扩股操作方案设计要点［J］．产权导刊，2015（8）：61-64．

［47］顾桂贤．限售股评估实务研究［J］．中国资产评估，2009（4）：23-26．

［48］顾鹏．宏观冲击与股票收益率：基于日度数据的分析［J］．财经问题研究，2014（10）：65-71．

［49］郭静，李经路．CAPM 的适用性及其修正：一个文献综述［J］．金融理论与实践，2015（2）：93-98．

［50］郭庆奎．对周期性公司价值评估方法的研究：以钢铁行业上市公司为例［D］．北京：首都经济贸易大学，2012．

［51］郭溢华．以增资扩股为目的的企业价值评估研究［D］．北京：首都经济贸易大学，2018．

［52］国务院国有资产监督管理委员会产权管理局．企业国有产权管理制度汇编［G］．北京：经济科学出版社，2010．

［53］国务院国有资产监督管理委员会产权管理局．企业国有资产评估管理操作指南［M］．北京：经济科学出版社，2007．

［54］国务院国资委产权管理局投资价值评估课题组．投资价值评估［M］．北京：中国市场出版社，2016．

［55］韩贺洋．我国混合所有制经济改革问题研究［J］．郑州航空工业管理学院学报，2016（4）：14-18．

［56］韩辉．收益法在周期性行业评估中的应用研究［D］．大连：东北财经大学，2010．

［57］何本虎．寻找周期性行业的潜力品种：关于周期性行业的重新审视及八个代表性周期行业的时机抉择［J］．证券导刊，2005（34）：18．

［58］何国亮．对亏损及周期性企业公司价值评估方法的探讨［D］．成都：西南交通大学，2004．

［59］贺强．论我国经济周期、政策周期与股市周期的互动关系［N］．上海证券报，2002-12-04．

［60］胡云翔，蒋骁．期权理论在限售股评估中的应用［J］．中国资产评估，2014（4）：33-35．

［61］黄钦．周期性行业企业估值探索［D］．北京：中国人民大

学，2009.

[62] 黄速建. 中国国有企业混合所有制改革研究 [J]. 经济管理，2014（7）：1-10.

[63] 火颖，张汉飞. FCFE 模型进行估价的方法应用：青岛啤酒股票价值分析 [J]. 山东社会科学，2004（5）：55-57.

[64] 霍欢欢，鲍新中，刘澄. 基于动态条件相关性的跨期资本定价实证研究 [J]. 金融理论与实践，2016（8）：55-60.

[65] 霍新颖. 收益法评估企业价值影响因素的敏感性分析 [D]. 西安：长安大学，2014.

[66] 贾俊平，何晓群，金勇进. 统计学 [M]. 北京：中国人民大学出版社，2009.

[67] 江疃. CAPM 拓展模型在企业价值评估折现率测算中的应用研究 [D]. 北京：首都经济贸易大学，2017.

[68] 姜国华，饶品贵. 宏观经济政策与微观企业行为 [J]. 会计研究，2011（3）：9-18.

[69] 金洪飞，金荦. 国际石油价格对中国股票市场的影响：基于行业数据的经验分析 [J]. 金融研究，2010（2）：173-187.

[70] 科勒，戈德哈特，维塞尔斯. 价值评估：公司价值的衡量与管理 [M]. 高健，魏平，朱晓龙，等译. 北京：电子工业出版社，2007.

[71] 孔令伟，梅婷婷. 双因素敏感性分析在国民经济评价中的应用 [J]. 华东公路，2013（4）：93-96.

[72] 孔庆辉. 宏观经济波动、周期型行业和资本结构选择 [J]. 北京：北京理工大学学报（社会科学版），2012（12）：31-35.

[73] 李春芳. 混合所有制经济发展对促进评估行业转型升级的思考 [J]. 中国资产评估，2015（1）：20-22.

[74] 李福贵. 上海股票市场风险因子数量研究：基于 APT 模型的分析 [J]. 消费导刊，2010（3）：98-98.

[75] 李和荟. 基于宏观经济视角的金融业上市公司估值研究 [D]. 北京：首都经济贸易大学，2015.

[76] 李红霞，邱鸿喜，李琰，等. CAPM 模型在中国股票市场中的有效性检验 [J]. 统计与决策，2014（14）：169-172.

[77] 李建华，王永录. 用正交实验法进行多因素敏感性分析 [J]. 技

术经济, 1995 (7): 59-61.

[78] 李明嫒. 资产评估风险防范的对策分析 [J]. 现代经济信息, 2009 (11X): 54-54.

[79] 李晏兵. 收益法评估中的敏感性分析 [J]. 中国资产评估, 2007 (11): 13-15.

[80] 李铮. 有限公司（国企）增资扩股需注意的几个问题 [J]. 产权导刊, 2015 (6): 62-64.

[81] 梁辰. 宏观经济因素对周期性公司估值折现率影响的测度研究 [D]. 北京: 首都经济贸易大学, 2017.

[82] 梁芸, 孙建波. 货币供给对股市估值水平的动态影响 [J]. 经济研究导刊, 2010 (25): 49-52.

[83] 刘澄, 高鑫, 刘祥东, 等. 考虑对冲因素的跨期资本资产定价模型 [J]. 财会月刊, 2016 (8): 86-89.

[84] 刘格辉, 孙静. 探析市盈率法在企业价值评估中的应用 [J]. 湖南财经高等专科学校学报, 2006 (4): 10-11.

[85] 刘公勤. 混合所有制经济发展为评估行业带来的市场机遇 [J]. 中国资产评估, 2015 (1): 12-14.

[86] 刘汉民, 齐宇, 解晓晴. 股权和控制权配置: 从对等到非对等的逻辑: 基于央属混合所有制上市公司的实证研究 [J]. 经济研究, 2018 (5): 177-191.

[87] 刘霖, 秦宛顺. 中国股票市场套利定价模型研究 [J]. 金融研究, 2004 (6): 44-55.

[88] 刘晴, 赵鸿鑫, 雷茜. 基于 PE 的资本类周期性行业估价方法研究: 以银行业为例 [J]. 经济论坛, 2014 (8): 95-100.

[89] 刘泉红. 以混合所有制经济为载体深化国企改革 [J]. 前线, 2014 (2): 16-18.

[90] 刘仁和, 汪永兰, 李刚. 上海股市证券贝塔（β）的区间效应 [J]. 当代财经, 2003 (5): 46-49.

[91] 刘树成. 新中国经济增长 60 年曲线的回顾与展望 [J]. 学术动态（北京）, 2010 (5): 11-24.

[92] 刘文秀. 多因素模型下资产定价理论与套利定价理论比较 [J]. 辽宁税务高等专科学校学报, 2006, 18 (3): 45-46.

[93] 刘霞辉.资产价格波动与宏观经济稳定[J].经济研究,2002(4):11-18.

[94] 刘欣明.基于宏观因素变动的中国股票市场估值研究[D].北京:华北电力大学,2012.

[95] 刘怡伶.周期性行业的投资决策研究[D].武汉:华中科技大学,2004.

[96] 刘勇.我国股票市场和宏观经济变量关系的经验研究[J].财贸经济,2004(4):21-27.

[97] 刘忠海,葛新元.周期性公司财务预测和估值方法研究[R/OL].(2005-7-22)[2014-12-06].http://www.doc88.com/p-2428179205767.html.

[98] 柳学信,曹晓芳.混合所有制改革态势及其取向观察[J].改革,2019(1):141-149.

[99] 娄伟.情景分析方法研究[J].未来与发展,2012,35(9):17-26.

[100] 娄伟.情景分析理论与方法[M].北京:社会科学文献出版社,2012.

[101] 楼继伟.促进资产评估行业健康发展[J].中国财政,2016(15):4-5.

[102] 卢国彬,丁玉.当代中国国有企业员工持股计划研究[J].中国物价,2017(2):81-83.

[103] 陆瑶,施新政.公司治理改革、产品市场竞争与公司价值[J].宏观质量研究,2016(4):54-68.

[104] 罗国彦,周勇.浅析汇率变动对股市的影响[J].知识经济,2009(16):33-34.

[105] 罗斯,威斯特菲尔德,杰富.公司理财[M].9版.吴世农,沈艺峰,王志强,等译.北京:机械工业出版社,2012.

[106] 马静如.资本资产定价模型与深圳股票市场的实证研究[J].南开经济研究,2001(2):13-16.

[107] 马铁芳.宏观经济因素对周期性公司估值收益额影响的测度研究[D].北京:首都经济贸易大学,2017.

[108] 毛雅娟,李善民,黄宇轩.宏观经济、政府干预与资产价格波

动：基于 VAR 和 RVAR 的传导机制研究［J］. 证券市场导报, 2014（8）: 13-22.

［109］毛业梁. 员工持股计划中股权价值评估研究［D］. 北京: 首都经济贸易大学, 2018.

［110］莫荣团. 情景分析法在周期性公司收益法估值中的应用研究［D］. 北京: 首都经济贸易大学, 2018.

［111］牟仁艳, 解佳龙, 杨晓璇. 基于 EVA 的国有企业价值评估模型构建与应用［J］. 企业经济, 2013（9）: 181-184.

［112］欧阳志成. 中石化混合所有制改革运作模式及其借鉴意义［J］. 中外企业家, 2014（33）: 270-271.

［113］裴长洪. 中国公有制主体地位的量化估算及其发展趋势［J］. 中国社会科学, 2014（1）: 4-29.

［114］祁怀锦, 刘艳霞, 王文涛. 国有企业混合所有制改革效应评估及其实现路径［J］. 改革, 2018（9）: 68-82.

［115］綦好东, 郭骏超, 朱炜. 国有企业混合所有制改革: 动力、阻力与实现路径［J］. 管理世界, 2017（10）: 8-19.

［116］乔惠波. 混合所有制改革过程中国有资产流失问题研究［J］. 企业经济, 2016（11）: 61-67.

［117］邱霞. 混合所有制改革的路径分析［J］. 西部论坛, 2015（2）: 33-39.

［118］瞿强. 资产价格波动与宏观经济政策困境［J］. 管理世界, 2007（10）: 139-149.

［119］权忠光, 阮咏华. 发挥资产评估价值发现和管理功能助力供给侧结构性改革秩序健康推进［J］. 中国资产评估, 2016（5）: 15-17.

［120］饶品贵, 姜国华. 货币政策对银行信贷与商业信用互动关系影响研究［J］. 经济研究, 2013, 48（1）: 68-82, 150.

［121］任海英, 杨琪. 用 CIA 方法对技术预见模式的探讨［J］. 科学学与科学技术管理, 2009, 30（1）: 5-8.

［122］阮咏华. 企业价值评估与混合所有制经济发展［J］. 中国资产评估, 2015（1）: 15-19.

［123］沈昊, 杨梅英. 国有企业混合所有制改革模式和公司治理: 基于招商局集团的案例分析［J］. 管理世界, 2019（4）: 177-188.

[124] 沈红波,张金清,张广婷. 国有企业混合所有制改革中的控制权安排：基于云南白药混改的案例研究 [J]. 管理世界, 2019 (10): 206-217.

[125] 沈红波. 国有企业实施员工持股计划的经营绩效：激励相容还是激励不足 [J]. 管理世界, 2018 (11): 121-133.

[126] 沈立群. 增资扩股的市场化操作模式 [J]. 上海国资, 2015 (1): 18.

[127] 沈琦. 主动防范混改资产评估项目风险 助力国有企业混合所有制改革 [J]. 中国资产评估, 2018 (6): 7-9.

[128] 沈艺峰,洪锡熙. 我国股票市场贝塔系数的稳定性检验 [J]. 厦门大学学报（哲学社会科学版）, 1999 (4): 62-68.

[129] 史利. 国企改制评估过程中的问题及对策 [J]. 上海国资, 2009 (7): 53-55.

[130] 宋敏. 国企员工持股计划初探：以S公司员工持股计划方案设计为例 [J]. 企业导报, 2015 (14): 1-2.

[131] 苏冬蔚,曾海舰. 宏观经济因素与公司资本结构变动 [J]. 经济研究, 2009 (12): 52-65.

[132] 苏卫东,张世英. 上海股市β系数的稳定性检验 [J]. 预测, 2002, 21 (2): 44-46.

[133] 苏治,丁志国,方明. 跨期系数时变结构研究 [J]. 数量经济技术经济研究, 2008 (5): 135-145.

[134] 孙广生. 经济波动与产业波动 (1986—2003)：相关性、特征及推动因素的初步研究 [J]. 中国社会科学, 2006 (3): 62-73.

[135] 孙建民. 混合所有制与无形资产评估 [J]. 中国资产评估, 2015 (2): 23-24.

[136] 孙君敏,王频. 基于因子分析的套利定价模型及实证研究 [J]. 财贸研究, 2007 (1): 87-92.

[137] 孙晓涛. 周期性行业论析 [J]. 华北电力大学学报（社会科学版）, 2012 (3): 31-35.

[138] 谭峻,赵亮,王智鹏. 风物长宜放眼量：周期视角下矿业资产估值问题研究 [J]. 矿产勘查, 2011 (2): 17-23.

[139] 谭舒蔓,高兵. 资产评估风险防范与控制 [J]. 合作经济与科

技，2015（12）：113-114.

[140] 唐志军，徐会军，巴曙松. 中国房地产市场波动对宏观经济波动的影响研究 [J]. 统计研究，2010，27（2）：15-22.

[141] 田大伟. 宏观因子套利定价模型的因子筛选及在中国股票市场的应用 [J]. 西安财经学院学报，2006，19（5）：40-45.

[142] 田光明. 情景分析法 [J]. 晋图学刊，2008（3）：7-9.

[143] 田林. 资产评估法中法定评估制度的立法思考 [J]. 中国资产评估，2015（7）：13-19.

[144] 汪海粟，文豪，张世如. 资产评估风险界定及防范体系 [J]. 中国资产评估，2002（6）：6-10.

[145] 汪海粟. 混合所有制改革及其对资产评估的影响 [J]. 中国资产评估，2015（2）：15-22.

[146] 汪珍，李敏. APT模型对深圳股票市场有效性的实证检验 [J]. 中国集体经济，2012（9）：105-106.

[147] 王京，石香江，牛丽贤，等. 基于情景分析法的我国铜资源需求预测 [J]. 中国国土资源经济，2015（5）：53-57.

[148] 王荆杰. 深市行业贝塔系数的稳定性与时变性研究 [D]. 厦门：厦门大学，2009.

[149] 王敬琦. 弱周期性行业估值中Beta系数特征及其估算研究 [D]. 北京：首都经济贸易大学，2016.

[150] 王军辉.《资产评估法》如何规范评估市场主体行为 [N]. 中国会计报，2016-08-05（009）.

[151] 王克平. 企业竞争情报危机预警信息分析方法研究综述 [J]. 情报科学，2014（2）：151-156.

[152] 王乐，赵忻. 我国民营企业员工股权激励问题探析 [J]. 经济问题探索，2010（5）：52-55.

[153] 王璐. 浅析国有企业改制中资产评估存在的问题及改进对策 [J]. 河北农机，2018（1）：39.

[154] 王培辉. 货币冲击与资产价格波动：基于中国股市的实证分析 [J]. 金融研究，2010（7）：59-70.

[155] 王荣娟. 套利定价理论及其在重工制造业的实证分析 [J]. 经营管理者，2010（3）：89-90.

[156] 王书贤. 如何评估周期性公司的价值 [J]. 技术经济, 2005 (2): 55-55.

[157] 王韦玮. 我国国有企业混合所有制改革研究 [J]. 现代国企研究, 2018 (4): 77-78.

[158] 王秀东, 王淑珍, 赵邦宏. 资产评估风险防范与控制 [J]. 河北农业大学学报(农林教育版), 2002, 4 (1): 25-27.

[159] 王燕鸣, 王宜峰. 投资机会变动与风险收益关系实证研究 [J]. 管理科学, 2012, 25 (4): 100-110.

[160] 王振华. 发展混合所有制的路径思考 [J]. 中国电力企业管理, 2015 (3): 31-33.

[161] 温彬, 刘淳, 金洪飞. 宏观经济因素对中国行业股票收益率的影响 [J]. 财贸经济, 2011 (6): 51-59.

[162] 温育涵. ICAPM 模型在我国沪市的检验: 基于混合数据抽样法 [J]. 大庆社会科学, 2009 (5): 99-101.

[163] 吴林娜. 经典估值理论在周期性行业的应用研究 [D]. 上海: 华东师范大学, 2006.

[164] 吴瑕, 李伟特. 融资有道: 股权融资精品案例大全 [M]. 北京: 中国经济出版社, 2015.

[165] 吴月琴, 冯耕中. 新兴行业中的企业价值评估: 现金流量贴现法的应用 [J]. 情报杂志, 2002, 21 (10): 29-30.

[166] 夏彩云, 刘静. 敏感性分析在企业投资项目风险评估中的应用: 以 A 公司为例 [J]. 财会通讯(综合), 2012 (2): 129-131.

[167] 夏凌娟, 彭婉丽. 中国能源消费和经济增长及碳排放的情景分析 [J]. 中国商论, 2016 (3): 177-180.

[168] 夏亚芬. 宏观经济与股票价格关系的分析 [J]. 现代商业, 2008 (8): 80-81.

[169] 谢福建. B-S 模型在限制性股票公允价值计量中的运用 [J]. 财经界(学术版), 2013 (13): 21-22.

[170] 熊正德, 李胜男. 上市公司 SEO 后业绩变化及其影响因素实证研究 [J]. 当代财经, 2009 (2): 120-124.

[171] 徐大卫. 周期性的估值 [J]. 投资与合作, 2008 (9): 40.

[172] 徐琪. 宏观经济因素视角下周期性公司收益法估值的修正研究

[D]. 北京：首都经济贸易大学, 2019.

[173] 许英杰. 混合所有制企业员工持股制度研究 [J]. 金融理论与教学, 2018 (3): 47-52.

[174] 薛爽. 经济周期、行业景气度与亏损公司定价 [J]. 管理世界, 2008 (7): 145-150, 167.

[175] 杨峰, 姚乐野, 范炜. 情景嵌入的突发事件情报感知：资源基础与实现路径 [J]. 情报资料工作, 2016 (2): 39-44.

[176] 杨高宇. 中国股市周期与经济周期的动态关联研究 [J]. 工业技术经济, 2011 (10): 150-160.

[177] 杨松堂. 推动新时代资产评估行业转型升级 [J]. 中国资产评估, 2018 (1): 5-7.

[178] 杨莹, 王海东. 我国资产评估风险及其防范措施研究 [J]. 中国高新技术企业, 2016 (12): 193-194.

[179] 易纲, 王召. 货币政策与金融资产价格 [J]. 经济研究, 2002 (3): 13-20.

[180] 尹继元. 控制权溢价对我国非流通股定价的影响 [J]. 江苏经贸职业技术学院学报, 2005 (1): 12-14.

[181] 尹康. 套利定价模型对上证B股的实证检验 [J]. 湖北经济学院学报（人文社会科学版）, 2008, 5 (9): 43-44.

[182] 于红霞, 钱荣. 解读未来发展不确定性的情景分析法 [J]. 未来与发展, 2006, 27 (2): 12-15.

[183] 于田. 收益正常化思路在周期性公司价值评估中的应用研究 [D]. 北京：首都经济贸易大学, 2018.

[184] 俞明轩, 王逸玮. 供给侧结构性改革下的资产评估创新与发展 [J]. 中国资产评估, 2016 (9): 18-21.

[185] 俞明轩. 资产评估法的五大制度创新 [J]. 中国经济报告, 2016 (9): 46-49.

[186] 袁杰, 李承, 魏莉华, 等. 中华人民共和国资产评估法释义 [M]. 北京：中国民主法治出版社, 2016.

[187] 袁洁. 论我国国有企业并购中企业价值的评估 [J]. 交通财会, 2001 (2): 42-44.

[188] 张关心, 阳玉香. 套利定价模型在上海股票市场的有效性检验

[J]. 长沙理工大学学报（社会科学版），2004，19（4）：65-67.

[189] 张国春.《资产评估法》的十大突出亮点[J]. 财务与会计，2016（16）：10-12.

[190] 张国清，夏立军，方轶强. 会计盈余及其组成部分的价值相关性[J]. 中国会计与财务研究，2006（3）：74-120.

[191] 张虎，解星华. 混合所有制改革对资产评估行业的影响[J]. 合作经济与科技，2018（4）：124-125.

[192] 张静文. 情景分析法在企业价值评估中的应用难点及解决途径研究[D]. 北京：首都经济贸易大学，2019.

[193] 张俊瑞. 资产结构、资产流动性与企业价值研究[M]. 西安：西安交通大学出版社，2012.

[194] 张莎莎. 沪深上市公司估值指标体系设计与估值模型研究[D]. 西安：西安理工大学，2009.

[195] 张伟，于良春. 混合所有制企业最优产权结构的选择[J]. 中国工业经济，2017（4）：36-55.

[196] 张孝梅. 混合所有制改革背景的员工持股境况[J]. 改革，2016（1）：123-131.

[197] 张妍. 套利定价理论在中国上海股市的经验检验[J]. 世界经济，2000（10）：19-28.

[198] 张勇祖. 混合所有制改革中资产评估问题思考[J]. 财会通讯，2016（28）：123-125.

[199] 张卓元. 当前经济改革值得关注的几个重大问题[J]. 经济纵横，2014（8）：1-4.

[200] 张宗新，朱伟骅. 中国证券市场系统性风险结构的实证分析[J]. 经济理论与经济管理，2005（12）：32-37.

[201] 赵东. 混合所有制经济下的陕西国有文化企业增资扩股分析[J]. 改革与战略，2015（3）：164-168.

[202] 赵景文. 用ADF方法检验中国A股β系数的平稳性[J]. 中央财经大学学报，2005（8）：72-75.

[203] 赵丽. 关于民营企业参与混合所有制经济的探讨[J]. 技术经济与管理研究，2018（5）：51-55.

[204] 赵颖东，陈森岳. 资产评估行业在发展混合所有制经济中的机

遇与挑战 [J]. 行政事业资产与财务, 2014 (31): 73-74.

[205] 赵振全, 张宇. 中国股票市场波动和宏观经济波动关系的实证分析 [J]. 数量经济技术经济研究, 2003 (6): 143-146.

[206] 郑晓亚, 肖莹. 股权风险溢价理论研究综述: 以 C-CAPM 模型为主线 [J]. 贵州财经大学学报, 2013 (6): 46-51.

[207] 中评协课题组. 2016 年度我国主板市场资产评估情况统计分析报告 (上) [J]. 中国资产评估, 2018 (2): 21-36.

[208] 中评协课题组. 2016 年度我国主板市场资产评估情况统计分析报告 (下) [J]. 中国资产评估, 2018 (3): 15-21.

[209] 周娜, 鲍晓娟. 国企混合所有制改革轨迹与现实例证 [J]. 改革, 2017 (2): 79-89.

[210] 宗蓓华. 战略预测中的情景分析法 [J]. 预测, 1994 (2): 50-51.

[211] 邹舟, 楼百均. CAPM 模型在上海股票市场的有效性检验 [J]. 企业经济, 2013 (1): 175-177.

[212] ALEXANDER G J, CHERVANY N L. On the estimation and stability of beta [J]. Journal of Financial and Quantitative Analysis, 1980, 15 (1): 123-137.

[213] BACH C, CHRISTENSEN P O. Consumption-based equity valuation [J]. Review of Accounting Studies, 2016, 21 (4): 1-54.

[214] BALI T G. The intertemporal relation between expected returns and risk [J]. Journal of Financial Economics, 2008, 87 (1): 101-131.

[215] BALL R, BROWN P. An empirical evaluation of accounting income numbers [J]. Journal of Accounting Research, 1968: 159-178.

[216] BALVERS R J, HUANG D. Money and the C-CAPM [J]. Journal of Financial & Quantitative Analysis, 2009, 44 (2): 337-368.

[217] BANZ R W. The relationship between return and market value of common stocks [J]. Journal of financial economics, 1981, 9 (1): 3-18.

[218] BELADI H, CHAO CHI-CHUR. Mixed ownership, unemployment, and welfare for a developing economy [J]. Review of Development Economics, 2006, 10 (4): 604-611.

[219] BLUME M. Perturbed angular correlations: perturbation factor for

arbitrary correlation time [J]. Nuclear Physics A, 1971, 167 (1): 81-86.

[220] BOS T, NEWBOLD P. An empirical investigation of the possibility of stochastic systematic risk in the market model [J]. Journal of Business, 1984, 57 (1): 35-41.

[221] Bosch J C, Chang J S K. Option valuation in incomplete markets: a discrete-time, CAPM approach [J]. Journal of Business Finance and Accounting, 1991, 18 (4): 553-566.

[222] BOSWORTH B P, LAWRENCE R Z. Commodity prices and the new inflation [M]. Washington, D. C.: Brooking Institution Press, 1982.

[223] BRAUN P A, NELSON D B, SUNIER A M. Good news, bad news, volatility, and betas [J]. The Journal of Finance, 1995, 50 (5): 1575-1603.

[224] BREALEY R A, MYERS S C. Principles of financial management [M]. Columbus: McGraw-Hill, 1996.

[225] BREEDEN D T. An intertemporal asset pricing model with stochastic consumption and investment opportunities [J]. Journal of Financial Economics, 1979, 7 (3): 265-296.

[226] BRENNER M, SMIDT S. A simple model of non-stationarity of systematic risk [J]. The Journal of Finance, 1977, 32 (4): 1081-1092.

[227] BROOKS R D, FAFF R W, LEE J H H. Beta stability and portfolio formation [J]. Pacific-Basin Finance Journal, 1994, 2 (4): 463-479.

[228] BROWN S J. The number of factors in security returns [J]. Journal of Finance, 1989, 44 (5): 1247-1262.

[229] BROWN S W. Time perception and attention: the effects of prospective versus retrospective paradigms and task demands on perceived duration [J]. Attention Perception & Psychophysics, 1985, 38 (2): 115-124.

[230] CARLING K, JACOBSON T, LINDE J, et al. Exploring relationships between firms' balance sheets and the macro economy [C]. Atlanta: the Federal Reserve Bank of Atlanta and the Journal of Financial Stability, 2003: 1-41.

[231] CHAN K C, FORESI S, LANG L H P. Does money explain asset returns? Theory and empirical analysis [J]. The Journal of Finance, 1996, 51

(1): 345-361.

[232] CHEN N F, ROLL R, ROSS S A. Economic Forces and the Stock Market [J]. The Journal of Business, 1986, 59 (3): 383-403.

[233] CHERMACK T J. Studying scenario planning: theory, research suggestions, and hypotheses [J]. Technological Forecasting & Social Change, 2005, 72 (1): 59-73.

[234] CHOW G C. Tests of equality between sets of coefficients in two linear regressions [J]. Econometrica: Journal of the Econometric Society, 1960, 28 (3): 591-605.

[235] CHRYSAFIS K A. Corporate investment appraisal with possibilistic CAPM [J]. Mathematical and Computer Modelling, 2012, 55 (3/4): 1041-1050.

[236] COLLINS D W, LEDOLTER J, RAYBURN J. Some further evidence on the stochastic properties of systematic risk [J]. Journal of Business, 1987, 60 (3): 425-448.

[237] COX J C, ROSS S A. The valuation of options for alternative stochastic processes [J]. Journal of financial economics, 1976, 3 (1): 145-166.

[238] DAVID B H C. Option pricing as a proxy for discount for lack of marketability in private company valuations [J]. Business Valuation Review, 1993, 12 (4): 182-188.

[239] DAVUTYAN N, ROBERTS M C. Cyclicality in metal prices [J]. Resources Policy, 1994, 20 (1): 49-57.

[240] DOLDE W, GIACCOTTO C, MISHRA D R, et al. Should managers estimate cost of equity using a two-factor international CAPM? [J]. Managerial Finance, 2012, 38 (8): 708-728.

[241] DORFMAN J H, LASTRAPES W D. The dynamic responses of crop and livestock prices to money-supply shocks: A bayesian analysis using long-run identifying restrictions [J]. American Journal of Agricultural Economics, 1996, 78 (3): 530-541.

[242] DUNCAN A A. Semi-private: exploring the deployment of mixed-ownership enterprises in china's capitalism [D]. Irvine: University of California,

2015.

[243] ESTRADA J. The cost of equity in emerging markets: a downside risk approach (II) [EB/OL]. (2001-02-09) [2017-03-06]. https://ssrn.com/abstract=249579.

[244] ESTRADA J. The cost of equity in emerging markets: a downside risk approach [J]. Emerging Markets Quarterly, 2000 (4): 19-30.

[245] FAHEY L. Competitor Scenarios: Projecting a rival's marketplace strategy [J]. Competitive Intelligence Review, 1986 (2): 10-17.

[246] FAMA E F, FRENCH K R. A five-factor asset pricing model [J]. Journal of Financial Economics, 2015, 116 (1): 1-22.

[247] FAMA E F, FRENCH K R. Dividend yields and expected stock returns [J]. Journal of Financial Economics, 1988, 22 (1): 3-25.

[248] FAMA E F, FRENCH K R. The cross-section of expected stock returns [J]. Journal of Finance, 1992, 47 (2): 427-465.

[249] FELDSTEIN M S. Inflation, tax rules, and capital formation [M]. Chicago: University of Chicago Press, 1983, 66 (3): 856.

[250] FERNANDEZ V. The CAPM and value at risk at different time-scales [J]. International Review of Financial Analysis, 2006, 15 (3): 203-219.

[251] FINK A, SCHLAKE O. Scenario management an approach for strategic foresight [J]. Competitive Intelligence Review, 2000, 11 (1): 37-45.

[252] FLETCHER J. An examination of alternative factor models in UK stock returns [J]. Review of Quantitative Finance and Accounting, 2001, 16 (2): 117-130.

[253] FRENCH K R. The equity premium [J]. Journal of Finance, 2002, 57 (2): 637-659.

[254] GENCAY R, SELÇUK F, WHITCHER B. Multiscale systematic risk [J]. Journal of International Money and Finance, 2005, 24 (1): 55-70.

[255] GONG S X H, FIRTH M, CULLINANE K. Beta estimation and stability in the US-listed international transportation industry [J]. Review of Pacific Basin Financial Markets and Policies, 2006, 9 (3): 463-490.

[256] GRILLI E R, YANG M C. Real and monetary determinants of non-oil primary commodity price movements [M]. World Bank. Commodities and Export Projections Division. Economic Analysis and Projections Department, 1981.

[257] GROENEWOLD N, FRASER P. Share prices and macroeconomic factors [J]. Journal of Business Finance & Accounting, 1997, 24 (9-10): 1367-1383.

[258] GU Z Y. Income smoothing and the prediction of future cash flows [C]. Hongkong: The Financial Economics and Accounting (FEA) Conference, 2005: 1-30.

[259] GUILLEN P, KESTEN O. Matching markets with mixed ownership: the case for a real-life assignment mechanism [J]. International Economic Review, 2012, 53 (3): 1027-1046.

[260] HANSEN L P, SINGLETON K J. Generalized instrumental variables estimation of nonlinear rational expectations models [J]. Econometrica: Journal of the Econometric Society, 1982, 50 (5): 1269-1286.

[261] HEER M, KOLLER T, SCHAUTEN M, et al. The valuation of cyclical companies [J]. Retrieved August, 2000, 11 (9): 1-19.

[262] HOESLI M, MACGREGOR B D. Property investment: principles and practice of portfolio management [M]. New York: Pearson Education, 2000.

[263] HWANG Y S, MIN H G, MCDONALD J A, et al. Using the credit spread as an option-risk factor: Size and value effects in CAPM [J]. Journal of Banking and Finance, 2010, 34 (12): 2998-3009.

[264] JANINE M. Cyclical and non-cyclical industries [N]. The Courtenay Comox Valley Record, 2008-07-10 (A. 31).

[265] JENSEN M C. Risk, the pricing of capital assets, and the evaluation of investment portfolios [J]. Journal of Finance, 1969, 24 (5): 959-960.

[266] JIN Q L. Business cycles and accounting behavior [D]. Shanghai: Shanghai University of Finance and Economics, 2005.

[267] KAHN H, WIENER A. The year 2000: a framework for speculation

on the next thirty-three years [M]. Toronto: Collier-Macmillan, 1967.

[268] KARCESKI J, LANKONISHOK J. The risk and return from factors [J]. Journal of Financial and Quantitative Analysis, 1998, 32 (2): 159-188.

[269] KAZEMI H B. The multi-period CAPM and the valuation of multi-period stochastic cash flows [J]. The Journal of Financial and Quantitative Analysis, 1991, 26 (2): 223-231.

[270] KIM K. Dollar exchange rate and stock price: evidence from multivariate cointegration and error correction model [J]. Review of Financial Economics, 2003, 12 (3): 301-313.

[271] KOLB R W, RODRIGUEZ R J. The regression tendencies of betas: A reappraisal [J]. Financial Review, 1989, 24 (2): 319-334.

[272] KOUTMOS G, KNIF J. Estimating systematic risk using time varying distributions [J]. European Financial Management, 2002, 8 (1): 59-73.

[273] LABYS W C, MAIZELS A. Commodity price fluctuations and macroeconomic adjustments in the developed economies [J]. Journal of Policy Modeling, 1993, 15 (3): 335-352.

[274] LAKONISHOKAB J, SHAPIRO A C. Systematic risk, total risk and size as determinants of stock market returns [J]. Journal of Banking & Finance, 1986, 10 (1): 115-132.

[275] LEVINE R, ZERVOS S. Stock markets, banks, and economic growth [J]. American economic review, 1998, 88 (3): 537-558.

[276] LEVY R A. On the short-term stationarity of beta coefficients [J]. Financial Analysts Journal, 1971, 27 (6): 55-62.

[277] LIPPITT J W, LEWIS E. Valuing businesses in cyclical industries [J]. Journal of Business & Economics Research, 2012, 10 (12): 673-680.

[278] LIU G S, BEIRNE J, SUN P. The performance impact of firm ownership transformation in china: mixed ownership vs. fully privatised ownership [J]. Journal of Chinese Economic and Business Studies, 2015, 13 (3): 197.

[279] LOGUE D E, ABER J W. Beta coefficients and models of security return [J]. Journal of Finance, 1974 (29): 382-383.

[280] MAGNI C A. Correct or incorrect application of CAPM? Correct or

incorrect decisions with CAPM?[J]. European Journal of Operational Research, 2009, 192 (2): 549-560.

[281] MAGNI C A. Project valuation and investment decisions: CAPM versus arbitrage [J]. Applied Financial Economics Letters, 2007, 3 (1-3): 137-140.

[282] MASSARI M, GIANFRATE G, ZANETTI L. Corporate valuation-measuring the value of companies in turbulent times [M]. Hoboken: John Wiley & Sons, Inc., 2016: 125-150.

[283] MAYSAMI R C, HOWE L C, HAMZAH M A. Relationship between macroeconomic variables and stock market indices: cointegration evidence from stock exchange of Singapore's all-s sector indices [J]. Journal Pengurusan, 2004, 24: 47-77.

[284] MERTON R C. An intertemporal capital asset pricing model [J]. Econometrica: Journal of the Econometric Society, 1973, 41 (5): 867-887.

[285] MERTON R C. Optimum consumption and portfolio rules in a continuous-time model [J]. Journal of Economic Theory, 1971 (3): 737-413.

[286] MOLLIK A T, BEPARI M K. Instability of stock beta in Dhaka stock exchange, Bangladesh [J]. Managerial Finance, 2010, 36 (10): 886-902.

[287] Morrison T K, Chu K Y. The 1981-82 recession and non-oil primary commodity prices [J]. Staff Papers-International Monetary Fund, 1984: 93-140.

[288] O'NEILL H M, RONDINELLI D A, TIBORDEE W. Ownership and its impact on coping with financial crisis: differences in state-, mixed-, and privately-owned enterprises in Thailand [J]. Asia Pacific Journal of Management, 2004, 21 (1/2): 49-74.

[289] PORTER R B, EZZELL J R. A note on the predictive ability of beta coefficients [J]. Journal of Business Research, 1975, 3 (4): 365-372.

[290] RAVN M O, UHLIG H. On adjusting the Hodrick-Prescott filter for the frequency of observations [J]. Review of economics and statistics, 2002, 84 (2): 371-376.

[291] REINGANUM M R. Misspecification of capital asset pricing: Empirical anomalies based on earnings' yields and market values [J]. Journal of financial Economics, 1981, 9 (1): 19-46.

[292] RIGOBON R, SACK B. Measuring the reaction of monetary policy to the stock market [J]. Quarterly Journal of Economics, 2001, 118 (2): 639-669.

[293] RJOUB H, TURSOY T, GUNSEL N. The effects of macroeconomic factors on stock returns: Istanbul stock market [J]. Studies in Economics and Finance, 2009, 26 (1): 36-45.

[294] ROLL R, ROSS S A. An empirical investigation of the arbitrage pricing theory [J]. Journal of Finance, 1980, 35 (5): 1073-1103.

[295] SAHA B. Mixed ownership in a mixed Duopoly with differentiated products [J]. Journal of Economics, 2009, 98 (1): 25-43.

[296] SARMA J, SARMAH P. Stability of the beta: an empirical investigation in to indian stock market [J]. The ICFAI University Journal of Financial Risk Management, 2008, 5 (3): 7-9.

[297] SUOZZO P, COOPER S, SUTHERLAND G, et al. Valuation multiples: a primer [J]. Global Equity Research, 2001 (11): 1-47.

[298] THEOBALD M. Beta stationarity and estimation period: Some analytical results [J]. Journal of Financial and Quantitative Analysis, 1981, 16 (5): 747-757.

[299] WARD D, ZURBRUEGG R. Does insurance promote economic growth? evidence from OECD countries [J]. Journal of Risk & Insurance, 2000, 67 (4): 489-506.

[300] ZARB B. Valuation of airline companies: a function of earnings or cash? [J]. International Journal of Business, 2014, 8 (2): 59.

[301] ZHANG Wenkui. The emergence of china's mixed ownership enterprises and their corporate governance [D]. London: Brunel University, 2011.

[302] ZHOU T, LI J. Does mixed ownership improve the financial quality of Chinese listed companies?: a case study of SXNBM's privatization process [J]. Nankai Business Review International, 2017, 8 (3): 367-388.

后　记

仰静谧星辰，俯指间字符。辛壬交际，辞丑迎寅，此书于壬寅虎年即将面世。时光荏苒，求索不息，回顾过去十数载，征程坎坷而充实。此书为礼物，一献青年之我，二献未来之我，谢青年牛犊勇入科研之门，愿未来之我对科研与未知永怀敬畏之心，永如履薄冰。

一厦之起，非一日之建。此书以《周期性公司估值：理论与实践》为源，体系拓展、思路延伸、完善升华，体现为：深化研究背景，将周期性公司估值置于混合所有制改革发展新进程；拓展研究体系，将理论修正与实践调整相结合，坚持理论源于实践、指导实践，并不断接受实践的检验。

一书之成，非一己之功。一谢全国哲学社会科学工作办公室以国家社会科学基金项目（15CGL013）立项资助，谢首都经济贸易大学及其财政税务学院以及中国资产评估协会鼎力支持，引导青年人才积极思考和聚焦社会经济发展核心问题，顺利展开研究事宜；二谢诸位专家学者和良师益友，以真知灼见助力本书研究方向的聚焦与务实，促使本书研究内容的深化与完善；三谢众多弟子，周艳秋、李和荟、王敬琦、徐琪、毛业梁、马轶芳、于田、郑悦、张静文、银力辉、江瞳、郭溢华、莫荣团等分别在不同时期参与资料整理和数据分析，相遇为缘，教学相长，一同前行；四谢首都经济贸易大学出版社，杨玲社长、胡兰编辑等为本书精心设计、仔细校对、辛苦付出。

晴雨风霜共度，醲肥辛甘同尝。特别感谢家人对我的无私关爱与包容。岁月流淌，时光成影，而学术研究永无止境，以上种种终将在时间长河中沉淀，化作日后创新之壤，育我继续上下而求索。

陈蕾

2022 年 1 月